소중한 것을 먼저 하라

FIRST THINGS FIRST
BY STEPHEN R. COVEY,
A. ROGER MERRILL,
and REBECCA R. MERRILL

소중한 것을 먼저 하라

스티븐 코비, 로저 메릴, 레베카 메릴 지음
김경섭 옮김

김경섭

미국 펜실베이니아 대학교에서 건설 및 공해 분야로 박사 학위 취득
와튼 경영 대학원에서 인사 관리 및 리더십 전공
한국 리더십 센터 대표 이사
코비 리더십 센터 대표 이사
역서 | 《성공하는 사람들의 7가지 습관》, 《뉴 리더의 조건》 외

소중한 것을 먼저 하라

저자_ 스티븐 코비 · 로저 메릴 · 레베카 메릴
역자_ 김경섭

1판 1쇄 인쇄_ 2001. 7. 5.
1판 62쇄 발행_ 2008. 12. 15.

발행처_ 김영사
발행인_ 박은주

등록번호_ 제406-2003-036호
등록일자_ 1979. 5. 17.

경기도 파주시 교하읍 문발리 출판단지 515-1 우편번호 413-756
마케팅부 031)955-3100, 편집부 031)955-3250, 팩시밀리 031)955-3111

값은 표지에 있습니다.
ISBN 978-89-349-0314-7 03320

독자의견 전화_ 031)955-3104
홈페이지_ http://www.gimmyoung.com
이메일_ bestbook@gimmyoung.com

좋은 독자가 좋은 책을 만듭니다.
김영사는 독자 여러분의 의견에 항상 귀 기울이고 있습니다.

우리가 소중한 것을 먼저 하도록
끊임없이 영감을 주는
이미 태어난, 또 앞으로 태어날
우리 손자들에게

고마움의 말

우리는 이 프로젝트를 도와 준 여러 훌륭한 분들에게 깊은 감사를 드린다.

—삶과 저작을 통하여 이 시대를 위한 지혜를 남긴 분들에게—우리는 그들이 물려 준 유산으로부터 배우려고 애썼다.

—우리 동료들, 고객들, 세미나 참가자들에게—우리는 그들의 충고와 시너지를 통하여 우리 자신의 생각 수준을 여러 단계 끌어올릴 수 있었다.

—코비 리더십 센터의 동료들에게—그들은 시너지와 각별한 지원을 아끼지 않았다.

—사이먼 & 슈스터 출판사의 보브 어사히너에게—그는 인내와 통찰로 우리를 이끌어 주었다.

—『소중한 것을 먼저 하라』 팀에게—보이드 크레이그, 그레그 링크, 토니 해리스, 애덤 메릴, 켄 쉘턴. 그들은 중요한 공헌을 했다. 그들은 아

주 어려운 상황 속에서도, 우리가 이 책에서 강조하고 있는 바로 그 성품과 능력을 보여 주었다.

　─누구보다도 우리 가족과 팀원들의 가족에게─그들의 애정 어린 지원은 큰 도움이 되었다. 무엇이 '소중한 것'이고, 왜 그것이 소중한지를 가르쳐 준 것에 감사한다.

소중한 것을 먼저 하라

• 고마움의 말
• 책 머리에

1. 시계와 나침반

1. 임종 자리에서 직장일에 더 많은 시간을 썼기를 바랄 사람이 몇이나 될까?
.... 24
2. 긴급성 중독 ·· 47
3. 살며, 사랑하며, 배우고, 유산을 남기는 것 ······························· 66

2. 중요한 것은 중요한 것을 중요하게 관리하는 것이다

4. 제2상한 활용 방법 : 소중한 것을 먼저 하는 프로세스 ·················· 116
5. 비전이 주는 열정 ··· 151
6. 역할들 사이의 균형 ·· 172
7. 활동 목표 설정이 가진 위력 ··· 197
8. 주간 단위의 전망 ··· 224
9. 선택 순간의 성실성 ·· 242
10. 삶으로부터 배우기 ·· 275

3. 상호 의존의 시너지

11. 상호 의존의 현실 ·· 286
12. 함께 소중한 것을 먼저 하라 ··· 307
13. 내면에서 시작하여 외부로 향하는 임파워먼트 ···················· 347

4. 원칙 중심의 삶이 주는 힘과 평화

14. 시간 관리에서 자기 리더십으로 ······································ 395
15. 결과에서 얻는 평화 ··· 411

• 에필로그
• 부록
  부록 A : 사명서 워크숍
  부록 B : 시간 관리 문헌 개괄
  부록 C : 지혜의 문헌
• 옮긴이의 말
• 주

책 머리에

더 열심히, 더 영리하게, 더 빨리 일해도 해결이 안 된다면,
무슨 방법으로 해결할 것인가?

잠깐 멈추어서 당신 인생의 '소중한 것들' —가장 중요한 서너 가지—
에 대하여 진지하게 생각해 보라. 그것이 어떤 것들인가?

당신은 그 소중한 것들에 진정 관심을 갖고, 중점을 두고, 시간을 쏟고
있는가?

우리는 코비 리더십 센터에서 일하면서 세계 곳곳의 많은 사람들과 접
촉하게 되었으며, 늘 그 사람들이 보여 주는 모습에 감명을 받고 있다. 그
들은 적극적이고, 열심히 일하고, 유능하며, 사회 발전을 위하여 애쓰고
헌신하는 사람들이다. 그러나 이 사람들은, 나날이 자신의 생활에서 소중
한 것을 먼저 하려고 엄청난 노력을 하고 있지만, 잘 안 된다고 입을 모아
말한다. 당신이 이 책을 사서 읽고 있는 까닭은, 당신 역시 그들과 똑같은
고민을 하고 있기 때문인지도 모른다.

왜 소중한 것을 먼저 하지 못하는 경우가 그렇게 많은가? 우리는 오랜
세월 동안 어떻게 하면 우리의 시간을 제대로 관리하고 통제할 수 있을까
하는 문제와 관련해 갖가지 방법·기술·도구·정보 등을 제공받아 왔

다. 우리가 만약 일을 더 열심히, 더 잘, 더 빨리 하는 방법을 익히려면, 우리는 새로운 도구나 수첩을 사용하는 방법을 배우고, 특정한 방법으로 서류를 분류하고 정리하는 요령을 배워야 한다는 말을 들어 왔다. 그래서 우리는 새로운 시간 관리 수첩을 사고, 새로운 강좌를 듣고, 새로 나온 책을 읽는다. 우리가 새로운 것을 배우고, 적용하고, 또 더 열심히 노력한 결과는 무엇인가? 우리가 만난 대부분의 사람들은 그렇게 한 결과 좌절감과 죄책감만 늘어났을 뿐이라고 말한다.

- 난 시간이 더 필요합니다!
- 난 내 인생을 더 즐기고 싶습니다. 하지만 난 늘 바쁘게 뛰어다니고 있어요. 도대체 내 시간이라곤 가져 본 적이 없단 말입니다.
- 내 친구들과 가족은 나와 함께 더 많은 시간을 보내고 싶어합니다— 하지만 나한테 그럴 시간이 어디 있단 말입니까?
- 난 일을 뒤로 미루기 때문에 늘 위기 상황에 처합니다. 그러나 아울러, 늘 위기 상황으로 허덕이기 때문에 일을 미루게 되죠.
- 난 개인 생활과 직장일 사이에서 균형을 유지할 수가 없습니다. 둘 가운데 어느 한쪽에서 시간을 빼 다른 쪽을 늘리면, 상황은 더 나빠질 뿐입니다.
- 스트레스가 너무 심해요!
- 할 일이 너무 많아요—죄다 해 볼 만한 일들이죠. 거기서 어떤 것을 선택한단 말입니까?

전통적인 시간 관리에서는, 당신이 일을 좀 더 능률적으로 하면 당신은 자신의 인생을 더 잘 컨트롤하게 될 것이고, 그렇게 컨트롤 능력을 키우면 당신이 추구하는 마음의 평화와 성취감도 맛볼 수 있을 것이라고 말한다.

우리는 그 말에 동의하지 않는다.

자신과 모든 것을 컨트롤하는 능력이 행복을 가져다 줄 것이라고 기대하는 것은 헛된 일이다. 우리는 어떤 행동을 할지 선택하는 것은 컨트롤할 수 있을지 몰라도, 선택의 결과까지 컨트롤할 수는 없다. 선택의 결과를 컨트롤하는 것은 보편적 법칙이나 원칙이다. 즉, 우리가 우리의 인생을 컨트롤하는 것이 아니라, 원칙들이 우리의 인생을 컨트롤하는 것이다. 우리는 이런 개념이, 이제까지 전통적인 '시간 관리'를 통하여 인생 문제에 접근하려다가 좌절감만 맛본 사람들에게 해결의 실마리를 제공할 것이라고 생각한다.

우리는 이 책에서 시간 관리에 대하여 전통적인 방법과는 전혀 다른 접근 방법을 제시한다. 우리의 접근 방법은 원칙에 중점을 둔 방법이다. 우리의 접근 방법은 '더 빨리, 더 열심히, 더 영리하게, 더 많이' 하라는 전통적 처방을 넘어선 것이다. 우리의 접근 방법은 당신에게 시계를 하나 더 주는 것이 아니라, 나침반을 준다. 당신이 얼마나 빨리 가느냐 하는 것보다는 어디로 가고 있느냐 하는 것이 더 중요하기 때문이다.

우리의 접근 방법은 어떻게 보면 새로운 것이고, 또 어떻게 보면 아주 오래된 것이다. 우리의 접근 방법은 옛날부터 있던 영원 불변의 원칙들에 근거하고 있기 때문이다. 이 방법은 현재 유행하는 시간 관리와 '성공' 문헌들의 대다수가 강조하고 있는, 노력 없이 축재하는, 특효약 처방 같은 인생 접근 방법과는 많이 다르다. 우리는 지름길 같은 쉬운 방법을 좋아하는 현대 사회에서 살고 있다. 그러나 삶의 질은 적당한 지름길을 택한다고 해서 향상되는 것이 아니다.

인생에서 지름길은 없지만, 올바른 길은 있다. 그 길은 인류 역사 이래 존중되어 온 원칙들에 근거를 두고 있다. 이 지혜의 말에서 얻을 수 있는 교훈이 하나 있다면, 그것은 의미 있는 인생은 속도와 능률로 얻어지는 게 아니라는 것이다. 중요한 것은 당신이 어떤 일을 얼마나 빨리 하느냐 하는 것이 아니라, 당신이 무슨 일을 하고 왜 그 일을 하느냐 하는 것이다.

이제 이 『소중한 것을 먼저 하라』라는 책에서 당신이 얻을 수 있는 것들을 밝혀 두도록 하겠다.

1부 '시계와 나침반'에서는, 많은 사람들이 실제로 시간을 쓰고 있는 것과 자신이 진정으로 시간을 쓰고 싶은 소중한 것이 일치하지 않는다고 느끼고 있는 점에 대하여 살펴볼 것이다. 우리는 현재 유행하는 능률과 컨트롤의 패러다임으로 구성된 전통적 시간 관리의 세 '세대'를 설명하고, 왜 이런 '시계만 강조하는' 전통적인 접근 방법이 필연적으로 그 차이를 줄이기보다는 키울 수밖에 없는지에 대하여 논의할 것이다. 결국 우리는 새로운 차원의 사고가 필요하다는 것을 알게 될 것이다—이전의 것들과는 종류가 다른 제4세대의 접근 방법이 필요한 것이다. 우리는 현재 당신이 시간을 쓰는 방식을 검토하게 함으로써, 당신이 단지 '긴급한' 일을 먼저 하는지 아니면 당신의 인생에서 진정 '중요한' 일을 먼저 하는지 판단할 기회를 줄 것이다. 그리고 우리는 '긴급성 중독'의 결과가 어떻게 나타나는지를 보게 될 것이다. 마지막으로, 우리는 '소중한 것들'—살며, 사랑하며, 배우고, 유산을 남기려고 하는 인간의 기본 욕구와 능력—을 살펴보게 될 것이다. 아울러 내면의 나침반을 이용하여, 우리 삶의 질을 관장하는 실체인 '정북향'에 우리 인생을 일치시킴으로써, 소중한 것을 먼저 하는 방법을 알아보게 될 것이다.

2부 '중요한 것은 중요한 것을 중요하게 관리하는 것이다'에서는 제2상한 위주의 시간 관리 방법을 소개할 것이다. 이것은 30분짜리 주간 계획 수립 과정으로, 시계를 나침반에 종속시켜 '긴급한 것'에서 '중요한 것'으로 당신의 초점을 옮기게 해 줄 것이다. 우리는 일단 그 과정을 훑어볼 것이며, 당신은 그 과정이 자신에게 당장 유용할 수 있다는 느낌을 갖게 될 것이다. 그리고 나서 그 과정의 각 부분을 깊이 검토함으로써, 그 과정이 당신 평생에 걸쳐 큰 도움을 줄 수 있다는 것을 보여 줄 것이다. 우리는 다음 사항들을 살펴보게 된다.

- 당신의 사명을 찾는 방법. 그리고 당신에게 의미와 목적을 주고, 그 럼으로써 결과적으로 당신 인생의 DNA가 되는, 강력한 미래의 비 전을 창조하는 방법
- 당신 인생의 여러 가지 역할 사이에서 균형과 시너지를 창출하는 방법
- 원칙에 바탕을 둔 목표를 세우고 이룸으로써, 삶의 질을 높여 주는 성과들을 창출하는 방법
- 언제나 소중한 것을 먼저 할 수 있는 능력을 주는 올바른 시각을 유 지하는 방법
- 선택의 순간에 성실하게 실행하는 방법—계획대로 실행할 것이냐 아니면 계획을 바꿀 것이냐 하는 선택의 순간에 '소중한 것을 먼저 하라.'를 잊지 않는 지혜와 판단력을 기르는 방법⋯⋯그리고 어느 쪽을 선택하든 그것을 확신 속에서 편안한 마음으로 하는 방법
- 당신이 한 주 한 주를 보낼 때 배움과 삶이 나선형으로 상승하도록 하는 방법

3부 '상호 의존의 시너지'는 우리 시간의 80퍼센트를 보내는 상호 의 존 관계의 실제적인 문제들과 가능성들에 관한 것이다—이 영역은 전통 적인 시간 관리에서는 무시되거나 부당하게 취급되어 온 부분이다. 우리 는 다른 사람들과의 상호 관계에서 일상의 업무적인 관계와 협동의 시너 지적인 관계 사이의 차이점을 검토하게 될 것이다. 우리는 위임을 통하여

더 많은 일을 시킬 수 있는 단순한 자원으로 다른 사람들을 보는 대신, 비전 공유와 시너지적인 합의를 통하여 다른 사람들과 더불어 강력한 시너지를 창출할 수 있는 방법을 알아보게 될 것이다. 우리는 임파워먼트─궁극적으로 '지레의 받침점을 옮겨 힘의 작용을 증가시키는 것'─를 살펴보게 될 것이다. 당신은 개인 및 조직 차원의 임파워먼트를 촉진하고, 그럼으로써 가족, 직장, 그 밖의 조직에서 변화의 촉매가 될 수 있다. 그렇게 되기 위하여 당신이 할 수 있는 일들을 살펴보게 될 것이다.

4부 '원칙 중심의 삶이 주는 힘과 평화'에서 우리는 몇 가지 실생활의 예를 보게 될 것이다. 그리고 그것을 통하여, 제4세대의 접근 방법이 문자 그대로, 당신이 보내는 하루의 질과 당신이 하는 일의 본질을 변화시키는 양상을 보여 줄 것이다. 우리는 마음의 평화에 관한 원칙들을 집중적으로 살펴보고, 성취와 의미와 기쁨을 가져다 주는 인생에 큰 장애가 되는 것들을 피해 가는 방법을 이야기하는 것으로 이 책을 마무리지을 것이다.

이 책의 효과를 최대한으로 보려면, 이 책에 깊이 몰두해야 한다. 즉, 당신의 인생, 당신 삶의 각본, 당신의 동기, 당신의 '소중한 것들', 당신의 배경을 기꺼이 검토해 보아야 한다. 이것은 고도의 자기 성찰 과정이다. 이 책을 가지고 공부해 나가는 동안, 당신은 자주 멈추어 당신의 마음과 가슴 속에서 나오는 내면의 소리를 들어 보기 바란다. 이렇게 자기 인식에 열중하면, 당신은 반드시 여러모로 달라질 것이다. 당신은 세상을 다르게 보게 될 것이다. 당신은 인간 관계를 다르게 보게 될 것이다. 당신은 시간을 다르게 보게 될 것이다. 당신은 자기 자신을 다르게 보게 될 것이다. 우리는 당신이 이 책을 통하여, 당신이 마음 속 깊이 소중하게 여기는 것을 하기 위하여 시간을 쓰는 방식과 당신이 실제로 시간을 보내는 방식 사이의 불일치를 없애는 능력을 얻게 될 것이라고 확신한다.

우리가 더 나은 방법이라고 굳게 믿고 있는 방법을 당신이 기꺼이 검토해 보기로 한 것에 감사한다. 우리는 우리 자신의 경험을 통하여, 원칙이야말로 개인적 평화를 주는 동시에 극적인 결과도 낳게 한다고 믿어 마지않는다.

힘은 불변의 원칙에서 나온다.

우리는 이 책을 통하여 당신이 시계의 압제에서 벗어나 당신 자신의 나침반을 되찾는 데 도움을 얻을 수 있을 것이라고 믿는다. 당신은 이 나침반을 통하여 살며, 사랑하며, 배우고, 앞날에 길이 이어질 훌륭한 유산을 물려 줄 수 있는……기쁨 속에서 이 모든 것을 할 수 있는……능력을 갖추게 될 것이다.

제 1 부

시계와 나침반

스티븐 : 어느 날 저녁 나는 얼마 전에 셋째 아이를 낳은 내 딸 마리아와 이야기를 하게 되었죠. 마리아는 불평을 섞어 말했습니다. "너무 속상해요, 아버지! 제가 이 아기를 얼마나 사랑하는지 아버지도 아시죠? 하지만 이 아이는 말 그대로 제 시간을 몽땅 뺏고 있다고요. 전 정말이지 다른 일은 하나도 할 수가 없어요. 제가 꼭 해야 할 일이 많은데 말예요."

나도 이것이 내 딸 마리아에게 얼마나 좌절감을 주는 일인지 이해할 수 있었습니다. 마리아는 똑똑하고 유능한 딸이죠. 늘 좋은 일을 많이 해 오던 여성입니다. 마리아는 다른 좋은 일들도 하고 싶어했어요―완성하고 싶은 프로젝트, 이바지하고 싶은 일, 아직 마치지 못한 집안일 등등.

이야기를 하면서 우리는 마리아의 좌절감이 기대가 너무 커서 생긴 것임을 알게 되었습니다. 그리고 지금은 한 가지에만 전념해야 한다는 생각을 하게 되었습니다―바로 아기와 지내는 시간을 즐기는 것이죠.

나는 이렇게 말했습니다.

"그냥 마음을 편히 가져. 편안한 마음으로 이 새로 태어난 아기하고 즐겁게 지내. 네가 엄마가 돼서 기쁘다는 걸 아기도 느끼도록 해 줘. 아무도 너만큼 이 아이를 사랑하고 잘 보살필 수는 없을 거야. 지금으로서는 너한테 이 일만큼 소중한 게 달리 없어.”

마리아는 얼마 동안 자신의 인생에 불균형이 올 수 있음을 깨달았습니다……. 그리고 마땅히 그래야 한다는 것도. “해 아래 모든 일에는 때와 철이 있느니.” 마리아는 또한 아기가 웬만큼 자라면, 그 때 가서 자신의 목표를 이룰 수 있을 뿐 아니라 더 좋고 색다른 방법으로 이바지할 수도 있다는 것을 깨닫게 되었습니다.

마지막으로 난 마리아에게 말했습니다.

“시간 관리를 하지 마라. 달력도 잊어버려라. 죄책감만 생길 테니까 아예 시간 관리 수첩 같은 건 사용하지 말도록 해라. 지금 네 인생에서 가장 소중한 것은 이 아기야. 그냥 아이 기르는 걸 즐기고, 걱정을 떨쳐 버려라. 네 내면의 나침반을 따르고, 벽에 걸린 시계에는 얽매이지 마라.”

우리 가운데 많은 사람이 나침반과 시계 사이의 큰 차이점을 느끼며 산다. 즉, 우리가 진정으로 중요하게 여기는 일이 무엇이냐 하는 것과 실제로 우리가 시간을 쓰는 방식 사이의 차이점이다. 이런 차이점은 더 많은 일을 더 빨리 하라는 전통적인 ‘시간 관리’ 접근 방법으로는 해소되지 않는다. 사실, 우리 가운데 많은 사람은 일하는 속도를 높일수록 오히려 상황만 그르칠 뿐이라는 것을 잘 알고 있다.

이런 경우를 생각해 보라. 만일 누가 마술 지팡이를 휘둘러 당신에게 전통적 시간 관리에서 약속하는 능률을 15~20퍼센트 높여 준다면, 그것으로 당신의 시간 관리 걱정이 모두 사라질까? 처음에는 당신도 자신의 능률이 높아진다는 생각에 들뜰지 모른다. 그러나 당신이 보통 사람이라면, 아마 당신이 맞닥뜨린 문제들이 가장 짧은 시간에 가장 많은 일을 해내는 능력을 키우는 것만으로는 해결될 수 없다는 결론에 이르게 될 것이다.

우리는 1부에서 세 가지의 전통적인 시간 관리를 깊이 검토해 보고, 왜 그 방법들이 위에서 말한 차이점을 해소하지 못하는지 그 이유를 알아볼 것이다. 우리는 당신이 '긴급성'과 '중요성'이라는 두 가지 기본 패러다임 가운데 어느 쪽으로 인생을 살 것인지 생각해 보도록 할 것이며, 그런 다음 긴급성 중독의 결과들을 훑어볼 것이다. 그러고 나서 우리는 이 세 가지와 종류가 다른 제4세대 접근 방법의 필요성을 살펴보게 될 것이다. 제4세대 접근 방법은 '시간 관리' 이상의 것으로, 자기 리더십과 관련된 것이다. 제4세대 접근 방법은 일을 올바르게 하는 것에서 더 나아가, 올바른 일을 하는 것에 초점을 맞춘다.

우리는 3장에서 인생에서 '가장 소중한 것'이 무엇이냐 하는 어려운 문제를 제기하고, 그 '소중한 것'을 먼저 할 수 있는 우리의 능력에 대해 검토할 것이다. 이 장에서는 제4세대의 뼈대가 되는 세 가지 핵심 아이디어를 다룰 것이다. 이 아이디어들은 어쩌면 당신이 시간과 인생을 보는 시각에 대한 도전이 될지도 모른다. 그러므로 당신은 기꺼이 자신의 내면 작업을 해 봐야 한다. 우리는 이 책을 차례대로 읽어 나갈 것을 권하지만, 만일 자신에게 더 편하다고 생각되면, 2부로 가서 제2상한 시간 관리 방법을 살펴보고, 우리가 말하는 유익한 점이 무엇인지를 확인한 다음, 다시 3장으로 돌아와도 된다. 3장에 나오는 세 가지 근본적인 아이디어를 이해하고 적용하게 되면, 당신의 시간과 삶의 질에 극적인 변화가 올 것이다. 그것은 우리가 보장한다.

1 : 임종 자리에서 직장일에 더 많은 시간을 썼기를 바랄 사람이 몇이나 될까?

'최선' 의 적은 '무난함' 이다.

우리는 인생의 중요한 시기는 물론 순간순간마다 시간을 보내는 방법에 관한 선택을 끊임없이 하고 있다. 우리의 삶은 바로 그런 선택의 결과인 것이다. 그런데 우리 가운데 많은 사람들은 그런 선택의 결과에 만족하지 않는다. 특히 우리가 인생에서 정말 중요하다고 느끼는 일에 시간을 제대로 내지 못하고 있다고 여겨질 때에는.

내 인생은 정신 없이 바쁩니다! 난 하루 종일 뛰어다니죠—회의 · 전화 · 서류 · 약속. 난 능력의 한계를 느낄 때까지 일을 하다가 완전히 지쳐서 침대에 쓰러지지만, 다음날에도 일찌감치 일어나 같은 일을 반복합니다. 내가 해낸 일은 엄청나죠. 난 많은 일을 처리하고 있습니다. 하지만 난 가끔 속으로 이런 의문을 가집니다. '그래서 어쨌다는 거냐? 네가 지금 하는 일이 인생에서 진정으로 중요한 거냐?' 솔직히 그 답은 나도 모르겠거든요.

난 가슴이 찢어지는 느낌입니다. 나한테는 내 가족이 중요합니다. 직장일도 마찬가지죠. 난 양쪽의 요구를 조정하느라 끊임없는 갈등 속에서 살고 있습니다. 직장과 가정 양쪽 모두에서 정말로 성공해 행복을 이룬다는 게 가능할까요?

난 정말 몸이 열이라도 모자랄 판입니다. 이사회의 이사들과 주주들은 우리 주가가 떨어진다고 벌떼처럼 나한테 달려들지요. 또 난 중역들 사이의 권한이나 업무 영역 싸움에서 늘 심판 노릇을 해야 합니다. 난 우리 회사의 품질 관리를 주도해 나가야 한다는 엄청난 압박감을 느끼고 있습니다. 우리 직원들의 사기는 낮습니다. 난 그걸 해결하지 못하고, 또 직원들의 이야기를 더 많이 들어주지 못하는 데 대해 죄책감을 갖고 있습니다. 설상가상으로 같이 휴가를 여러 번 다녀왔는데도, 얼굴 구경 하기 힘들다고 우리 집 사람들은 날 가족에서 제명해 버릴 거라지 뭡니까.

난 내 인생을 컨트롤하지 못하고 있다는 느낌이 듭니다. 무엇이 중요한지 파악하여 그것을 해낸다는 목표를 세워 보지만, 주위 사람들—내 상관, 직장 동료들, 배우자—은 끊임없이 내 계획을 그르치게 만듭니다. 뭘 좀 하려고 하면, 주위 사람들이 성화를 하는 통에 내 계획은 밀려나 버리죠. 나한테 중요한 것이 다른 사람들에게 중요한 것의 물결에 휩쓸려 가고 맙니다.

다들 내가 크게 성공했다고 말하죠. 난 열심히 일을 했고, 돈을 모았고, 희생을 했습니다. 그래서 정상에 올라섰죠. 하지만 난 행복하지 않습니다. 내 마음 깊은 곳에는 공허감이 있습니다. 마치 노래 가사에 나오듯 '이게 다일까?' 하는 생각이 듭니다.

난 대체로 인생을 즐기지 못하고 있습니다. 어떤 한 가지 일을 할 때마다, 내가 못 하고 있는 열 가지 일이 생각납니다. 그것 때문에 죄책감이 듭니다. 내가 해야 하는 그 많은 것 가운데 뭔가 선택을 해야 한다는 상습적인 스트레스 때문에 긴장이 끊일 새가 없습니다. 뭐가 가장 중요한지를 내가 어떻게 알 수 있단 말입니까? 내가 그걸 어떻게 할 수 있단 말입니까? 내가 그걸 어떻게 즐길 수 있단 말입니까?

난 내 인생을 어떻게 해야 할지 좀 알 것 같습니다. 그래서 난 내가 참으로 중요하다고 생각하는 것을 적어 놓고, 그것을 하기로 목표를 정합니다. 그러나 하루하루 실제 행동으로 옮기지는 못합니다. 어떻게 하면 내 삶에서 참으로 중요한 것을 날마다 실행할 수 있을까요?

소중한 것을 먼저 하는 것은 인생살이의 핵심에 속하는 문제다. 우리 대부분은 우리가 하고 싶은 여러 일 사이에서, 우리에게 주어진 온갖 임무 사이에서, 우리가 지고 있는 많은 책임 사이에서 갈등을 느낀다. 우리 모두는 시간을 최대한으로 활용하기 위하여 매일매일, 순간순간 가장 적절한 결정들을 내려야 하는 도전을 받고 있다.

'좋은 것'이냐 '나쁜 것'이냐 하는 문제일 때에는 결정이 한결 쉽다. 우리는 이런저런 방식으로 우리의 시간을 쓰는 것은 낭비고, 정신을 둔하게 하며, 심지어 파괴적이기까지 하다는 것 따위는 쉽게 알 수 있다. 그러나 우리 대부분에게 문제는 '좋은 것'과 '나쁜 것' 사이의 결정이 아니라, '최선'과 '무난함' 사이의 결정이다. 그래서 흔히, 무난함은 최선의 적이 된다.

스티븐 : 난 큰 종합 대학교에 소속된 경영 대학의 새로운 학장이 된 사람을 알고 있었습니다. 신임 학장은 처음 부임하여 대학이 직면한 상황을 살펴보고, 대학에 무엇보다 절실한 것은 돈이라고 느꼈습니다. 학장은 모금 능력이 남다른 분이었고, 스스로 그 사실을 알고 있었죠. 학장은 모금을 자신의 주요 임무

로 생각하고, 그것에 대한 비전을 실제화했습니다.

그러나 이것은 대학 안에서 문제를 일으켰습니다. 과거 학장들은 주로 날마다 교수진이 필요로 하는 것을 충족시켜 주는 데 초점을 맞추었지만, 이 신임 학장은 그럴 수가 없었습니다. 새 학장은 전국을 돌아다니면서, 연구비며 장학금과 그 밖의 지원금을 모으느라 애를 썼습니다. 따라서 전임 학장들과 달리 일상적인 일은 처리하지 못한 거죠. 교수진은 학장의 행정 보좌관을 통해 일을 처리해야 했습니다. 이것은 많은 교수에게 자존심 상하는 일이었습니다. 교수들은 그 이전까지 학장을 직접 상대해 왔기 때문입니다.

교수진은 학장이 자리를 비우는 데 무척 화가 나, 대학교 총장에게 대표단을 보내 학장을 갈아 주든가 아니면 현임 학장의 업무 스타일을 근본적으로 바꿀 것을 요구했습니다. 그러나 학장이 무슨 일을 하고 있는지 잘 알고 있던 총장은 이렇게 말했습니다.

"왜 이러십니까! 그 학장한테는 훌륭한 행정 보좌관이 있지 않습니까. 학장한테 시간을 좀 더 줘 봅시다."

얼마 지나지 않아 돈이 쏟아져 들어왔고, 교수진은 학장의 비전을 인정하기 시작했습니다. 그러나 교수들은 학장을 볼 때마다 이렇게 비꼬곤 했습니다.

"캠퍼스 밖으로 나가시오! 우린 당신이 사무실에 있는 걸 보고 싶지 않소. 나가서 모금을 더 해 오란 말이오. 당신의 행정 보좌관은 어느 누구보다 이 곳을 잘 운영하고 있어요."

이 학장은 나중에 나에게 자신의 실수를 인정하면서 팀을 완벽하게 구축하지 않은 것, 상황을 제대로 설명하지 않은 것, 자신이 하려던 바를 충분히 알아듣도록 일러 주지 못한 것은 잘못이라고 인정했습니다. 난 그 학장이 좀 더 잘할 수도 있었을 것이라는 생각을 하면서도, 그 사람한테서 훌륭한 교훈 한 가지를 얻었습니다.

우리는 늘 스스로에게 '여기서 내가 꼭 해야 할 일은 뭘까? 그리고 나만이 지닌 장점과 재능은 뭘까?'를 묻고 그 일을 찾아 할 필요가 있습니다.

이 학장으로서는 교수들이 원하는 대로 긴급한 일들을 처리하는 것은 쉬웠을 것이다. 여러 가지 무난한 일을 하며, 쉽게 대학 학장 노릇을 해 나갈 수 있었을 것이다. 그러나 그가 대학에서 꼭 필요로 하는 것과 자신 만이 가진 독특한 능력을 파악하지 못하고 자신이 개발한 비전을 실행에 옮기지 않았다면, 그는 자신과 교수진 그리고 대학을 위한 최선의 일을 절대 성취하지 못했을 것이다.

당신을 위한 '최선'의 일은 무엇인가? 당신이 그것에 시간과 에너지를 쏟아 붓지 못하게 막고 있는 것은 무엇인가? 너무 많은 '무난한 것'이 방해를 하는가? 많은 사람들의 경우 바로 그것이 문제다. 그 때문에 그들은 자신의 삶에서 소중한 것들을 우선해서 먼저 하지 못함으로써 생기는 불안감에 싸여 있다.

시계와 나침반

소중한 것부터 우선해서 하려고 하는 데서 생기는 갈등은, 우리를 지배하면서도 서로 대조가 되는 두 가지 강력한 도구, 즉 '시계와 나침반'으로 그 특성을 표현할 수 있다. 시계는 우리의 약속·일정·목표·활동을 나타낸다. 즉, 우리가 하는 일과 시간 관리를 위한 방법이다. 나침반은 우리의 비전·가치·원칙·사명·양심·방향을 나타낸다. 즉, 우리가 중요하게 생각하는 것과 우리가 삶을 이끌어 나가는 방법이다.

우리가 시계와 나침반 사이의 불일치, 즉 차이점을 발견할 때—우리가 하는 일이 우리 인생에서 가장 중요한 것에 도움이 되지 않는다고 생각될 때—갈등이 일어난다.

우리 가운데는 그 차이점 때문에 큰 고통을 받는 사람들이 있다. 그들은 언행 일치를 할 수 없고, 다른 사람들이나 주변 상황 때문에 어쩔 수 없이 컨트롤당하고 있다고 생각한다. 그들은 늘 위기에 대처하기에 바쁘다. 그들은 늘 '별로 중요하지 않은 수많은 일' 속에 파묻혀 있다―늘 발등의 불만 끄기 바쁘지, 한 번도 그들의 삶에 큰 도움이 될 소중한 일을 할 시간이 없다. 그들은 마치 남이 자기 인생을 대신 살고 있다는 느낌을 받는다.

어떤 사람들에게는 그 고통이 원인 모를 불안감으로 다가온다. 그들은 무엇을 해야 하는지, 무엇을 하고 싶은지, 실제로 성취한 일이 무엇인지에 관해 혼란을 느낀다. 그들은 딜레마에 빠져 있다. 그들은 못 하고 있는 일에 대해서 죄책감을 가진 나머지 지금 하고 있는 일도 즐기지 못한다.

어떤 사람들은 공허함을 느낀다. 그들은 행복을 직업적 성취나 경제적 성취라고 생각해 왔다. 그러나 막상 '성공'이 기대하던 만족을 가져오지 못한다는 것을 알게 된다. 그들은 착실하게 '성공의 사다리'를 한 계단씩 밟아 올랐다―학위, 야간 근무, 승진. 그러나 결국 마지막 계단을 딛고 꼭대기에 섰을 때, 그들이 오른 사다리가 엉뚱한 벽에 세워져 있다는 것을 알게 된 것이다. 사다리를 빨리 오르는 데만 몰두하여 자신의 모든 것을 쏟아 부은 다음에 남은 것은 나빠져 버린 인간 관계들이었고, 정과 나눔의 생활에서 나오는 아름다운 추억의 순간들까지 놓쳐 버린 것이다. 사다리타기 경주를 하다가 그들은 정작 가장 중요한 것을 할 시간은 갖지 못한 것이다.

어떤 사람들은 방향 감각을 잃거나 혼란을 느낀다. 그들은 '소중한 것'이 무엇인지 정말로 모르고 있다. 그저 자동적으로 하나의 행동에서 다음 행동으로 옮아간다. 인생살이가 기계적이다. 그들은 이따금 자신이 하는 일이 그들의 인생에 어떤 의미가 있는지 궁금하게 여긴다.

어떤 사람들은 균형 잃은 삶을 살고 있다. 그들은 개선을 위한 다른 대안들에 대해서도 확신이 서지 않는다. 또는 변화에 따르는 대가가 너무 크다고 느껴 머뭇거리고, 겁이 나서 변화를 꾀할 엄두조차 못 낸다. 그냥 균형을 잃은 채로 살아가는 것이 차라리 편하다고 느낀다.

각성의 계기

우리는 극적인 상황이 일어나면 이런 차이점의 심각성을 깨닫게 되는 수도 있다. 사랑하는 사람이 죽은 다음에야 후회한다. 사랑하던 여자가 갑자기 떠나 버린 다음에야 해 주지 못한 것들을 깨닫는다. '성공의 사다리'를 오르느라 바쁜 나머지 소중한 인간 관계를 정 있고 만족스럽게 가꾸지 못했기 때문이다.

또 우리는 10대인 아들이 마약에 빠진 것을 발견하기도 한다. 여러 가지 회한이 마음 속으로 밀려든다. 아들과 함께 시간을 보내고, 정다운 이야기를 나누면서 가까운 관계를 맺을 수도 있었을 많은 기회들……. 그러나 우리는 생계를 위해 돈을 벌거나, 사람들을 사귀거나, 아니면 단지 신문을 읽느라 바쁘다면서 그렇게 하지 못했다.

회사의 감원 때문에 실직 위기에 놓일 수도 있다. 의사가 우리에게 살 날이 몇 달밖에 남지 않았다고 말할 수도 있고, 결혼 생활이 이혼 위기에 빠질 수도 있다. 이런저런 위기를 통해 우리는 우리의 시간 사용 방식과 우리가 진정 중요하게 여기는 것이 일치하지 않는다는 사실을 깨닫게 된다.

레베카 : 몇 년 전, 난 한 젊은 여자와 병원을 찾게 되었어요. 그 여자는 불과 스물세 살이었는데 어린아이가 둘이나 있었죠. 그 여자는 의사한테서 불치병에 걸렸다는 말을 들었어요. 암이었죠. 내가 여자의 손을 잡고 뭔가 위로가 될 만한 말을 하려고 하는데, 그 여자가 울면서 말했습니다.

"아무것도 싫고 그냥 집에 가서 아기 기저귀나 갈아 주고 싶어요!"

그 여자의 말을 생각하면서 그리고 내 아이를 기르던 때를 떠올리면서 문득 이런 반성을 했지요. 유일한 기회가 될지도 모르는 어린 생명을 돌보고 사랑의 정을 나누는 순간을 소중히 여기는 대신에, 의무감에서, 서둘러 가며, 심지어 바쁜 생활 속에서 왜 이런 불편까지 겪어야 하나 하는 좌절마저 느끼면서 기저귀를 간 적이 몇 번이나 될까?

이런 '각성의 계기'가 없다면, 많은 사람들이 이와 같은 인생의 심각한 문제들에 대해 단 한 번도 제대로 생각해 볼 기회가 없을 것이다. 우리는 만성이 된 뿌리 깊은 원인을 찾는 대신에, 응급 처치를 해 주는 반창고나 통증만 덜어 주는 아스피린을 찾는다. 그리고 순간적으로 고통이 덜어진 것에 힘을 얻어 점점 더 바쁘게 '무난한' 일들만 하게 된다. 일단 걸음을 멈추고 우리가 지금 하고 있는 일이 가장 중요한 일인지 한 번도 자문해 보지 않는다.

시간 관리의 세 세대

인생의 시계와 나침반 사이의 차이점을 없애고 일치시키기 위해 많은 사람들은 '시간 관리'를 하게 된다. 불과 30년 전만 하더라도 이 문제에 대한 중요한 저서가 여남은 권을 넘지 않았다. 그러나 최근의 조사를 통해 우리는 이 문제를 다룬 책이 백 권이 넘고, 논문이 수백 편, 그 밖에도 다양한 종류의 캘린더, 계획 수첩, 소프트웨어 따위 시간 관리 도구들이 있다는 사실을 알게 되었다. 이것은 일종의 '팝콘 현상'이다. 즉, 점증하는 문화적 열기와 압력 때문에 시간 관리에 관한 문헌과 도구들이 폭발적으로 늘어난 것이다.

우리는 이 조사를 통해 자료를 읽고 소화하면서 그 내용을 시간 관리에 대한 여덟 가지 기본적 접근 방법으로 요약했다. 이 방법 가운데는 '조직화' 접근 방법, 전사(戰士) 접근 방법, ABC 접근 방법—우선 순위 결정 접근 방법이라고도 한다.—등 전통적인 '능률' 지향적인 접근 방법도 있고, 전통적인 패러다임을 밀어 내는 새로운 접근 방법도 몇 가지 포함되어 있다. 새로운 것 중에는 극동 아시아의 영향을 받은 '순응' 접근 방법도 있는데, 이것은 인생의 자연스러운 리듬을 따르도록 권하며, 순간의 희열로 시계의 째깍거리는 소리가 사라져 버리는 영원의 순간들을 느껴 보도록 하는 방법이다. 새로운 방법 중에는 '회복' 접근 방법도 있다. 여기서는 일을 질질 끌거나 쓸데없이 일을 다른 사람에게 미루는 것과 같은 시간 낭비 요소들이 알고 보면 깊은 심리적 각본의 결과라는 사실을 보여주면서, 주위의 영향으로 만들어진 각본에 따라 움직이는 '비위를 잘 맞추려는 사람들'이 거절당하거나 창피당하는 것을 두려워해서 너무 많은 일을 맡거나 과로하는 경우가 많음을 지적하고 있다.

우리는 이 문제에 관심이 있는 사람들을 위해 부록 B에다가 각 접근 방법에 대한 간략한 설명을 실어 놓았다. 그러나 우리는 많은 사람들이 시간 관리의 세 '세대'에 많은 관심을 가지고 있음을 알게 되었다. 각 세대는 앞 세대를 개선시킨 것으로, 능률을 높이고 컨트롤을 더욱 강화할 수 있도록 발전시킨 것이다.

제1세대 제1세대는 '비망록'에 기초를 두고 있다. '순서에 따라 하는' 시간 관리로서 자기가 하고 싶은 일들, 즉 보고서를 쓰거나 회의에 참석하고, 차를 수리하고, 차고를 청소하는 것 등을 모두 기록하는 방법이다. 이 세대의 특징은 메모와 체크리스트처럼 간단하다는 것이다. 이 세대를 사용하는 사람들은 이런 리스트를 들고 다니면서 참고하고 할 일을 잊지 않으려고 한다. 이 사람들은 일과가 끝나면 자신이 하려던 일을 대부분 완수하고 리스트에서 그것들을 지워 버릴 수 있게 되기를 바란다. 만일 끝내지 못한 일이 있으면 그것을 다음날 리스트에 옮겨 적는다.

제2세대 제2세대는 '계획과 준비'를 하는 시간 관리 세대다.

이 세대의 특징은 캘린더와 약속 수첩을 사용하는 것이다. 목표를 수립하고, 미리 계획을 세우고, 앞으로의 활동과 행사의 일정을 잡는 일 등을 스스로 책임지고 능률적으로 성취하겠다는 것이다. 이 세대를 사용하는 사람들은 약속을 하고, 약속을 적어 놓고, 마감 시간을 확인하고, 회의 장소를 메모해 놓는다. 컴퓨터나 네트워크를 이용해 이런 일을 하기도 한다.

제3세대 제3세대 접근법은 '계획하고, 우선 순위를 정하고, 컨트롤하는' 것이다. 이 세대를 사용하는 사람들은 자신의 가치관과 우선 순위를 분명히 하는 데 시간을 투자한다. 이들은 '내가 원하는 것이 무엇인가?' 하는 것에 중점을 둔다. 그리고 자신이 원하는 것을 얻기 위해 장기·중기·단기 목표를 설정한다. 이들은 하루 단위로 자기 활동의 우선 순위를 정한다. 이 세대의 특징은 일정 계획의 자세한 양식을 갖춘 아주 다양한—종이로 된 것도 있고, 컴퓨터로 된 것도 있다.—시간 관리 수첩과 오거나이저를 사용한다는 점이다.

이 세 세대가 추진해 온 시간 관리 덕분에 어찌 보면 우리 생활의 효율성은 상당히 증진되었다. 능률, 계획, 우선 순위, 가치 확립, 목표 수립 같은 분야에 많은 긍정적인 기여를 한 것이다.

그러나 잊지 말아야 할 것은 —비록 관심과 자료는 엄청나게 증가했음에도—대부분의 사람들이 마음 속 깊이 중요하게 여기는 것과 이들이 실제로 시간을 보내는 방식 사이의 차이는 그대로 남아 있다는 점이다. 심지어 그 차이가 오히려 더 커진 경우도 많다. 사람들은 이렇게 말한다.

"우리는 더 짧은 시간에 더 많은 일을 하고 있다. 그러나 정 넘치는 인간 관계, 내면의 평화, 균형 감각, 우리가 가장 중요하다고 생각하는 일을 하고 있고 또 그것을 잘 해내고 있다는 자신감은 다 어디로 갔단 말인가?"

로저 : 이 세 세대는 내가 시간을 관리해 온 과정을 시간순으로 보여 주고 있습니다. 난 캘리포니아의 페블 비치에 있는 카멜에서 성장했어요. 그 곳의 예술적인 분위기, 자유롭게 사고할 수 있는 철학적인 환경은 분명히 제1세대에 속하는 것이었습니다. 난 이따금 잊고 싶지 않은 것들을 메모했습니다—특히 내인생에서 큰 자리를 차지하고 있던 골프 시합 관련 사항은 모두 적었습니다. 난목장과 단거리 경주마 일에도 관계하고 있었기 때문에 잊어서는 안 될 시즌이있었고, 다른 중요한 일도 있었습니다.

활동이 늘어 가면서 더 짧은 시간에 더 많은 일을 할 필요성, 더 많은 일을하고 싶다는 욕구, 내 주위에서 제공되는 풍부한 기회, 이런 것 때문에 나는 제2세대로 깊숙이 빠져 들게 되었습니다. 나는 시간 관리 분야에 속한 것이라면손에 닿는 대로 모조리 읽었습니다. 사실, 내가 한동안 하던 일이 바로 시간 관리 컨설턴트였습니다. 나는 다른 사람들에게 더 능률적으로 되는 법, 일을 더잘 조직하는 법, 전화를 더 잘 처리하는 방법을 가르쳐 주었습니다. 내가 사용한 전형적인 방법은, 고객들의 하루 활동을 관찰하고 분석한 뒤에, 더 짧은 시간에 더 많은 일을 할 수 있는 구체적인 방안들을 그들에게 제시하는 것이었습니다.

그러나 시간이 흐르면서, 당혹스럽게도 내가 정말 사람들에게 도움이 되고있는지에 대해 자신을 가질 수가 없었습니다. 오히려 내가 사람들이 더 빨리 실패하도록 도와 주고 있는 게 아닌가 하는 의문이 들기도 했습니다. 문제는 사람들이 얼마나 많은 일을 하느냐 하는 것이 아니었거든요. 진짜 문제는 그들의 목표가 무엇이냐 하는 것이었고, 그들이 무엇을 성취하려고 애쓰느냐 하는 것이었습니다. 사람들은 자기가 얼마나 시간 관리를 잘 하고 있는지 알고 싶어했지만, 난 그들이 하려고 하는 일이 무엇인지를 알아야 그 대답을 할 수가 있다는 것을 깨달았습니다. 이런 점 때문에 난 제3세대로 들어서게 되었습니다. 사실, 스티븐과 나는 이 제3세대를 출범시키는 데 중요한 구실을 한 어떤 일에 깊이 몰두해 있었으며, 그 분야에서 아주 영향력이 큰 몇 사람과 함께 일했습니다. 우리의 연구는 사람들이 목표를 가치관에 따라 설정하고 더 많은 일을 더 우선해서 하도록 돕는 것이었습니다. 당시에는 그것이야말로 반드시 추구해야 할 최선의 길이라고 생각했습니다.

그러나 시간이 지나면서, 사람들이 그냥 원하는 것과 인생에서 꼭 필요로 하는 것 사이에 커다란 차이점이 있음을 깨닫기 시작했습니다. 사람들은 점점 더 많은 목표를 달성해 나갔습니다……. 그러나 행복과 성취감은 점점 더 줄어드는 것이었습니다.

그 결과 나는 몇 가지 근본적인 패러다임과 나의 사고 방식에 대해 의문을 품기 시작했습니다. 그러다가 해답은 이 세 세대의 시간 관리에 있는 게 아니라는 것을 깨닫게 되었죠. 해답은 근본적인 패러다임을 검토해 봄으로써 나올 수 있었습니다. 우리는 어떤 가정에 입각하여 하고자 하는 일을 결정하고 그일에 접근하는데, 해답은 바로 그 가정 속에 있었던 것입니다.

각 세대의 장단점

이제 세 세대 각각의 장단점을 좀 더 면밀히 살펴보고, 각 세대가 사용자들에게 구체적으로 어떤 도움을 주는지, 그럼에도 왜 그들의 욕구를 충분히 만족시켜 주지 못하는지를 알아보자.

제1세대를 사용하는 사람들은 융통성 있게 행동한다. 그들은 상대에 따라 그리고 변화하는 요구에 맞추어 행동할 수 있다. 그들은 상황에 맞추어 일을 해내는 데 유능하다. 그들은 자신의 시간표에 따라 일하며, 스스로 필요하다고 생각하거나 그때 그때 절박하다고 느끼는 일부터 해 나간다.

그러나 이들은 허술한 방법 때문에 낭패를 보는 경우가 많다. 약속을 잊기도 하고, 작정한 것을 지키지 못하기도 한다. 평생의 비전과 목표를 설정하는 일에 대한 특별한 의식이 없기 때문에 추진력이 떨어지고, 결과적으로 의미 있는 성취는 기대 수준에 미치지 못하게 된다. 이 세대를 사용하는 사람들에게는 앞에 닥친 모든 일이 소중한 것이 되기 때문이다.

제2세대를 사용하는 사람들은 계획을 세우고 준비를 한다. 이들은 대개 앞 세대보다 약속을 좀 더 잘 지키고, 좋은 성과를 거두어야 한다는 책임감이 한결 높다. 달력과 일정표는 비망록에 그치는 것이 아니라, 직장과 가족 · 친구 · 동료를 위한 모임이나 회의 · 프리젠테이션을 더 잘 준비할 수 있게 도와 주는 구실을 한다. 준비를 함으로써 효율과 효과가 증대되고, 목표를 설정하고 계획을 수립함으로써 생산성과 성과가 향상된다.

그러나 스케줄과 목표, 능률에만 초점을 맞추다 보니, 스케줄 자체가 왕좌를 차지하게 된다. 제2세대를 사용하는 많은 사람들은 다른 사람들이나 인간 관계를 중요하게 생각하고 있음에도, 스케줄에 초점을 맞추는 태도 때문에 마치 다른 사람들이 '적'이라도 되는 듯이 행동하곤 한다. 다른 사람들이 스케줄을 지키고 계획을 수행하는 데 방해가 되는 장애물이나 주의를 산만하게 하는 존재로 인식되기 때문이다. 따라서 그들은 다른 사람들로부터 자신을 격리하거나 고립시킨다. 아니면 다른 사람들에게 위임을 한다. 사람들을 자신의 성과를 최대화할 수 있는 자원으로만 인식하기 때문이다. 결과적으로, 제2세대 사용자들은 원하는 것을 많이 얻을 수 있겠지만, 그것이 반드시 깊은 내면의 욕구를 충족시켜 주거나 마음의 평화를 주지는 않는다. 그들의 '소중한 것'은 달력과 목표에 의해 결정된다.

제3세대의 중대한 공헌은 목표와 계획을 가치와 결합시켰다는 점이다. 이 세대를 사용하는 사람들은 중요한 일에 대한 계획을 날마다 세우고 그 일들에 우선 순위를 설정함으로써 개인의 생산성을 크게 끌어올렸다. 이들에게 '소중한 것'은 자신의 가치관과 목표에 따라 정해진다.

제3세대 시간 관리의 결과는 아주 유익해 보인다. 사실, 많은 사람들이 선호하는 '시간 관리' 방식은 3세대의 방법에서 절정에 이른다. 사람들은 이 세대 속으로 깊이 들어갈 수만 있다면, 어디서나 정상에 설 수 있을 것이라고 생각한다. 그러나 이 제3세대에도 심각한 단점이 있다. 의도 자체에 단점이 있는 것은 아니다. 의도는 좋지만, 패러다임이 불완전하여 핵심 요소들이 빠져 있기 때문에 의도하지 않은 결과들이 나타나게 되는 것이 바로 그 단점이다. 우리는 이 단점들을 주의 깊게 살펴보려고 한다. 왜냐 하면 제3세대는 많은 사람들에게 '이상형'으로 비치고 있으며, 제1세대와 제2세대를 사용하는 많은 사람들이 갈망하는 목표를 제시하는 것처럼 보이기 때문이다.

먼저 패러다임, 즉 바탕에 깔려 있는 사고 방식 몇 가지를 생각해 보자. 이 패러다임들은 지도와 같다. 지도는 그 자체가 땅은 아니지만 땅을 묘사하고 있다. 만일 엉뚱한 지도를 가지고 있다면, 즉 디트로이트의 어느 지점으로 가고 싶은데 우리가 가진 것이 시카고의 지도라면, 우리가 원하는 곳으로 가기는 어려울 것이다. 좀 더 능률적으로 여행하고, 연비가 더 높은 차로 바꾸고, 여행 속도를 증가시키는 등 우리의 행동을 개선할 수는 있을 것이다. 그러나 결국 엉뚱한 장소에 더 빨리 달려가는 꼴이 되고 만다. 어쩌면 목적지에 가는 일에 대한 '긍정적인 심리 상태를 유지하면서' 우리의 태도를 개선할 수도 있을 것이다. 따라서 우리는 엉뚱한 곳에 도착한 것에 실망하지 않을 수도 있다. 그러나 이 문제는 행동이나 태도와 아무런 관계가 없다. 문제는 우리가 엉뚱한 지도를 가지고 있다는 사실이다.

모든 전통적인 시간 관리 접근 방법에도 다음과 같은 패러다임들이 깔려 있는 것이 사실이지만 제3세대는 그것을 더욱 강조한다.

컨트롤 제3세대의 기본적 패러다임은 컨트롤의 패러다임이다—계획하고, 일정을 잡고, 관리하라. 한 번에 한 걸음씩 내디더라. 어떤 것도 빈틈으로 떨어지게 해서는 안 된다. 우리는 흔히 생활을 잘 '컨트롤' 하면 멋질 것이라고 생각한다. 그러나 사실은 우리가 컨트롤하는 게 아니라, 원칙들이 컨트롤하는 것이다. 우리는 선택을 컨트롤할 수는 있지만, 그 선택의 결과를 컨트롤할 수는 없다. 우리가 어떤 행동을 선택하면 그 결과까지 자동적으로 선택하게 되는 것이다. 우리가 결과를 컨트롤할 수 있다는 생각은 착각이다. 그러나 그 착각 때문에 우리는 결과를 관리해 보려고 헛수고를 하게 된다. 게다가 우리는 다른 사람들을 컨트롤할 수 없다. 그러나 전통적인 시간 관리는 기본적으로 컨트롤의 패러다임에 입각해 있기 때문에, 우리가 대부분의 시간을 자신이 컨트롤할 수 없는 다른 사람들과 함께 생활하며 일하고 있다는 현실을 무시하고 있다.

효율 효율이란 '더 짧은 시간에 더 많은 일을 하는 것' 이다. 참 좋은 말이다. 더 많은 일을 한다. 낭비를 줄이거나 심지어 아예 없애 버린다. 합리적으로 일한다. 더 빨라진다. 최대한의 성과를 올린다. 생산성 향상은 엄청나다. 그러나 그 밑바닥에 깔려 있는 가정은 '더 많이' 그리고 '더 빨리' 가 더 좋다는 것이다. 그게 꼭 사실일까? 효율과 효과 사이에는 중대한 차이가 있다. 우리가 여행하기 좋은 화창한 날씨를 즐기면서 고속 도로를 따라 최고의 연비로 달리고 있다고 하자. 우리는 매우 효율적으로 여행하고 있다. 그러나 만일 우리가 101번 하이웨이를 타고 캘리포니아 연안을 따라 남쪽으로 가고 있지만 사실 목적지는 동쪽으로 약 3천 마일 떨어진 뉴욕이라면, 그걸 보고 효과적이라고 할 수는 없을 것이다.

나아가서, 도대체 인간 관계 속에서 어떻게 효율적으로 행동할 수 있겠는가? 당신은 중요한 감정적인 문제를 놓고 배우자나 10대 자식 또는 부하 직원과 효율적으로 행동하려고 애써 본 적이 있는가? 있다면 결과가 어떻게 되었는가?

"미안하지만 당신은 내면의 깊은 감정들을 제대로 표현하지 못하고 있구려. 내 일정상 이 면담은 10분 안에 끝내야 하겠소."

"얘, 지금은 날 좀 괴롭히지 마. 나는 여기 스케줄에 기록된 '할 일'을 마쳐야 하니까, 아무리 가슴이 찢어질 듯 괴롭고 슬퍼도 차례가 될 때까지 잠깐 참아."

일에서는 효율적일 수 있을지 몰라도, 사람들을 상대로 해서는 효율적일 수가 없는 것이다.

가치 어떤 것이 귀중하다는 것은 그것이 가치 있는 것이라고 생각하는 것이다. 가치는 아주 중요하다. 우리가 지닌 가치는 우리의 선택과 행동을 좌우한다. 우리는 사랑, 안정감, 큰 집, 은행의 돈, 지위, 인정, 명성 등 다양한 대상에 가치를 부여할 수 있다. 그러나 우리가 어떤 것을 중요하게 생각한다고 해서 그것이 꼭 삶의 질을 향상시키는 결과를 가져다 주는 것은 아니다. 우리가 가치를 두는 것이 마음의 평화와 삶의 질을 유지시키는 자연 법칙에 어긋날 때, 우리는 착각 속에서 인생을 살게 되고 결국 실패하게 된다. 우리가 우리 자신을 위한 법이 될 수는 없는 것이다.

독립적 성취 전통적인 시간 관리에서 초점을 맞추는 것은 성취하는 것, 이룩하는 것, 원하는 바를 얻는 것, 어느 것도 방해물이 되지 않도록 막는 것이다. 여기서는 다른 사람들을 본질적으로 우리가 더 빨리 더 많은 것을 얻는 데 필요한 자원으로만 생각하거나 장애나 방해물로 간주한다. 인간 관계는 본질적으로 거래의 성격을 띤다. 그러나 삶의 가장 큰 성취와 기쁨은 대부분 협동적 인간 관계를 통해 얻어진다는 것이 엄연한 현실이다. 상호 작용의 본질상 사람들은 나쁜 점을 고친다. 사람들은 좋은 쪽으로 바뀐다. 어떤 새로운 것이 창조되며, 그것은 어떤 사람도 컨트롤하지 못한다. 두 당사자조차 예상하지 못한 좋은 일이 벌어진다. 그것은 효율에 좌우되는 것이 아니다. 그것은 이해, 통찰, 새로운 배움, 또 새로운 배움으로 인한 자극이 서로 교환되면서 나타난다. 시간과 삶의 질을 향상시킨다는 관점에서 볼 때, 이와 같은 상호 의존적인 시너지에서 나오는 변화 현상의 위력을 이용하는 것이야말로 '지레의 받침점을 옮겨 힘을 증가시키는 것'이다.

크로노스　전통적인 시간 관리는 크로노스(chronos)―순서적인 시간이라는 뜻을 가진 그리스 말―를 다룬다. 크로노스 시간은 시간을 직선적이고 연속적인 것으로 간주한다. 지금의 1초와 다른 때의 1초는 똑같은 가치를 지닌다. 따라서 본질적으로 시계가 우리 생활의 리듬을 지배한다. 그러나 세상에는 카이로스(kairos)―'적절한 시간' 또는 '질적인 시간'―패러다임으로 인생을 바라보는 문화를 가진 곳도 많다. 시간은 우리가 경험하는 것이다. 시간은 지수(指數)적인 것이고, 실존적인 것이다. 카이로스 시간의 본질은 사람이 어떤 일에 얼마나 많은 크로노스 시간을 집어 넣느냐 하는 것보다는, 어떤 일에서 얼마나 많은 가치를 얻어 내느냐 하는 것이다. "좋은 시간을 보냈습니까(Did you have a good time)?"라는 일상적인 질문에 나타나듯이 영어에도 카이로스 시간 개념이 포함되어 있다. 이 질문을 던질 때 우리는 특정한 방법으로 사용한 크로노스 시간의 양을 묻는 것이 아니라, 그 시간의 가치와 질을 묻는 것이다.

역량 시간 관리는 본질적으로 역량을 갖추는 것과 관련이 깊다. 즉, 우리가 만약 여러 가지 역량을 갖추게 되면 삶의 질을 끌어올릴 수 있다는 것이다. 그러나 인생을 효과적으로, 즉 성공적으로 살려면 역량만이 아니라 좋은 성품도 갖추어야 한다. 많은 문헌이 표현은 다를지언정 "인생은 시간 관리에 달려 있다."고 말하고 있다. 그러나 지난 70년간 출판된 '성공'에 관한 문헌의 대부분과 마찬가지로 시간 관리 문헌에서는 일하는 역량과 성품을 연결시키지 않고 있다.[2] 그러나 수백 년 동안 전해 내려오는 지혜에 관한 문헌들에서는 삶의 질을 향상시키는 데에는 역량만이 아니라 성품을 개발하는 것이 중요함을 거듭 강조하고 있다.

관리 전통적인 시간 관리는 표현대로 리더십의 관점이 아니라 관리의 관점에 서 있다. 관리란 특정 패러다임을 가지고 실행하는 것이지만, 리더십은 새로운 패러다임을 창출한다. 관리는 해당 시스템 내부에서 실행되지만, 리더십은 시스템 자체를 다룬다. 그래서 '일'은 관리한다고 말하지만, 사람은 리드한다고 말하는 것이다. 우리 인생에서 소중한 것을 먼저 추구하기 위해서는 근본적으로 리더십을 관리 앞에 세워야 한다. 즉, "내가 일을 올바르게 하고 있는가?"라는 질문보다 "내가 올바른 일을 하고 있는가?"라는 질문을 앞세워야 하는 것이다.

시간 관리에 관한 세 세대의 장점과 단점은 다음 표에 요약되어 있다.

	장 점	단 점
제1세대	• 더 중요한 일이 일어났을 때 즉시 적응하는 능력—순리에 따르는 융통성. • 사람들에게 더 많은 반응을 보임. • 과도한 일정을 잡거나 복잡한 계획을 세우지 않음. • 스트레스가 적음. • '할 일' 리스트를 따라서 하면 됨.	• 실제적인 체계가 없음. • 실수를 많이 하게 됨. • 사람들과 약속한 것을 무시하거나 잊어버려 인간 관계에 문제가 많음. • 상대적으로 성취가 적음. • 스케줄과 활동 체계가 없기 때문에 위기에서 위기로 전전. • '소중한 것'—바로 눈앞에 닥친 것.
제2세대	• 작정한 것과 약속을 기록함. • 목표와 계획 설정을 통해 훨씬 많은 것을 성취하게 됨. • 준비를 통해 좀 더 효과적인 회의와 프리젠테이션을 하게 됨.	• 사람들보다 스케줄을 중요하게 생각함. • 원하는 것을 더 많이 얻음—이것이 반드시 필요로 하는 것이나 충족감을 주는 것은 아님. • 독립적인 사고와 행동—사람들을 목표에 이르는 수단이나 장애로 보게 됨. • '소중한 것'—스케줄에 적힌 것.
제3세대	• 결과에 대한 책임을 짐. • 가치관에 연계시킴. • 장기·중기·단기 목표들이 주는 위력을 활용함. • 가치를 목표와 행동으로 전환. • 일상적 계획 수립과 우선 순위 설정을 통한 개인적 생산성 증가. • 효율 증가. • 삶을 조직화/체계화함. • 시간과 자신의 관리 기술 강화.	• 자연 법칙과 원칙에 따르기보다는 사람이 컨트롤한다고 믿게 됨–'자신이 법'이라는 자만심. • 가치를 규명하지만 그것이 일을 관장하는 원칙과 반드시 일치하지는 않음. • 비전의 위력이 이용되지 않음. • 일일 계획 수립이 긴급하고 다급한 일의 우선 순위 확정과 위기 관리를 넘어서지 못하는 경우가 많음. • 죄 의식, 과다 계획, 역할 사이의 불균형 문제가 생길 수 있음. • 사람들 위에 스케줄을 놓고, 사람들을 경시할 수 있음. • 융통성/자발성이 덜함. • 기술만으로는 효과성과 리더십이 나오지 않음—성품이 요구됨. • '소중한 것'이 긴급성과 가치에 의해 결정됨.

보는 시각에 따라 얻게 되는 결과

그러면 효율·컨트롤·관리·역량·크로노스 같은 것을 강조하는 기본 패러다임은 무엇인가? 이 단어들은 땅을 정확히 묘사해 주는 지도인가? 이것들이 우리의 삶의 질에 대한 기대를 만족시켜 주는가? 우리는 이런 패러다임으로부터 나온 기술과 도구에 더 많은 노력을 쏟아 붓고 있음에도 근본적인 문제는 그대로 남아 있다(오히려 더 나빠지는 경우가 많다.)는 사실에서 그 기본 패러다임에 결함이 있음을 알 수 있다.

앞에 나온 사람들의 고민거리를 다시 생각해 보라.

내 인생은 정신 없이 바쁩니다! 난 하루 종일 뛰어다니죠—회의·전화·서류·약속. 난 능력의 한계를 느낄 때까지 일을 하다가 완전히 지쳐서 침대에 쓰러지지만, 다음날에도 일찌감치 일어나 같은 일을 반복합니다. 내가 해낸 일은 엄청나죠. 난 많은 일을 처리하고 있습니다. 하지만 난 가끔 속으로 이런 의문을 가집니다. '그래서 어쨌다는 거냐? 네가 지금 하는 일이 인생에서 진정으로 중요한 거냐?' 솔직히 그 답은 나도 모르겠거든요.

이제는 고전이 된 『사람이 생각하는 대로(As a Man Thinketh)』의 저자 제임스 앨런은 이렇게 말했다. "내면은 끊임없이 외부로 나타난다. 사람의 마음가짐에 따라 그 사람의 인생이 결정된다. 사람의 생각은 행동으로 꽃이 피고, 그 행동은 성품과 운명이라는 열매를 맺는다."[3]

시간 관리의 바탕에 깔린 이런 패러다임을 이해하는 것은 매우 중요하다. 우리의 패러다임은 우리의 정신과 마음의 지도이며, 거기에서 우리의 태도와 행동 그리고 인생의 결과들이 자라나기 때문이다. 그것은 '보는 시각/하는 행동/얻는 결과'라는 사이클을 통해 가치 있는 것을 만들어 내는 것이다.

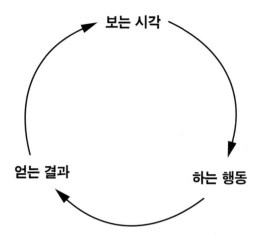

우리가 보는 시각(우리의 패러다임)에 따라 우리가 하는 행동(우리의 태도와 행동)이 결정되며, 우리가 하는 행동에 따라 우리가 인생에서 얻는 결과가 달라진다. 따라서 만일 우리가 결과 면에서 의미 있는 변화를 창출하려면 태도와 행동, 방법이나 기술만 바꿔서는 안 된다. 우리는 그런 것들이 발생하게 되는 기본적인 패러다임을 바꾸어야 한다. 만일 패러다임을 바꾸지 않고 행동이나 방법만 바꾸려고 노력하더라도 결국 패러다임이 변화를 짓눌러 버리게 된다. 바로 그런 점 때문에 여러 조직에서 품질 관리나 임파워먼트*를 '정착'시키려는 시도가 성공을 거두지 못하게 되는 것이다. 그런 것들은 정착시킬 수 있는 게 아니며, 조직 안에서 자라나야 한다. 즉, 품질 관리나 임파워먼트는 그것을 창출하는 패러다임이 바뀔 때 자연스럽게 가능해지는 것이다.

시간 계획 도구나 방법을 바꾸는 것만으로는 우리가 인생에서 거둘 수 있는 성과 면에서 중요한 변화를 일으킬 수가 없다. 아무리 그 시간 계획

---

* 신임하는 사람들에게 업무를 맡기고 도와 주어 최대한의 능력을 발휘할 수 있도록 해 주는 것.

도구나 방법이 그와 같은 약속을 한다 해도 마찬가지이다. 일을 더 많이, 더 잘, 더 빨리 컨트롤하는 것이 문제가 아니기 때문이다. 따라서 문제는 컨트롤의 가정 자체에 의문을 제기해야 한다는 점이다.

이에 관해 알베르트 아인슈타인은 이렇게 말한 바 있다.

우리가 맞닥뜨리고 있는 심각한 문제들은 우리가 그 문제들을 발생시킨 그 당시의 사고 방식으로는 해결할 수 없다.[4]

태도와 행동을 바꾸는 것보다 더 근본적인 일은 그런 태도와 행동이 흘러나오는 패러다임들을 재검토하는 일이다. 플라톤은 이렇게 말한 바 있다. "검토되지 않는 삶은 살 가치가 없다."[5] 그러나 우리의 리더십 개발 프로그램에 참가한 많은 사람들이 "난 그 재검토 문제는 깊이 생각해 본 적이 없습니다!" 하고 말하는 것을 들으면 정말 놀라지 않을 수 없다. 우리는 인생의 열매를 키워 내는 뿌리에 대해서는 진지하고 주의 깊게 생각해 보지도 않으면서, 사업을 하고, 아이들을 기르고, 학생들을 가르치고, 인간 관계를 맺으려고 애쓰며, 그러다가 때로 참담한 실패를 맛보기도 한다. 그리고 어떻게 된 일인지 시간 관리라는 것도 우리가 시간을 투자해 잘해 보려고 애쓰는 이런 중요한 일들로부터는 분리된, 일종의 기계적인 기술이 되어 버렸다.

제4세대의 필요성

한 가지 확실한 것은 우리가 지금 하고 있는 일을 그대로 계속해 나가면, 우리는 지금 얻고 있는 것을 계속 얻게 될 뿐이라는 점이다. 정신 이상에 대한 정의 중에는 이런 게 있다. "똑같은 일을 계속하면서 다른 결과를 기대하는 것." 만일 전통적인 시간 관리가 우리의 문제를 해결해 줄 수 있는 것이었다면, 지금쯤 숱한 아이디어를 통해 많은 문제가 해결되었을 것이다. 그러나 높은 수준의 시간 관리 훈련을 받은 사람들도 그 훈련을 받지 않은 사람들과 마찬가지로 삶의 질에 대해 걱정이 많다는 것을 우리는 알고 있다.

시간 관리—특히 제3세대의 시간 관리—라는 말은 그럴 듯하게 들린다. 그것은 성취를 약속하고 희망적인 느낌을 준다. 그러나 성취감과 희망을 실제로 주지는 못하고 있다. 그리고 많은 사람들은 시간 관리의 최고봉이라는 제3세대 접근 방법이 지나치게 엄격하고 꽉 짜여 있어서, 부자연스럽다고 느끼고 있다. 그것이 요구하는 사용 강도를 유지해 나가기는 몹시 힘들다. 많은 사람들이 휴가를 떠날 준비를 할 때 맨 처음 하는 일이 바로 제3세대의 상징인 시간 관리 수첩을 팽개치는 것이라는 점을 생각해 보라.

따라서 1·2·3세대의 장점들을 모두 포함하고 그 단점들을 모두 제거한 것보다도 한 단계 더 높은 제4세대가 필요한 것이다. 이것은 정도의 차이가 아니라 종류가 전혀 다른 패러다임과 접근 방법을 요구한다. 즉, 효과가 적은 사고 방식 및 행동 방식과 근본적으로 달라야 하는 것이다.

우리에게 필요한 것은 진화가 아니라 혁명이다. 우리는 시간 관리의 차원을 넘어 삶에 대한 리더십으로 나아가야 한다. 즉, 삶의 질을 끌어올릴 수 있는 패러다임에 바탕을 둔 제4세대가 필요한 것이다.

2 : 긴급성 중독

중요한 것에 의식적인 노력을 기울이지 않는 것은
중요하지 않은 것에 무의식적으로
노력을 기울이는 것과 다를 바가 없다.

이 장을 시작하면서, 잠시 다음 질문에 대한 답을 생각해 보라.

당신이 어떤 것 한 가지를 아주 잘 했을 때, 당신의 개인 생활에 매우 좋은 결과를 가져올 수 있다고 확신하는 그 한 가지는 무엇인가?

당신이 어떤 것 한 가지를 아주 잘 했을 때, 당신의 사업이나 직장 생활에 매우 좋은 결과를 가져올 수 있다고 확신하는 그 한 가지는 무엇인가?

당신이 그렇게 하면 매우 좋은 결과를 가져올 수 있다는 것을 알면서 그렇게 하지 않고 있는 이유는 무엇인가?

이 질문들에 대한 답을 생각하면서, 시간을 쓸 때 고려해야 할 두 가지 요소를 살펴보자. 그것은 바로 긴급성과 중요성이다. 비록 우리는 두 가지 요소를 모두 다루며 살아가기는 하지만, 이 둘 가운데 하나가 시간과 인생을 보는 우리의 관점을 나타내는 기본적 패러다임이다.

제4세대는 '중요성' 패러다임에 기초를 두고 있다. 긴급한 일에 그때 그때 대응하기보다는 중요한 일이 무엇인지를 파악하고 그것을 실행하는 것이 소중한 것을 먼저 하는 기본이 된다.

이 장을 서술해 나가면서 우리는 당신에게 자신의 패러다임을 신중하게 재검토해 보도록 요구할 것이다. 당신이 긴급성이라는 패러다임에 따라 행동하느냐 아니면 중요성이라는 패러다임에 따라 행동하느냐 하는 것에 따라 당신이 인생에서 얻는 결과들은 크게 달라진다.

긴급성

긴급성이 우리의 선택에 얼마나 강한 영향을 미치고 있는지 깨닫고 있는 사람은 거의 없다. 전화 벨이 울린다. 아기가 운다. 누가 문을 두드린다. 마감 시간이 다가온다.

"지금 난 이걸 해야 해."

"난 지금 너무 바빠. 이리 좀 와 줄 수 있어?"

"넌 약속 시간에 늦었어."

긴급성이 당신의 인생을 얼마나 좌우하는가? 잠시 시간을 들여, 다음 쪽의 긴급성 지수에 나타난 것으로, 긴급성에서 나오는 태도와 행동 몇 가지를 살펴보기 바란다. 당신이 긴급성 설문서에 나오는 진술들에 표시를 하여 몇 점이 나오는지를 보면, 당신이 어느 정도나 긴급성 패러다임을 통하여 인생을 보고 있는지를 알 수 있을 것이다. 각각의 진술을 읽으면서, 당신의 대답을 가장 잘 나타낼 수 있는 직선상의 숫자에 표시를 하라.

긴급성 설문서에 다 표시를 한 뒤에, 전체 점수를 더하고, 다음 기준에 따라 자신의 긴급성을 측정해 보라.

긴급성 지수

왼쪽의 진술을 읽고, 직선상의 숫자 가운데 당신의 평소 행동이나 태도에 가장 가까운 것을 골라 동그라미를 치라(0 = 전혀 아니다, 2 = 가끔 그렇다, 4 = 항상 그렇다).

　　　　　　　　　　　　　　　　　　　　　　　　　전혀　　　가끔　　　항상

1. 나는 시간 압박을 받으면서 일해야 일이 잘 되는 것 같다.
　　0　1　2　3　4

2. 내가 자기 성찰의 시간을 갖지 못한 것은 급하고 바쁜 것과 같은 외부 압력 때문이라고 생각한다.
　　0　1　2　3　4

3. 나는 내 주위의 사람들이 느리게 움직이고, 또 일들이 더디게 진행되는 것을 답답하게 생각하며, 오래 기다리거나 줄을 서는 것이 싫다.
　　0　1　2　3　4

4. 나는 일하다 잠시 쉬면 죄책감이 생긴다.
　　0　1　2　3　4

5. 나는 이 곳 저 곳, 이 일 저 일을 쫓아다니느라 늘 바쁘다.
　　0　1　2　3　4

6. 나는 프로젝트를 끝내기 위해 사람들과 만나는 것을 사절하는 경우가 있다.
　　0　1　2　3　4

7. 직장과 몇 분 이상 연락이 끊기면 불안을 느낀다.
　　0　1　2　3　4

8. 나는 어떤 일을 하면서 다른 일에 정신을 파는 경우가 있다.
　　0　1　2　3　4

전혀   가끔   항상

9. 나는 위기 상황에 대처해서 문제를 해결할 때 가장 잘 한다.

0 1 2 3 4

10. 나는 장기적인 목표를 차분하게 성취하기보다는, 새로운 위기 상황을 자극제로 삼으며 일을 처리하면 더 만족스럽다.

0 1 2 3 4

11. 나는 위기를 넘기기 위해 내 인생에서 소중한 사람들과 보낼 수 있는 질적인 시간을 포기해 버린다.

0 1 2 3 4

12. 나는 사람들이 내가 위기를 넘기기 위해 일들을 미루어 두거나 그들을 실망시키더라도 당연히 이해해 줄 것으로 생각한다.

0 1 2 3 4

13. 나는 어떤 위기를 해결해야만 내가 보낸 하루에 의미와 목적이 있다는 느낌이 든다.

0 1 2 3 4

14. 나는 너무 바빠서 일하면서 점심이나 다른 끼니를 대충 때운다.

0 1 2 3 4

15. 나는 언젠가는 내가 진정으로 하고 싶은 일을 할 수 있을 것이라고 늘 생각한다.

0 1 2 3 4

16. 나는 하루 일과가 끝나 '가결' 서류함에 서류가 많이 쌓이면 내가 하루 동안 진짜로 생산적이었다는 느낌이 든다.

0 1 2 3 4

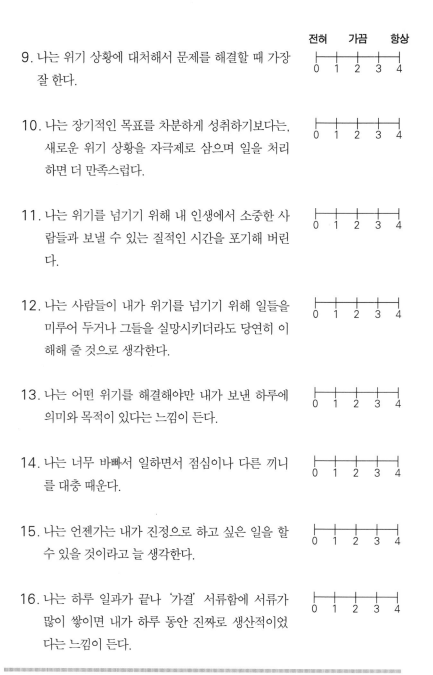

0-25	낮은 긴급성 심리
26-45	강한 긴급성 심리
46 이상	긴급성 중독 상태

　만일 응답의 대부분이 낮은 쪽 수치에 가 있다면, 당신은 아마 긴급성 패러다임에 큰 영향을 받고 있지 않을 것이다. 만일 중간이나 높은 쪽 수치에 가 있다면, 긴급성이 당신에게 영향을 미치고 있는 패러다임일 가능성이 많다. 만일 당신의 응답이 일관되게 높은 수치라면, 긴급성은 당신이 생각하는 것보다 훨씬 더 심각할 수도 있다. 당신은 긴급성에 중독되어 있을지도 모른다.

긴급성 중독

　우리 가운데 일부는 위기 상황을 자극제로 삼아 일을 처리할 때의 흥분과 행동감 때문에 그것에 익숙하게 되고 의존까지 하게 된다. 긴급성 때문에 어떤 문제가 생기는가? 스트레스가 쌓이는가? 압박감을 느끼는가? 긴장하는가? 지치는가? 물론이다. 하지만 솔직하게 말해 보자. 긴급성은 때로 환희를 안겨 주기도 한다. 자신이 쓸모 있는 사람이라는 느낌을 준다. 성공했다는 느낌을 준다. 자신의 능력이 입증되었다는 느낌도 준다. 그래서 우리는 긴급한 것을 다루는 데에 능숙해지게 된다. 문제가 생길 때마다 우리는 말을 타고 마을로 달려들어가, 6연발 권총을 꺼내 들고, 악당들을 쏴 버리고, 총구에서 나오는 연기를 획 불어 버리고, 다시 말을 타고 영웅처럼 저녁 노을 속으로 사라진다. 그것은 즉각적인 결과와 즉각적인 만족을 준다.

　우리는 긴급하고 중요한 고비를 넘김으로써 순간적으로 도취 상태에 빠진다. 그러고 나면 중요한 것이 아닐지라도, 긴급성에 대한 갈구가 너무 강렬한 나머지 계속 행동에 나설 수 있도록 긴급한 것이면 무엇이든 해결하려 든다.

사람들은 우리가 언제나 바쁘고 늘 지칠 정도로 많은 일을 하기를 기대한다. 바쁘다는 것은 우리 사회에서 지위의 상징이 된다―우리가 바쁜 사람이면 중요한 사람이 되고, 바쁘지 않다고 말하는 게 부끄러울 지경이 된다. 우리는 바쁜 상태에 있어야 안정감을 갖게 된다. 바쁘다는 것은 우리의 존재 이유를 정당화하고, 우리에게 인기를 안겨 주며, 기쁨도 준다. 그리고 그것은 우리가 삶에서 가장 중요한 것을 하지 않는 데 대한 좋은 핑곗거리도 된다.

"나도 당신과 재미있는 시간을 보내고 싶지만 일을 해야 돼. 마감 시간에 쫓기고 있단 말야. 급한 거야. 물론 당신도 이해하겠지만."

"난 정말이지 운동할 시간이 없어요. 나도 그게 중요하다는 건 알지만, 지금은 다급한 일이 너무 많아요. 좀 여유가 생기면 할 수도 있겠죠."

긴급성 중독은 충족되지 않은 욕구가 만들어 낸 공허를 순간적으로 채워 주는, 자기 파괴적인 행동이다. 그리고 전통적인 시간 관리의 도구와 접근 방법들은 그런 욕구를 충족시켜 주는 대신, 오히려 그런 중독을 부추기는 경우가 많다. 이런 도구와 접근 방법들은 우리를 날마다 긴급성의 우선 순위에 매달리게 만든다.

긴급성 중독은 다른 중독성과 마찬가지로 매우 위험한 것이다. 다음의 특징들은 시간 관리와는 전혀 관계가 없는 것으로 중독 치료 문헌에 나오는 것이다. 주로 화학 물질, 도박, 과식 등에 대한 중독성을 다룬 것이지만, 이것이 긴급성 중독과 얼마나 유사한지 한 번 살펴보라.[1]

중독이 되면

1. 예측 가능한 일시적 만족감을 준다.
2. 집착하고 몰두하게 된다.
3. 일시적으로 통증을 비롯한 부정적인 느낌을 없애 준다.
4. 자신의 가치, 힘, 통제력, 안전감, 친밀성, 성취감 등이 인위적이고 꾸며진 느낌에서 나온다.
5. 원래 고치려고 하던 문제와 감정을 더욱 악화시킨다.
6. 기능을 악화시키고, 인간 관계의 상실을 불러온다.

이런 특징들이 긴급성 중독을 얼마나 잘 설명하고 있는지 생각해 보라! 사실, 우리 사회에는 이런 증상이 홍수처럼 범람하고 있다. 우리 인생과 우리 문화에서는 고개를 돌리는 곳마다 긴급성 중독이 깊어지고 있다.

로저 : 우리 프로그램을 진행하던 중에 난 어떤 다국적 기업의 고위 간부 그룹과 긴급성 지수를 검토하게 되었습니다. 쉬는 시간에 오스트레일리아에서 온 고위 경영자가 찡그린 낯으로 웃음을 지으며 나한테 다가오더군요. 그 사람은 큰 소리로 말했습니다.

"믿을 수가 없군요! 난 완전히 중독되었습니다! 사실 우리 기업 문화 전체가 그렇습니다. 우리는 끊임없이 위기를 겪으며 살아갑니다. 누군가 이건 아주 급한 일이야 하고 말하지 않으면 아무것도 이루어지지 않아요."

그런 이야기를 하고 있는데, 그 부서의 2인자가 그 사람 옆으로 다가오더니 동의하는 뜻으로 고개를 끄덕였습니다. 두 사람은 잠시 그들이 처한 상황에 대해 농담을 했습니다.

하지만 그 농담 속에는 심각한 걱정이 숨겨져 있었습니다. 잠시 후 그 고위 경영자가 나를 보더니 말했습니다.

"사실 이 사람도 우리 회사에 처음 들어올 때는 이렇지 않았죠. 하지만 지금은 나와 다를 바가 없게 되었습니다."

순간 그 경영자는 갑자기 깨달은 게 있는지 눈을 크게 떴습니다.

"그랬군요. 나만 중독자가 된 것이 아니라 남까지 그렇게 되도록 밀어붙인 셈이로군요."

문제가 되는 것은 긴급성 그 자체가 아니다. 긴급성이 우리 인생을 지배해 버리고 중요성이 뒷전으로 밀리게 되는 것이 진짜 문제이다. 우리는 긴급한 것을 '소중한 것'으로 여기게 된다. 우리는 일을 하는 데에만 완전히 사로잡혀, 심지어 잠시 발걸음을 멈추고 우리가 하고 있는 게 정말 할 필요가 있는 일인지 묻지도 않는다. 그 결과 나침반과 시계 사이의 불일치는 더 심각해지고 만다. 찰스 허멀은 그의 소책자 『긴급성의 압제 (Tyranny of the Urgent)』에서 이렇게 말한다.

중요한 일은 오늘 꼭 해야 한다거나, 아니면 심지어 이번 주에 꼭 해야 하는 경우가 드물다……. 긴급한 일은 즉각적인 행동을 요구한다……. 이런 일의 순간적인 매력은 뿌리칠 수 없고 중요한 것으로 여겨진다. 그래서 우리 에너지를 삼켜 버린다.

그러나 긴 시간의 관점에서 보면, 그 기만적으로 두드러졌던 모습은 희미해진다. 우리는 중요한 일을 옆으로 밀어 두었다는 것을 기억하며 못 한 것에 대한 상실감을 가지게 된다. 우리가 긴급성의 압제에 노예가 되었다는 것을 깨닫는 것이다.[2]

전통적 시간 관리 도구 가운데 대부분이 중독을 부추기고 있다. 일정 계획과 '해야 할 일' 목록은 본질적으로 우리가 우선 순위 높은 것과 긴급한 일을 먼저 하도록 강조한다.

그러나 우리 인생에 긴급한 일이 많아질수록, 중요한 일은 줄어들게 된다.

중요한 것

우리의 인생에서 존재 목적에 도움이 되고 풍요와 의미를 가져다 주는 여러 중요한 것은 대체로 우리의 시간을 강경하게 요구하지도 않고 빼앗지도 못한다. 그런 중요한 것들은 '긴급한 것'이 아니기 때문에, 우리가 스스로 잊지 말고 챙겨야 하는 것이다.

긴급한 것과 중요한 것의 문제점을 좀 더 효과적으로 설명하기 위해, 다음의 시간 매트릭스를 살펴보기로 하자. 보다시피 이 매트릭스는 우리의 시간 소비 활동을 네 유형으로 나누고 있다. 우리는 이 네 가지에 속하는 유형으로 시간을 쓴다.

제1상한은 '긴급한' 동시에 '중요한' 것을 나타낸다. 여기에는 성난 고객을 상대하고, 마감 시간을 맞추고, 고장난 기계를 수리하고, 심장 수술을 받고, 다쳐서 우는 아이를 도와 주는 일 등이 포함된다. 우리는 제1상한의 일에 우선 시간을 써야 한다. 이것은 우리가 관리하고, 생산하고, 많은 욕구를 충족시키고, 도전적인 문제점들을 해결하기 위하여 경험과 판단력을 필요로 하는 일들이다. 만일 우리가 이것을 무시한다면, 우리는 산 채로 매장당하게 될 것이다. 그러나 동시에 우리는 많은 중요한 일들이, 우리가 미적미적거리거나 충분한 예방과 계획을 하지 않아 긴급한 것이 되고 만다는 점을 깨달아야 한다.

제2상한은 '중요하지만 긴급하지는 않은' 활동들을 포함하고 있다. 이것은 질적인 활동의 상한이다. 여기에서는 장기 계획을 세우고, 문제를 예상함과 아울러 예방하고, 다른 사람들을 임파워먼트시켜 주고, 우리의 마음을 넓히고, 독서와 지속적인 전문 분야의 개발을 통해 기량을 닦아 나가고, 힘겨워 고민하는 자식들을 어떻게 도울 것인지를 구상해 보고, 중요한 회의와 프리젠테이션을 준비하고, 진솔하게 다른 사람의 말에 귀

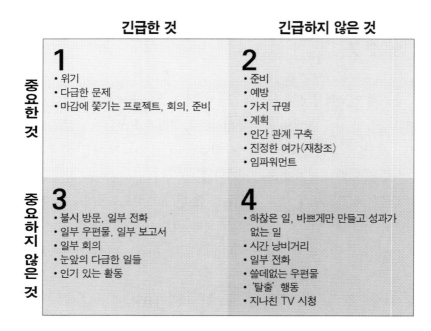

	긴급한 것	긴급하지 않은 것
중요한 것	**1** • 위기 • 다급한 문제 • 마감에 쫓기는 프로젝트, 회의, 준비	**2** • 준비 • 예방 • 가치 규명 • 계획 • 인간 관계 구축 • 진정한 여가(재창조) • 임파워먼트
중요하지 않은 것	**3** • 불시 방문, 일부 전화 • 일부 우편물, 일부 보고서 • 일부 회의 • 눈앞의 다급한 일들 • 인기 있는 활동	**4** • 하찮은 일, 바쁘게만 만들고 성과가 　없는 일 • 시간 낭비거리 • 일부 전화 • 쓸데없는 우편물 • '탈출' 행동 • 지나친 TV 시청

를 기울임으로써 인간 관계를 돈독히 하는 일 등이 포함된다. 제2상한에
서 사용하는 시간을 증가시킨다는 것은 우리의 능력을 증가시키는 것이
된다. 그러나 제2상한의 활동을 무시하면 제1상한의 활동이 늘어나게
됨으로써, 그렇지 않아도 그런 일에 지친 사람에게 스트레스를 주고 신경
쇠약을 일으키게 하여 더욱 심각한 상황을 불러온다. 반면 제2상한에 시
간을 투자하면 제1상한은 줄어든다. 계획 · 준비 · 예방을 통해 많은 일
이 긴급성을 덜기 때문이다. 제2상한은 우리에게 조금도 강요하지 않기
때문에 우리 자신이 시간을 할애해야 한다. 제2상한은 자기 리더십의 상
한이다.

　제3상한은 거의 제1상한의 허깨비라고 할 수 있다. 여기에는 '긴급하
지만 중요하지는 않은' 것들이 포함된다. 제3상한은 현혹의 상한이다.
긴급하다고 시끄럽게 외침으로써 그 일이 정말 중요하다는 착각이 생긴
다. 그러나 실제 활동은, 설혹 그것이 중요하다 해도, 오직 다른 사람들에

게만 중요할 뿐이다. 걸려 오는 많은 전화, 회의, 불쑥 찾아오는 방문객들이 이 범주에 들어간다. 우리는 다른 사람들의 우선 순위와 기대에 맞추어 주느라 제3상한에서 많은 시간을 보내게 되는데, 그러면서 우리가 제1상한에 있다고 생각한다.

제4상한에는 '긴급하지도 않고 중요하지도 않은' 활동들이 포함된다. 이것은 낭비의 상한이다. 물론, 우리는 전혀 이쪽 상한에는 시간을 쓸 필요가 없다. 그러나 우리는 제1상한과 제3상한으로 휩쓸려 다니면서 상처를 입고 피난하느라 제4상한으로 '탈출' 한다. 제4상한에는 어떤 종류의 일들이 있을까? 여가 활동이 여기에 다 포함되는 것은 아니다. 재창조(re-creation)라는 진정한 의미의 여가 활동(recreation)은 가치 있는 제2상한의 활동이기 때문이다. 그러나 중독되어 시시한 소설들을 읽는다든가, '머리 쓰지 않아도 되는' 텔레비전 쇼를 습관적으로 본다거나, 직장 복도에서 남의 험담을 한다거나 하는 것은 제4상한에 속하는 시간 낭비라고 할 수 있다. 제4상한은 생존을 위한 것이 아니다. 그것은 퇴보하는 활동이다. 처음에는 솜사탕 같은 맛을 느낄 수도 있지만, 금방 무익할 뿐이라는 것을 알게 된다.

자, 이제 앞의 시간 매트릭스를 보고, 당신의 지난 주 생활을 한번 돌이켜 보도록 하라. 당신이 지난 주에 한 모든 활동을 하나하나 이 네 가지 상한으로 분류한다면, 당신은 어느 상한에서 많은 시간을 썼다고 말할 수 있는가?

제1상한과 제3상한을 고려할 때는 신중하게 생각해야 한다. 어떤 일이 긴급하다고 해서 그게 곧 중요한 것은 아니기 때문이다. 이 두 상한을 구별하는 가장 빠른 방법은 스스로에게 그 긴급한 활동이 자신의 중요한 목적에 이바지했는지를 물어 보는 것이다. 답이 부정적이라면 그것은 제3상한으로 분류해야 할 것이다.

만일 당신이 우리와 함께 일하는 많은 사람들과 비슷하다면, 당신은 제1상한과 제3상한에서 대부분의 시간을 보냈을 가능성이 매우 높다. 그렇다면 그 대가는 무엇인가? 당신이 긴급한 일들에 몰리며 살아왔다면, 당신은 어떤 중요한 것들—또는 정말 '소중한 것들'—에 당신의 시간과 주의를 쏟지 못했는가?

이 장의 서두에서 당신이 답한 질문들에 대해 다시 생각해 보라.

당신이 어떤 것 한 가지를 아주 잘 했을 때, 당신의 개인 생활에 매우 좋은 결과를 가져다 줄 수 있다고 확신하는 그 한 가지는 무엇인가?

당신이 어떤 것 한 가지를 아주 잘 했을 때, 당신의 사업이나 직장 생활에 매우 좋은 결과를 가져다 줄 수 있다고 확신하는 그 한 가지는 무엇인가?

당신이 대답한 활동이 어떤 상한에 속하는지 분석해 보라. 아마도 그것들은 제2상한에 속할 것이다. 우리는 이 질문을 이미 수천 명에게 해 보았는데, 그 대답들은 대부분 다음 7가지 활동 중의 한 가지에 포함된다는 것을 알게 되었다.

1. 사람들과의 의사 소통을 개선하는 것
2. 준비를 더 철저히 하는 것
3. 계획과 정리를 더 잘 하는 것
4. 자신을 더 잘 돌보는 것
5. 새로운 기회를 잡는 것
6. 자기 개발 하는 것
7. 임파워먼트해 주는 것

이 모든 것이 제2상한에 속하게 된다. 중요한 것들이기 때문이다.

그런데 왜 사람들은 이런 일을 하지 않을까? 왜 당신은 위의 두 가지 질문에 대해 스스로 답변한 활동들을 하지 않고 있는가?

아마 그것들이 긴급하지 않기 때문일 것이다. 그것들은 다급하지 않다. 그것들은 당신을 다그치지 않는다. 그러나 우리는 그것들을 꼭 해야 한다.

중요성 패러다임

분명히 우리는 인생의 두 가지 요소―긴급한 것과 중요한 것―를 모두 다루며 살아간다. 그러나 일상적인 판단에서는 이 두 가지 가운데 하나가 다른 하나를 지배하는 경향이 있다. 중요성 패러다임이 아니라 주로 긴급성 패러다임에 따라 일을 할 때 문제가 발생한다.

중요성 패러다임에 따라 일을 할 때 우리는 제1상한과 제2상한에서 생활하게 된다. 제3상한과 제4상한에서는 벗어나게 되며 준비·예방·계획·임파워먼트에 많은 시간을 쓰면 쓸수록, 제1상한의 발등에 떨어진 불을 끄느라 보내는 시간이 줄어들게 된다. 심지어 제1상한의 본질도 변한다. 대개의 경우, 우리는 그렇게 정해졌기 때문에 제1상한으로 가는 게 아니라, 스스로의 선택에 의해서 제1상한에 있게 된다. 심지어 우리가 어떤 것을 중요하다고 생각하는 경우에 그것을 긴급한 것으로 선택할 수도 있고, 때에 맞추어 천천히 해도 되는 일로 선택할 수도 있다.

한 동료는 이와 같은 경험을 이야기했다.

최근에 내 여자 친구가 인간 관계로 말미암아 위기에 빠졌습니다. 나는 집과 회사일 때문에 무척 바빴지만, 이럭저럭 일에 쫓기지 않는 상태를 유지하면서 재충전에 필요한 시간을 내고 있었죠. 그러던 어느 날, 세 차례의 회의, 자동차 수리, 쇼핑, 중요한 점심 식사 약속이 잡혀 있었는데, 그 여자 친구가 전화를 했습니다. 난 즉시 그 친구가 정말 힘든 하루를 보내고 있다는 것을 알고, 내 다른 활동들은 보류하기로 결정하고서 그 친구를 집까지 태워다 줄 시간을 냈죠. 난 그렇게 하면 다음날 일정은 제 1상한의 활동들로 꽉 차게 되리라는 걸 알았습니다. 오늘 그 여자 친구 때문에 마저 챙기지 못한 일들이 있었기 때문이죠. 하지만 그 친구 문제는 중요했습니다. 아주 중요했습니다. 나는 스스로 다음날 하루를 긴급하게 살아가는 쪽을 택했지만, 그것은 아주 기분 좋은 결정이었습니다.

우리 세미나에서, 우리는 사람들에게 긴급성과 중요성 패러다임을 놓고 거기에서 연상되는 느낌들을 말해 보라고 하는 경우가 종종 있다. 사람들이 긴급한 것에 대해 이야기할 때는 주로 "스트레스가 꽉 찼다.", "완전히 진이 빠졌다.", "성취하지 못했다.", "지쳐 떨어졌다."는 말들을 사용한다. 그러나 중요한 것에 대해 이야기할 때는 "자신 있다.", "성취감을 느낀다.", "제대로 하고 있다.", "의미 있다.", "평화롭다."는 말을 쓴다. 당신도 한번 이렇게 해 보라. 당신은 긴급성 패러다임에 기초를 두고 일할 때와 중요성 패러다임에 기초를 두고 일할 때 각각 어떤 느낌을 받는가? 이런 느낌들은 당신이 인생에서 얻는 결과들의 근원에 대해 많은 것을 말해 줄 것이다.

시간 매트릭스에 대한 질문들

물론 실제 생활에서는 이 네 상한이 산뜻하고, 뚜렷하고, 논리적으로 나타나는 것은 아니다.

한 상한 안에, 그리고 각 상한 사이에 연속되는 것도 있고 약간씩 겹치기도 한다. 사실 이 네 범주는 종류에 따라 구분된 것이기도 하지만 정도에 따라 구분된 것이기도 하기 때문이다.

다음은 사람들이 시간 매트릭스와 관련해 흔히 하는 질문을 열거한 것이다.

우리가 직면한 모든 긴급하고도 중요한 일 가운데 어느 것을 먼저 해야 할지 어떻게 알 수 있는가?

이것은 우리가 일상 생활에서 부딪치는 커다란 딜레마다. 이 문제 때문에 우리는 변화를 두려워하게 되고, 그저 더 많이 더 빨리 하려고만 한다. 그러나 많은 일 가운데서도 언제나 먼저 해야 할 일이 한 가지씩 있게 마련이다. 어떤 의미에서는 제1상한 속의 제1상한, 제2상한 속의 제2상한이 있다고도 할 수 있다. 주어진 시간에 가장 중요한 일이 무엇인지를 어떻게 결정하느냐 하는 문제는 우리가 이 책의 다음 장들에서 다루게 될 주요 문제 가운데 하나다.

제1상한에 속해 있으면 나쁜가?

아니, 그렇지 않다. 사실 많은 사람들이 상당한 시간을 제1상한에서 보내고 있다. 중요한 것은 당신이 왜 거기 있느냐 하는 것이다. 당신은 긴급성 때문에 제1상한에 있는가, 아니면 중요성 때문에 제1상한에 있는가? 긴급성이 지배하고 중요성은 희미해진다면, 당신은 제3상한으로 미끄러지게 될 것이다―그것은 긴급성 중독이니까. 하지만 당신이 중요성 때문에 제1상한에 있고 긴급성은 희미해진다면, 당신은 제2상한으로 옮아가게 될 것이다. 제1상한과 제2상한은 모두 중요한 일들을 포함하고 있다. 변하는 것은 다만 시간 요인일 뿐이다. 당신이 제3상한과 제4상한에서 시간을 쓰고 있다면 그것이야말로 진짜 문제가 된다.

제2상한에 쓸 시간을 어디서 얻을 수 있는가?

만일 당신이 제2상한에 쓸 시간을 찾는다면, 우선적으로 제3상한에서 그 시간을 얻을 수 있다. 제1상한에서 쓰는 시간은 긴급하고도 중요한 것이며, 우리가 그것을 줄일 수 없다. 또 우리는 제4상한에 시간을 쓰지 말아야 한다는 것도 알고 있다. 그러나 제3상한에서는 착각할 수가 있다. 중요한 것은 우리의 모든 활동을 중요성에 비추어 파악하는 법을 배우는 것이다. 그러면 우리는 긴급한 것이라고 착각하면서 제3상한에 쓰느라 잃어버린 시간을 다시 찾을 수 있다.

내가 제1상한의 환경 속에 있다면 어떻게 하나?

어떤 직업은 성격상 거의 전적으로 제1상한에 있게 된다. 예를 들어 소방수, 의사와 간호사, 경찰관, 신문 기자, 편집자들의 일은 긴급하고도 중요한 일부터 처리하는 것이다. 그러나 이 사람들이야말로 제2상한에서 쓸 시간을 내는 게 매우 중요하다. 이유는 간단하다. 그렇게 해야만 제1상한에 대처할 수 있는 역량을 기를 수 있기 때문이다. 제2상한에서 보내는 시간은 우리의 역량을 증대시키는 것이다.

당장의 긴급한 일은 아닐지라도 우리가 관심을 기울여야 할 제1상한 활동이 있는가?

어떤 일들은 우리가 관심을 기울이지 않으면 위기에 빠지게 되거나 문제가 되고 만다. 우리는 이런 일들을 긴급한 것으로 간주해야 한다. 나아가서 조직 측면에서 보자면 제2상한의 활동에 속하는 것, 예를 들어 장기적인 비전 작성, 계획, 인간 관계 형성과 같은 행동은 그 조직의 최고 책임자에게는 제1상한의 활동이 될 수도 있다. 이것은 최고 책임자의 독특한 임무다. 그들은 이와 같은 일을 해야 할 의무가 있으며, 그것을 하느냐 하지 않느냐에 따라 그 결과가 크게 달라진다. 그 책임자는 '당장' 그런 일을 할 필요가 있다. 그것은 긴급한 일이며, 또한 반드시 추구해야 할 일이다.

우리가 시간을 보내는 방식을 선택하는 데 중요성과 긴급성이 큰 영향을 준다는 사실을 보여 주는 것이 바로 이 매트릭스의 가치다. 매트릭스를 통해 우리는 시간의 대부분을 어디서 보내는지를 알 수 있고, 또 왜 거기서 보내는지도 알 수 있다. 우리는 또한 긴급한 것이 지배하는 정도가 커질수록 중요한 것이 지배하는 정도는 작아진다는 것도 알 수 있다.

복잡성의 해결

마약 중독과 마찬가지로 긴급성 중독은 일시적 효능밖에 없는 진통제를 과도하게 사용하는 행위다. 긴급성 중독은 나침반과 시계 사이의 차이에서 일어나는 심한 고통을 어느 정도 덜어 준다. 고통이 덜어지면 그 때는 기분이 좋을 것이다. 그러나 그것은 솜사탕 같은 만족감일 뿐이어서 곧 날아가 버리고 만다. 그리고 통증은 계속된다. 단지 더 많이 더 빨리 하는 것으로는 만성적 원인들, 근본적인 문제들, 고통의 원인들을 고칠수 없다. 그것은 두 번째로 중요한(또는 세 번째나 네 번째인) 것을 더 빨리 하는 것이다……. 그러나 소중한 것을 먼저 하지 않는 것에서 오는 만성적 고통을 진정으로 해결하기 위해서는 이런 태도를 버려야 한다.

만성적인 문제에 접근하려면 다른 종류의 사고가 필요하다. 여기서 나타나는 사고의 차이는 의학에서 말하는 '예방'과 '치료' 사이에 나타나는 차이에 비교할 수 있다. 치료는 심하거나 고통스러운 수준에 이른 병을 다룬다. 예방은 생활 습관과 건강 유지의 문제를 다룬다. 이것은 두 가지 서로 다른 패러다임이다. 의사가 이 두 가지 패러다임 모두에 근거하여 일을 할 수도 있지만, 그런 경우에도 흔히 하나의 패러다임이 우위에서게 된다.

스티븐 : 난 서로 다른 패러다임에 따라 일하는 의사들로부터 각각 신체 검

사를 받아 봤는데, 결과가 완전히 달랐습니다. 두 사람은 서로 다른 것을 발견해 냈죠. 이를테면, 치료 패러다임에 의거해 진료하는 의사는 피 검사를 해 보더니 내 전체 콜레스테롤이 200 이하라고 하면서 괜찮다고 했습니다. 그런데 예방 패러다임을 가진 의사는 피 검사를 해 보더니 좋지 않다고 했습니다 ─특히 LDL/HDL/전체 콜레스테롤 비율이 좋지 않다는 것이었습니다. 그 의사는 내가 약간 위험한 상태라고 하면서 운동, 식이요법, 약 등을 처방해 주더군요.

우리가 겪는 건강 문제의 대부분이 생활 습관과 관련되어 있다는 사실을 우리는 잘 알고 있다. 그러나 심장 마비와 같은 극단적인 '각성의 계기'가 없는 한 우리 가운데 많은 사람은 의사가 해결해 줄 거라는 환상 속에서 살아간다. 우리는 우리가 원하는 대로 산다. 운동을 거의 안 하기도 하고 영양 섭취를 제대로 안 하기도 하며, 잡다한 일로 무리하면서 심신을 소모한다. 그러다가 문제가 생기면 의사가 문제를 수습해 줄 것이라고 기대한다. 처방과 반창고로 통증을 감소시킬 수야 있겠지만, 진정으로 건강을 개선하려면, 고통의 밑에 깔린 뿌리 깊은 원인에 접근해 보아야 한다. 예방에 깊은 관심을 기울일 필요가 있는 것이다.

이것은 우리 삶의 다른 분야에서도 마찬가지다. 올리버 웬들 홈스는 이렇게 말했다. "난 복잡성이 심각한 문제에서 단순한 해답을 찾으려고 하지 않겠다. 그러나 복잡성이 없는 문제에서 단순한 답을 찾기 위해서는 최선을 다할 것이다."[3] 복잡한 문제에 대한 단순한 답들은 우리가 처한 현실 문제들을 제대로 해결해 주지 못한다. 즉시 쓸 수 있고 쉽다고 생각될지는 모르지만, 그 해결책은 실속이 없다. 대부분의 사람들이 그 사실을 알고 있다. 사람들은 응급적인 해결책과 성격 윤리 기법들이 제공하는 반창고와 아스피린에 싫증을 느끼고 있다. 우리는 경험을 통해 그것을 알고 있다. 사람들은 자신의 인생에서 가장 소중한 것을 먼저 하는 것을 가로막고 있는 만성적 문제를 생각해 보고 그것을 해결하기를 원한다.

다음 장에서 우리는 1 · 2장에서 말한 문제들이 일으키는 심한 통증들을 분석하여 만성적이고 근본적인 원인들을 살펴보게 될 것이다. 우리는 그 복잡성의 핵심을 분석하여 우리의 시간과 삶의 질에 지대한 영향을 미치고 있는 문제점의 전반적인 실체를 파헤쳐 보게 된다. 3장에 나타난 세 가지 아이디어는 당신의 현재 사고 방식에 대한 도전이 될지도 모른다. 그러나 우리는 당신이 그 도전에 맞서 개인적 수준에서 심각하게 이 아이디어들과 씨름해 볼 것을 강력하게 권한다. 우리는 당신이 그 아이디어들을 통해 당신의 패러다임들을 전환하여 더 깊은 곳에 내재한 것들을 확인하고, 정확하게 땅을 묘사하는 지도를 그릴 수 있는 능력을 얻을 것으로 믿는다.

　제2부에서는 이 아이디어들로부터—복잡성의 해결로부터 나오는—단순하고 강력한 패러다임과 방법들을 발견할 수 있을 것이다. 그것을 통해 당신은 인생에서 소중한 것을 먼저 할 수 있는 능력을 얻게 될 것이다.

3 : 살며, 사랑하며, 배우고, 유산을 남기는 것

*일을 더 빨리 더 많이 하는 것이
올바른 일을 하는 것을 대신하지는 못한다.*

긴급한 것에서 중요한 것으로 넘어갈 때, 우리는 당장 다음과 같은 근본적인 질문에 부딪치게 된다. '소중한 것'이란 무엇이며, 우리 생활에서 어떻게 그것을 먼저 할 수 있는가?

제4세대는 우리가 그 질문에 대답할 수 있도록 핵심적인 아이디어를 제공한다.

1. 인간의 네 가지 욕구와 능력의 충족
2. '정북향' 원칙의 실체
3. 인간의 네 가지 천부의 능력이 지닌 잠재력

1. 인간의 네 가지 욕구와 능력의 충족

인간에게는 충족시켜야 할 근본적인 욕구들이 있다. 만일 이러한 기본적인 욕구가 충족되지 못하면, 우리는 공허함과 허전함을 느끼게 된다.

우리는 긴급성 중독으로 그 공허를 메우려고 애쓸 수도 있다. 또는 부분적 충족에 일시적으로 포만감을 느껴 자기 만족을 할 수도 있다.

우리가 이런 욕구를 의식적인 수준에서 인정하거나 거론하지 않는다 해도, 우리 속 깊은 곳에서는 이런 욕구가 존재한다는 것과 그 욕구들이 중요하다는 사실을 잘 알고 있다. 우리는 자신의 경험을 통해 그 욕구들을 확인할 수 있고, 다른 사람의 경험을 통해서도 그 욕구들을 확인할 수 있다. 또 우리는 시공을 초월해 모든 시대, 모든 장소에 대한 우리의 간접 경험을 통하여 그 욕구들을 확인할 수도 있다. 이런 욕구는 시대를 막론하고 지혜의 문헌들*을 통하여 인간이 충족시켜야 할 핵심적 차원으로 인정되어 왔다.

이런 욕구의 핵심은 '살며, 사랑하며, 배우고, 유산을 남기는 것'이란 구절 속에 잘 표현되어 있다. 살고자 하는 욕구는 의식주와 경제적 풍요, 건강 같은 신체적 욕구다. 사랑하고자 하는 욕구는 다른 사람들과 인간관계를 맺고 소속감을 가지며, 사랑하고 사랑받으려고 하는 사회적 욕구다. 배우고자 하는 욕구는 발전하고 성장하려고 하는 정신적 욕구다. 유산을 남기고자 하는 욕구는 의미, 목적, 개인적 적합성을 가지고 공헌하려고 하는 영적 욕구다.

이런 욕구가 우리의 시간과 삶의 질에 얼마나 큰 영향을 미치는가? 아래 질문들에 대해 생각해 보면 도움이 될 것이다.

- 당신은 하루 종일 활력이 넘치는 신체적 조건을 유지하는가—아니면 피곤하고 아프고 힘이 들어, 하고 싶은데도 못 하는 일이 있는가?
- 당신은 경제적으로 안정되어 있는가? 당신 자신의 현재 욕구를 충

---

* 사회의 고전 · 철학 · 종교 문헌 가운데 생활의 기술을 다룬 대목을 말한다.

족시킬 수 있고, 미래를 위해 자원을 비축해 둘 수 있는가—아니면 빚을 지고, 오랜 시간 일하면서 간신히 먹고 살고 있는가?

- 다른 사람들과 풍요롭고 만족스러운 인간 관계를 맺고 있는가? 공동의 목적을 성취하기 위해 다른 사람들과 효과적으로 협력하고 있는가—아니면 오해, 잘못된 의사 소통, 술책, 뒤에서 헐뜯고 탓하고 비난하기 때문에 소외감과 고립감을 맛보거나, 당신이 사랑하는 사람들과 귀중한 시간을 보낼 수 없거나, 다른 사람들과 함께 일하는 데 위협을 느끼는가?
- 지속적으로 배우고, 성장하고, 새로운 관점을 얻고, 새로운 기술을 습득하는가—아니면 정체되어 있다고 느끼는가? 교육이나 기술이 모자라기 때문에 진급에서 탈락하거나 하고 싶은 다른 일을 못 하고 있는가?
- 당신에게 영감과 힘을 주는 삶의 방향과 목적에 대해 분명한 생각을 가지고 있는가—아니면 자신에게 무엇이 중요한 것인지에 대해 모호함을 느끼고, 당신 인생에서 정말로 하고 싶은 것이 무엇인지에 대해 불명확한 느낌을 가지고 있는가?

이 욕구들은 모두 매우 중요하다. 이런 욕구 가운데 하나라도 충족되지 않으면 삶의 질은 낮아진다. 당신이 빚을 지고 있거나, 건강이 나쁘거나, 적당한 의식주를 누리지 못하고 있거나, 소외감이나 고립감에서 헤어나지 못하거나, 정신적으로 정체되어 있거나, 목적이나 성실성에 대한 의식이 없다면, 당신의 삶의 질은 위기에 처해 있는 것이다. 반면, 좋은 건강, 경제적 안정, 풍요롭고 만족스러운 대인 관계, 꾸준한 개인적 성숙과 직업적 발전, 목적과 공헌과 개인적 적합성에 대한 깊은 인식을 가지면 수준 높은 삶을 살 수가 있다.

이런 욕구 가운데 어느 것 하나라도 충족되지 않으면, 그 공허가 당신의 활력과 관심을 삼켜 버리는 블랙홀이 될 수 있다. 만일 경제적 문제가 있거나 이혼과 같은 깊은 사회적 상처로 괴로움을 겪고 있거나 건강이 나쁘다면, 그 충족되지 않은 욕구는 긴급하고, 지배적이고, 다급한 요인으로 작용해 당신을 소모시켜 버릴 수도 있다. 그 외의 다른 욕구들은 무시되어 버리고, 삶의 질은 모든 면에서 고통을 겪게 된다.

이런 욕구 가운데 어느 하나라도 충족되지 않으면, 그것이 당신을 긴급성 중독으로 몰아갈 수 있다. 당신이 긴급하고 충족되지 않은 욕구에 거듭 즉각적인 반응을 하면, 당신은 훌륭한 위기 관리자가 될 수는 있다. 위기들의 우선 순위를 정하기 시작하고, 긴급한 일들을 더 효율적으로 처리하게 될 것이다. 그러면서 '난 바쁘니까 효과적으로 사는 게 틀림없어.' 하고 생각할지도 모른다. 당신은 급한 불을 끄고 다른 사람들의 긴급한 욕구에 응해 나가는 과정에서 아드레날린이 치솟는 사실로부터 힘을 얻을 수도 있다. 그러나 이런 활동은 삶의 질을 높여 주지 않는다. 이런 활동은 밑바닥에 깔린 근본적 욕구들을 충족시키지 못한다. 더 긴급한 일을 하려 하면 할수록 중독 증세가 더 심해진다. 네 가지 기본적인 욕구를 효과적으로 충족시킴으로써 깊은 만족감을 얻는 대신, 계속해서 긴급한 것을 처리함으로써 얻어지는 인공적 '도취' 상태로 대리 만족을 얻는 데 그치게 된다.

네 가지 욕구 사이의 균형과 시너지

이 욕구들은 사람의 깊은 내면에 현실적으로 자리잡고 있으며, 서로 긴밀한 상관 관계를 맺고 있다. 어떤 사람들은 이런 욕구를 가지고 있음을 인정하면서도 이것들을 서로 관계가 없는, 삶의 '구획(compartments)' 으로 여기는 경향이 있다. 이들은 욕구 사이의 '균형' 을 한쪽에서 다른 쪽으로 빠르게 이동시키면서 각 구획에서 규칙적으로 시간을 보내

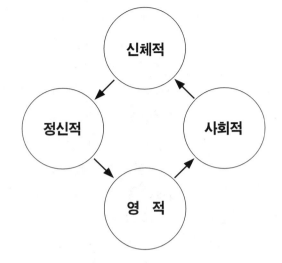

는 것 정도로 생각한다.

　그러나 야구에서 '베이스 사이를 달리는' 것과 같은 이런 패러다임은 우리의 여러 욕구 사이에 강력한 시너지가 일어날 수 있다는 사실을 무시하고 있다. 그러나 막상 우리는 이 네 가지 욕구가 겹치는 곳에서 진정한

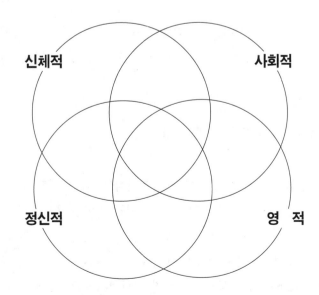

내적 균형과 깊은 충족감, 기쁨을 발견하게 된다.

이 때 차이점을 보자. 우리가 '베이스 사이를 달리는' 패러다임에서 행동을 한다면, 우리는 생계비를 벌고자 하는 신체적 욕구를 사회에 공헌하고자 하는 영적 욕구와 별개로 간주하게 된다. 우리가 선택하는 직업은 단조롭고, 지루하고, 충족감을 주지 못하게 될 것이다. 그렇게 되면 심지어 사회 전체의 복지에도 악영향을 주게 될 것이다.

배우고 발전하고자 하는 정신적 욕구를, 사랑하고 사랑받고자 하는 사회적 욕구와 별개로 본다면, 우리는 다른 사람을 진정으로 깊이 사랑하는 법을 배우려 하지 않을지도 모른다. 우리의 학문적 지식은 늘어 가더라도 다른 사람들과 의미 있는 인간 관계를 유지하는 능력은 점점 움츠러들 것이다.

신체적 욕구를 다른 욕구들과 별개로 본다면, 우리는 우리의 건강 상태가 다른 차원에 어떤 영향을 미치는지 깨닫지 못할 수도 있다. 몸이 건강하지 않으면 맑은 머리로 생각할 수도 없고, 다른 사람들과 긍정적인 방식으로 관계를 맺을 수도 없고, 생존보다는 공헌에 초점을 맞추며 살기도 훨씬 더 힘들어진다.

영적 욕구를 다른 욕구들과 별개로 본다면, 우리는 자신과 삶의 목적에 대한 신념이 사는 방법, 사랑하는 방법, 배우는 것에 강력한 영향을 미친다는 것을 깨닫지 못할 수도 있다. 인생의 영적 차원을 구획화하거나 심지어 이를 무시해 버리면, 다른 차원에도 강한 영향을 미치게 된다. 다른 차원에서 얻은 충족감에 그 배경을 설명해 주는 것이 바로 삶의 의미와 목적이기 때문이다.

이 네 가지 욕구들의 상호 관련과 강력한 시너지를 인식하게 될 때 비로소 우리는 그 욕구들을 충족시킬 수 있고, 진정한 내적 균형과 깊은 인간적 충족감과 기쁨을 창조할 수 있다. 즉, 노동은 의미를 가지게 되고, 인간 관계는 깊이를 가지고 발전하게 되며, 건강은 가치 있는 목적을 성취할 수 있는 자원이 된다.

이 욕구들의 상호 관련성을 인식함으로써, 우리는 충족되지 않은 욕구를 충족시키는 데 가장 중요한 것은 다른 욕구들을 무시하는 것이 아니라 서로 동등하게 처리하는 것임을 깨닫게 된다.

이것이야말로 개인적 리더십이 지니는 장점 가운데 하나다. 관리는 문제 지향적이지만, 리더십은 기회 지향적이다. 리더십에서는 문제를 개별화한 기계적인 것, 즉 수리해야 할 망가진 부품으로 보는 것이 아니라, 생명과 시너지적인 전체의 일부로 본다. 리더십은 문제 자체만이 아니라, 문제의 주위에 무엇이 있는지, 무엇이 문제와 관련되어 있는지, 무엇이 문제에 영향을 미치는지를 인식하려고 한다.

예를 들어 만일 당신이 신체적 차원에 문제를 느낀다거나 빚을 지고 있거나 경제적 위기에 처했을 경우, 당신의 사회적 · 정신적 · 영적 욕구를 무시하지 않고, 다른 사람들로부터 도움과 자문을 구할 수 있게 된다. 또 돈 관리에 대한 지식과 문제 해결을 위한 방안들에 대한 인식을 높일 수 있다. 나아가서, 당신이 빚에서 벗어나고 싶어하는 이유가 무엇인지 규정할 수 있는데, 그렇게 되면 당신이 어떤 길을 택하든 그 길에 의미 · 배경 · 목적을 부여할 수 있다.

당신 삶의 이런 차원이 신체적 욕구와 관련되어 있음을 파악하고 처리함으로써, 당신은 가장 효과적인 방법으로 신체적 욕구를 충족시킬 수 있게 된다.

당신이 사회적 차원에서 문제를 느낀다면 ―이혼할 위기에 처했다든지 하여― 삶의 신체적 · 정신적 · 영적 차원에 관심을 기울임으로써, 그 문제를 처리하는 능력을 높일 수 있다. 운동을 하여 건강을 돌보거나, 부부 관계의 본질에 대해 더 연구하고 배우거나, 삶의 목적과 의미에 대한 인식을 강화함으로써, 당신은 최선의 방법으로 사회적 문제에 대처할 능력을 얻을 수 있는 조건을 형성시킬 수가 있다.

내면의 열정

네 가지 욕구를 통합된 방식으로 충족시키는 것은 화학에서 원소를 결합시키는 것과 같은 이치다. 네 가지 욕구의 통합이 '임계 질량'에 도달하면, 자연 발생적 연소를 경험하게 된다. 내적인 시너지가 폭발하여 우리 자신의 내면에 불길이 당겨지고, 삶에 대해 비전과 열정, 모험 정신을 갖게 되는 것이다.

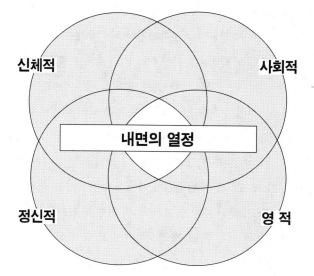

우리는 유산을 남기고자 하는 우리의 영적 욕구를 통해 내면의 열정에 이를 수 있다. 영적 욕구는 다른 욕구들을 공헌을 위한 능력으로 변화시킨다. 음식·돈·건강·교육·사랑은 주위로 손을 뻗어 다른 사람들의 충족되지 않은 욕구를 충족시키는 것을 돕는 자원이 된다.

우리가 이런 욕구를 효과적으로 충족시키고, 그 욕구들을 공헌을 할 수 있는 능력으로 변화시킬 때, 그것이 우리가 시간을 쓰는 방식과 우리 삶의 질에 미칠 영향을 생각해 보라. 현대 심리학의 거장 에이브러햄 매슬로는 '욕구의 체계'를 발전시키면서, '자기 실현'을 가장 높은 단계의 인간 경험이라고 밝혔다. 그러나 매슬로는 말년에 자신의 초기 이론을 개정하여, 최고의 경험은 '자기 실현'이 아니라 '자기 초월', 즉 자아보다 더 높은 목적을 위하여 사는 것임을 인정했다.[1]

조지 버나드 쇼의 말을 빌려 보자.

> 인생에서 참된 기쁨은 이런 것이다. 내가 가장 고귀하다고 여기는 목적을 위해 사용되어지는 것. 세상이 자기를 행복하게 만들어 주기 위해 온갖 노력을 다 기울이지 않는다고 불평하면서 괴로워하고 슬퍼하는 열에 들뜬 이기적인 바보가 되기보다 대자연 속에 녹아들어 그 힘의 일부가 되는것. 나의 인생은 전체 공동체에 속해 있는 것이며, 내가 살아 있는 한 그 공동체를 위해 할 수 있는 모든 일을 다 하는 것은 나의 특권이라고 생각한다. 죽음을 맞이했을 때 나는 내 자신이 철저하게 다 소진되기를 바란다. 왜냐하면 더 열심히 일을 하면 그만큼 나는 더 많이 사는 것이기 때문이다. 나는 인생을 그 자체로 즐긴다. 인생은 나에게 있어서는 곧 꺼져 버릴 촛불이 아니다. 인생은 당분간 내가 들고 있게 된 찬란한 횃불인 것이며, 나는 그 횃불을 가능한 한 휘황찬란하게 타오르게 하고 싶다. 그 횃불을 미래의 세대들에게 건네주기 전까지.

로저 : 최근 일 주일간 진행된 원칙 중심의 리더십 프로그램에서 한 남자가 나에게 다가오더니, 자기 걱정거리를 함께 이야기해 볼 수 있겠느냐고 물었습니다. 우리는 아름다운 호수와 골프 코스가 내다보이는 베란다에 앉아서 이야기를 나누었습니다.

나는 그 남자의 모습을 유심히 살펴보았지만, 그가 이야기하고자 하는 문제의 본질이 뭔지 상상하기가 힘들었습니다. 그는 인상적인 사람이었습니다—50

대였고, 다국적 기업의 부사장이었으며, 집안도 좋았죠. 그는 프로그램에 적극적으로 참여했으며, 자료를 성실하게 공부하는 것 같습니다.

"여기서 이번 주를 보내면서 난 점점 불안을 느꼈습니다. 그 불안은 월요일 밤의 연습 문제를 대하면서 시작되었습니다……."

이어 그는 나에게 자신의 이력에 대해 이야기하기 시작했습니다. 그는 미국 중서부의 조그만 도시에서 성장했다고 하더군요. 그 곳에서 그는 운동에 적극적이었으며, 훌륭한 학생이었고, 성가 대원이었습니다. 그는 대학교에 진학하여, 그 곳에서도 수많은 클럽과 프로그램에 적극적으로 참여했습니다. 그는 첫 직장으로 번듯한 일자리를 얻고, 결혼을 하고, 아이를 낳고, 해외 여행을 하고, 승진을 하고, 새 집을 사고, 또 아이를 낳고, 부사장으로 승진했습니다. 나는 이 야기를 들으면서 계속 문젯거리가 나오기를 기다렸습니다―그의 동화 같은 꿈을 박살내 버린 것으로 보이는 그 걱정거리가 뭔지 궁금했거든요.

그가 마침내 말했습니다.

"문제는 내 인생이 좋은 것으로 가득 차 있다는 겁니다―좋은 집, 좋은 차, 좋은 직업, 바쁜 생활. 하지만 당신이 우리더러 인생에 대해 깊이 생각해 보라고 했을 때, 그리고 삶의 가장 중요한 것을 파악해 보라고 했을 때, 난 갑자기 무엇에 얻어맞은 듯한 기분이었습니다.

10대 시절, 대학생 시절, 젊은 시절을 포함해 지금까지 나는 어떤 봉사 활동에 참여해 왔습니다. 난 세상에서 알아 주는 사람이 되고 싶었고, 의미 있는 방식으로 세상에 공헌하고 싶었습니다.

그런데 나에게 진정으로 가장 중요한 것이 무엇인지를 생각하기 시작하면서, 난 갑자기 지난 몇 년간, 어쩐 일인지 내가 그 느낌, 그 목적 의식을 한동안 잊고 살아왔다는 것을 깨달았습니다. 난 기본적으로 내 컨트리 클럽의 나무 울타리 사이로 인생이 지나가는 것을 지켜만 보고 있었던 것입니다."

난 관심을 가지고 그의 삶에 대한 태도가 완전히 바뀌는 것을 지켜 보았습니다. 그가 말을 이었습니다.

"하지만 난 결심했습니다. 난 내가 함께 일하던 자선 단체와 다시 관계를 맺기로 했습니다. 그 단체에서는 제3세계 사람들을 돕는 데 많은 노력을 기울이고 있어요. 나도 거기에 참여하고 싶습니다."

그의 눈이 빛나기 시작했습니다. 그의 말에는 목적 의식이 있었습니다. 그는 활력을 되찾은 것이죠. 그가 돕게 될 제3세계 사람들의 삶의 질뿐 아니라, 그의 퇴직 이전의 마지막 몇 년과 그 후의 삶의 질 역시 그가 남길 유산에 의해 강력한 영향을 받으리란 것은 의문의 여지가 없었습니다.

우리가 어떤 것에 가치를 두든, 인간을 충족시키는 이 차원들이 삶의 질을 높이는 데에 필수적이라는 것은 틀림없는 사실이다. 이런 신체적·사회적·정신적·영적 욕구와 능력을 한 가지도 가지지 못한 사람은 아무도 없다. 시간 관리 문제의 뿌리를 더듬어 보면 모든 문제가 이런 기본적인 욕구 가운데 적어도 하나를 충족시키는 것과 관련되어 있다.

2. '정북향' 원칙의 실체

욕구들을 충족시키는 것만큼이나 '중요한' 것은 우리가 그 욕구들을 충족시키는 방식이다. 수준 높은 삶을 창조하는 우리의 능력은, 우리가 기본적 인간 욕구들을 충족시키고자 할 때 우리 삶이 외적인 현실과 어느 정도나 일치할 수 있느냐 하는 것에 따라 좌우된다.

지금 당장 눈을 감고 북쪽을 가리킬 수 있는가? 우리는 세미나에서 사람들에게 눈을 감고 북쪽을 가리켜 보라고 한다. 사람들은 눈을 떴을 때 모두들 각기 다른 방향을 가리키고 있다는 것을 알고 놀라곤 한다. 만일 자기 집에 있다면 방향 감각이 확실하고 또 방위를 알기 때문에 쉽게 북쪽을 가리킬 수 있을지 모른다. 그러나 집에서 떠나 눈에 익은 목표물이 없을 때는 그 일이 그렇게 쉽지 않다는 것을 알게 된다.

'정북향'이 어느 쪽인지 아는 것이 중요한가? 대부분의 사람들은 그렇다고 대답할 것이다. 우리가 비행기로 샌프란시스코에서 여행을 시작한다면, 1도만 어긋나도 예루살렘이 아니라 모스크바에 도착하게 될 것이다.

'북쪽'이란 무엇인가? 그것은 견해의 문제일까? 그게 우리가 투표를 해서 결정할 문제일까? 그게 민주적 절차를 밟아 풀어야 하는 문제일까? 아니다. '북쪽'은 우리와 따로 떨어져 존재하는 실체다.

'정북향'의 실체는 우리가 어디에 있는지, 우리가 어디로 가고 싶어하는지, 거기에 어떻게 이를 것인지에 대해 방향과 의미를 부여해 준다. 나침반도 없고, 별도 없고, 우리가 어디 있는지 정확히 모른다면 '정북향'을 찾는 데 어려움을 겪을지 모른다. 그래도 '정북향'은 언제나 그 자리에 있다.

개인적 효과성과 인간 상호 작용의 세계에서 작용하는, 시간을 초월한 인과 관계의 법칙은 물리적 세계의 '정북향'만큼이나 실재적이다. 오랜 세월에 걸쳐 쌓인 많은 사람들의 지혜는 되풀이하여 이 법칙을 거론하며, 정말로 위대한 인간과 사회가 이것을 기본 법칙으로 삼아 왔다. 그 사실을 염두에 두면서 우리는 인간 차원에서의 '정북향'을 탐사하고, 그 '정북향'에 삶을 일치시킬 수 있도록 하는 내적 나침반을 만들어 내는 방법을 살펴보고자 한다. 우리가 '정북향'을 원칙이나 객관적 실체의 비유로 사용하는 한 '정북향(正北向)', '자기 북향(磁氣北向)', '그리드(grid) 북쪽' 같은 것들 사이의 기술적 차이는 구별하지 않겠다.

원칙이 아닌 것

원칙에 대해 이야기할 때는, 원칙이 무엇인지를 아는 것도 중요하지만 원칙이 아닌 것이 무엇인지를 아는 것도 중요하다.

'가치'는 원칙이 아니다. 많은 사람들은 우리가 어떤 것에 가치를 두고 산다는 이유로 그 가치를 성취하기만 하면 삶의 질을 향상시킬 수 있을 것이라고 생각한다. 이런 식으로 생각하는 것이다. '돈을 더 벌기만 하면……내 재능을 인정받기만 하면……좋은 집이나 새 차를 사기만 하면……학위만 따면……난 행복할 것이고 충족감을 느낄 거야.'

그러나 가치에 초점을 맞추는 것은 전통적 시간 관리 방법이 심어 준 환상을 따르는 것이다. 전통적인 시간 관리 방법은 배경 설명이 없는 내용일 뿐이다. 그것은 우리에게 성공을 꿈꾸게 하고, 목표를 세우게 하고, 사다리를 오르게는 하지만, 이런 노력이 효과를 거두기 위해서 반드시 바탕에 깔려야 하는 정북향의 실체를 깨쳐 주지는 못한다. 그러나 전통적인 시간 관리에서는 이렇게 말한다. "당신의 우선 순위가 바로 당신의 '소중한 것'이다. 따라서 당신은 스스로 가치 있는 것을 결정하고, 효율적인 방법으로 그것을 추구하면 된다." 이것은 우리를 오만으로 이끌 수 있다. 즉, 우리가 자신에 대해 스스로 법이라고 생각하고, 다른 사람들은 우리가 원하는 것을 성취하도록 돕는 '사물'이나 자원이라고 보게 만든다.

우리의 가치가 원칙들에 근거를 두지 않는 한, 그 가치는 삶의 질을 끌어올리는 성과들을 가져다 주지 않는다. 제4세대의 핵심은 가치와는 다른 '소중한 것'이 있음을 깨닫는 겸손에 있다. 삶의 질은 우리가 이 '소중한 것'을 얼마나 우리의 '가장 중요한 것'으로 생각하고, 또 실제로 그것을 우리 생활에서 우선적으로 실행하는 능력이 있느냐 하는 것에 달려 있다. 그 겸손함이란 삶의 질이 '나'가 아니라 '우리'에게 달려 있음을 인정하는 겸손함이다. 즉, 우리가 풍요롭고 잠재력이 있는 상호 의존적 현실 속에서 살고 있으며, 그 잠재력은 다른 사람들과 진정한 시너지적인 방식으로 상호 작용할 때에만 실현될 수 있음을 인정하는 것이다.

모든 소망, 그리고 심지어 세상의 모든 일도, 그것이 타당한 원칙에 기반을 두고 있지 않다면 삶의 질을 향상시킬 수 없다. 꿈을 꾸는 것으로는 향상되지 않으며, 시도해 본다고 향상되지 않는다. 또 목표를 설정하거나 사다리를 오르는 것으로는 향상되지 않으며, 가치를 두는 것으로도 향상되지 않는다. 그러한 노력들은 결과를 나오게 해 주는 현실적인 실체, 즉 원칙에 기반을 두어야 한다. 그럴 때에만 우리는 꿈을 꿀 수 있고, 목표를 세울 수 있고, 목표를 이루기 위해 자신 있게 일할 수 있다.

원칙은 '관행'이 아니다. 우리는 복잡한 상황에 처하면 관행, 즉 일을 해 나가는 구체적으로 처방된 방법들에 안주하는 경향이 있다. 우리는 결과 대신 방법에 초점을 맞추려 한다. "할 일이 뭔데? 작업하는 단계별 방법만 말해 줘." 우리는 어떤 상황에서는 특정한 방법, 즉 관행으로 긍정적인 결과를 얻을 수도 있다. 그러나 다른 상황에서도 똑같은 관행대로 행동하다 보면, 그 관행은 효과를 내지 못하는 경우가 많다. 게다가 처방된 관행이 없을 때에는 혼란과 무력감을 느끼게 된다.

위대한 역사가 아널드 토인비는 모든 역사는 도전과 응전이라는 간단한 공식으로 설명될 수 있다고 말했다. 도전은 환경에 의해 만들어지며, 개인·단체·사회는 여기에 응전해 나간다. 이어 또 도전이 생기고, 또 응전이 생기게 된다. 이 공식은 언제고 되풀이된다.

문제는 이런 응전이 성문화되고 시멘트처럼 굳어진 관행이 된다는 것이다. 그것은 우리의 사고 방식, 우리의 업무 수행 방식이 되어 버린다. 그것이 좋은 절차, 좋은 관행이 될 수도 있다. 그러나 새로운 도전과 맞닥뜨리면 낡은 관행은 더 적용할 수가 없게 된다. 낡은 관행은 무용지물이 되어 버린다. 시내 지도를 들고 황야에 나가 방향을 찾으려는 꼴이 되고 만다.

단편화되고 기계화된 사회 속에서 우리는 만화경과 같은 변화 무쌍한 상황에 처하게 된다. 그래서 우리는 우리 인생에도 어떤 예측 가능한 것이 있다는 위안을 받기 위해 관행과 구조와 시스템에 매달리게 된다. 그러나 계속되는 도전으로 이런 것은 차츰차츰 닳아 없어진다. 이것이 바로 전문가들과 제도의 종말이다. 심지어 이는 가족 관계의 종말일 수도 있다. 부모들은 자신이 성장할 때 마주치던 것과는 다른 종류의 도전에 직면한 자녀들의 현실에 적응하지 못하기 때문이다.

원칙의 위력은 그것이 보편 타당하고 시간을 초월한 진리라는 데 있다. 만일 우리가 원칙을 이해하고 원칙에 근거하여 살아간다면, 우리는 재빨리 적응할 수 있다. 원칙은 어디에나 적용될 수 있기 때문이다. 우리는 자녀들에게 관행 대신 원칙을 가르침으로써, 또는 관행 뒤에 깔려 있는 원칙을 가르침으로써, 그들에게 미래의 알 수 없는 도전에 대처할 수 있는 준비를 더 잘 갖추어 줄 수 있다. 원칙이 적용된 결과만 이해해도 당장의 도전에는 대응할 수 있을 것이다. 그러나 원칙 자체를 이해하게 되면 당장의 도전에 효과적으로 대응할 수 있을 뿐 아니라, 미래의 무수한 도전에도 대응할 수 있는 능력을 얻게 된다.

원칙은 '종교'가 아니다. 원칙이 의미 있는 단어이며 진리와 관련되어 있기 때문에, 어떤 사람들은 우리가 원칙에 대해 이야기하는 내용을 종교 단체나 신학에 대한 긍정 또는 부정적 경험과 연결시키는 경향이 있다. 우리가 세계 곳곳에서 원칙에 대해 가르칠 때마다 어떤 이들은 "기독교 윤리를 부활시켜 주었다."면서 감사의 뜻을 전하기도 하고, "부처의 가르침을 상기시켜 주었다." 또는 "인도 철학과 매우 밀접한 메시지를 주었다."면서 고마워했다. 반면 몇몇 사람은 우리가 가르치는 원칙에 '종교의 낌새'가 있는 것 같다면서 깜짝 놀란 표정으로 우리를 다시 보기도 했다. 아마 이들은 '종교'라는 용어를 반드시 긍정적이지만은 않은 제도적 뉘앙스를 가진 것으로 이해하는 듯했다. 또 반대의 극단에는, 우리가 원칙 중심주의에 대해 가르치는 것이 인본주의적이고, 따라서 신을 완전히 배제하는 것이 아닌가 의심하는 사람들도 있었다.

그러나 우리가 말하고 있는 원칙은 종교가 아니다. 우리는 구원, 죽음 이후의 삶, 또는 심지어 이 원칙들의 근본 같은 문제에 대해 따지지 않는다. 물론 이런 것이 각 개인이 제기할 만한 중요한 문제들이라고 생각은 한다. 그러나 이와 같은 문제는 이 책의 범위를 넘어서는 것이다. 우리는 왜 '정북향'이 존재하는지, '정북향'은 어디서 왔는지, '정북향'이 어떻게 존재하게 되었는지를 따지지 않는다. 우리는 단지 '정북향'이 존재하고, 또 우리 삶의 질을 관장하고 있다는 사실만 지적할 뿐이다. 이 원칙에 관한 증거들은 주요 종교의 경전에서도 발견되지만, 이 원칙은 세계의 철학자 · 과학자 · 왕 · 농부 · 성자의 정신과 글이며 말에서도 발견할 수 있다.

이 원칙은 다양한 가치 체계를 가진 사람들을 통해 번역되면서, 여러 가지 이름으로 불리기도 한다. 에머슨은 자선의 원칙에 대해 이렇게 말한 바 있다. "모든 자선 행위는 같은 정신에서 흘러나오지만 그것이 적용되는 경우에 따라 사랑 · 정의 · 절제 등 여러 이름으로 나타난다. 마치 바다는 하나지만 그 물결이 미치는 언저리마다 바다를 다른 이름으로 부르는 것과 마찬가지다."[3] 근본적인 원칙들은 존재하며, 비록 때로 다른 이름을 가지고 나타나지만 모든 역사를 통해 모든 중요한 문명에서 인정되고 있다.

이렇게 우리의 원칙은 가치 · 관행 · 종교 등과는 다르다. 우리의 원칙은 삶의 질이 기반을 두고 있는 정북향이 실재한다는 것이다. 이 원칙들은, 장기적으로 우리를 행복하게 하고 삶의 질을 향상시킬 수 있는 모든 것과 관련된다. 이 원칙에는 봉사와 호혜의 원칙도 포함되고, 이 원칙은 성장과 변화의 과정과도 관련된다. 또 이 원칙에는 인간의 기본적 욕구와 능력의 효과적인 충족을 관장하는 법칙들도 포함된다.

다음 장에서부터 우리는 질적인 삶을 발전시켜 나가는 데 필수적인 원칙을 여럿 제시할 것이다. 그러나 그 원칙들을 빠짐없이 모두 열거하는 것이 우리의 전반적인 목표는 아니다. 우리의 목표는 단지 영원 불변하며 능력을 부여해 주는 진리들을 끊임없이 탐색하고, 이 진리에 일치되는 삶을 살고자 노력하는 생활 방식의 효과성을 확인하는 것일 뿐이다.

원칙은 어떤 것인가? : 농장의 법칙

'정북향'이라는 객관적 실체가 삶을 관장해 나간다는 사실을 설명하기 위한 가장 좋은 방법은 농장의 법칙을 상상해 보는 것이다. 농업에서는 농사를 관장하고 수확 시기를 결정하는 자연 법칙과 원칙들을 쉽게 발견할 수 있고, 또 누구나 거기에 동의할 수 있다. 그러나 어떻게 된 일인지 우리는 사회와 기업 문화에서만큼은 자연의 프로세스를 무시하고 시스템을 거스르면서도 매일매일 싸움에서 이길 수 있다고 생각한다. 또 실제로 이렇게 생각하고 행동하는 듯한 증거도 많다.

예를 들어, 당신은 학교에 다닐 때 '벼락치기' 공부를 해 본 적이 있는가? 즉, 학기 내내 빈둥거리다가, 큰 시험을 앞두고 한 학기 동안 배운 학습 내용을 한꺼번에 머릿속에 욱여 넣기 위해 밤을 샌 적이 있는가?

스티븐 : 부끄럽지만 나도 그랬다는 것을 인정합니다. 난 학부 시절 벼락치기로 버텨 나가면서, 내가 아주 똑똑하다고 생각했죠. 난 교육 시스템을 이해하고, 교수가 원하는 것이 무엇인지 파악하고 있다고 생각했어요.

"그 여교수는 어떻게 학점을 주지? 대부분 강의 시간에 평가한 점수로 준다고? 좋았어! 그럼 교과서를 읽을 걱정은 안 해도 되겠군. 저 수업에서는 어떻게 점수가 나오지? 책을 읽어야 한다고? 좋아. 그 책을 요약해 놓은 노트는 어디서 구할 수 있지?"

난 학점을 따고 싶었지만, 그렇다고 학점 때문에 내 생활에 지장을 받고 싶지는 않았습니다.

그러다 대학원에 진학하게 되었죠. 거기는 완전히 다른 동네였습니다. 난 첫 석 달 동안 학부 4년간 벼락치기만 한 것을 보충하기 위해 다시 벼락치기를 해야 했습니다. 결국 난 궤양성 대장염으로 입원하고 말았어요. 난 자연스러운 과정을 억지로 단축해 보려고 한 것입니다. 결국 장기적으로 볼 때 그것은 불가능하다는 것을 알았습니다. 난 원칙들과 전혀 결부가 되지 않는 가치 시스템 속에 빠져 들고 만 어리석음을 보충하느라 몇 년을 보내야 했죠.

농장에서 '벼락치기'를 한다는 것을 상상할 수 있겠는가? 봄에 씨 뿌리는 것을 잊고, 여름은 그냥 보내고, 가을에 죽어라고 노력해서—땅을 갈고, 씨를 뿌리고, 물을 주고, 가꾸어—하룻밤 새에 풍부한 수확을 하게 되리라고 기대할 수 있겠는가?

농장과 같은 자연 시스템 속에서는 벼락치기가 먹혀 들지 않는다. 이것이 사회 시스템과 자연 시스템 사이의 근본적인 차이다. 사회 시스템은 가치에 기반을 두고 있지만 자연 시스템은 원칙에 기반을 두고 있다. 단기적으로 보면, 사회 시스템 속에서는 벼락치기가 효과가 있는 것으로 보일 수도 있다. '응급 처방'과 기술을 이용하여 겉으로 보기에 성공을 거둘 수도 있다.

그러나 길게 보면 농장의 법칙이 삶의 모든 무대를 지배한다. 대학교를 나오고 한참 세월이 흐른 지금, 학교 다닐 때 벼락치기를 하지 말고 제대로 공부할 것을 하며 후회하는 사람이 얼마나 많은가? 벼락치기를 한 사람들은 학위는 얻었지만 교육은 받지 못했다. 우리는 결국 학교라는 사회 시스템에서 성공하는 것과 정신 개발에서 성공하는 것—즉, 고도로 추상적인 수준에서 분석적이고 창의적으로 생각하는 능력, 국경을 넘어 다른 나라의 말과 글로 의사 소통을 하며 낡은 관행을 버리고 더 새롭고 나은 방법으로 문제를 해결하는 능력—사이에는 차이가 있음을 알게 되는 것이다.

성품은 어떤가? '벼락치기'를 해서 갑자기 성실성과 용기와 자비로움을 갖춘 사람이 될 수 있는가? 신체적 건강은 어떤가? 마라톤을 앞두고 체중 감량 센터에 가서 하룻밤 보내면 오랫동안 포테이토 칩, 초콜릿 케이크만 먹고 운동을 멀리하던 생활 방식을 극복할 수 있는가?

결혼 생활은 어떤가? 결혼 생활이 학교의 법칙에 의해 지배되느냐 아니면 농장의 법칙에 의해 지배되느냐 하는 것은, 당신이 결혼 생활을 얼마나 지속시키기를 바라는지에 달려 있다. 많은 사람들이 결혼을 하면서도 자기 생활 방식을 전혀 바꾸고 싶어하지 않는다. 이들은 결혼한 독신자나 다름없다. 이들은 시간을 들여 공동의 비전, 이타심, 돌봄, 부드러움, 배려의 씨앗들을 키워 나가지 않으며, 그러면서도 수확할 때 잡초만 거두게 되면 놀란다. 이들은 사회 시스템에서 배운 응급 처방과 성격 윤리의 기술들을 이용하여 문제를 풀어 보려 하지만 전혀 효과가 없다. 이런 '해결책'들이 철 따라 씨를 뿌리고, 가꾸고, 돌보는 과정을 대신할 수는 없기 때문이다.

아이들과의 관계는 어떤가? 우리는 아이들보다 몸도 크고 똑똑하고 권위도 있으니까, 말로 누르고 협박하고 우리 의지를 강요하는 지름길을 택할 수도 있다. 우리는 아이들을 교육시키는 책임을 학교·교회·놀이방에 떠넘길 수도 있다. 그러나 길게 볼 때 이런 지름길을 통해 효과적인 결정을 내리고 행복한 삶을 영위해 나갈 능력을 갖춘, 책임감 있고 남을 돌볼 줄 아는 지혜로운 사회 구성원들을 길러 낼 수 있을까? 그런 지름길이 우리의 가장 가까운 친구가 될 수도 있는 자녀들과의 풍요롭고 보람 있는 관계를 보장해 줄까?

단기적으로는 '응급 처방'을 하여 겉보기 성공이나마 거둘 수도 있을 것이다. 우리는 남들에게 강한 인상을 줄 수도 있고, 매력적인 모습을 보여 줄 수도 있다. 기술들을 조작하는 것을 배울 수도 있다―원하는 반응을 얻기 위해 어떤 손잡이를 잡아당기면 되는지, 어떤 단추를 누르면 되는지 알 수도 있다. 그러나 길게 보면 삶의 온 차원을 관장하는 것은 농장의 법칙이다. 수확을 속일 도리는 없다. 시드니 브레머 박사는 『아폴로의 정신』에서 이렇게 말했다.

자연은 두루 균형을 이루고 있다. 우리는 그 자연의 균형을 흐트러뜨릴 수 없다. 인과의 법칙은 한 치의 오차도 없는 냉혹한 자연 법칙임을 알고 있기 때문이다. 그러나 우리는 국민과 개인으로서는 자신에게서 균형을 발견하지 못한다. 자연에 작용하는 그 법칙, 즉 뿌린 대로 거둘 수밖에 없다는 법칙이 인간 생활과 사회에서도 냉혹하게 작용하고 있음을 배우지 못했기 때문이다.[4]

환상 대 현실

우리가 인생에서 어떤 씨를 뿌리고 나서 그와는 전혀 다른 것을 거두기를 기대할 때 많은 문제들이 생긴다.

우리가 가지고 있는 여러 기본 패러다임들과 거기에 바탕을 두고 생겨난 프로세스와 습관들은 우리가 달성할 수 있을 것이라고 기대한 결과들을 결코 만들어 내지 못한다. 지름길, 멋진 광고, 월례 행사의 연수 프로그램에 기대를 거는 사람들과 70년 동안 성격 윤리를 강조하는 성공 문헌들이 만들어 낸 이 패러다임들은 손쉬운 해결책이 존재한다는 환상에 바탕을 두고 있다. 이것은 우리의 근본적 욕구에 대한 올바른 인식뿐만 아니라, 그것을 충족시키려는 방법에도 영향을 준다.

신체적 욕구

활력 있는 건강은 자연 원칙에 근거하고 있다. 건강은 꾸준히 규칙적인 운동을 하고, 적당한 영양 섭취를 하고, 적절한 휴식을 취하고, 건전한 사고 방식을 가지고, 신체에 해로운 물질을 피해야 형성된다. 그러나 우리는 신체적인 만족감을 얻기 위해 필요한 것들은 하지 않고 겉으로만 잘 보이면 된다는 환상, 즉 옷을 잘입고, 화장을 잘하고, 즉효를 보장하는 살빼기 프로그램(실제로는 장기적으로 볼 때 문제를 해결하는 것이 아니라 악화시킨다는 것이 입증되었지만)을 실행하는 착각에 사로잡혀 있다. 물론 그것들은 허무한 약속이다. 단기적인 만족을 주기는 하지만, 솜사탕에 지나지 않는다. 실질적으로 전혀 도움이 되지 않으므로 얼마 가지 못한다.

경제적 풍요는 절약과 근면의 원칙, 장래를 위한 저축의 원칙, 그리고 빚을 지고 이자를 내는 대신 저금을 하고 이자를 받는 원칙을 통해 이루어진다. 그러나 우리는 '물건'을 소유하면 욕구가 충족될 것이라는 환상을 가지고 산다. 그래서 물건들을 마구 외상으로 사들이고는 그것이 주는 즉각적인 만족이라는 솜사탕을 얻은 대가로 몇 달 심지어 몇 년에 걸쳐 실제 가치의 갑절 이상을 지불한다. 그러고는 복권 1등을 한다든가 잡지에서 내건 고액의 경품권에 당첨된다든가 하는 일확 천금의 구출 환상에 젖어 살아간다. 구출 환상이란 '저 밖에 있는' 누구 다른 사람 또는 그 무엇이 마술처럼 우리의 경제적인 문제를 해결해 줌으로써 우리가 그 문제를 해결하기 위한 역량을 개발할 필요가 없게 해 줄 것이라는 환상이다.

사회적 욕구

아주 좋은 대인 관계도 불변의 원칙, 특히 신뢰의 원칙에 근거하여 형성된다. 신뢰는 신뢰성과 그것의 근원이 되는 좋은 성품에서 자라나는데, 좋은 성품이란 남들과 약속을 한 다음에는 그것을 지키고, 갖가지 자원을 기꺼이 공유하고, 돌봐 주고 책임을 지며, 한편이 되어 주고, 조건 없이 사랑하는 것을 말한다.

그러나 우리는 외롭고 사회적 욕구 불만 때문에 고통을 겪을 때도 "먼저 신뢰를 쌓아라. 신뢰와 사랑을 받을 수 있는 성품, 즉 신뢰성을 갖추라."는 충고에는 귀를 기울이지 않는다. 성욕을 쉽게 만족시켜 줄 수 있다는 솜사탕 환상, 외모와 성격으로 사랑을 얻을 수 있다는 생각, 심야 TV에서 주선해 준 900번 전화를 돌리면 애정의 목소리를 들을 수 있다는 사실을 믿고 따르는 게 훨씬 더 쉽다. 사랑을 먼저 실천하기보다는 사랑받는 비결을 얻는 게 더 쉽다. 사실 우리 문화—음악 · 책 · 광고 · 영화 · TV 프로그램—는 이런 환상으로 가득 차 있다.

정신적 욕구

우리는 종종 장기적인 발전과 성장이라는 현실보다는 '벼락치기'라는 환상을 쫓는다. 우리는 '학위를 얻고…… 그렇게 되면 일자리를 얻게 되고…… 그렇게 되면 돈을 벌게 되고…… 그렇게 되면 많은 물건을 사들이게 되고…… 그렇게 되면 성공하게 될 것이다.' 하는 환상에 빠져 든다. 하지만 그런 '성공'이 무슨 결과를 가져다 주는가? 몰입하고 꾸준한 노력을 기울여야만 얻어지고 키워지는 훌륭한 성품과 역량을 가져다 줄 수 있을까?

영적 욕구

우리는 사회가 우리에게 강조하고 있는 환상, 즉 자기에게 초점을 맞추는 것—자기 존중, 자기 개발, 자기 개선—이 의미 있는 것이라고 착각한다. 이것은 '내가 원하는 것이다.', '내 자신의 일을 하겠다.', '내 식대로 하겠다.'라는 식을 강조해야 된다고 하는 착각이다. 그러나 수천 년의 역사 속에서 나온 지혜의 문헌들은 자신을 개선함으로써 얻을 수 있는 가장 큰 만족감은 오히려 남들을 위주로 하여 그들을 더 효과적으로 도와줄 수 있도록 우리 자신이 유능하게 되었을 때 비로소 얻어질 수 있다는 사실을 거듭 확인해 주고 있다. 삶의 질은 내면에서 시작하여 외부로 향하는 것이며, 의미란 사회에 이바지하고 자신보다 더 높은 어떤 것을 위해 살아가는 것이다. 환상의 결과와 현실의 결과는 사해—흘러 나가는 출구와 생명도 없이 괴어 있는 물—와 갈릴리 바다—끊임없이 흘러 도중에 풍부한 생명을 길러 내는 물—만큼이나 다르다.

전통적인 시간 관리에서는, 많은 기술과 방법들이 눈앞의 문제들을 다루어 주는 실용적이고 강력하고 실리적인 해결책인 것처럼 제시된다. 그러나 그것이 은근히 제시하는 약속은 임시 처방의 환상일 뿐이다. 만성적이고 근본적인 욕구들은 해결되지 않는다. 그 해결책들은 장기적으로 삶의 질을 끌어올릴 수 있게 해 주는 불변의 원칙들을 무시하고 있다. 우리는 번번이 솜사탕 만족을 추구하지만, 우리가 인생에서 경험한 결과를 보면 그것이 헛된 것임을 깨닫게 된다.

삶의 질이 환상을 통해 높아질 수는 없는 일이다. 근본적인 원칙들을 어기는 임시 처방, 허구적인 말, 성격 윤리의 기술들은 결코 삶의 질을 끌어올릴 수 없다.

그럼 우리는 어떻게 삶의 질을 관장하는 정북향의 실체를 발견하고, 거기에 우리의 생활을 한 방향으로 정렬시킬 수 있는가?

3. 인간의 네 가지 천부의 능력이 가진 잠재력

우리는 인간으로서, 다른 동물들과는 구별되는 독특한 천부의 능력들을 가지고 있다. 이 능력들은 자극과 반응 사이의 공간, 즉 우리에게 발생하여 자극을 주는 일과 그것에 대한 우리의 반응 사이의 공간에서 사용할 수 있다.

스티븐 : 오래 전, 대학 도서관의 책 더미 사이를 헤집고 다니다가 우연히 어떤 책을 뽑아 책장을 넘겨 보게 되었습니다. 나는 그 책에서 이제까지 본 것 중

에서 가장 강력하고 의미 있는 아이디어와 접하게 되었습니다. 그 핵심은 이러했습니다.

"자극과 반응 사이에는 공간이 있다.

반응을 선택할 수 있는 우리의 잠재 능력이 있는 곳은 바로 그 공간이다.

우리의 성장과 자유는 우리의 반응에 달려 있다."

그 아이디어는 내게 믿을 수 없을 정도로 강한 충격을 주었습니다. 그 후 며칠간, 난 그 말을 되풀이하여 생각해 보았습니다. 그것은 내 삶의 패러다임에 강한 영향을 미쳤습니다. 난 자극과 반응 사이의 그 공간에서, 의식적으로 반응을 선택하는 내 자신의 능력을 발견하기 시작했습니다.

이 공간에 자리잡고 있는 천부의 능력들—자아 의식, 양심, 독립 의지, 상상력—은 궁극적인 인간의 자유, 즉 선택하고, 반응하고, 변화시키는 힘과 능력을 창조한다. 그 천부의 능력들은 우리 삶을 정북향에 일치시킬 수 있도록 유능하게 해 주는 나침반을 만들어 낸다.

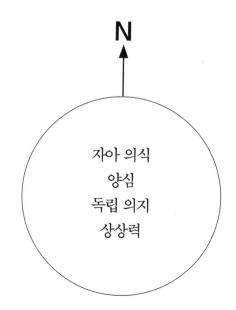

• **자아 의식**이란 우리 자신으로부터 떨어져 서서 우리의 사고·동기·역사·각본·행동·습관·경향을 검토할 수 있는 능력을 말한다. 자아 의식을 통해 우리는 '안경'을 벗을 수 있게 되고, 안경을 통해서만이 아니라 안경 자체를 볼 수 있다. 자아 의식을 통해 우리는 내면의 사회적·심리적 문제들의 역사를 깨닫게 되고, 자극과 반응 사이의 간격을 확대할 수 있다.

• **양심**은 오랜 세월에 걸친 지혜와 마음의 지혜를 연결시킬 수 있게 해 준다. 양심은 우리의 내적 안내 시스템이다. 양심을 통해 우리는 원칙에 어긋나게 행동하거나 행동할 생각을 할 때, 그것이 원칙에 어긋난다는 것을 깨달을 수 있다. 아울러 양심을 통해 우리는 자신의 독특한 재능과 사명을 의식할 수도 있다.

• **독립 의지**는 우리가 행동할 수 있는 역량이다. 독립 의지를 통해 우리는 기존의 패러다임을 넘어설 수 있고, 사회적 물결을 거슬러 헤엄칠 수 있고, 우리의 각본을 다시 쓸 수 있고, 감정이나 환경에 따라 반응하는 대신 원칙에 따라 행동할 수 있다. 환경 또는 유전자의 영향이 아무리 강력하다 해도, 그것이 우리를 컨트롤하지는 못한다. 우리는 희생자들이 아니다. 우리는 우리 과거의 산물이 아니다. 우리는 우리 선택의 산물이다. 우리는 기분과 경향을 넘어서서 선택할 수 있는 '책임질 수 있는'(response-able, responsible의 어원을 따져 두 단어로 해체하여 '반응할 능력이 있다.'는 뜻으로 의미를 재구성한 것 : 옮긴이) 존재─즉 반응할 능력이 있는 존재다. 우리는 자아 의식, 양심, 비전에 따라 행동할 수 있는 의지력이 있다.

• **상상력**은 미래의 상태를 마음 속에 그려 보고 뭔가를 창조해 볼 뿐 아니라 시너지를 통해 문제를 해결할 수 있게 해 주는 역량이다. 상상력은 우리 자신과 남들을 지금과 다르게 그리고 지금보다 더 나은 모습으로 볼 수 있게 해 주는 자질이다. 상상력을 통해 우리는 자기 사명서를 작성할 수 있고, 목표를 설정할 수 있고, 모임을 계획할 수 있다. 우리는 또한 상상력을 통해 가장 도전적인 상황에서도 사명서대로 살아가는 우리 자

신의 모습을 그려 볼 수 있으며, 어떠한 새로운 상황에서도 불변의 원칙들을 효과적인 방법으로 적용할 수 있게 된다.

'자기 개선 운동' 들은 이런 자질을 인정하기는 하지만, 이것들을 분리하여 개별적으로 다루는 경향이 있다.

- **자아 의식**은 정신 분석과 대부분의 정신 치료 요법은 물론 정신 회복 운동에서 강조하는 분야다.
- **양심**은 도덕과 윤리적 사고, 의미와 옳고 그름의 문제들을 다루는 종교가 강조하는 분야다.
- **독립 의지**는 '보통 사람' 의 접근 방식—원하는 것을 얻기 위해서는 이를 악물고 살아 나가야 하며, '수고 없이는 아무것도 얻을 수 없다.' —에서 말하는 의지력이다
- **상상력**은 적극적 사고(positive thinking), 사이코사이버네틱스(psy-chocybernetics)*, 믿음의 마술 같은 위력(the magic of believing), 신경 언어 프로그래밍(neurolinguistic programming) 등과 같은 시각화와 정신력 운동들이 강조하는 분야다.

이들 각각의 접근 방법은 인간이 가진 천부의 능력 한두 가지의 개발에 초점을 맞추고 있기 때문에 이 네 가지 능력을 시너지를 통해 상호 연관되는 전체로 파악하지는 못한다. 그러나 각각의 자질은 물론 그들 사이의 시너지는 삶의 질을 창출하는 데 필수적이다. 만일 우리가 더 나은 방법에 대한 비전을 제시하는 창의적 상상력과 변화를 만들어 내는 독립 의

---

* 1960년 동명의 저서를 통해 맥스웰 말츠 박사가 발표한 프로그램으로 자기상(self-image) 의 강화와 확장을 통해 개인적 충족감을 확립하고 자신의 재능과 역량을 키울 수 있다는 내용이다.

지를 가지고 있지 못하면, 자아 의식—우리의 각본이 깊은 내적 양심과 조화를 이루지 못하는 방식으로 씌어 있음을 인정하는 것—만으로는 충분치 못하게 된다. 만일 우리가 정북향을 찾게 해 줄 수 있고 늘 좋지 않은 길을 택하게 되는 것을 합리화하고 정당화하는 행동을 중단시킬 수 있는 양심을 개발하지 못한다면, '이를 악물고' 헤쳐 나갈 독립 의지만으로는 부족하다. 독립 의지 없는 상상력은 이상주의에 빠진 몽상가를 길러낼 뿐이며, 양심 없는 상상력은 히틀러와 같은 사람을 낳을 뿐이다.

이 네 가지 천부의 능력을 개발하고 그들 사이의 시너지를 창출하는 것이 자기 리더십의 핵심이다. 이를 통해 우리는 이렇게 말할 수 있게 된다.

"난 내 패러다임들을 검토할 수 있다. 난 그 패러다임들이 만들어 낸 결과들을 검토할 수 있다. 난 내 양심에 따라 원칙들에 맞고 또 내 자신의 독특한 공헌 능력에 맞는 새로운 길로 나아갈 수 있다. 난 내 독립 의지에 따라 변화를 일으키는 선택을 할 수 있다. 난 상상력을 이용하여 지금보다 나은 현실을 창조할 수 있고, 새로운 대안을 발견할 수 있다."

천부의 능력을 개발하는 방법

우리는 모두 이런 네 가지 천부의 능력을 지니고 있다. 우리는 모두 자아 의식의 순간을 경험한 적이 있다. 내면의 명령에 귀를 기울이고 그에 따라 행동한 경험도 있다. 우리는 감정이나 상황에 따라 반응하기보다는 우리가 중요하다고 생각하는 바에 따라 행동해 본 경험이 있다. 또 우리는 비전을 가진 순간, 영감을 주는 창의적인 생각이 떠오르는 순간을 경험한 적도 있다.

그러나 우리가 의식적으로 알아차리지 못했을지언정 우리는 모두 믿을 수 없을 만큼 맹목적인 순간, 즉 내적 안내 시스템의 촉구를 무시하거나 그것에 저항한 순간, 극히 반대응적으로만 행동한 순간, 비전이나 상상력이 사라지고 없는 순간도 경험했을 것이다.

묻고 싶은 말은 이것이다. 우리는 자신의 독특한 천부의 능력을 충분히 개발했는가? 그리고 우리 삶에서 이런 능력 사이의 시너지는 얼마나 강력한가?

우리는 당신이 다음의 질문들에 대해 깊이 생각해 보기를 바란다. 답변을 하다 보면 당신은 자신의 삶을 통해 이 천부의 능력을 얼마나 개발했으며, 현재 얼마나 이용하고 있는지를 알 수 있을 것이다.

아래 질문에 모두 대답한 뒤, 네 가지 천부의 능력 각각의 점수를 합산해 보라. 그리고 다음 기준에 따라 각 천부의 능력에 대한 당신의 점수를 측정해 보라.

0−7	활용이 안 된 천부의 능력
8−12	활용되고 있는 천부의 능력
13−16	고도로 개발된 천부의 능력

왼쪽의 질문에 대해 당신의 일상적 행동이나 태도에 가장 가까운 숫자를 골라 동그라미를 치라(0=전혀 아니다, 2=가끔 그렇다, 4=항상 그렇다).

자아 의식

전혀　　가끔　　항상

1. 내 생각이나 감정을 떠나서 그것들을 검토하거나 변화시킬 수 있는가?

0　1　2　3　4

2. 내 기본 패러다임이 무엇이고, 그것이 내 태도와 행동에 주는 영향은 무엇인가. 또 그로 말미암아 내 인생에서 얻는 결과가 무엇인지 깨닫고 있는가?

0　1　2　3　4

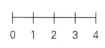

3. 내 생물학적 · 유전적 · 심리적 · 사회적 각본들과 내 자신의 깊은 내면의 사고 사이의 차이를 깨닫고 있는가?

0 1 2 3 4

4. 다른 사람들의 나에 대한, 또는 내가 하는 일에 대한 반응이 내 자신의 방식과 충돌할 때, 그 반응을 철저한 자각을 통해 평가해 보고, 그것으로부터 배울 수 있는가?

0 1 2 3 4

양심

1. 때때로 어떤 일을 해야 한다든가, 아니면 막 하려고 하던 일을 하지 말아야 한다든가 하는 내면적인 충동을 느끼는가?

0 1 2 3 4

2. '사회적 양심' —사회에 물든 가치관—과 내 자신의 내적 명령 사이의 차이를 느끼고 있는가?

0 1 2 3 4

3. 성실성과 신뢰성 같은 정북향 원칙의 실체들을 내면으로 느끼고 있는가?

0 1 2 3 4

4. 내가 사는 사회보다 훨씬 더 큰 차원에서의 인간 경험에서 원칙의 실체를 입증해 주는 패턴을 발견하고 있는가?

0 1 2 3 4

독립 의지

1. 다른 사람들만이 아니라 나 자신에게도 약속을 하고 지킬 수 있는가?

0 1 2 3 4

2. 그것이 설사 사회적 대세를 거스르는 것일지라도
내 자신의 내적 명령에 따라 행동할 능력을 가지고
있는가?

0 1 2 3 4

3. 인생에서 의미 있는 목표들을 수립하고 달성할 능
력을 개발했는가?

0 1 2 3 4

4. 기분보다 책임 이행을 앞세울 수 있는가?

0 1 2 3 4

상상력

1. 나는 사전에 결과를 생각해 보는가?

0 1 2 3 4

2. 지금의 현실을 넘어선 내 삶의 양상을 시각화하고
있는가?

0 1 2 3 4

3. 자신의 목표를 재확인하고 실현하기 위해 시각화하
는 방법을 사용하는가?

0 1 2 3 4

4. 다양한 상황 속에서 나타나는 문제들을 해결하기
위해 새롭고 창의적인 방법들을 탐색하고, 다른 사
람들의 다양한 견해들을 가치 있게 생각하는가?

0 1 2 3 4

이 천부의 능력들은 꾸준히 그것들을 길러 내고 발휘하는 과정을 통해
형성된다. 이 천부의 능력들을 길러 내는 데에는 많은 방법이 있지만, 이
장에서는 각각의 능력을 개발하고, 그 사이의 시너지를 키워 나가는 강력
한 방법을 하나 제안하려고 한다.

꾸준히 일기를 씀으로써 자아 의식을 키우라

꾸준히 일기를 쓰는 것은 자아 의식을 크게 증대시키고, 모든 천부의 능력과 그것들 사이의 시너지를 높이는, 효과 높은 제2상한 활동이다.

일기에는 무엇을 쓸 것인가? 만일 생활에서 얻은 결과가 마음에 들지 않으면, 그것에 대해 써라. 그것을 종이 위에 털어놓아라. 그래서 농장의 법칙이 당신의 삶에서 어떻게 작용하는지 느껴 보라. 근본적인 원인으로부터 결과가 흘러나오는 양상을 보라. 결과들을 통해 패러다임, 프로세스, 습관까지 추적해 들어갈 수 있음을 확인해 보라.

만일 자신에게 해롭거나 자기 패배적이라는 것을 뻔히 알면서도 어떤 일을 하고 있는데 그 이유를 모르겠다면, 그것을 분석하고, 그것을 조사하고, 그것을 적어라. 만일 당신 부모가 당신을 화나게 해서 당신이 속으로 '내가 부모가 되면 난 절대 저러지 않을 거야.' 라는 말을 한 적이 있는데 지금 자신이 똑같은 일을 하고 있음을 알게 되었다면, 그것을 적어라. 그것을 통해 당신은 자신의 각본에 대해 더 깊이 깨달을 수 있고, 그것을 통해 현명한 선택을 할 수 있다.

통찰력을 갖게 되거나, 원칙을 배우거나, 그 원칙이 어떤 결과를 낳는지 관찰하게 되면, 그것을 적어라. 어떤 내적 자극을 느낀 뒤 그것을 따르거나 무시했다면, 그것에 대해, 그리고 그로 말미암아 일어난 일에 대해 적어라. 이런 과정을 통해 당신은 자신의 내적 안내 시스템에 더 많은 관심을 기울일 수 있다. 또 그것을 통해 자신의 양심을 강화하고 교육시킬 수 있다.

당신이 자신이나 다른 사람에게 약속을 했다면, 그것을 실행에 옮기기 위해 독립 의지를 어떻게 이용할 것인지에 대해 적어라. 일 주일에 네 번씩 운동을 하기로 작정했다면, 당신이 실천할 수 있게 된 요인들을 평가하거나 실천하지 못한 이유들을 검토하라. 당신의 다짐이 미지근했거나 성급한 것이었거나 비현실적인 것은 아니었는지 살펴보라. 당신이 현재 가진 독립 의지의 수준에 비해 '정신력으로 매트리스의 유혹을 이겨 낸다는 것(mattress는 잠을 재미있게 표현한 것 : 옮긴이)'은 너무 큰 도전이었나? 당신이 스스로에게 한 다짐은 당신이 다른 사람들에게 한 다짐과 같은 정도의 우선 순위를 부여받았는가? 이렇게 당신이 자신의 독립 의지를 점점 더 깨닫게 되면, 그 의지를 개발하는 데 도움을 얻을 수 있을 것이다.

가능성들에 대한 비전을 가지고 그것을 적어라. 꿈을 꾸는 것은 상상력을 북돋는다. 그러고 나서 당신의 꿈을 검증해 보라. 그 꿈들이 원칙에 기반을 두고 있는가? 당신은 그 꿈을 달성하기 위해 기꺼이 대가를 치를 것인가?

당신은 자신의 상상력을 개발해 나가면서, 그 상상력을 이용해 인생에서 창조하고 싶은 것을 미리 마음 속에서 창조해 볼 수 있다. 그것은 집을 완성하기 위한 청사진이며, 무대 연기를 구성하기 위한 연출자의 비전이다. 이런 시각화를 통해, 비전을 현실로 전환시킬 수 있는 장기 · 중기 · 단기 목표들을 설정할 수 있다.

당신은 꿈을 이루지 못한 채 살아가고 있음을 발견할 수도 있다. 당신은 스스로 체념하고 있거나 최선이 아닌 차선에 안주하고 있다고 느낄 수도 있으며, '만일 여건만 나아진다면' 그 꿈들을 이룰 수 있을 것이라고 생각할 수도 있다. 그러나 당신이 시간을 내어 애써 생각해 보면, 당신의 꿈들이 잘못된 것이었다는 것, 즉 당신이 삶의 질과는 관계없는 어떤 것을 바라고 기다리고 원하고 있었다는 것을 발견할 수도 있다.

당신의 꿈들을 멀리 떨어져서 들여다보라. 그 꿈들을 바라보라. 그 꿈들에 대해 적어라. 그 꿈들이 바람직한 결과를 가져다 주는 원칙들에 기반을 두고 있다고 확신할 수 있을 때까지 그 꿈들과 씨름하라. 그러고 나면 상상력을 이용하여 새로운 응용 분야, 일을 하는 새로운 방법을 탐험할 수 있다. 그런 응용과 방법은 행동으로 실현시킬 수 있는, 원칙에 기반을 둔 위력을 지니고 있다.

일기쓰기를 통해 당신은 나날이 자기 천부의 능력들을 개발하고 사용하는 방법을 발견하고 이를 개선할 수 있다. 글을 쓰는 것은 말 그대로 두 뇌에 각인이 되기 때문에, 당신이 하려고 하는 일을 기억하고 적용하는 데 도움을 준다. 나아가서, 일기는 당신에게 과거의 상황을 설명해 주는 아주 훌륭한 도구가 된다. 기회를 잡아—사명서를 새로 쓰기에 앞서 명상을 할 때처럼—자신의 지난 몇 주, 몇 달, 몇 년의 경험을 글로 적은 것을 쭉 훑어보라. 그러면 당신은 되풀이되는 생활 패턴과 주제들에 대해 아주 중요한 통찰을 얻을 수 있을 것이다.

배우고, 듣고, 반응함으로써 양심을 일깨우라

양심의 존재는 오래 전부터 심리적·사회적·종교적·철학적 문헌에서 가장 폭 넓게 입증된 개념이다. 지혜 문헌들이 말하는 '내면의 소리'부터 심리학에서 말하는 '집단 무의식', 심지어 월트 디즈니의 작품 『피노키오』에 나오는 '귀뚜라미 지미'에 이르기까지, 이 천부의 능력은 인간 존재의 중요한 부분으로 인정되어 왔다. 지크문트 프로이트(Sigmund Freud)는 양심이란 인간의 어린 시절의 경험과 문화의 산물이라고 말했다. 카를 융(Carl Jung)도 사회적 양심을 인정하면서 동시에 모든 인간의 보편적 정신 속으로 흘러드는 '집단 무의식'에 대해서 강조했다.[5]

여러 회사의 사명서 개발 작업을 도와 주다 보면, '집단 무의식'이 거듭 확인되는 것을 본다. 대부분의 사람들은 깊은 내면의 삶 속으로 들어갈 때 자신의 문화, 성장 배경, 종교, 인종에 관계없이 기본적 삶의 법칙을 의식하고 있는 것 같다.

그러나 우리는 대부분 양심의 개발을 억제하는 환경 속에서 살고 일한다. 양심의 소리를 분명히 듣기 위해서는 때로 '조용'해지거나 '성찰'을 하거나 '명상'을 해야 한다. 하지만 이것은 우리가 좀처럼 선택하거나 발견하기 힘든 조건이다. 우리는 활동과 소음, 사회 문화적 조건, 언론의 메시지와 결함투성이 패러다임들에 푹 빠져 있으며, 그 때문에 우리에게 정북향 원칙들을 알려 주고, 우리가 그 원칙들에 얼마나 충실하게 사는지를 가르쳐 주는, 조용한 내면의 소리를 들을 수 있는 감수성이 무디어져 있다.

그러나 우리가 발을 멈추고 정직한 마음으로 깊이 찾아 들어가면, 우리는 그 내적인 지혜의 원천에 이를 수 있다.

스티브 : 몇 년 전 나는 어느 대학교로부터, 많은 당면 문제와 쟁점을 다루는 일 주일 동안의 포럼에 참석해 달라는 요청을 받았습니다. 나는 초청된 여러 사람 가운데 하나였는데, 이 사람들은 모두 서로 다른 관점과 배경을 대표하고 있었죠.

이틀째 되는 날 밤, 나는 여학생 클럽에서 '새로운 도덕성'을 주제로 열린, 여학생 클럽/남학생 클럽 교환 모임에 연사로 초대되었습니다. 여학생 클럽에는 150명 가량의 젊은이들이 빽빽이 들어 차 있었습니다. 젊은이들은 앞방, 식당, 복도, 계단에까지 앉아 있었어요. 나는 압도당하고 포위당한 기분이 들었으며, 또 무척 외로웠습니다. 나는 각 개인과는 따로 떨어져 작용하는 일련의 보편적인 원칙들이 있다는 내 관점을 개진해 나갔습니다. 나는 강연 시간 내내 청중으로부터 나오는 상당한 저항과 불신이 전해지는 것을 느꼈습니다.

질의 응답 시간이 되자 두 학생이 '새로운 도덕성'에서 주장하는 상황 윤리를 강력히 지지하는 의견을 조리 있게 발표했습니다. 새로운 도덕성에는 절대적 진리와 기준이 없으며, 각 상황은 거기 존재하는 다른 요인들뿐 아니라 그 상황에 관련된 사람들을 고려하여 파악되어야 한다는 것이었죠. 그 가운데 한 학생은 절대적인 옳고 그름이나 원칙에 기반을 두지 말고, 상황에 따라 옳고 그름을 판단해야 한다면서 설득력 있는 보기까지 들면서 주장했습니다.

대부분의 청중이 그 관점에 상당한 지지를 보내고 있음을 느꼈지만, 난 계속

해서 농장의 법칙과 성실성, 절제와 자기 수련, 충실과 책임감 같은 불변의 원칙들을 강조하는 내 입장을 밀고 나갔습니다. 나는 내 말이 먹혀 들지 않는다는 것을 알았고, 학생들도 내가 '난처한' 입장에 처한 것을 알고 있는 것으로 보였습니다. 나는 그 학생이 제기한 문제에도 원칙이 존재하며, 그 원칙을 지키지 않으면 끔찍한 결과들이 일어난다고 설득해 나가려 했습니다. 그러나 앞줄에 앉아 있던 그 설득력 있는 학생은 내 말을 받아들이지 않았어요. 나는 만일 어떤 사람이 독약인 줄 모르고 그것을 마시면 어떻게 되겠느냐고 그 학생에게 직접 물었습니다. 끔찍한 결과가 나오지 않을까요? 학생은 그것이 형편없는 비유라고 반박하면서, 내가 개인들이 지닌 자유의 가치를 충분히 인식하지 못하고 있다고 말하더군요.

그 지점에 이르자, 난 더 이야기를 해 봐야 쓸데없다는 것을 깨달았습니다. 그래서 난 거기 모인 사람들을 바라보며 말했습니다.

"우리 각각은 마음 속으로 이 문제의 진실을 알고 있습니다. 우리는 모두 양심을 가지고 있으니까요. 우리 모두 압니다. 만일 여러분이 조금만 시간을 내서 가만히 명상하며 주의 깊게 자신의 내면에서 나오는 소리를 듣는다면, 여러분은 그 답을 알게 될 것입니다."

많은 젊은이들이 내 말에 코웃음을 치고 야유를 보냈습니다.

나는 이 조롱을 무시하고는 거듭 도전했습니다. 나는 모두에게 한 번만 그렇게 해 보라고 요청했습니다. 만일 그래도 1분 안에 자신의 양심이 그 질문에 대답하는 것을 느끼지 못한다면, 날 쫓아 내도 좋고, 거기 모인 이들의 시간을 더 낭비하지 않도록 하겠다고 말했습니다. 이 말에 모두 차분해졌고, 대부분은 기꺼이 실험을 해 보려는 것 같았습니다. 나는 학생들에게 한 마디 말도 하지 말고 조용히 마음을 가라앉혀, 자신의 내면에 귀를 기울이며 자문해 보라고 했습니다.

'오늘 저녁에 설명된 이 주제가 진정한 원칙인가, 아닌가?'

처음에 몇몇 사람은 다른 사람들이 내 요청을 진지하게 받아들이고 있는지 보려고 주위를 기웃거렸습니다. 그러나 한 20초가 지나자 거의 모두가 조용히 앉아, 생각하고 귀를 기울이는 데 깊이 몰두하는 것 같더군요. 많은 사람이 고개를 숙였습니다. 이런 침묵이 1분쯤 흐르자—몇몇 사람에게는 그 1분이 아마 영원처럼 긴 시간으로 느껴졌을 테지만—난 조금 전에 그렇게 설득력 있게 열변을 토하던, 내 왼쪽에 있는 젊은이에게 물었습니다.

"솔직하게 말해 봐요, 학생. 뭘 들었습니까?"

그 학생은 조용히 그러나 솔직하게 대답하더군요.

"아까 내가 말하던 것과는 다른 것을 들었습니다."

나는 동의하지 않던 또 한 학생을 향해 무엇을 들었느냐고 물었습니다.

그 학생은 대답했습니다.

"모르겠습니다—정말 모르겠습니다. 이제는 뭐가 뭔지 확실치가 않습니다."

청중석의 분위기는 완전히 달라졌습니다. 그 때부터 청중은 고분고분해지고 조용해졌습니다. 지식에 의존해 반응하기보다 좀 더 마음을 열고 가르침을 받으려는 자세가 된 것이죠.

마지막에 청중이 보여 준 태도는 원칙이 지배한다는 것을 깨달았을 때, 즉 우리 자신의 외부에 양심이 인정하는 독립적이고 절대적인 진리가 있다는 것을 깨달았을 때 경험하게 되는 겸손함이다.

그러면 어떻게 양심이라는 천부의 능력을 개발할 수 있는가?

양심의 개발을 다섯 종류의 손으로 상징되는 신체적 능력의 개발에 비유해 보자. 첫째는 연주로 청중을 사로잡는 위대한 피아니스트의 손이고, 둘째는 눈이나 뇌에 섬세한 수술을 함으로써 생명과 시력과 사고력을 되살려 내는 능숙한 외과 의사의 손이다. 셋째는 심리적 압박감 속에서도 훌륭한 플레이를 펼쳐 경기를 우승으로 이끄는 위대한 골퍼의 손이고, 넷째는 점자책의 오톨도톨한 표시를 만지면서 엄청난 속도로 책을 읽을 수 있는 맹인의 손이다. 그리고 다섯째는 단단한 대리석이나 화강암 토막으로 아름다운 예술품을 만들어 내는 위대한 조각가의 손이다.

양심은 이 다섯 종류의 손처럼 고도로 육성할 수 있다. 양심을 개발하려면 큰 대가를 치러야 한다. 희생을 각오하고 장애 요소들을 극복해야 한다. 사실, 양심을 일깨우고 살려 나가려면 위대한 조각가, 골퍼, 외과 의사, 점자 독서가, 피아니스트에게 필요한 것보다 훨씬 더 많은 수련·희생·지혜가 필요하다. 그러나 훌륭하게 일깨운 양심으로부터 얻을 수 있는 보상도 매우 크다—교육받은 양심은 우리 삶의 모든 측면에 커다란 영향을 미치기 때문이다.

우리는 다음과 같은 방법으로 양심을 일깨울 수 있다.

- 오랜 세월에 걸친 지혜의 문헌들을 읽고 숙고함으로써 각 시대마다 공통된 정북향 원칙들에 대한 깨달음의 폭을 넓힌다.
- 우리 자신의 경험을 돌이켜 보고 그 경험으로부터 배운다.
- 다른 사람들의 경험을 주의 깊게 관찰한다.
- 시간을 들여 차분한 상태에서 깊은 내면의 소리에 귀를 기울인다.
- 그 소리에 반응한다.

그냥 양심에 귀를 기울이는 것만으로는 충분치 않다. 반응까지 해야 한다. 우리가 내면의 소리와 일치하는 행동을 하지 못할 때, 우리는 양심 둘레에 담을 쌓게 되고 그것은 감수성과 수용성을 가로막는다. C.S.루이스가 말했듯이 "양심에 복종하지 않으면 양심을 장님으로 만들게 된다."[6]

오랜 세월의 지혜와 우리 마음의 지혜를 연결시켜 주면, 우리는 사회적 거울에 덜 좌우되는 대신 바른 성품과 양심을 가진 사람으로 성장해 간다. 우리의 안정감은 사람들이 우리를 대하는 방식에서 오거나 우리를 남들과 비교하는 데서 나오는 것이 아니다. 우리의 안정감은 자신의 기본적 성실성에서 나온다.

약속을 하고 지킴으로써 독립 의지를 키우라

독립 의지를 강화하는 가장 좋은 방법은 약속을 하고, 그것을 지키는 것이다. 약속을 할 때마다 우리는 개인의 성실성 계좌에 예금을 하는 셈이다. 개인 성실성 계좌란 우리가 스스로에 대해 가지고 있는 신뢰, 말을 실천에 옮기는 능력에 대한 신뢰를 나타내기 위한 비유다.

우선 적은 예금액에서 시작하는 것이 중요하다. 아침에 조금 일찍 일어나 운동을 하겠다는 것 정도의 작은 약속이라 하더라도 그 약속을 지키라. 또 오늘 밤에는 텔레비전을 보지 않겠다거나, 이번 한 주 동안은 입맛보다 영양에 따라 식사하겠다는 따위의 작은 약속도 일단 하고 나면 지켜야 한다.

작정한 것은 깨뜨리지 말아야 하며, 제대로 지키지 못할 과도한 약속은 하지 말아야 한다. 개인 성실성 계좌에서 인출하는 모험을 감행해서는 안 된다. 당신의 약속 이행에 따른 명예감이 단순한 기분을 압도할 때까지 천천히 계좌의 액수를 키워 나가라. 당신이 처한 실제 상황을 신중하게 파악한 다음에, 그 결과를 가지고 실제 상황 속으로 들어가서 "난 이것을 하겠다."고 말하라. 그러고 나서는 무슨 일이 생기더라도 꼭 그렇게 이행하라.

이렇게 하면 차츰차츰 자신에 대한 믿음이 늘어날 것이다. 그리고 만일 당신이 하기로 마음먹은 일이 원칙 중심적인 것이라면, 당신은 차츰차츰 원칙 중심적인 사람으로 변모해 갈 것이다. 당신 자신에 대한 약속을 지키게 되면, 당신의 성실성 계좌 액수는 늘어나게 된다.

스티븐 : 한 번은 인생이 엉망이 되어 버린 사람에게 자문을 한 적이 있습니다. 그는 인생을 되는 대로 적당히 살고 있었죠. 그는 때때로 햇빛 속에 반짝이는 날치와 같은 발랄한 모습을 보여 주다가도 다시 질질 끌기와 이기심으로 가득 찬 생활로 뛰어들어, 자신을 괴롭히는 온갖 긴급한 일과 씨름을 했습니다.

나는 이 사람에게 자신의 독특한 천부의 능력을 인식시키는 한편, 아주 작은 일부터 시작하도록 격려했어요. 내가 물었습니다.

"아침에 일찍 일어나겠다는 계획을 세웠다고 했는데, 정말 일찍 일어날 겁니까? 정말 아침 일찍 일어날 수 있습니까?"

그가 대답했습니다.

"도대체 어떻게 그게 다른 일에 영향을 미친단 말입니까?"

나는 말했습니다.

"당신의 몸은 당신이 삶을 살아가면서 사용하는 유일한 도구입니다. 당신이 자신의 몸을 통제하지 못한다면, 어떻게 몸과 마음을 통해 나오는 표현들을 통제할 수 있겠습니까?"

그래서 그 사람은 밤마다 아침 일찍 일어나기로 결심했지만, 아침이 되면 전혀 다른 정신 상태가 그를 압도해 버리는 것이었습니다. 그는 매트리스를 숭배할 정도로 잠을 즐겼어요. 잠의 노예였죠.

난 다시 시도해 보았습니다.

"한 달 동안 일정한 시간에 일어날 수 있겠습니까?"

"그럴 수 있을지 모르겠습니다."

"자신 없으면 그러겠다고 약속하지 마세요. 지금 당신의 성실성은 위기에 처해 있습니다. 당신이 실토한 대로, 당신 인생은 완전히 엉망이 되어 있습니다. 당신은 마음의 평화를 전혀 누리지 못하고 있어요. 따라서 약속을 하고 그것을 깨는 일을 더 해서는 안 됩니다. 아주 작은 것부터 시작하세요. 일 주일 동안은 작은 약속을 지킬 수 있겠습니까?"

"네, 일 주일 동안은 할 수 있을 것 같습니다."

"일 주일 동안 당신이 일어나겠다고 약속한 시간에 일어날 수 있겠습니까?"

"일어나겠습니다."

난 일 주일 뒤에 그를 다시 만났습니다.

"그렇게 했나요?"

"했습니다."

"축하합니다! 당신의 인생은 낮은 수준에서나마 성실성을 갖추기 시작했습니다. 자, 그럼 이번엔 뭘 하실 건가요."

조금씩조금씩, 이 사람은 약속을 하고 지켜 나갔습니다. 그를 격려하고 있는 그의 친구 한 사람과 나밖에는 아무도 이 사람의 계획을 몰랐습니다. 그러나 우리는 그에게서 눈에 띄는 변화를 보게 되었습니다. 전에는 정서 불안 때문에 그의 생활이 롤러 코스터를 탄 것처럼 위아래로 급변했죠. 그의 결정은 환경과 기분에 따라 좌우되었습니다. 그는 약속을 했고, 그러면 기분이 좋았습니다. 그러나 분위기와 환경에 낙담할 때면, 우울한 상태에 빠져 약속을 깨 버렸습니다. 그러면서 그의 내면에서도 뭔가 부서졌죠―부서진 것은 바로 그의 성실성이었습니다.

그러나 그가 조그만 약속을 하고 지키는 과정을 시작하면서 그의 정서적 생활은 균형을 잡아 나갔습니다. 그는 자신에게 약속을 하고 지키는 것이, 남에게 약속을 하고 지키는 능력을 키워 준다는 사실을 알게 되었습니다. 그는 자신에 대한 성실성의 결여가 다른 사람들과의 관계에 커다란 장애가 된다는 것을 깨닫게 됐죠. 그런데 그가 개인 생활에서 승리를 거두기 시작하면서, 사회 생활에서도 승리가 나타나기 시작했습니다.

어떤 지혜로운 사람이 말했듯이 "가장 큰 싸움은 자신의 영혼이라고 하는 고요한 방에서 벌어진다." 우리는 스스로에게 이렇게 물어 볼 필요가 있다.

'나는 완전한 성실성을 갖춘 사람이 되고 싶은가? 나는 실수하면 사과하고, 조건 없이 사랑하며, 내 자신의 행복만큼이나 다른 사람의 행복을 귀중하게 여기며 살고 싶은가?'

우리의 각본이나 경험의 일부는 이렇게 반박할 수도 있다.

'아니다. 그렇지 않다. 난 그런 식으로 자라지 않았다. 주변 여건이 그

렇게 하도록 허락하지 않는다.'

그러나 곧 이어 우리의 독립 의지는 이렇게 말할 것이다.

'잠깐만! 너도 그렇게 할 수 있다. 넌 네 각본이나 사회적 거울 또는 다른 사람들이 따르는 편한 길에 좌우될 필요가 없다. 이제 너는 지금까지 일어난 모든 일에 대해 스스로 어떻게 반응할 것인지 결정할 기회를 맞았다. 다른 사람들이 그렇게 하느냐 마느냐 하는 것은 상관없는 일이다. 너는 자신의 어려운 일을 생각해 보고, 그것에 대한 너의 반응을 관찰하고, 그것을 변화시킬 수 있는 힘이 있다.'

"이거 왜 이래! 저 바깥 세상이 어떤 곳인지 잘 알잖아." 하고 말하는 사람들에게 우리는 이렇게 말한다. "이거 왜 이래! 당신 내면의 힘을 당신도 알고 있잖아." 그렇다고 당신을 불쾌하게 만들려는 것은 아니다. 우리는 사랑으로 그런 말을 하고 싶다. 우리의 삶은 우리의 선택에 따른 결과들이다. 다른 사람, 환경, 다른 외적 요인들을 탓하고 비난한다는 것은, 그런 것이 자신을 컨트롤하도록 내버려 둔다는 뜻이 된다.

우리가 스스로 제 삶을 사느냐 아니면 남들이 우리의 삶을 대신 살도록 내버려 두느냐 하는 것은 우리 자신의 선택에 달려 있다.우리 자신과 다른 사람들에게 약속을 하고 지킴으로써, 우리는 조금씩 힘을 키워 나갈 수 있으며, 마침내 우리에게 영향을 미치는 외부의 어떤 힘보다도 자신의 행동 역량이 강해지게 된다.

시각화를 통해 상상력을 개발하라
다음 시나리오를 상상해 보라.

당신의 얼굴에서 땀방울이 흐르기 시작한다. 이 곳은 전쟁의 상처와 적대적인 분위기, 그리고 강렬한 열기 때문에 숨쉬기조차 힘든 열대 라틴 아메리카의 어느 나라다. 당신이 방금 바퀴벌레가 우글거리는 게릴라 감옥에서 구출해 낸

여인은 공포에 젖은 채 당신 팔에 꼭 매달려서 당장이라도 히스테리를 일으킬 것 같다. 당신의 임무는 그 여인을 안전하게 여인의 아버지인 대사에게 돌려 보내는 것이다. 당신은 무기도, 음식도, 운송 수단도, 외부 세계와 연락할 통신 수단도 없다. 적의 부대에게 포위당한 상태에서, 지금 간신히 숨어 있는 곳마저 곧 발각당할 위기에 처해 있다.

당신은 어떻게 할 것인가?

솔직히 우리가 그 입장이라도 어떻게 해야 할지 모르겠다. 당신이 어떻게 해야 좋을지도 모르겠다. 그러나 한 가지 확실한 것은 맥가이버라면 어떻게든 해낼 것이라는 점이다.

텔레비전 모험물 시리즈 『맥가이버』의 주인공 맥가이버는 기발한 수완꾼이다. 이 기적의 사나이가 처리하지 못하는 상황은 거의 없는 것 같다. 맥가이버는 현대 범죄 드라마의 수수께끼다. 무기를 가지지 않은 사나이, 정신력을 가진 사나이. 맥가이버는 그 광범위한 지식과 창의성으로 덤불 속에서 찾아낸 폭파된 지프의 잔해를 가지고 오목 거울을 만든다. 맥가이버는 그 거울로 태양 광선의 초점을 적의 탄약고에 맞추어 그것을 폭파시키고, 적의 부대가 혼란에 빠진 틈을 타서 농가의 헛간에서 나와 여자를 데리고 달아난다. 떠나기 전에 낡은 재료 조각과 헛간에 있던 여느 가정용 화학 약품을 가지고, 앞으로 자신을 보호할 폭약 장치를 만들어 놓는다. 그리고 부서진 무전기에서 부품을 모아 구출 헬리콥터가 오도록 신호를 보내는 자동 유도 장치를 만들기도 한다.

환상적인가? 그렇다. 분명히 허구다. 그러나 맥가이버와 같은 마케팅 매니저를 둔다면 어떨까?

우리는 이런 것을 '맥가이버 요인'이라고 부르고 싶은데, 이것은 창의적 상상력이 구현된 상태를 가리키는 말이다. 맥가이버 요인은 다양한 상황을 이해하고 거기에 원칙을 적용시킬 수 있는 능력이다. 맥가이버 요인을 가지면, 평소처럼 2에 2를 더해 4를 얻기도 하지만, 동시에 1에 3을 더해 4를 얻기도 하고, 92에서 88을 빼 4를 얻기도 하며, 또 228을 57로 나누는 것처럼 무한히 많은 나눗셈의 조합을 이용해 4를 얻을 수 있고, 더 나아가 16의 제곱근을 구해 4를 얻을 수도 있다.

맥가이버 요인은, 원칙에는 사람을 유능하게 해 주는 특성이 있음을 예시해 준다. 맥가이버가 원칙 대신 관행에 따라 사고하는 사람이었다면, 그는 수류탄이 없다고 한탄하면서 여전히 대사의 딸과 함께 바퀴벌레가 우글거리는 라틴 아메리카의 외딴 감옥에 그대로 앉아 있을 것이다.

맥가이버 요인을 이해하게 되면 원칙 중심의 생활이 우리를 유능하게 해 준다는, 가장 고무적인 사실을 이해할 수 있다. 원칙들은 복잡함을 극복한 단순함이다. 알프레드 노스 화이트헤드의 말을 빌려 보자.

> 지혜가 자람에 따라, 어떤 의미에서는, 지식은 줄어든다. 세부 사항들은 원칙 속에 다 들어가기 때문이다. 생활하는 데 중요한 구체적 지식은 살아가면서 임시 변통으로 그때 그때 얻을 수 있다. 반면, 궁극적인 지혜를 소유하는 것은 잘 이해된 원칙을 적극 활용하는 습관을 연마함으로써 가능해진다.[7]

원칙을 확실히 이해함으로써, 우리는 농장의 법칙이 토마토를 재배하는 데 적용될 뿐 아니라 개인의 발전에도 적용된다는 것을 쉽게 파악할 수 있다. 아울러 두 개의 판자를 겹쳐 놓으면 각각의 판자가 지탱할 수 있는 무게를 합친 것보다 더 많은 무게를 지탱할 수 있다는 시너지의 원칙은, 두 사람이 개별적으로 할 수 있는 것보다 훨씬 나은 해결책을 찾아낼 수 있는 능력을 가지게 해 준다.

상상력 개발을 돕기 위해 우리가 제안하는 과정은 시각화다. 이것은 세계적인 수준의 운동 선수들과 연주자들이 활용하고 있는 효과 높은 정신 훈련이다. 그러나 우리는 이것을 당신의 테니스 실력이나 연주 솜씨를 기르는 데 이용하기보다는 당신의 삶의 질을 개선하는 데 이용해 보라고 권하고 싶다.

혼자 있을 수 있는 시간, 방해받지 않을 수 있는 시간을 확보해 두라. 눈을 감고, 불편함이나 고통을 주는 어떤 상황 속에 갇힌 자신의 모습을 그려 보라. 당신을 짜증나게 하는 상황은 많다. 상관이 당신에게 고함을 친다. 10대 딸이 옷을 안 사 준다고 불평을 한다. 동료가 당신에 관한 악의적인 소문을 퍼뜨린다.

자아 의식을 이용하여, 그런 상황이 일반적으로 불러일으키는 생각과 감정으로부터 당신을 분리시켜 보라. 마음의 눈으로, 당신이 그럴 때 흔히 하는 식으로 반응하는 당신의 모습을 보지 말고, 삶의 질을 끌어올릴 수 있는 원칙들에 따라 행동하는 자신의 모습을 그려 보라. 용기와 배려를 결합시키는 방식으로 다른 사람들과 상호 작용하는 당신 자신의 모습을 그려 보라. 맥가이버 요인을 이용하여, 여러 가지 상황에서 원칙들을 적용하는 방식을 그려 보라. 당신이 이러한 훈련을 통하여 사명서에 명시된 원칙들과 가치를 내재화하게 될 때 이와 같은 훈련의 가치는 더욱 증가한다.

미래를 예측하는 가장 좋은 방법은 미래를 창조하는 것이다. 목표를 성취하기 전에 목표를 그려 볼 수 있게 하는 상상력의 힘, 또 모임을 가지기 전에 모임을 계획할 수 있게 하는 상상력의 힘을 이용하여, 당신은 자신이 원하는 실체를 미리 창조해 볼 수 있다.

원칙들이 주는 겸손

원칙들이 존재한다는 패러다임, 즉 원칙들을 발견하고 그것에 부응하여 살 때에만 효과를 볼 수 있다는 패러다임에서 겸손한 마음이 나온다.

우리는 자신의 삶을 컨트롤하지 못한다. 우리의 삶을 컨트롤하는 것은 원칙들이다. 우리는 자기 마음대로 행동하지 말아야 한다. 가르침을 받을 수 있다는 태도와 지속적으로 배우는 습관을 길러 나간다. 우리는 삶의 법칙들을 이해하고 그것과 일치되게 살아 나가고자 하는 지속적인 탐구에 몰두하게 된다. 우리는 자아 의식이나 양심을 보지 못하게 하는 오만한 가치에 사로잡히지 않는다. 우리의 안전감은 비교하는 사고 방식—난 더 잘생겼어, 난 돈이 더 많아, 난 더 좋은 일자리를 가지고 있어, 난 다른 사람들보다 더 열심히 일해.—이라는 착각에 근거하지 않는다. 우리는 남들만큼 잘생기지 못했고, 돈도 많지 않고, 다른 사람들보다 지위가 낮다고 해서 덜 안전하다고 느끼지도 않는다. 그것은 우리의 안전감과 전혀 관계가 없다. 우리의 안전감은 정북향을 향한 우리 자신의 성실성에서 나오는 것이다.

우리는 실패를 하거나 실수를 하거나 원칙과 정면으로 충돌할 때 이렇게 말해야 한다. "내가 여기에서 뭘 배울 수 있는가?" 우리는 실패의 경험 덕분에 원칙의 중요성을 배우게 된다. 그리고 그 원칙에 따라, 우리가 잘못한 것을 바로잡음으로써 단점을 장점으로 바꿀 수 있다. 우리는 진실을 가지고 우리 행동을 대할 수 있다. 이것은 진실에 대한 믿음을 가진 태도며, 배우고 변화하는 우리 자신의 능력을 인정하는 태도다.

겸손은 정말이지 모든 미덕의 어머니다. 겸손을 통해 우리는 '원천'이나 으뜸이 아니라 그릇, 수단, 대리자가 되려고 노력한다. 겸손을 통해 우리는 다른 종류의 배움과 성장과 프로세스를 자유롭게 받아들일 수 있다. 원칙 중심이 됨으로써 생기는 겸손을 통해 우리는 과거로부터 배우고, 미래에 대해 희망을 가지고, 현재에 대해 자신감을 가지고 행동하는 능력을 얻는다. 이 자신감이란 —지구 전체에 걸쳐, 역사 전체에 걸쳐, 그리고 우리 자신의 삶에서—우리가 원칙에 따라 행동하면 삶의 질을 향상시킬 수 있다는 농장의 법칙에 대한 믿음이다.

제4세대의 필요성

자신의 경험과 다른 사람들의 경험에 대해 깊이 생각해 본 사람들은 흔히 인간이 행복을 느끼기 위해서는 반드시 근본적 욕구가 충족되고 자아 실현을 할 수 있어야 한다는 것을 알고 있다. 이것은 우리가 경험을 통해 확인한 사실이다. 그들은 삶의 질을 관장하는 정북향 원칙 가운데 몇 가지를 깨닫고 있다. 그들은 자신의 삶을 정북향에 일치시켜 주는 천부의 능력을 상당히 경험했다. 어떤 면에서, 이 장은 우리 대부분이 내면의 깊은 곳에서 이미 알고 있는 몇 가지를 상기시켜 준다. 우리가 그것을 알고 있다는 사실—그럼에도 그것이 일상 생활의 모든 측면에서 좀처럼 실현되지 않는다는 사실, 이것이 바로 나침반과 시계 사이의 차이점 때문에 생기는 좌절이다. 어떤 사람이 말했듯이 우리의 문제점은 '우리가 이미 부여받은 지혜를 깨닫지 못한다는 것'이다.

대부분의 사람들이 제4세대에 들어가기를 진정으로 바란다. 이것 역시 우리가 경험으로 확인한 사실이다. 그들은 스케줄보다는 사람들과의 관계를 우선하고 싶어하고, 시계보다는 나침반을 우선하고 싶어한다. 그들은 의미가 있고 이바지할 수 있는 삶을 살고 싶어한다. 그들은 균형과 기쁨 속에서 살며, 사랑하며, 배우고, 유산을 물려 주고 싶어한다.

그러나 전통적인 시간 관리 때문에 방해를 받는 일이 너무나 많다. 달력, 일정표, 제3세대의 시간 관리 수첩 때문에 우리는 계속 중요한 것보다는 긴급한 것에 초점을 맞추게 된다. 스케줄대로 못 하거나 '할 일' 항목의 모든 것에 마침 표시로 금을 그어 버리지 못할 때, 우리는 죄책감을 가지게 된다. 그런 것은 융통성과 자발성을 억누르며, 진정 가장 중요한 것과 실제로 일상 생활을 살아가는 방식 사이에 불일치를 불러일으키기도 한다. 사실, 이런 도구를 이용하는 많은 사람들이 바로 이와 같은 여러 이유 때문에 원래 권하는 방식대로 따라 사용하지 않는다.

물론 우리는 앞서 간 1 · 2 · 3세대로부터 효율, 우선 순위 결정, 생산성, 목표 달성 같은 면에서 많은 귀띔을 받기 원한다. 그러나 우리는 그 이상을 원한다. 일을 더 빨리, 더 많이 하는 것이 올바른 일을 하는 것을 대신할 수는 없다. 우리는 천부의 능력을 이용하여, 균형 잡히고 원칙에 중심을 둔 방식으로 우리의 기본적 욕구와 역량을 충족시키기를 원한다. 그리고 그렇게 할 수 있는 능력을 부여해 주는 이론과 도구를 가진 세대를 요구한다.

중요한 사실은, 삶의 질을 만들어 내는 힘은 계획표에 있는 게 아니라는 것이다. 그것은 기술이나 도구에 달린 문제가 아니다. 그것은 하루를 계획하는 우리 능력에 의해 제한을 받지도 않는다. 우리 가운데 모든 것을 다 아는 능력을 가진 사람은 없다. 우리는 삶의 다음 순간이 어떤 기회, 도전, 놀라움, 슬픔, 예기치 않은 기쁨을 가져다 줄지 잘 모른다.

삶의 질을 만들어 내는 힘은 우리 내면에 있다. 우리 내면의 나침반을 개발하여 사용함으로써 선택의 순간에 성실성을 가지고 행동할 수 있는 능력이 바로 그것이다. 우리는 그 능력을 일 주일을 계획하거나 위기에 대처하는 데 사용할 수도 있고, 우리의 양심대로 행동하거나 대인 관계를 형성하는 데 사용할 수도 있으며, 성난 고객의 문제점을 해결해 주거나 심신 단련을 위한 걷기 운동을 하는 데 사용할 수도 있다. 어떤 도구가 효과가 있으려면, 반드시 정북향의 현실과 일치해야 하며, 정북향을 가리키는 내적인 나침반을 개발하고 사용하는 능력을 높여야 한다.

제 2 부

중요한 것은 중요한 것을
중요하게 관리하는 것이다

2부에서는 제2상한의 시간 관리 방법을 소개할 것이다. 이것은 30분간의 주간 계획 수립 과정과 도구로, 이것을 통해 당신은 성취 욕구, 불변의 원칙, 천부의 능력을 바탕으로 수준 높은 삶의 질을 창조하는 능력을 갖추게 될 것이다. 이 과정의 각 단계를 밟아 가면서, 우리는 다음과 같은 문제들을 제기할 것이다.

- 당신이 하루를 계획하고 있다고 생각해 보라. 당신이 해야 할 진정 중요한 일이 무엇인지 어떻게 아는가? 무엇이 당신의 '소중한 것'을 결정하는가—긴급함인가, 가치인가 …… 아니면 삶의 질을 창조하는 원칙에 근거한, 능력을 부여하는 비전과 사명인가?
- 생활에서 서로 다른 역할, 예를 들어 일과 가족 또는 공헌과 자기 발전 사이에서 갈등을 느낄 때 당신은 어떻게 하는가? '균형'이란 그 모든 역할을 빠짐없이 다 수행해야 한다는 것을 의미하는가?
- 당신이 하루의 계획을 잡았는데, 누가 당신에게 '긴급한' 일을 가지

고 왔다고 생각해 보라. 당신의 우선 순위를 바꾸는 것이 '최선'인지 아닌지 당신은 어떻게 아는가? 당신은 소중한 것을 먼저 한다는 자신감과 평온한 마음을 유지한 채 계획을 바꿀 수 있는가?

- 하루를 보내고 있는데, 뜻하지 않은 좋은 기회가 찾아왔다고 생각해 보라. 그 기회에 시간을 쓰는 것과 원래 계획을 고수하는 것 가운데 어떤 것이 '최선'인지 어떻게 아는가?

이 과정들을 처음 거칠 때 당신은 즉각 이득을 보게 될 것이다. 당신은 당신의 초점을 '긴급한 것'에서 '중요한 것'으로 옮길 수 있고, 굳어진 시멘트처럼 경직된 스케줄 대신 효과적인 판단을 내릴 수 있는, 융통성 있는 틀을 만들어 내는 방법을 배우게 될 것이다.

그러나 우리가 5장에서 10장까지 각 단계를 검토해 나감에 따라 당신은 훨씬 더 강력한 수준에서 그 과정들을 경험하게 될 것이다. 이 장들에서 우리는 다음 사항에 대해 이야기하게 될 것이다.

- 원칙에 근거한 비전과 사명이 주는 변화의 위력
- 생활의 여러 역할 사이에서 균형과 시너지를 창출하는 방법
- 원칙에 근거한 목표들을 설정하고 성취하는 방법
- 주간 단위의 전망이 소중한 것을 먼저 할 수 있도록 하는 데 큰 도움이 되는 이유
- 일상 생활에서 힘들 때에도 선택의 순간에는 성실성을 가지고 행동하는 방법
- 배움과 삶이 나선형으로 상승하는 방법

각 장의 마지막에서, 당신은 주간 단위로 시간 관리를 하는 동안 당신이 설정할 수 있는 활동 목표에 대한 구체적인 아이디어들을 발견할 수

있을 것이고, 그것들을 당신의 생활에 통합시킬 수 있을 것이다. 어떤 아이디어들은 다른 아이디어들보다 당신에게 더 크게 도움이 될 수도 있다. 우리는 당신 스스로 많은 아이디어들을 찾아내기 바란다. 이 장들을 거치고 나면 당신은 새로운 눈으로 다시 그 과정들을 보게 될 것이다. 당신은 시간이 지나면서, 제2상한의 시간 관리 방법이 당신에게 살며, 사랑하며, 배우고, 위대하고도 길이 이어질 유산을 남길 수 있는 능력을 부여하는 방식을 보게 될 것이다.

삶의 질의 관건은 나침반에 있다. 그것은 우리가 날마다 하는 선택에 달려 있다. 우리가 자극과 반응 사이의 공간에서 멈추어 우리의 내적인 나침반을 참조하는 것을 배움에 따라, 우리는 변화에 잘 대처할 수 있고, 원칙과 목적에 따라 생활 속에서 소중한 것을 먼저 한다는 자신감을 가질 수 있을 것이다.

4 : 제2상한 활용 방법 : 소중한 것을 먼저 하는 프로세스

정원사가 없는 곳에는 정원이 있을 수 없다.

로저 : 얼마 전 경영 컨설턴트인 내 친구가 새 집으로 이사했습니다. 그는 자기 친구 한 사람을 고용해 정원을 꾸미기로 마음먹었죠. 고용된 사람은 조경학 박사 학위를 가지고 있는 아주 똑똑하고 식견도 많은 여자였습니다.

내 친구는 정원에 대해 큰 꿈을 가지고 있었습니다. 그러나 그는 너무 바쁘고 여행도 많이 하는 친구라서, 조경사한테 자기가 정원 유지를 할 필요가 거의 없도록 정원을 만들어 달라고 했죠. 따라서 자동 스프링클러를 비롯해 품을 덜 들이게 해 주는 장치들이 꼭 있어야 한다고 강조했습니다. 사실 그는 어떻게 하면 일하는 데 쓰는 시간을 줄일 수 있을까 늘 궁리하는 친구거든요.

마침내 그 조경사는 일을 중단하고 말했습니다.

"프레드, 나도 당신이 무슨 말을 하는지 알겠어요. 그러나 일을 더 하기 전에 한 가지 당신이 알아 둘 게 있어요. '정원사가 없는 곳에는 정원이 있을 수 없어요.'"

우리 대부분은 우리의 정원을—즉, 우리의 인생을—자동으로 해 놓을 수 있으면 좋을 거라고 생각한다. 그렇게 해서 정성 들이고 꾸준하게 보살펴야만 얻을 수 있는 삶의 질을 자동으로 끌어올릴 수 있으면 좋겠다고 생각한다.

그러나 인생은 그런 식으로 되지 않는다. 씨 몇 개만 던져 놓고, 가서 우리 하고 싶은 대로 한 다음에 돌아오면, 아름답고 잘 가꾸어진 밭이 생겨 콩·옥수수·감자·당근을 바구니 가득 푸짐하게 거두어들일 수 있을 거라고 기대하는 것은 있을 수 없는 일이다. 수확의 기쁨을 누리려면, 물을 주어야 하고, 가꾸어야 하고, 때때로 잡초를 뽑아 주어야 한다.

어쨌든 인생은 결과를 안겨 준다. 사물들은 성장하기 때문이다. 그러나 우리가 정원사로서 적극적으로 개입할 때에는 아름다운 정원을 얻게 되지만, 정원사 임무를 게을리하면 잡초밭을 얻게 될 뿐이다.

이 장에서는 정원일을 하는 프로세스를 다룬다. 그것은 무엇이 중요한지를 확인하는 프로세스이며, 그 중요한 것을 기르는 데에 우리 노력의 초점을 맞추는 프로세스다. 그것은 심고, 가꾸고, 물을 주고, 잡초를 뽑는 프로세스다. 그것은 삶의 질을 끌어올리는 데 중요성의 패러다임을 적용하는 프로세스다. 그것은 당신이 매주 30분 정도만 들이면 할 수 있는 '효과 높은' 활동이다. 당신의 현재 삶의 수준이 어떠하든 제2상한 프로세스는 의미 있는 결과를 낳게 될 것이다.

어떤 면에서 보면, 이 프로세스는 긴급성 중독 문제를 치료하는 응급 처치라고 할 수 있다. 만일 당신이 지금까지 자신의 삶의 욕구와 원칙에 대해 깊이 생각해 볼 기회를 갖지 못했고, 기본적으로 긴급성 패러다임에 의거하여 살고 있다면, 이것은 당신이 긴급성 중심의 사고에서 중요성 중심의 사고로 즉시 전환할 수 있도록 도와 줄 것이다. 이 프로세스를 거치는 것만으로도 당신은 감정이나 상황에 근거한 반응보다는 중요한 것에 근거한 행동을 하는 데 도움을 받을 수 있을 것이다.

또 어떤 면에서 보면, 이 프로세스는 욕구와 원칙에 초점을 맞추어 시간을 관리할 수 있게 하고, 또 그런 욕구와 원칙에 따라 일을 할 수 있는 틀을 만들 수 있게 해 준다. 시간 관리 프로세스를 통하여 당신은 제2상한 시간을 깊은 내면의 삶과 연계시킬 수 있으며, 네 가지 욕구를 다루면서 원칙에 근거한 사명서를 작성할 수도 있으며, 삶의 질을 관장하는 원칙들을 이해하고 거기에 당신의 삶을 일치시키는 개인적 능력을 개발할 수 있다.

또 다른 면에서는, 이 프로세스를 통해 당신은 사명서의 내용을 일상생활에서 실천할 수 있다. 사명을 현실화함으로써, 당신은 그 프로세스를 통해 성실성을 가지고 살아갈 수 있으며, 균형 잡히고 원칙 중심적인 방식으로 소중한 것을 먼저 할 수 있다.

이제 그 프로세스에 있는 각 단계를 제시할 때마다, 그 각각의 단계를 신중하게 고려해 보기 바란다. 당신이 더 몰두하면 할수록, 더 의미 있는 것들을 배우게 될 것이다. 다음 주간 계획표를 검토해 보고, 그것을 이용하여 그 뒤에 나오는 6단계 프로세스에 따라 다음 주의 당신 생활을 계획해 보기 바란다.

이 장에서 우리가 사용하는 양식들은 우리가 제2상한의 활동을 위주로 개발한 시간 관리 시스템이다.*

우리는 이 시스템이 '마법의 도구'가 아니라는 사실을 강조하고 싶다. 이 시스템은 제2상한의 시간 관리 프로세스를 강화하기 위해 고안된 것이다. 똑같은 프로세스를 수정된 시간 계획표, 컴퓨터, 문방구 공책, 심지어 종이 냅킨에도 해 볼 수 있다. 중요한 것은 당신이 어떤 시스템을 사용하든 반드시 그것을 당신이 하려고 하는 일과 일치시키는 것이다. 긴급한 제1·제3상한 활동의 우선 순위 설정에 초점을 맞추는 시스템은 당신이

---

* 주간 계획표를 한 부 복사하여 연습을 해 보고, 7가지 습관 시간 관리 도구의 4주 견본이 필요하면 한국리더십센터 **02-2106-4000**로 연락하라.

제2상한으로 넘어가려고 하는 데 방해가 될 것이다.

주간 계획표

다음 쪽에 있는 주간 계획표를 살펴보면, 그것이 일일 계획표가 아니라 주간 계획표라는 점에서, 대부분의 일정 계획 도구와는 다르다는 사실을 알 수 있을 것이다.

한 주일은 인간 활동의 전후 관계를 파악하는 데 이상적인 시간 단위다. 당신은 아주 잘 만든 2~3분짜리 비디오를 본 적이 있을지 모른다. 화면에 커다란 언덕과 골짜기처럼 보이는 것이 나오고, 아래위로 훑어 내리면서 거대한 지형의 윤곽에 대한 다양한 전망을 제공한다. 화면이 움직일 때마다 우리는 눈앞에 보이는 게 무엇인지 궁금해진다. 저 솟아오른 지역이 어떤 황무지의 굽이치는 산들일까? 외딴 사막의 거대한 모래 언덕일까? 몇 분 후, 영상이 천천히 뒤로 물러나면서 전체적인 형태가 눈에 들어온다. 알고 보니 '산'과 '골짜기'는 곰보같이 오톨도톨한 오렌지 겉껍질이었을 뿐이다!

일일 계획은 우리의 시야를 제한한다. 그것은 현실에 너무 '밀착되어' 있어서, 우리는 바로 앞에 있는 것에만 초점을 맞추게 된다. 긴급한 것과 효율이 중요한 것과 효과를 대신하게 되는 것이다. 반면 주간 계획은 우리가 하는 일에 더 자세한 전후 관계를 제공해 준다. 그것은 더 큰 그림을 보여 줌으로써 '산'을 있는 그대로 보게 해 준다. 주간 활동의 전후 관계에서 보면 하루의 활동이 좀 더 적절한 의미를 띠게 된다.

1단계 : 당신의 비전 및 사명과 연계시키라

다음 주를 준비하는 첫 단계는 당신의 생활 전체에서 가장 중요한 것

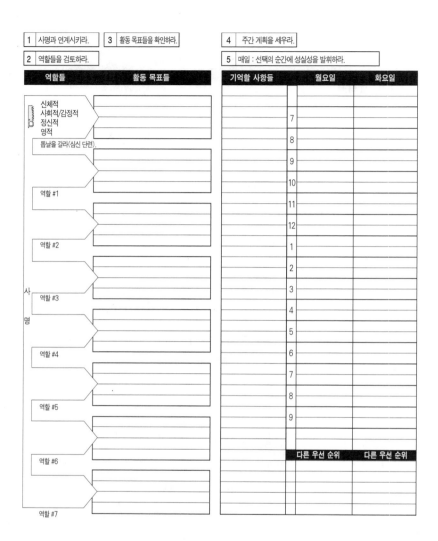

| 1 | 사명과 연계시키라. | 3 | 활동 목표들을 확인하라. | 4 | 주간 계획을 세우라. |
| 2 | 역할들을 검토하라. | | | 5 | 매일 : 선택의 순간에 성실성을 발휘하라. |

역할들 / 활동 목표들

신체적
사회적/감정적
정신적
영적
톱날을 갈라(심신 단련).

역할 #1

역할 #2

역할 #3

역할 #4

역할 #5

역할 #6

역할 #7

사명

기억할 사항들 / 월요일 / 화요일

7
8
9
10
11
12
1
2
3
4
5
6
7
8
9

다른 우선 순위 / 다른 우선 순위

과 연계시키는 것이다. 전반적인 상황 파악은 의미 있는 일이다. 당신이 관심을 가지는 것, 당신 인생의 순간순간을 의미 있게 하는 것과 같은 큰 그림을 생각하라. 이러한 관련성의 핵심은 다음과 같은 문제에 대한 당신의 비전이 얼마나 뚜렷한지에 달려 있다.

2월	S M T W Th F Sa
	1 2 3
	4 5 6 7 8 9 10
	11 12 13 14 15 16 17
	18 19 20 21 22 23 24
	25 26 27 28

3월	S M T W Th F Sa
	1 2 3
	4 5 6 7 8 9 10
	11 12 13 14 15 16 17
	18 19 20 21 22 23 24
	25 26 27 28 29 30 31

4월	S M T W Th F Sa
	1 2 3 4 5 6 7
	8 9 10 11 12 13 14
	15 16 17 18 19 20 21
	22 23 24 25 26 27 28
	29 30 31

6 평가하라.

수요일	목요일	금요일	토요일	일요일
다른 우선 순위	다른 우선 순위	다른 우선 순위	다른 우선 순위	다른 우선 순위

- 무엇이 가장 중요한가?
- 무엇이 당신 인생에 의미를 주는가?
- 당신은 인생에서 무엇이 되고 싶고, 무엇을 하고 싶은가?

많은 사람들은 이런 질문에 대한 답을 문서로 된 개인 신조나 사명서에 적어 놓는다. 그런 사명서에는 당신이 인생에서 되고 싶거나 하고 싶은 것이 담겨 있고, 당신의 존재와 행위의 기초를 이루는 원칙들이 담겨 있다. 이런 점을 분명히 밝히는 것이 중요하다. 그것이 당신이 설정하는 활동 목표, 당신이 내리는 결정, 당신이 가진 패러다임, 당신이 시간을 보내는 방식 등 다른 모든 것에 영향을 미치기 때문이다. 다시 사다리 비유를 들자면, 자기 사명서는 당신이 어느 벽에 사다리를 놓으려고 하는지를 결정하는 근본적인 기준이 된다.

이것은 워낙 근본적인 것이기 때문에, 제2상한 프로세스에서 당연히 첫 단계가 된다. 왜 스케줄에 따른 활동과 약속이 당신의 목적과 일치하지 않는가? 주간 계획을 당신 개인의 사명과 연계시키는 것이야말로 중요성 패러다임에 따른 활동의 기본이다. 그것은 당신이 제2상한 프로세스의 나머지를 실행하는 데 큰 영향을 미친다. 만일 당신의 사명이 개인적 성장, 가족 중시, 질 위주의 삶, 여러 분야에서의 공헌 등을 포함한다면, 그것을 재음미함으로써 당신의 마음 속에서 이 '소중한 것들'이 강화될 수 있다. 그것은 이후의 단계에서 결정을 내릴 때에 강력한 틀을 제공해 줄 것이다.

5장에서, 우리는 개인적 비전과 사명에 대해 깊이 살펴볼 것이다. 거기서 우리는, 어떻게 하면 삶의 질을 향상시키고 인생에 대한 열정을 불러일으키는 사명서를 만들 수 있는지를 보게 될 것이다.

아직 자기 사명서를 만들지 않았다면, 다음 중 한 가지에 답을 해 보면 당신이 중요하다고 생각하는 것이 무엇인지 얼마쯤 파악하게 될 것이다.

- 당신이 삶에서 '소중한 것'이라고 생각하는 서너 가지를 나열해 보라.
- 당신의 장기적인 목표들을 생각해 보라.
- 당신 삶에서 가장 중요한 대인 관계들에 대해 생각해 보라.

- 당신이 하려고 하는 공헌에 대해 생각해 보라.
- 당신 삶에서 갖고 싶은 느낌이나 감정을 다시 확인해 보라—평온감 · 자신감 · 행복감 · 공헌 · 의미.
- 만일 당신에게 살 날이 6개월밖에 남지 않았다면, 이번 주를 어떻게 보낼지 생각해 보라.

스스로에게 다음의 질문을 던져 봄으로써 자기 사명서가 줄 수 있는 영향을 생각해 보라.

- 원칙, 가치, 궁극적인 목표들에 대한 분명한 비전이 내가 시간을 사용하는 방법에 어떤 영향을 줄 수 있는가?
- 만일 내가 궁극적으로 중요한 것이 무엇인지 알게 된다면, 내 인생에 대해 어떻게 느끼게 될까?
- 삶의 목적을 문서로 만든 사명서가 나에게 가치가 있을까? 그것이 내 시간과 에너지를 쓰는 방식에 영향을 줄까?
- 일 주일마다 그 사명서와 다시 관련을 가지는 것이 내가 그 일 주일 동안 하려고 선택하는 일에 어떤 영향을 미칠까?

만일 당신이 사명서를 가지고 있다면, 당신 인생의 다음 일 주일을 어떻게 보낼 것인지 결정하기 전에, 지금 그것을 살펴보라. 당신에게 매우 중요한 것들을 다시 생각해 보라. 만일 당신이 사명서를 가지고 있지 않다면, 몇 분 동안 당신 내면의 나침반을 생각해 보고, 당신 인생에서 정말 중요한 것들에 대해 생각해 보라.

2단계 : 당신의 역할들을 검토하라

우리는 역할을 통해 우리 인생을 살고 있다. 이 말은 역할을 연기한다는 의미가 아니라, 우리가 완수하려고 하는 진정한 역할을 수행한다는 의미다. 우리는 가정과 공동체에서 또는 다른 삶의 영역에서, 중요한 역할을 맡고 있을 수 있다. 역할은 책임·관계·공헌의 영역들을 나타낸다.

우리의 고통은 대부분 우리가 어떤 역할을 희생함으로써 다른 역할에서 성공하고 있으며, 희생하고 있는 역할이 훨씬 더 중요할지도 모른다는 느낌에서 온다. 우리는 회사의 부사장으로서는 큰 역할을 하고 있지만, 부모나 배우자로서는 제대로 역할을 하지 못하고 있을 수도 있다. 우리는 고객들의 요구를 만족시키는 데는 성공하고 있지만, 개인적 발전과 성장에 대한 우리 자신의 욕구를 만족시키는 데는 실패하고 있을지도 모른다.

자신의 역할들을 분명히 인식하면 질서와 균형을 창출할 수 있는 자연스러운 틀을 얻게 된다. 만일 당신이 이미 사명서를 가지고 있다면, 당신의 역할은 거기서 저절로 나올 것이다. 역할들 사이의 균형이란 당신이 각 역할에 일정한 시간을 쓰고 있다는 뜻이 아니라, 그 역할들이 협력하여 당신의 사명을 완수하게 해 준다는 의미다.

우리는 6장에서 각 역할과 역할 사이의 균형을 깊이 살펴볼 것이다. 지금은 우선 당신에게 편한 느낌이 드는 방식으로 당신의 마음에 떠오르는 역할들을 나열해 보라. 처음부터 그 역할들을 '올바르게' 규정하는 데 너무 신경을 쓰지는 말라. 그 역할이 당신에게 도움이 되는 방식으로 당신 생활의 다양한 측면들을 포착하고 있다는 느낌을 가지려면 몇 주가 걸릴 것이다. 그러나 역할들을 규정하는 고정된 방식은 없다. 당신이 하는 일과 거의 같은 일을 하고 있는 다른 사람은 자신의 역할을 전혀 다르게 규정할 수도 있다. 나아가서, 세월이 흐르면서 당신의 역할이 바뀔 수도 있다. 직업이 바뀔 수도 있고, 클럽에 가입할 수도 있고, 결혼할 수도 있고, 부모나 조부모가 될 수도 있을 것이다.

당신의 가족 내 역할을 단순히 '가족 구성원'이라고 규정할 수도 있겠지만, 그것을 둘로 나누어 '남편'과 '아버지', '아내'와 '어머니', '딸'과 '언니'로 규정할 수도 있을 것이다. 삶의 어떤 영역, 예를 들어 직업도 여러 가지 역할을 포함할 수 있다. 관리부에서의 역할, 마케팅에서의 역할, 인사부에서의 역할, 장기 기획에서의 역할 등. 당신은 또 개인적 발전을 반영하는 하나의 역할을 가지고 싶어할 수도 있다.

생산 개발 담당 임원은 자신의 역할을 다음과 같이 규정할 수 있을 것이다.

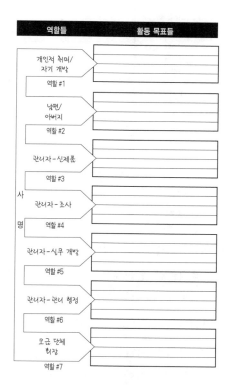

파트 타임 부동산 영업 사원은 다음 페이지와 같은 역할을 나열할 수 있을 것이다.

일곱 개 이상의 범주를 관리하는 것은 효과가 떨어진다는 일부 연구 결과를 고려해, 우리는 당신이 전체 역할의 수를 일곱으로 유지하도록 관

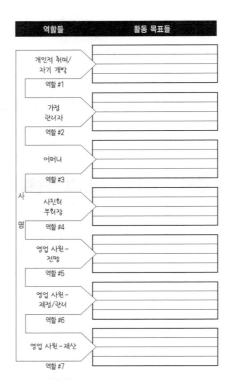

역할들	활동 목표들
개인적 취미/ 자기 개발 역할 #1	
가정 관리자 역할 #2	
어머니 역할 #3	
사친회 부회장 역할 #4	
영업 사원- 전망 역할 #5	
영업 사원- 재정/관리 역할 #6	
영업 사원 - 재산 역할 #7	

리/재정이나 인사/팀 형성 등의 기능은 결합시킬 것을 권하고 싶다. 이렇게 하면 이런 역할 영역들을 정신적으로 조직하는 데 도움을 얻을 수 있을 것이다. 한편, 반드시 일곱 가지 역할을 제시해야 한다는 의무감을 가질 필요는 없다. 만일 당신이 대여섯 가지 역할밖에 확인하지 못한다면 그것으로 좋다. 일곱 가지의 역할을 드는 이유는 단지 사람이 일곱 개까지는 정신적으로 편안하게 처리할 수 있기 때문이다.

역할을 확인함으로써 질적인 삶이 완전하다는 느낌을 가질 수 있다― 즉, 삶이 그저 직업이나 가족 또는 특정한 대인 관계 이상의 어떤 것이라는 느낌을 가지게 된다. 삶이란 그 모든 것을 합친 것이다. 역할들을 확인함으로써 현재 게을리하고 있는 '중요하지만 긴급하지는 않은' 영역들을 다시금 강조할 수도 있다.

당신이 확인한 역할들에 덧붙여, 우리는 '톱날을 간다.'고 표현할 수 있는 별도의 기본적인 역할을 제안하고 싶다. 우리가 이것을 별도의 역할로 다루는 것은 다음 두 가지 이유 때문이다. 1) 이것은 누구나 가지고 있는 역할이다. 2) 이것은 다른 모든 역할에서 성공하기 위한 근간이 된다. 당신은 이 역할이 주간 계획표의 왼쪽 상단에 나타나 있음을 볼 수 있을 것이다.

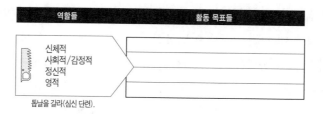

톱날을 갈라(심신 단련).

'톱날을 간다.'는 표현은 심신을 단련하는 것으로, 우리의 개인적 역량을 증대시키기 위하여 네 가지 기본적 차원─신체적 · 사회적 · 정신적 · 영적─에 투자하는 에너지를 나타내기 위한 비유다. 우리는 종종 '톱질을 하는 데(결과를 얻는 데)' 너무 바쁜 나머지 '톱날을 가는 것(앞으로 결과를 얻을 수 있는 능력을 유지하거나 증대시키는 것)'을 잊는다. 우리는 운동을 하는 것(신체적 차원)을 게을리할 수도 있고, 중요한 인간 관계를 발전(사회적/감정적 차원)시키지 못할 수도 있다. 우리는 자기 분야의 흐름에서 뒤처질 수도 있고(정신적 차원), 자신에게 중요하고 의미 있는 것에 대해 분명한 생각을 가지지 못할 수도 있다(영적 차원). 만일 우리가 이런 차원들에서 개인적 역량을 형성하지 못한다면, 우리는 금방 '무디어질' 것이며, 불균형 때문에 지쳐 버릴 것이다. 그러면 우리 삶의 다른 역할들에서도 효과적으로 전진할 수 없다.

우리는 때때로 올림픽 경기에 나가기 위해 몇 년씩 훈련을 하고 준비를 하는 운동 선수들의 이야기를 듣는다. 그들은 정신적으로 자신의 경기를 예행 연습해 보고, 되풀이하여 경기의 세부적인 면들을 시각화해 본다. 그들은 자기 내면에서 경기를 성공적으로 할 수 있도록 하는 힘을 만들어 낸다. 운동 선수들은 편하거나 쉬울 때만, 또는 우승할 것이라고 예상될 때만 훈련을 할 수는 없다. 우리 역시 우리 삶의 힘의 원천들을 돌보고 가꾸지 않은 상태에서는, 인생을 완전히 누릴 능력을 갖추게 되기를 기대할 수 없다.

당신은 이 톱날을 가는 '역할'이, 당신이 이미 규정한 개인적 발전의 역할과 겹친다고 생각할지도 모르겠다. 그러나 그것은 문제가 안 된다. 중요한 것은 네 차원 가운데 어느 것도 무시하지 말아야 한다는 것이다. 어떤 사람들은 '톱날을 가는' 역할을 통해 매주 '투자' 활동—예를 들어 날마다 운동을 하거나 개인적으로 독서를 하는 활동—을 조직해 나갈 수도 있다. 그리고 다른 역할들 가운데 하나를 이용하여 직업 관련 계획이나 평생 교육과 같은 장기적인 문제를 처리할 수도 있다. 어떤 것이 당신에게 가장 효과가 있느냐 하는 것이 가장 중요하다.

이런 역할들이 모두 각각 생활의 독립적인 '분야'가 아니라는 것을 깨닫는 것 또한 중요하다. 이들은 고도로 상호 관련된 전체를 형성하고 있다. 역할들을 확인한다고 해서, 당신의 삶을 부수어 계획표라는 작은 상자들 속에 밀어 넣으려고 해서는 안 된다. 오히려 다양한 전망들을 만들어 냄으로써, 그것을 통해 당신의 삶을 검토하고 균형과 조화를 이루려고 해야 한다. 우리의 패러다임은 항상 중요성의 패러다임, 상호 의존의 패러다임, 상호 관련의 패러다임이다.

이제까지 그렇게 하지 않았다면, 지금 당신의 계획표에 당신의 역할들을 적어 보라.

이제 이런 문제들을 생각해 보라.

- 한두 가지 역할에 시간을 모두 쏟는 바람에, 다른 역할들에는 원하는 만큼 시간과 관심을 기울이지 못하는 경우가 종종 있는가?
- '소중한 것들' 가운데 얼마나 많은 것이, 내 시간과 관심을 집중시키는 역할들에서 밀려나 있는가?
- 내가 선택한 역할들이 합쳐져서 내 사명을 완수하는 데에 공헌하는가?
- 이런 역할들을 일 주일마다 고려하고 내 활동들이 적절한 균형을 이루도록 하는 것이 내 삶의 질에 어떤 영향을 미치는가?

우리는 이런 문제들을 비롯해 역할과 관련된 문제들을 6장에서 다룰 것이다.

3단계 : 각 역할에서 제2상한의 활동 목표들을 선정하라

당신이 작성한 역할표를 가지고 스스로 이렇게 물어 보라.

각 역할에서 이번 주에 내가 그 일을 해냄으로써 가장 멋지고 긍정적인 결과를 가져올 수 있는 그 중요한 활동이 과연 무엇인가?

잠깐 멈추어 이 문제를 생각해 보라. 당신의 머리뿐만 아니라 가슴에서 나오는 지혜도 동원해 보라. 각 역할에서 무엇을 할 경우에 평소와는 다른 큰 차이를 가져올 것이라고 느끼는가? 배우자로서의 역할은 어떤가? 친구로서의 역할은? 부모로서의 역할은? 피고용인으로서의 역할은? 각 역할에서 가장 중요한 활동을 고려할 때, 시계가 아니라 나침반을 사용해 보도록 하라. 자신의 양심에 귀를 기울여 보라. 긴급한 것보다는 중요한 것에 초점을 맞추라.

만일 당신의 역할들 중에 당신 자신의 발전에 관한 것이 있다면, 그 역할에 따른 당신의 활동 목표에는 개인적 묵상을 위해 시간을 내는 것, 사명서를 작성하는 것, 속독 강좌에 대한 정보를 수집하는 것 등이 포함될 것이다. 당신이 부모라면, 자녀와 일 대 일로 시간을 보내는 것이 활동 목표가 될 수도 있다. 당신이 결혼을 했다면, 활동 목표는 당신의 남편 또는 아내와 계속 데이트를 하는 것일 수도 있다. 일과 관련된 활동 목표들에는 어떤 장기적 계획을 위한 시간, 동료나 부하를 가르치는 시간, 고객을 방문하는 시간, 상사와 업무에 관한 기대치를 서로 명확히 하는 대화의 시간을 갖는 것이 포함될 수도 있다.

'톱날을 가는' 차원에서도 신체적 활동 목표에는 규칙적인 운동과 적당한 다이어트가 포함될 것이고, 영적 차원에서는 명상, 기도, 영감을 주는 문헌 연구 등이 포함될 수도 있다. 정신적 차원에는 강좌에 참석하거나 자신의 독서 프로그램을 실천하는 일이 포함될 수도 있고, 사회적 차원의 개발을 위해서는 남의 말에 귀 기울이기, 정직성, 조건 없는 사랑 등과 같은 효과적인 상호 의존의 원칙들을 연구해 볼 수도 있다. 여기서 중요한 것은 이 차원들에서 당신을 유능하게 해 주는 모든 활동을 지속해 나가는 것만이 아니라 살며, 사랑하며, 배우고, 유산을 남길 수 있는 역량을 증대시키는 것이다. 하루에 한 시간씩 '당신의 톱날을 가는' 데 시간을 보내면, '개인적 승리' 뿐 아니라 공적인 승리도 거둘 수 있게 된다.

당신은 각 역할마다 당신이 설정할 수 있는 몇 가지 활동 목표가 있음을 깨닫게 될 것이다. 그러나 지금은 가장 중요한 한두 가지 역할에만 집중하도록 하라. 어떤 경우에는 내면의 나침반이 지시하는 바에 따라 이번 주에는 모든 역할에서 활동 목표를 설정하지 말아야겠다고 느낄 수도 있다. 제2상한 중심의 시간 관리는 그런 융통성을 허용하며, 당신이 해야 할 가장 중요한 일을 결정할 때에 당신의 나침반을 사용하도록 해 준다. 7장에서는 당신이 가지고 있는 천부의 능력들을 이용하여 그런 선택을 하고, 또 원칙에 따라 활동 목표들을 설정하고 달성함으로써 삶의 질을 끌

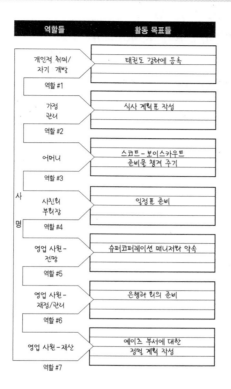

어올리는 방법을 보게 될 것이다.

당신이 신중하게 활동 목표를 정한다면, 그 활동 목표들은 당신의 역할 완수에 정말 중요한 활동들을 나타나게 할 것이다.

이제 자신에게 다음의 질문들을 해 보라.

- 다음 주에 이런 일들을 하면 어떻게 될까?
- 내 삶의 질에 대해 어떻게 느끼게 될까?
- 그 가운데 몇 가지만 하면 어떻게 될까?

- 그것이 내 삶에 긍정적인 변화를 가져올까?
- 이것을 매주 하면 어떻게 될까?
- 내가 현재보다 더 효과적인 사람이 될까?

4단계 : 주간 계획 수립의 기준 틀을 만들라

최상의 결과를 가져다 주는 제2상한의 활동 목표들을 실행 계획으로 전환시키기 위해서는 주간 계획을 효과적으로 수립하는 데 필요한 기준 틀을 만들어야 한다. 대부분의 사람들은 이미 제1·제3상한의 일들로 넘쳐나는 일정표 속에서 '중요한' 활동을 할 수 있는 시간을 찾으려고 애쓰고 있다. 사람들은 소중한 것들을 할 시간을 찾기 위해 다른 일을 이리저리 돌리거나, 다른 사람에게 위임하거나, 아니면 일을 취소하거나 뒤로 미룬다—그러나 중요한 것은 당신의 스케줄에 있는 활동들을 우선해서 하는 것이 아니라, 당신의 활동들을 우선 순위에 따라 스케줄로 작성하는 것이다.

우리 동료 가운데 한 사람은 이런 경험을 이야기한 적이 있다.

한 번은 어떤 세미나에 참석했는데, 강사가 시간 관리에 대한 강의를 했습니다. 강사는 강의 중간에 이렇게 말했습니다.

"자, 이제 퀴즈 시간입니다."

강사는 탁자 밑으로 손을 넣더니, 아가리가 넓은 커다란 항아리를 하나 꺼냈습니다. 강사는 탁자 위에 항아리를 올려 놓았습니다. 그 옆에는 주먹만한 크기의 돌 몇 개가 담긴 접시가 있었습니다. 강사는 물었죠.

"이 항아리 안에 이 돌 몇 개를 집어 넣을 수 있겠습니까?"

추측해 보게 한 뒤에 강사는 말했습니다.

"좋습니다. 어디 확인해 봅시다."

강사는 항아리에 돌 하나를 집어 넣었습니다……. 이어 두 번째 돌……이어 세 번째 돌. 몇 개나 집어 넣었는지 기억이 나지는 않지만, 어쨌든 강사는 항아리를 돌로 꽉 채웠습니다. 이윽고 강사가 묻더군요.

"항아리가 꽉 찼습니까?"

모두 돌들을 바라보며 대답했습니다.

"네."

그러자 강사는 말했습니다.

"그래요?"

강사는 탁자 밑으로 손을 넣더니 자갈이 든 통을 꺼냈습니다. 강사는 자갈 몇 개를 항아리에 쏟아 넣더니 항아리를 흔들었습니다. 자갈은 큰 돌들 틈으로 들어갔습니다. 강사는 싱긋 웃으며 한 번 더 물었습니다.

"항아리가 꽉 찼습니까?"

이번에는 우리도 속지 않았죠.

"아닌 것 같은데요."

"좋습니다!"

강사는 탁자 밑으로 손을 넣더니 이번에는 모래가 든 통을 꺼냈습니다. 강사는 모래를 항아리에 부었습니다. 모래는 돌과 자갈 사이의 틈으로 들어갔습니다. 다시 한 번 강사가 우리를 보고 묻더군요.

"항아리가 꽉 찼습니까?"

"아뇨!"

우리는 모두 소리쳤습니다.

"좋습니다!"

강사는 물주전자를 집더니, 항아리에 물을 부었습니다. 1리터가 넘는 물이 들어갔죠. 강사는 말했습니다.

"자, 무엇을 알 수 있습니까?"

누군가 대답했습니다.

"틈은 늘 있기 때문에, 하려고만 들면 언제나 자기 인생에 더 많은 것을 집어 넣을 수 있다는 겁니다."

강사가 말을 받았습니다.

"아닙니다. 그게 핵심이 아녜요. 핵심은 이겁니다. 만일 당신이 큰 돌을 먼저 집어 넣지 않았다면, 과연 다른 것들을 집어 넣을 수 있었을까요?"

'많을수록 더 좋다.' 는 패러다임에서는 우리가 가진 시간 속에 더 많은 활동을 끼워 넣으려 한다. 그러나 우리가 하는 것이 가장 중요한 것이 아니라면 얼마나 많이 활동하느냐 하는 것이 뭐가 그렇게 중요하단 말인가?

우리의 제2상한 활동 목표들은 '큰 돌들' 과 같다. 만일 다른 행동들, 즉 물·모래·자갈을 먼저 집어 넣고, 그 다음에 큰 돌들을 집어 넣으려 하면, 들어가지도 않을뿐더러 그 프로세스에 엄청난 혼란만 일으키고 말 것이다.

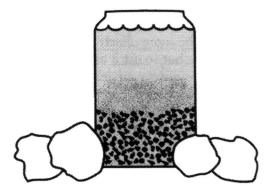

그러나 만일 우리가 큰 돌들이 무엇인지 알고 있어서 그것을 먼저 집어 넣는다면, 그 큰 돌들이 얼마나 많이 들어가는지, 또 그 큰 돌들의 틈에 얼마나 많은 모래와 자갈과 물이 들어가는지를 보고서 깜짝 놀라게 될

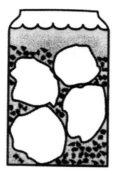

것이다. 여기서 요점은 그 밖에 어떤 것이 들어갈 수 있느냐 하는 것이 아니라 큰 돌들—우리의 제2상한 목표들—이 반드시 먼저 들어가야 한다는 것이다(위의 그림을 보라).

당신의 주간 계획표를 다시 보면서, 당신의 제2상한 활동 목표들을 제자리에 써 넣어라. 주간 계획표에는 위와 아래에 영역이 따로 있음을 알게 될 것이다. 위쪽 영역에는 특정의 시간에다 활동 목표를 쓰게 되어 있고, 아래 영역에는 그 날의 다른 우선 순위 높은 활동들을 써 넣을 공간을 제공한다. 당신의 제2상한 활동을 스케줄에 넣으려면, 앞에 나오는 표의 특정 시간에 써 넣거나, 아니면 뒤에 나오는 그 날의 다른 우선 순위란에 써 넣어라(136쪽을 보라).

일반적으로 계획을 가장 효과적으로 실천하려면 약속 내용이 구체적이어야 한다. 한 주에 당신이 성취해야 할 가장 중요한 활동 목표들 중에는 어떤 장기 계획을 짜는 것, 운동을 하는 것, 주요한 프로젝트를 입안하는 것 등이 포함될 수 있을 것이다. 이런 활동 목표들을 달성하기 위한 작업을 할 때에도 자신과 구체적인 시간 약속을 하라. 아울러 자신과 한 그 약속을 다른 사람에게 한 약속과 똑같이 다루고, 그것을 위주로 하여 계획을 세우라. 다른 활동들이나 그 밖의 필요한 일들은 다른 시간 블록으로 보내라. 그 약속을 변경해야 할 경우에도 즉시 다시 시간을 잡아라. 당

소중한 것을 먼저 하라

1 사명과 연계시키라.
2 역할들을 검토하라.
3 활동 목표를 확인하라.
4 주간 계획을 세우라.
5 매일: 선택의 순간에 성실성을 발휘하라.
6 평가하라.

역할들

- 신체적/사회적/감정적 정신적/영적
- 팀플블 관리(서신 단체) 개선 전니다 처리/자기 개방 · 역할 #1 · 가정 원가
- 독서 · 역할 #2
- 식사 계획표 작성 · 어머니
- 스코트-보이스카운트 준비물 챙겨 주기 · 역할 #3
- 일정표 준비 · 시간현 부인강 · 역할 #4
- 슈퍼프레이션 매니저와 약속 · 영업 사원- 전략 · 역할 #5
- 은행러 히의 준비 · 영업 사원- 재정/연차 · 역할 #6
- 에이스 부서- 재정 · 영업 사원의 대장 질에 체게 작성 · 역할 #7

목표들

- 세 번 운동
- 힌이에서 경정 연습
- 충트 시간 읽기
- 사무시 자연
- 독서
- 태권도 강점 드는
- 식사 계획표 작성
- 스코트-보이스카운트 준비물 챙겨 주기
- 일정표 준비
- 슈퍼프레이션 매니저와 약속
- 은행러 히의 준비
- 에이스 부서의 대장 질에 체게 작성

기억할 사항들

시간	월요일	화요일	수요일	목요일
7	운동		운동	
8		식사 계획표 작성		
9	태권도 강점 드는		슈퍼프레이션 준비	슈퍼프레이션 위 에이리에서
10				
11				
12				
1	은행 프로젝트 준비	은행 프로젝트 준비	은행 프로젝트 준비	
2	은행 프로젝트 준비	은행 프로젝트 준비	은행 프로젝트 준비	
3				
4				
5		스코트-보이스카운트 준비물		에이스 부서
6				
7				
8				
9				

다른 우선 순위	다른 우선 순위	다른 우선 순위	다른 우선 순위
시간현 일정		독서	

신 자신에게도 다른 사람에게 하는 것과 똑같이 배려를 하라.

경우에 따라서는 한 가지 목표를 하루 중의 특정 시간에 하도록 계획을 잡지 않고, 그 대신 우선 순위에 따라 나열하는 것이 더 효과적일 수도 있다. 예를 들어 당신의 활동 목표가 10대 딸과의 관계를 개선하는 것이라면, 그 기회가 예측 가능한 시간에 나타나지 않을 수도 있음을 알아야 한다. 따라서 한 주 동안에 딸과 함께 할 구체적인 활동을 계획하기보다는 '다른 우선 순위'의 항목 맨 위에 딸의 이름을 써 놓고 기회가 오기를 기다리는 것이 더 효과적일 것이다. 만일 월요일에 그렇게 했는데 아무런 진전이 없으면, 화살표를 그어 화요일로 넘긴다. 화요일에도 아무런 진전이 없으면 수요일로 넘긴다. 이런 식으로 당신은 그 우선 순위를 염두에 둘 수 있게 된다. 당신은 적당한 기회를 찾고 있는 것이며, 그 문제와 관련하여 그 일 주일 동안에 무슨 일이 일어나는지도 예의 주시할 수 있다.

그러다가 수요일 저녁, 당신이 신문을 읽고 있을 때 딸이 들어와 이야기를 하고 싶어한다면 당신은 이미 신문을 옆으로 치워 버릴 동기를 마음속에 지니고 있게 된다.

다른 우선 순위	다른 우선 순위	다른 우선 순위
세너와	→	→
시간 보내기	→	→

물론, 자녀들과 구체적인 활동을 하는 것도 매우 중요하다. 함께 볼링을 하거나 영화를 보게 되면 자연스럽게 대화할 기회가 생길 수도 있다. 요점은 가장 적절한 것이 무엇인지를 결정할 때에는 목표에 대한 요구와 그 목표의 본질 양자에 대해 예민하게 주의를 기울여야 한다는 것이다.

중요한 제2상한 목표들의 일정을 잡는 일은 소중한 것을 먼저 하기 위한 중요한 첫걸음이다. 만일 제2상한 활동들을 먼저 제자리에 놓지 않으면, 우리의 관심을 끌기 위해 벅적거리는 제1·제3상한의 활동들로 금방 한 주일이 가득 차 버리게 되며, 인생에 큰 차이를 가져올, 중요한 제2상한 활동들은 '들어갈' 자리를 못 찾게 된다.

그러나 우리가 '큰 돌들'을 먼저 넣는다면, 우리는 그 경향을 뒤집어 놓을 수 있다. 즉, 우리가 중요하게 여기는 것을 성취할 틀을 만들 수 있게 되며, 그 주위에 다른 활동들을 '끼워 넣을' 수 있다.

커다란 제2상한의 돌들을 먼저 넣으면 우리는 편한 마음으로 다른 활동들을 그 날의 약속으로, 아니면 우선적인 것으로 첨가할 수 있다. 각 활동을 주의 깊게 살펴보고 그것이 어느 상한에 속하는 것인지를 결정하면 큰 도움이 된다. 어떤 일이 매우 긴급하게 느껴질 수도 있다. 그러나 그것은 과연 긴급할까? 아니면, 다른 사람 또는 다른 일이 압박을 가하기 때문에 그렇게 보이는 것뿐일까? 그것이 정말 중요한 일인가, 아니면 긴급하다는 느낌 때문에 중요해 보이기만 하는 것일까?

앞에서도 보았듯이, 당신이 위기에서 위기로 옮아가는 생활 방식에 중독되어 있으면, 당신이 하는 거의 모든 일이 제1상한에 있다고 생각하기 쉽다. 그러나 조심스럽게 분석해 보면, 아마 상당히 많은 시간을 제3상한에서 보내고 있다는 사실이 드러날 것이다. 만일 당신이 제2상한에 투자할 시간을 찾으려고 애쓰고 있다면, 제3상한은 그런 시간을 얻을 수 있는 1차적인 장소다.

일단 제2상한에 시간을 투자하기 시작하면, 그것은 다른 상한들에서 보내는 시간의 양에 중대한 영향을 미친다. 계획하고, 준비하고, 대인 관계를 형성하고, 질적인 재창조를 즐기는 가운데, 당신은 제1상한의 부서진 조각들을 집는다든가, 제3상한에서 다른 사람들의 긴급한 요구에 대응하는 일에 들이는 시간을 크게 줄일 수 있다. 중요한 것은 제3상한과

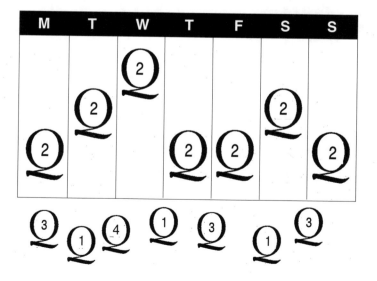

제4상한에 들어가는 시간을 없애는 것이다. 또 중요한 제1상한과 제2상한의 활동에 시간을 사용하는 가운데 점점 더 준비와 예방과 임파워먼트의 제2상한 활동으로 이동해 가야 한다.

일 주일을 계획할 때에 날마다 순간순간을 시간에 민감한 약속들로 채우지 말아야 한다는 것을 인식해야 한다. 그 대신 유연성있게 계획하라. 당신이 파악하고 있는 사실에 근거하여 중요한 것을 계획하는 일에 최선을 다 해야 하지만, 사실 인생이란 계획표가—아무리 그 계획표가 잘 짜여 있다 하더라도—저절로 현실이 되어 나타나는 것은 아니다. 예기치 못한 일들을 무시하면(그것이 가능하다 할지라도) 좋은 기회와 기분에 따라 일어나는 자발성(spontaneity)*의 순간들을 놓치게 되는데 멋진 '인생'이란 바로 그런 기회와 귀중한 순간들로 이루어진 것이다.

제2상한 시간 관리의 목표는 고정된 일정표를 설정하는 것이 아니다. 그 목표는 매일매일, 순간순간, 중요성에 근거하여 질적인 결정을 내릴 수 있는 틀을 만드는 것이다.

> 지금 일 주일 계획을 세우고 있다면, 제2상한 활동 목표들을 중심으로 다른 활동들을 계획하고, 그런 다음에 하루하루의 약속이나 우선 처리할 일의 일정을 잡아라.

다음 질문들에 대답해 봄으로써 그러한 주간 계획을 위한 틀이 지니는 가치를 생각해 보라.

- 내가 계획한 일 주일에 대해 스스로 어떤 기분이 드는가?
- 내가 매주 각 역할에서 제2상한 활동 목표들을 계획하여(그것이 약속이든

---

* 자발성(自發性, spontaneity) : 일시적인 기분이나 감정에 이끌려 내면에서 무의식적이고 자연 발생적으로 일어나는 행동

아니면 하루하루 우선 처리할 일이든) 그것을 실행해 나간다면 어떤 변화가 있을까?

- '큰 돌들'을 먼저 넣는다는 논리를 파악하고 있는가? 이것이 중요한 것을 이루는 데 어떻게 도움을 줄까?

8장에서는 하루 단위에서 일 주일 단위로 초점을 이동함으로써 얻을 수 있는 세 가지 '운영상의 전망'을 자세히 보게 될 것이다.

5단계 : 선택의 순간에 성실성을 발휘하라

한 주의 제2상한 목표들을 제자리에 놓게 되면, 그 뒤에 남는 일상적인 과제는, 그날 그날 예기치 않은 기회와 도전을 헤쳐 나가면서 소중한 것을 늘 먼저 하는 것이다. 성실성, 즉 일치성을 발휘한다는 것은 평온감과 자신감을 가지고 사명을 현실화한다는 것을 의미한다. 이 때에는 소중한 것을 먼저 한다는 것이 계획을 실행하는 것을 뜻하든, 아니면 양심에 따라 계획을 변경하는 것을 뜻하든 상관이 없다. 지금까지의 프로세스에서 우리가 밟아 온 각 단계들은 개인의 성품과 역량과 판단력을 고양시키고 또 일상 생활의 사소한 일에 대해 결정을 내려야 하는 순간에도 내면의 나침반에 따를 수 있는 능력을 향상시키기 위해 마련된 것이다.

소중한 것을 먼저 하는 당신의 능력을 고양시키기 위하여, 당신이 하루를 시작하면서 할 수 있는 세 가지 일이 더 있다.

1. 하루 일과를 미리 검토하라. 이것은 전통적인 시간 관리에서의 '일일 계획'과는 전혀 다른 프로세스다. 이것은 하루를 시작하면서 몇 분간의 시간을 들여 당신의 일정을 다시 살피며 방향 감각을 갖추고, 당신의 나침반을 확인하고, 일 주일의 맥락에서 하루를 보고, 당신에게 능력을 부여하는 전망을 새롭게 함으로써, 예기치 않은 기회나 도전에 의미 있는 방식으로 반응하자는 것이다. 이 점에서 어떤 사람들은 하루의 계획표에 더 자세한 사항들을 적을 수 있는 공간을 남겨 놓기도 한다.

5	선택의 순간에 성실성을 발휘하라.									월요일		**12**	3 월

3
월

S	M	T	W	Th	F	Sa
				1	2	3
4	5	6	7	8	9	10
11	12	13	14	15	16	17
18	19	20	21	22	23	24
25	26	27	28	29	30	31

71일, 294

	시간 약속	중요성	활동 항목	
	아침 산책		Q1 : 은행 예입!	
			전화 : 주 정부	
7	사무실		사친회 이사회(555-7342)	
	↓		에이즈 건으로 시청과 접촉	
8			하부 부서 계획	
			영업 보고서 작성	
9	콘퍼런스 하우스 :		턴 회의 준비	
	턴에게 보여 줌		태권도 강좌	
10			등록비 납부	
			목재 가져오기(2×4짜리 3개)	
11			스콧의 프로젝트에 쓸 것	
12	점심 - 제러드			
			Q2 : 신디에게 좀	
1			도시 계획 지도 얻을 것	
			스콧에게 좀	
2	은행 프로젝트		비디오 테이프 가져올 것	
			마사 생일	
3			축하 카드 보내기	
			턴 셔츠 갖다 주기	
4	1차 접촉 :		톰 이상 게이트워	
	메이허 터사 베레드		저녁 약속 확인	
5	신부름			
6	저녁			
7	사친회 업무 위원회			
8				
9	독서			
			비용	액수

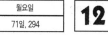

5	선택의 순간에 성실성을 발휘하라.

3월
S	M	T	W	Th	F	Sa
					1	2	3
4	5	6	7	8	9	10
11	12	13	14	15	16	17
18	19	20	21	22	23	24
25	26	27	28	29	30	31

월요일
71일, 294

12 3월

시간 약속	중요성	활동 항목
아침 산책		Q1 : A1 은행 예입!
		A2 전화 : 주 정부
7 사무실		사친회 이사회(555-7342)
		B1 에이즈 건으로 시청에 접촉
8 ↓		하부 부서 계획
		B2 영업 보고서 작성
9 콘퍼런스 하우스 :		턴 회의 준비
턴에게 보여 줌		C1 태권도 강좌
10		등록비 납부
		C2 목재 가져오기(2×4짜리 3개)
11		스콧의 프로젝트에 쓸 것
12 점심 – 제러드		
		Q2 : A1 신디에게 줌
1		도시 계획 지도 얻을 것
		B1 스콧에게 줌
2 은행 프로젝트		비디오 테이프 가져올 것
		B2 마사 생일
3		축하 카드 보내기.
		B3 턴 셔츠 갖다 주기
4 1차 접촉 :		C1 풀이상 게이트화
메이화 티사 베레드		저녁 약속 확인
5 신부흠		
6 저녁		
7 사친회 업무 위원회		
8		
9 독서		
		비용	액수

2. 우선 순위를 정하라. 전통적인 의미에서 말하는 우선 순위를 정하기 전에, 당신의 활동들이 제1상한이나 제2상한 가운데 어디에 속하는지 확인하는 것이 도움이 될 것이다. 이것을 통해 당신은 제3상한 활동들이 슬그머니 일정표 속에 끼어 들지나 않았는지 확인할 수 있는 기회를 갖게 된다. 이것은 또한 당신이 그 날의 카이로스, 즉 나침반에 따른 맥락을 유지해 나가는 데 도움을 준다―그렇게 하지 않으면 그 날은 여느 크로노스, 즉 시계에 초점을 맞추는 하루가 되고 만다. 그리고 이렇게 우선 순위를 정함으로써 중요성 패러다임을 강화할 수 있고, 당신이 하는 선택의 성격을 더 잘 깨달을 수 있다.

만일 우선 순위를 더 세분해서 매기는 것이 도움이 된다면, 제1상한이나 제2상한 활동 각각에 등급을 부여할 수도 있다. 어떤 사람들은 ABC 방법을 선호하여, 각 항목의 활동에 중요성에 따라 A·B·C를 할당하고, 늘 A부터 실행에 옮긴다. 또 어떤 사람들은 우선 순위를 더 구체적으로 매기기 위해 단순한 번호 체계를 채택하기도 한다(142과 143쪽을 보라).

당신이 더 세부적인 우선 순위 표시를 사용하든 않든, 가장 중요한 우선적인 것에 강조 표시나 동그라미 또는 별표 등을 하는 것이 좋다. 이렇게 하면 하루에 일정이 잡힌 두 개의 제2상한 활동 중에서 하나를 선택해야 할 때에도 결정을 쉽게 할 수 있다. 만일 다른 한 가지 일을 전혀 하지 못하더라도 당신은 여전히 가장 중요한 한 가지는 했다는 만족감을 맛볼 수 있을 것이다.

우선 순위를 정하면서 반드시 기억해야 할 것은 당신의 우선 순위 리스트에는 당신이 그 주의 계획서 속에 집어 넣은 항목들만 포함되어 있다는 점이다. 거기에는 예기치 않은 기회나 도전에 대한 우선 순위는 나타나 있지 않다. 만일 당신이 틀을 마련할 때 역할과 목표들을 신중하게 고려했다면, 그 틀 속에 포함된 항목을 통해 그 주 동안 당신에게 소중한 것이 무엇인지가 잘 반영되어 있을 것이다. 그러나 누구도 앞일을 다 내다

볼 수는 없다는 것을 인정해야 한다. 계획한 것보다 훨씬 더 중요한 것이 나타날 수도 있기 때문이다. 따라서 당신은 내면의 나침반과 관련성을 유지함으로써, 당신의 일정표가 아니라, 진정 중요한 일들을 추구하기 위해 성실하게 행동할 수 있을 것이다.

3. 하루에 대해 T 계획 양식을 이용하라. 일일 계획표를 보면, 기본 구조상 '시간에 민감한' 활동들은 왼쪽에 나열하게 되어 있고, 하루 중 아무 때나 할 수 있는 활동들은 오른쪽에 나열하게 되어 있다. 이런 기법은 흔히 'T 계획'이라고 부른다. 시간에 민감한 활동과 그렇지 않은 것들을 구분함으로써 더 효과적으로 일정을 결정할 수 있으며, 처리하기로 마음먹은 중요한 일에 대해 늘 민감한 상태를 유지할 수 있다. 좀 더 압축된 주간 작업표에서는 이와 같은 두 영역을 위와 아래에 각각 제공한다(146쪽과 147쪽을 보라).

어떤 활동이 하루 가운데 특정한 시간에 이루어져야만 가치가 있을 경우에 그 활동을 '시간에 민감한' 활동이라고 부를 수 있다. 예를 들어 의사와 한 약속은 오전 10시에는 높은 가치를 지닐 수 있으나, 오후 4시에는 전혀 가치를 지니지 못한다(당신이 아침 10시부터 저녁 4시까지 계속 의사의 진료실에서 기다리는 게 아니라면). 하나의 활동이 '시간에 민감한' 영역에 일정이 잡혀 있다고 해서, 자동적으로 그 시간이 되면 하던 일을 멈추고 그 일을 해야 한다는 뜻은 아니다. 당신은 진정으로 더 중요한 일에 몰두하고 있어, 일정을 다시 짜야 할 필요가 생길 수도 있다. 중요한 것은 두 활동의 중요성을 판별하여, 그 시간에 더 중요한 것을 하기로 결정할 수 있는 당신의 능력이다.

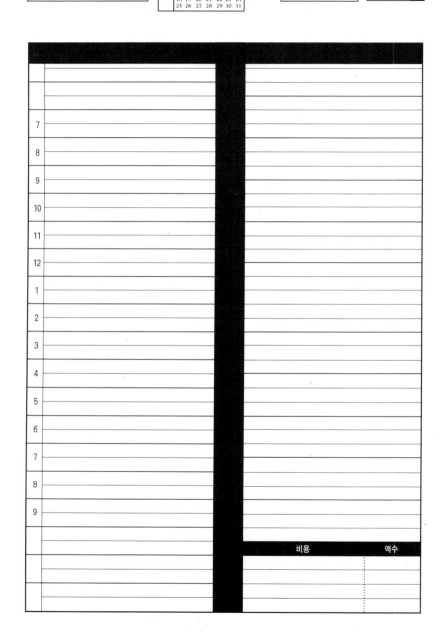

5	선택의 순간에 성실성을 발휘하라.

	S	M	T	W	Th	F	Sa
3 월						1	2	3
	4	5	6	7	8	9	10
	11	12	13	14	15	16	17
	18	19	20	21	22	23	24
	25	26	27	28	29	30	31

월요일
71일, 294

12 3
월

7

8

9

10

11

12

1

2

3

4

5

6

7

8

9

	비용	액수

월요일	화요일	수요일	목요일	

하루를 살다 보면, 당신이 계획한 활동들을 재평가하게 만드는 요인들이 틀림없이 나타날 것이다—당신의 상사가 회의를 소집한다든가, 누가 심포니 입장권을 두 장 준다든가, 당신의 딸이 학교에서 팔이 부러져 전화를 한다든가, 고객이 약속을 취소한다든가 하는 일이 바로 그런 것이다.

제2상한 시간 관리를 통해 당신은 긴급성 패러다임이 아니라 중요성 패러다임을 가지고 시간을 가장 잘 이용하는 방법을 탐색하는 능력을 갖출 수 있다. 상황이 변하더라도 잠시 멈추고 당신의 내적 나침반과 관련을 맺음으로써, 자신의 시간과 에너지를 '가장 잘' 이용하는 방법을 선택할 수 있다. 예기치 않게 발생한 것이 원래 계획한 것보다 중요하지 않을 때, 당신은 제2상한 시간 관리를 통해 궤도에서 벗어나지 않을 수 있는 전망과 능력을 얻을 수 있다. 예기치 않게 발생한 것이 더 중요할 때에는 당신은 정말로 중요한 것을 추구해야 하며 그저 긴급한 것에 반응해서는 안 된다는 점을 알고 있기 때문에, 자신감을 가지고 적응하면서 변화를 추구할 능력을 얻을 수 있다.

9장에서 우리는 어떤 선택의 순간이 닥치더라도 그 때마다 내적 나침반에 접근할 수 있는 방법을 깊이 살펴볼 것이다. 거기서 우리는 어려운 순간에 어떻게 강해질 수 있는지에 대해, 예기치 않은 기회나 도전이 당신 스스로 계획한 것보다 더 중요한지 아닌지 어떻게 알 수 있는지에 대해, 계획한 대로 밀고 나갈 것인지 아니면 자신감과 평온한 마음을 가지고 계획을 수정할 것인지에 대해 이야기할 것이다.

6단계 : 평가하라

고리를 완결짓지 않는다면, 즉 한 주의 경험을 다음 주의 효과 증대를 위한 기초로 전환시키지 못한다면, 제2상한 프로세스는 불완전하게 남을 뿐이다. 우리가 삶의 과정을 통해 배우지 않는다면, 매주 똑같은 일, 즉 똑같은 실수를 하고, 똑같은 문제를 붙들고 씨름하는 것에서 벗어날 수 없을 것이다.

그러므로 주말에는—다음 주의 계획을 잡기 위해 자신의 사명서를 검토하기 전에—잠깐 멈추어 다음과 같은 질문들을 해 보라.

- 어떤 목표들을 성취했는가?
- 내가 어떤 도전들에 직면했는가?
- 내가 어떤 결정들을 내렸는가?
- 결정을 내릴 때 소중한 것을 먼저 했는가?

10장에서는 우리가 삶의 과정에서 배우는 데에 도움이 될 수 있도록 네 가지 인간의 자질이 제공하는 능력을 이끌어 내어 구체적인 문제들을 거론할 것이다. 이 마지막 단계를 거치게 되면, 제2상한 프로세스는 성장의 나선형을 그리는 삶과 배움의 사이클이 된다.

이제 당신 인생의 다음 52주 동안 일 주일에 30분씩 이런 프로세스를 거친다고 생각해 보라. 또 당신이 설정한 제2상한 목표들 가운데 반밖에 성취하지 못했다고 생각해 보자. 그러면 당신이 지금 제2상한에서 쓰고 있는 시간보다 더 많은 시간을 제2상한에서 쓰게 될 것인가? 만일 당신이 제2상한에 더 많은 시간을 투자한다면, 그것이 당신의 개인 및 직업적 삶의 질에 어떤 변화를 가져올까?

패러다임과 프로세스

제2상한은 도구가 아니다. 그것은 하나의 사고 방식이다. 우리는 제2·제3세대의 시간 관리 도구들을 사용하는 사람 중에서 적지 않은 이들이 그것을 제4세대적인 방식으로 사용하고 있음을 알고 있다. 반면, 제4

세대 도구들—우리의 시간 관리 시스템을 포함하여—을 사용하는 일부 사람들은 그것을 제2·제3세대적인 방식으로 사용하여, 기대에 못 미치는 결과들을 얻기도 한다.

패러다임이야말로 가장 중요한 것이다. 패러다임과 일치하지 않는 도구는 효과를 내지 못할 뿐 아니라 좌절만 안겨 준다는 것을 인식해야 한다. 만일 당신이 중요성에 근거한 제4세대 생활 방식을 창조하려고 하면서 긴급성의 일상적 우선 순위에 초점을 맞춘 도구를 사용한다면, 그것은 한 발짝을 내디딜 때마다 돌이 굴러떨어지는 길로 스스로 나아가려고 하는 것과 같다. 심지어 시스템이 패러다임을 억누르겠다고 위협하는 경우도 생길 수 있다. 그래서 시스템의 도움으로 당신이 목표로 하는 것을 성취하는 대신에, 오히려 불리함을 감수하면서 시스템에 봉사하고 마는 경우도 생길 수 있다.

제2상한 시간 관리 프로세스는 '중요성' 패러다임을 강화한다. 그 프로세스의 가장 큰 가치는 당신의 일정표에 도움을 주는 것이 아니라, 당신의 머리에 도움을 준다는 데 있다. 중요성과 관련하여 생각해 나가면 당신은 시간을 다르게 보게 될 것이다. 당신은 자신의 삶에서 의미 있는 방식으로 소중한 것을 먼저 하는 능력을 얻게 될 것이다.

만일 유별난 사람이 아니라면 당신은 아마 이 제2상한 시간 관리 프로세스의 즉각적인 유익성을 부분적으로나마 이미 맛보았을 것이다—긴급성 중심에서 중요성 중심의 사고로 전환한다든지, 한 주일에 대한 폭 넓은 전망을 얻는다든지, 융통성을 증가시킨다든지, '큰 돌들'을 먼저 넣는다든지 하는 것 등이 바로 그것이다.

그러나 여행은 이제부터 시작이다. 이 장에서는 제2상한 시간 관리 프로세스를 개관하는 데 그쳤지만, 다음 여섯 장에서는 이 프로세스가 깊이 있고 풍요롭게 다루어질 것이다. 당신은 그것을 통해 점차 삶에서 '중요한 것을 중요하게 관리하는' 능력을 갖추게 될 것이다.

5 : 비전이 주는 열정

내면 깊은 곳에서 '하겠다(yes)!'가 불타고 있을 때
가치 없는 일에 대해 "안 하겠다(no)!"고 말하는 것은 쉽다.

　나치 독일의 죽음의 수용소에서 살아남은 오스트리아의 심리학자 빅터 프랭클은 수감 시절에 중요한 발견을 했다. 그는 자기 내면에 그 치욕스러운 환경을 초월할 수 있는 능력이 있음을 발견했으며, 그렇게 되자 그 참혹한 경험의 희생자이면서 동시에 그것의 관찰자가 될 수 있었다. 그는 또 시련을 함께 겪는 다른 사람들도 관찰했다. 날마다 많은 사람이 죽어 가는데도 일부 사람들은 끝내 살아남는 것을 보면서 그는 생존을 가능하게 해 주는 것이 무엇인지 궁금하게 여겼다.

　프랭클은 건강, 활기, 가족 구성, 지능, 생존 기술 같은 몇 가지 요인을 보았지만, 어느 것도 1차적인 요인은 아니라고 결론을 내렸다. 마침내 그는 미래의 비전에 대한 의식이야말로 첫 번째 요인이라는 사실을 깨닫게 되었다. 살아남게 된 사람들은 자기에게는 살아서 이룰 사명과 중요한 일이 있다는 강력한 확신을 가지고 있었던 것이다.[1]

　베트남의 포로 수용소에서 살아남은 사람들도 비슷한 경험을 이야기한 적이 있다. 강력한 미래 지향적 비전이 사람들을 생존케 하는 중요한 힘이라는 것이다.

비전이 주는 위력은 대단하다. 연구 결과에 따르면, '미래에 초점을 맞춘 역할 이미지'를 가진 아이들은 공부도 훨씬 잘 하고, 삶의 도전들을 처리하는 데도 훨씬 능숙하다고 한다.[2] 사명감이 강한 팀이나 조직들은 비전을 갖지 못한 팀이나 조직들보다 업무 수행력이 훨씬 뛰어나다.[3] 네덜란드의 사회학자 프레드 폴락은 문명을 성공시키는 일차적인 요인은 사람들이 미래에 대해 가지고 있는 '집단적 비전'이라고 말한 바 있다.[4]

비전에는 창의적 상상력과 인간 행동의 기본적 동기 부여가 그대로 나타난다. 비전은 눈앞의 현실 너머를 볼 수 있는 능력이며, 존재하지 않는 것을 창조하고 발명하는 능력이며, 아직 우리가 되지 못한 존재가 되는 능력이다. 비전은 기억보다는 상상력에 따라 살아가는 힘을 제공한다.

이 장에서 우리는 개인적 비전이 우리의 시간과 생활에 미치는 영향을 검토하게 된다. 우리는 능력을 부여하는 비전을 창조하고, 그 비전을 일상 생활의 구조 속으로 통합시키는 방법을 살펴볼 것이다.

우리는 모두 자신과 미래에 대해 어떤 비전을 가지고 있다. 그리고 그 비전은 어떻게든 결과를 산출하게 마련이다. 비전은 우리의 선택과 시간 사용 방식에 다른 어떤 요인보다도 강한 영향을 미친다.

우리의 비전이 금요일 밤의 스포츠 중계나 TV 쇼 등에 제한되어 있다면, 우리는 바로 눈앞의 현실에 비추어 선택을 하게 된다. 따라서 우리는 뭐든 긴급한 것, 순간적인 충동, 감정이나 분위기, 제한된 선택 가능성, 타인의 우선 순위에 따라 행동하게 된다. 우리는 날마다 흔들리게 된다. 우리의 결정에 대한 느낌은 물론 결정을 내리는 방식까지도 날마다 달라지게 된다.

만일 우리의 비전이 환상 위에 세워져 있다면, 우리는 '정북향' 원칙들에 어긋나는 선택을 하게 된다. 시간이 지나면, 이런 선택들은 우리의 기대만큼 삶의 질을 향상시키지 못한다. 비전은 진부한 것이 되고 만다.

우리는 환상에서 깨어나, 냉소하게 될 것이다. 창의적 상상력은 시들고, 우리는 자신의 꿈을 믿지 못하게 된다.

우리의 비전이 부분적이라면—예를 들어, 우리의 비전이 경제 및 사회적 욕구에만 초점을 맞추고 정신적·영적 욕구를 무시한다면—우리의 선택은 불균형을 낳게 된다.

우리의 비전이 사회적 거울에 기초를 두고 있다면, 우리의 선택은 다른 사람들의 기대에 좌우될 것이다. "사람은 거울을 발견했을 때부터 영혼을 잃기 시작했다."5)는 말이 있다. 우리의 자기 비전이 사회적 거울에 비친 모습에 불과하다면, 우리는 자신의 내적 자아와 관련을 가질 수 없고, 공헌을 가능하게 하는 자신의 독특함이나 역량과도 관련을 가질 수 없다. 우리는 다른 사람들—가족, 동료, 친구, 적, 언론 매체—이 우리에게 심어 준 각본에 따라서만 살게 된다.

그런데 그 각본이란 무엇인가? 어떤 각본들은 건설적인 것처럼 보이기도 한다. "넌 재능이 있어!" "넌 타고난 운동 선수야!" "넌 의사가 되어야 한다고 내가 늘 말했잖아!"

그러나 어떤 각본들은 대단히 파괴적이다. "넌 너무 둔해!" "넌 아무것도 제대로 하는 게 없어!" "왜 네 언니처럼 되지 못하는 거니?" 그러나 각본이 건설적이든 파괴적이든, 이 각본들은 우리가 어떤 존재이며 어떻게 살아가야 할 것인지 파악할 수 없게 한다.

더구나 언론이 투사하는 냉소주의, 회의주의, 폭력, 방종, 숙명론, 물질주의 등의 이미지들을 생각해 보라—'중요한 뉴스'란 거의 다 나쁜 뉴스다.

이런 이미지들이 우리의 개인적 비전의 근원이라면, 많은 사람들이 자신과 직접 관련을 갖지 못하고 갈등을 일으키는 것도 그다지 놀라운 일은 아니다.

변혁시켜 주고 초월하게 해 주는 비전

'비전이 주는 열정'에서 우리가 말하는 열정이란 깊고 한결같은 에너지다. 그것은 포괄적이고 불변의 원칙과 기본 욕구와 천부의 능력에 근거한 시각화에서 나오는 에너지로, 이처럼 강렬한 시각화는 크로노스는 물론 카이로스까지 넘어서는 것이다. 비전은 시간의 영겁 개념과 관련이 있는데, 영겁을 가리키는 영어의 aeon은 그리스어 아이온(aion)에서 나온 말로, 이것은 시대나 평생 또는 그보다 긴 시간을 가리키는 말이다. 따라서 비전은 우리는 누구이며 어떤 존재인가 하는 핵심적인 질문과 연결되어 있다. 비전은 우리가 할 수 있는 독특한 공헌─우리가 남길 수 있는 유산에 대한 깨달음에 의해 추진된다. 비전은 목적을 분명히 해 주고, 방향을 설정하고, 주어진 자원의 한계를 넘어서 사명을 완수할 수 있게 한다.

우리가 이것을 '열정'이라고 부르는 이유는, 이 비전이 워낙 강력한 추진력이기 때문이고, 또 그 결과 우리 삶의 DNA가 되기 때문이다. 비전은 우리의 삶 속에 깊숙하고 완전하게 배어 있기 때문에, 우리의 모든 결정을 좌우하는 강력한 자극이 된다. 비전은 네 가지 기본적인 욕구가 통합되어 임계 질량에 이르고 내적 시너지가 폭발함으로써 발생하는 내면의 열정이다. 그것은 우리가 모험적인 삶을 살 수 있게 해 준다. 즉, 우리의 인생에서 중요하지 않은 것에 대해 편안한 마음으로 자신 있게 "안 하겠다(no)."고 말할 수 있게 만드는, 내면 깊은 곳에서 타오르는 '하겠다(yes)!'가 바로 이 열정이다.

이 열정은 성취와 공헌을 방해하는 두려움, 의심, 낙담을 비롯한 다른 모든 방해를 초월할 수 있게 한다. 예를 들어 간디를 생각해 보라. 간디는 원래 소심하고 질투와 두려움, 불안감이 많은 사람이었다. 간디는 사람들과 함께 있는 것을 싫어했으며 혼자 있기를 좋아하는 사람이었다.

따라서 간디는 변호사 일을 좋아하지 않았다. 그러나 간디는 대립하는 사람들 사이에서 승/승의 대인 관계를 이루어 내는 데서 점차 만족을 느끼게 되었다.

그러다가 인도인들이 겪는 불의를 목격하기 시작하면서 간디의 정신과 마음에는 비전이 움트기 시작했다. 그 비전에서 실험적 공동체인 아슈람을 설립하려는 생각이 싹텄다. 아슈람은 모든 사람들이 평등주의 가치를 실천할 수 있는 곳이었다. 인도인들은 자신들이 영국 지배자들보다 열등한 사람들이라는 자기 이미지에 시달리고 있었다. 간디는 인도인들이 이러한 이미지를 변화시켜 자존심을 찾도록 도와 주었다.

간디가 자신의 비전에 초점을 맞추기 시작하자 간디의 성격적 약점은 가려지게 되었다. 간디는 비전과 목적을 통해 인격을 성장시키고 발전시킨 것이다. 간디는 사람들을 사랑하고, 그들에게 봉사하며 그들과 함께 있기를 원했다. 간디의 가장 큰 희망은 나라를 되찾는 것이었다. 결국 간디는 영국을 무릎꿇게 했으며, 3억 인도인들을 해방시켰다.

말년에 간디는 이렇게 말했다.

"나는 능력이 별로 없는 보통 사람에 불과합니다. 누구든 나처럼 노력하면서 희망과 믿음을 발전시켜 나가면, 내가 이룬 것을 그들도 이룰 수 있을 것으로 믿습니다."[6]

인간의 능력을 초월하게 하는 비전의 위력은 인간의 성격 속에 깊이 각인된 각본의 위력보다 훨씬 크다. 비전이 성취될 수 있도록 성격 전체가 재구성될 때까지 비전은 각본을 눌러 그 밑으로 잠기게 만든다.

비전을 공유함으로써 나오는 열정은 사람들을 편협한 생각이나 부정적인 상호 작용에서 해방시켜 줌으로써 그들이 삶의 질을 해치거나 많은 시간과 노력을 낭비하는 일이 없도록 해 준다.

스티븐 : 얼마 전에 캐나다의 한 지방에서 대학의 교수진이랑 행정관들과 함께 이틀 동안 일한 적이 있어요. 그들은 의견이 상치된 쟁점들을 다루면서 부족의 심리에 사로잡혀 있었습니다. 분위기는 좀스럽고, 편협하고, 상호 비난으로 물들어 있었죠.

내가 도착하기에 앞서 그들은 얼마 동안 사명서를 중심으로 생각해 보는 자리를 가졌다는데, 우리와 함께 일하게 되면서 그들은 이전의 분위기에서 벗어나게 되었습니다. 그들은 마침내 자신들의 사명이 지역 사회의 '선도적인 교육 기관이 되는 것'이라고 결론을 내렸습니다. 그들은 원칙을 중심으로 활동함으로써 다른 조직들을 지도하는 조직이 되고 싶어했죠.

그들이 이런 결정을 하게 되자 좀스러움과 편협함은 증발해 버렸습니다. 그들은 더 중요한 것으로부터 에너지를 얻은 것입니다. 즉, 그들은 큰 목적을 위해 중요하지 않은 작은 것들을 희생시킨 것입니다.

사람들이 유산과 중요한 것과 공헌에 대한 것을 깨닫게 되었을 때 이와 같은 일이 일어납니다. 그것은 마음과 영혼의 내밀한 부분을 개발해 줍니다. 그것은 최상의 것에 초점을 맞춤으로써, 나머지는 그 밑에 종속시키죠. 사람들이 자기보다 더 높은 목적에 대한 열정을 가지게 될 때, 사소한 것들은 중요성을 잃게 됩니다.

비전이 주는 열정은, 변화시키고 초월하게 하는 위력이 있다. 시간과 삶의 질에 가장 큰 영향력을 미치는 요인은 바로 비전이다.

유능하게 해 주는 사명서를 작성하고 그대로 살기

비전이 주는 열정을 개발하기 위한 가장 강력한 프로세스는, 능력을 부여하는 사명서를 만들고 그것을 자기 삶에 포함시키는 것이다.

당신은 이미 사명서가 무엇인지 알고 있을 것이다. 사명서라는 아이디어는 새로운 것이 아니다. 역사적으로 다양한 문화에 속한 사람들이 믿음의 선언서나 개인 신조 등 비슷한 사명서들을 만든 바 있다. 당신은 기업 인력 개발 프로그램에 따라, 또는 다른 상황에서 당신의 사명서를 작성해 본 경험이 있을 것이다.

그러나 우리는 세계 곳곳에서 사명서 작성 작업을 계속해 오는 동안 어떤 사명서들이 다른 사명서들보다 훨씬 더 많은 능력을 부여한다는 것을 알게 되었다.

사명서를 처음 작성하는 사람들은 종종 다른 사람을 즐겁게 하거나 다른 사람에게 멋있어 보이기 위해 그것을 만든다. 그들은 자신과 깊은 내적 관련을 가져 보지도 않고, 마땅한 대가를 치르지도 않는다. 그들의 사명서는 진부한 말들을 섞어 놓은 잡탕에 불과하거나 '할 일'을 적어 놓고 지워 나가는 항목 일정표처럼 되기도 하고, 여기저기서 얻은 영감을 아무렇게나 쌓아 놓은 것에 불과한 경우가 많다.

조직의 차원에서는, 최고 임원진이 '올림푸스 산' 꼭대기에서 작성한 사명서를 홍보 부서에서 다듬어 유포시킬 때 그런 일이 일어난다. 사람들은 서명서 작성에 관여하지 않았기 때문에 그것을 받아들이지도 않는다. 그런 사명서는 그 조직 구성원의 감성과 지성 그리고 생활 속에서 실천되는 것이 아니라 그냥 벽에 걸려 있는 것으로 끝난다.

요점은 그저 믿음의 사명서를 쓰는 것으로는 충분치 않다는 것이다. 우리는 삶의 목적과 의미에 대해 명확하고 총체적인 의식을 가져야 하고, 거기에서 나오는 깊은 에너지와 관련성을 만들어 내야 한다. 우리는 정북향 원칙들에 따라 강력한 비전을 창조해야 하며, 이를 통해 선언서의 내용을 확실하게 이루어 나가야 한다.

당신이 자신만의 독특한 목적과 관련을 가지게 되면 거기에서 자극과 모험심을 느끼게 되며, 그 목적을 완수하고 나면 깊은 만족감을 맛보게 될 것이다.

창의적인 상상력 발휘

한 번도 자기 사명서를 써 본 적이 없거나, 쓰기는 했지만 앞으로 전망을 바꾸고 싶다면, 지금부터 몇 분 동안 당신의 창의적 상상력의 자질을 활용해 보라. 당신의 80세 생일이나 결혼 50주년 기념일을 머릿속에 그려 보라. 여러 친구들과 사랑하는 사람들, 동료들이 당신을 축하하기 위해 모인 멋진 기념식을 상상해 보라. 가능한 한 장소와 사람들, 심지어 실내 장식에 이르기까지 자세하게 상상하라.

축하해 주는 사람들을 마음의 눈으로 하나하나 바라보도록 하라. 그들은 당신이 삶을 통해 수행한 부모와 스승, 관리자와 공동체의 공복으로서의 역할들을 나타낸다고 가정해 보라. 잠재력을 최대한 발휘하여 당신이 그 역할들을 완수했다고 가정해 보라.

그 사람들이 뭐라고 말할 것인가? 그들이 당신의 성품 중에서 어떤 특성을 기억해 줄 것인가? 그들이 당신의 공헌 중에서 어느 것을 언급할 것인가? 거기 있는 사람들을 둘러보라. 당신은 그들의 삶에 어떤 영향을 미쳤는가?

이런 생각을 하면서 당신의 역할들을 적어 보라. 그리고 그 옆칸에, 그 행사장에서 사람들이 당신에게 해 주었으면 하는 찬사를 적어 보라.

당신의 삶이 될 수도 있는 이 비전을 보면서 당신은 어떤 느낌이 드는가? 자, 이제 당신이 그 비전을 받아들여 그것이 원칙에 근거하고 있는지, 당신의 깊은 내적 명령과 관련을 가지고 있는지를 확인해 보라. 그것을 말로 바꾸어 잘 다듬은 뒤 주간 제2상한 시간 관리의 토대로 이용하며, 그것을 암기하고, 그것을 완수하는 비전을 그려 보고, 생활의 매 순간 그것에 영향을 받도록 머리와 가슴 속에 그것을 각인시킨다면 어떻게 되겠는가?

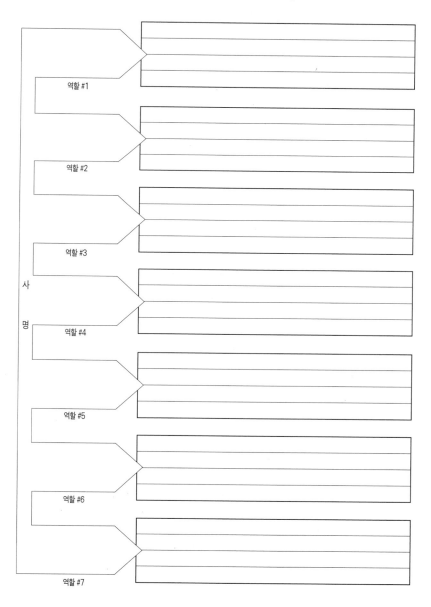

역할들

찬 사

사

명

역할 #1

역할 #2

역할 #3

역할 #4

역할 #5

역할 #6

역할 #7

이런 잠깐의 연습을 통해 당신은 잠재력과 비전이 주는 열정에 대해 통찰을 얻을 수 있을 것이다. 실제로 능력을 부여하는 사명서를 쓰고 완성하는 데에는 시간이 많이 걸리고 아울러 진지한 투자도 필요하다. 그러기 위해서는 먼저 자신의 깊은 내면의 삶 속으로 들어가서, 그것과 전폭적인 관련을 맺어야만 한다.

우리 삶의 깊은 내면으로 들어가기

어떤 의미에서 우리는 세 가지 삶을 살고 있다. 첫째, 우리에게는 공적인 삶이 있다. 이 삶을 통해 우리는 직장에서, 공동체에서, 사회 활동에서 다른 사람들과 상호 작용을 한다. 둘째로, 우리에게는 사적인 삶이 있다. 이 삶은 공적인 삶과는 다른 삶이다. 우리는 혼자 있을 수도 있고, 친구나 가족과 함께 있는 쪽을 선택할 수도 있다.

그러나 우리에게 가장 의미 있는 삶은 우리 속의 깊은 내적 삶이다. 이 삶에서 우리는 자아 의식, 양심, 독립 의지, 상상력이라는 독특한 인간 천부의 능력들과 관련을 맺는다. 이 천부의 능력들이 없으면, 삶의 질을 향상시키고 능력을 부여해 주는 비전을 창조하기란 불가능하다.

자아 의식

우리는 깊은 내면의 삶 속에서, 자아 의식이라는 자질을 이용하여 자신의 욕구와 능력을 검토하고, 그것을 본질적인 수준에서 조정할 수 있다. 우리는 자신의 패러다임을 검토할 수 있고, 우리 삶의 뿌리와 열매를 바라보면서 우리 삶의 동기를 검토할 수 있다. 자아 의식을 가장 잘 사용하는 방법은 양심을 깨닫고, 그것이 우리 내부에서 어떻게 작용하는지를 깨닫는 것이다.

양심

양심을 통해 우리는 독특한 것과 보편적인 것을 모두 만날 수 있다.

우리는 양심을 통해서만 자신의 독특한 목적과 공헌 능력을 발견할 수 있다. 방금 연습한 대로, 생일이나 기념식에서 당신의 각 역할을 나타내는 사람들에 대해 깊이 생각해 보고, 당신이 그들의 삶에 영향을 줄 수 있었던 기회들에 대해 생각해 보라.

다른 누구도 당신의 자녀들에게 당신과 같은 어머니나 아버지가 될 수 없다. 다른 누구도 당신의 배우자에게 당신 같은 남편이나 아내가 될 수 없다. 다른 누구도 당신의 환자들에게 당신과 같은 의사가 될 수 없고, 당신의 학생들에게 당신과 같은 스승이 될 수 없으며, 당신이 삶에 영향을 미칠 수 있는 사람들에게 당신과 같은 자매, 친구, 공동체의 자원 봉사자가 될 수 없다. 다른 누구도 당신이 공헌하는 것처럼 공헌할 수는 없다. 빅터 프랭클은, 우리가 자신의 사명을 만들어 내는 것이 아니라, 이미 존재하는 사명을 찾아야 한다고 말했다. 우리의 사명은 우리 내부에서 우리의 인식을 기다리고 있다.

> 누구나 인생에서 자신만의 구체적인 소명과 사명을 가지고 있다. 누구나 완수되기를 기다리는 구체적인 과제를 수행해야 한다. 다른 누구도 그 일을 대신할 수 없으며, 그 사람의 삶은 되풀이되지 않는다. 따라서 모든 사람의 과제는 그것을 수행할 수 있는 특수한 기회만큼이나 독특하다.[7]

19세기 사회 개혁가이자 작가인 윌리엄 엘러리 채닝은 이런 이야기를 했다.

> 모든 인간은 해야 할 일, 완수해야 할 의무, 행사해야 할 영향력을 가지고 있으며, 그것은 특별히 그만의 것이다. 그의 양심 외에는 다른 누구의 양심도 그것이 무엇인지 가르쳐 줄 수 없다.[8]

우리는 이 깊은 내면의 삶에서 자신의 양심과 관련을 가질 때에만 내면의 불길을 창조할 수 있다. 공적이거나 사적인 삶에 대한 사고에 따른 사명서로는 결코 개인적 자질의 깊은 내면의 핵심에 접근할 수 없다.

탐험가이자 작가요 영화 제작자인 로렌스 밴 데어 포스트 경은 이렇게 말했다.

> 우리는 내부로 고개를 돌려 우리 자신의 내면을 보아야 하며, 영혼이라는 그릇을 들여다보아야 한다. 그것을 보고 거기에 귀를 기울여야 한다. 그 안으로 들어가 당신을 통해 꿈을 꾸고 있는 것에 귀를 기울일 때에만, 다시 말해 어둠 속에서 문을 두드리는 소리에 귀를 기울일 때에만, 우리는 우리가 갇혀 있는, 시간 속의 순간이라는 굴레에서 벗어나, 위대한 창조 행위가 이루어지고 있는 수준으로 다시 들어갈 수 있다.[9]

로저 : 몇 년 전, 대학생들을 위한 세미나에서 톰이라는 친구를 만났습니다. 자기 소개를 하고 자신의 목표에 대해 이야기를 좀 해 달라고 하자, 톰은 자기가 토목 공학을 전공하고 있다고 말하더군요. 나중에 세미나 과정에서, 톰에게 한 달 동안 시간에 얽매일 필요도 없고 자금도 무제한으로 제공되면 무엇을 하겠느냐고 물었습니다.

톰의 얼굴이 크리스마스 트리처럼 환해지더군요. 톰은 열띤 목소리로 대답했습니다.

"간단하지요! 난 탁상용 톱, 대패, 그리고…… 음, 그런 연장들을 많이 사겠습니다. 그걸 내 차고에 갖다 놓고, 동네 아이들을 다 불러 모아 여러 가지를 만들 겁니다─탁자, 놀이집, 가구. 멋질 겁니다!"

나는 톰의 빛나는 눈을 보면서, 몇 분 전 톰이 자신의 전공을 이야기할 때 보인 냉담함을 기억하지 않을 수 없었습니다.

"정말로 가르치는 일을 하고 싶은 겁니까?"

난 그렇게 물었습니다.

"난 그 일을 좋아해요!"

톰은 간단하게 대답했습니다.

"그리고 연장을 가지고 일하는 것도 좋아하고요?"

"아, 그럼요."

"토목 공학 수업은 어떻습니까?"

"아, 잘 모르겠습니다. 공학을 전공하면 수입이 좋고……."

목소리가 사그라지더군요.

"톰, 아이들에게 연장으로 여러 가지를 만드는 것을 가르쳐 주는 사람도 돈을 벌 수 있다는 생각은 해 본 적이 없나요?"

그 때 톰의 얼굴을 지켜보는 것은 흥미 진진한 일이었죠. 토목 공학을 전공하게 된 톰의 결심이 자신의 재능과 양심에서 우러나온 공헌 의식과 깊은 내적 관련을 맺고 있지 못하다는 점은 분명했습니다.

그러나 톰이 그런 관련을 맺게 되었을 때─톰이 갑자기 자신의 개성을 완성할 가능성을 보았을 때─비록 짧은 순간이었지만 톰은 엄청난 힘을 얻게 되었습니다.

톰은 적당한 능력을 가진 토목 공학자가 될 수도 있을 겁니다. 하지만 목공 강사로 나간다면 대단한 사람이 될 거라는 것은 금방 알 수 있습니다. 목공과 어린이들을 사랑하는 마음을 통해 남다른 능력을 얻게 될 것이기 때문입니다.

우리는 양심을 통해 자신의 개성과 접촉할 수 있을 뿐 아니라, 삶의 질을 창조하는 보편적인 정북향 원칙들과도 관련을 맺을 수 있다. 우리는 양심을 통해 우리의 가치와 전략을 원칙과 일치시키고, 사명서의 목적과 수단이─공헌과 공헌을 하는 데 쓰는 방법이─원칙에 기초를 두도록 보장할 수 있다.

상상력

일단 양심과 관련을 가지게 되면, 우리는 창의적인 상상력이라는 천부의 능력을 이용해 능력을 부여하는 자기 사명서를 만들어 냄으로써, 양심에서 나온 비전과 가치들을 그려 보고 또 그것을 의미 있는 표현으로 담아 낼 수 있다. 이것은 건축 이전의 청사진이며, 물질적 창조 이전의 정신적 창조다.

사명서를 쓴 뒤, 우리는 창의적인 상상력을 이용하여 우리가 그 사명서대로 살아가는 모습을 그려 볼 수 있다—오늘 낮에 직장에서, 오늘 밤에 집에서, 피곤할 때, 기대가 충족되지 않을 때, 실망할 때. 우리는 정신을 이용하여, 우리의 성실성에 대한 가장 어려운 도전과 맞서고 그것을 창의적으로 해결할 수 있다. 우리는 기억이 아니라 상상력 속에서 살아갈 수 있다.

독립 의지

사명서대로 살아간다는 것은 물살을 거슬러 헤엄치고, 우리의 환경과 우리 자신에게 깊이 스며든 습관이나 각본에 저항한다는 것을 의미한다. 그럴 때 우리는 독립 의지라는 천부의 능력을 이용할 수 있다. 우리는 영향을 받기보다는 영향을 줄 수 있다.

비전이 주는 열정을 통해 우리는 독립 의지를 새롭게 이해할 수 있다. 비전이 주는 열정 없이는 '자기 수련'이란 단지 당신 자신을 컨트롤하라, 이를 악물라, 주먹을 불끈 쥐고 인생을 헤쳐 나가라는 식의 컨트롤이고 제한이다. 이런 발상의 기본 패러다임은, 어떤 꽉 짜인 컨트롤이 없이는 우리가 혼란에 빠지리라는 것이다. 따라서 우리는 자신에 대해 신뢰감, 즉 외부의 컨트롤 없이 자신의 내적인 동기 부여만 가지고 순간순간 효과적인 선택을 할 수 있을 것이라는 신뢰감을 가질 수 없다. 그러나 비전이 주는 열정은 '자기 수련(discipline)'을 본디 그 어원인 '제자(disciple)'와 연관시킬 수 있게 해 준다. 우리는 자신의 내적 명령에 따라 내면 깊은 곳에서 타오르는 '하겠다!' 는 강력한 의지로 덜 중요한 일을 자발적으로 포기하게 된다. 우리는 '컨트롤' 대신에 '해방' 에 초점을 맞추게 된다.

동기 부여의 관건은 왜 해야 되는지 하는 이유, 즉 동기 자체에 있다. 내면의 더 깊은 곳에서 불타오르는 '하겠다!' 라는 결의 때문에, 덜 중요한 것에 대해 안 하겠다고 쉽게 말할 수 있게 된다.

자발성을 부여해 주는 사명서의 특징

우리는 세계 곳곳을 다니면서 수백 가지의 사명서를 읽을 기회가 있었는데, 그런 사명서를 통해 다른 사람의 깊은 내면의 삶을 분명하게 들여다보게 될 때마다 스스로 겸손해지는 경험을 하곤 했다. 우리는 사명서를 읽을 때마다, 마치 성스러운 땅에 서 있는 듯한 느낌을 받았다.

이 사명서들은 형태와 내용의 면에서 아주 다양하다. 분량만 해도 몇 마디에서 몇 쪽에 이르기까지 차이가 많다. 어떤 사명서들은 음악이나 시, 그림의 형태로 표현되기도 한다. 그것은 각 사람의 개인적 비전이 독특하기 때문이다.

그러나 정북향의 실재를 가장 분명하게 보여 주는 것은, 이 사명서들에는 기본적 삶의 법칙들에 대한 표현이 어김없이 나온다는 것이다. 근본적인 법칙들과 네 가지 욕구와 능력—살며, 사랑하며, 배우고, 유산을 남기는 것—을 인정하는 것은 문화와 종교와 민족과 인종을 초월해 공통적으로 나타난다. 사명서의 주인공이 누구인지 어디 출신인지에 관계없이, 사람들은 자신의 깊은 내면의 삶에 들어가면 정북향을 느끼게 된다.

능력을 부여하는 사명서들은 이 밖에도 몇 가지 다른 특징을 공통으로 지니고 있다. 다음 항목표가 사명서를 작성하거나 이미 작성한 사명서를 평가하는 데 도움이 될 것이다.

1. 능력을 부여하는 사명서는 당신 내면의 가장 깊은 최선의 것을 표현한다. 그것은 당신의 깊은 내면의 삶과 확고하게 관련되어 있다.
2. 그것은 당신의 독특한 재능의 완성이며, 독특한 공헌 능력의 표현이다.
3. 그것은 초월적이다. 즉, 공헌과 자신보다 높은 목적이라는 원칙에 기초를 두고 있다.
4. 네 가지 근본적인 인간 욕구와 능력을 모두 제기하고 그것을 통합한다. 그것은 신체적 · 사회적 · 정신적 · 영적 차원에서의 성숙을 포함한다.
5. 삶의 질을 향상시키는 원칙들에 근거하고 있다. 목적과 수단 모두 정북향 원칙에 기초를 두고 있다.
6. 비전과 원칙에 근거한 가치들을 모두 다룬다. 비전 없이 가치만 유지하는 것으로는 충분치 않다—당신은 단지 잘 되기를 바라는 게 아니라, 무엇을 위해 잘 되어야 하는지 인식해야 한다. 반면, 가치 없는 비전은 히틀러 같은 사람을 만든다. 능력을 부여하는 사명서는 성품과 역량, 즉 당신이 인생에서 되고 싶은 것과 하고 싶은 것을 모두 다룬다.
7. 당신 인생의 중요한 역할들을 모두 다룬다. 그것은 개인적인 것, 가족, 일, 공동체 등 당신이 수행해야 한다고 느끼는 모든 역할들 사이의 균형을 나타내며, 그것이 평생 유지되도록 한다.
8. 그것은 다른 사람을 감동시키기 위해서가 아니라 당신 스스로에게 영감을 주기 위해 씌어진다. 그것은 가장 근본적인 수준에서 당신 자신과 대화하며 당신에게 영감을 준다.

이런 특징을 가진 사명서는 포괄성과 깊이, 원칙에 근거한 터전 위에 섬으로써 당신에게 능력을 부여할 것이다. 당신이 자기 사명서를 만드는 데 좀 더 구체적인 도움이 필요할 경우, 부록 A에 있는 축소판 사명서 워크숍을 참조하라. 거기에는 세부적인 연습, 지침, 사명서 견본 등이 제시되어 있다.

사명을 현실화하기

사명서가 잘 작성되어 있다 해도, 그것을 매주 발전시키지 않으면 그 사명을 우리 생활에서 현실화할 수가 없다. 따라서 매주 그 사명을 깊이 생각하고, 암기하고, 우리의 가슴과 머리에 새기고, 검토하고, 사명서를 주간 제2상한 시간 관리의 기초로 이용해야 한다. 또 사명서를 평가하고 개선하기 위해 개인적 묵상의 시간을 갖는 것도 도움이 될 것이다. 적어도 1년에 한 번쯤 그런 기회를 가져야 한다.

제3세대 시간 관리의 효율성 패러다임을 가지고 살아가는 사람들은 불행히도 '자기 사명서를 쓰는 것'을 '해야 할 일'의 체크리스트 정도로 여기는 경향이 있다. 한 여성은 이렇게 말했다.

난 내 사명서를 썼어요―사실 그것을 쓰면서 정말 기분이 좋았답니다. 하지만 다 쓰고 나서는 그것을 내 정리 수첩에 넣어 두고, 머릿속에서는 '이미 끝낸 일'로 지워 버렸어요.

그렇게 몇 달을 보냈죠―일도 잘 됐고, 목표도 설정했고, 내 인생은 잘 굴러 갔어요. 난 점점 '소유'에 초점을 맞추게 되었죠―새 집을 사고 차도 바꾸고 싶다고 말예요.

난 목표들을 적었어요―"이런 집에서 살고 싶다." 그럼 우리는 무엇을 해야 하는가? 이 정도의 돈을 저축하고, 이런 대출을 받을 자격을 갖추고―뭐 다 그런 종류죠. 그러면서 난 내가 다 제대로 하고 있다고 생각했답니다.

그러던 어느 날, 난 밤 늦게 아름다운 새 집에 혼자 앉아 생각에 잠겼어요.

'왜 난 행복하지 않을까?'

난 전에는 대출금만 다 갚으면, 서류에 서명만 하면, 내가 애써 추구하던 목표를 한목에 성취할 수 있게 될 거라고 생각했어요. 하지만 난 그저 외로울 따름이었어요. 난 생각했죠.

'뭔가 빠진 게 있어.'

난 그런 걸 가지게 되면 누릴 수 있을 거라고 생각하던 행복을 느끼지 못한 거예요.

그런 생각을 하다가 내 정리 수첩을 보았어요. 거기에서 사명서를 발견하고 그것을 읽었죠. 집을 짓는 동안 나는 단 한 번도 그 사명서를 본 적이 없었어요.

사명서를 읽으면서 나는 거기에 물질적인 것은 하나도 없다는 것을 깨달았어요. 모든 게 '되겠다.'는 것이었어요—난 좋은 사람이 되고 싶다……난 좋은 본보기가 되고 싶다…… 궁극적으로는 난 좋은 어머니가 되고 싶다.

나도 모르게 울고 말았답니다. 난 아름다운 새 집에 앉아 불을 끄고 생각에 잠겨 있었죠. 이게 날 행복하게 해 줄 줄 알았는데…… 이 차, 이 집, 또는 뭐든 그것만 소유하게 되면 즉시 행복해질 거라고 생각했는데. 그러나 내 소유물을 모두 둘러보아도, 나는 내가 되고 싶어하던 사람은 되지 못했어요.

자발성을 부여해 주는 사명서는 하고 나서 지워 버릴 '해야 할 일'이 아니다. 사명서가 자발성을 부여해 주기 위해서는 살아 있는 문서가 되어야 한다. 그것은 우리 본성의 일부가 되어, 사명서에 써 넣은 그 기준이 우리 내면에도 들어와 있어야 하며, 매일매일 우리가 살아가는 방식에도 들어와 있어야 한다. 또 한 사람은 이런 경험을 이야기한 적이 있다.

자기 사명서를 작성하고 나서 얼마 되지 않아 아내와 나는 우리와 가깝던 친구와 결별하게 되었습니다. 우린 정말이지 왜 그런 일이 일어났는지 알 수가 없었어요. 우리가 아는 것이라고는, 시간이 지나면서 어떤 것이 쌓여 오다가, 갑자기, 마치 지푸라기 하나를 더 올려 놓자 낙타 등이 부러지듯, 우리가 이제는 친구 사이가 아니라는 사실뿐이었습니다.

우리는 그 일 때문에 두 달 동안 고통스럽게 살았습니다. 다른 친구들과 같이 어울리면서도 그 친구와는 서로 이야기를 하지 않는 사이가 되어 버렸죠. 아내와 나는 침대에 누워 그 문제에 대해 이야기를 했습니다.

우린 매일 친구들을 생각하면서 어떻게 이러한 간극을 메울 수 있을 것인지를 생각했습니다.

어느 날 밤, 차를 몰고 집으로 돌아가는 길인데 문득 어떤 생각이 떠올랐습니다. 내가 이 상황에 처한 뒤부터 지금까지 나의 사명과 일치되게 일을 처리해 온 걸까? 친구로서? 내 사명의 일부는 삶의 교훈을 얻어 그것을 이해하고, 그것을 통해 성숙해짐으로써, 그것을 다른 사람들에게도 일러 준다는 것이었습니다. 내 가족만이 아니라, 인생의 어느 시점에서 비슷한 문제에 부딪치게 될 친구들이나 다른 누구에게도 그 교훈을 나눠 주고 싶었습니다.

난 갑자기 내 행동 방식이 내 사명과 일치하지 않는다는 것을 깨달았습니다. 그리고 그 즉시—이상하게 들리기는 하겠지만—난 죄책감과 고통으로부터 해방되었습니다. 난 이 경험 전체를 이해하고 그것으로부터 배울 필요가 있다는 것을 알았죠. 무엇이 잘못된 것인지, 그리고 어떻게 그런 일이 일어났는지. 그러고 나서 화해를 해야 할 필요가 있음을 알았습니다. 난 그 때 내 사명서를 들고, 그것을 통해 그 문제를 다시 바라보면서 이렇게 말할 수 있었습니다.

"이게 바로 내 사명이야. 그리고 이게 내가 이 상황을 처리하기 위해 선택한 방식이야."

난 집으로 가서 마음 속으로 그 간극을 어떻게 메울지 윤곽을 잡아 보았습니다. 그리고 그 순간, 내 사명은 나에게 현실이 되었습니다.

나는 친구를 찾아가서, 상황 전체에 대해 진심으로 사과하며 그 일 때문에 나와 내 아내가 얼마나 괴로워했는지 말했습니다. 난 겸손했고, 가르침을 받을 자세가 되어 있었어요. 난 정말로 마음 속 깊이, 친구의 기분이 어떤지, 그리고 뭐가 잘못된 것인지 이해하고 싶었습니다.

그 때는 친구도 마음이 누그러져 있어서, 그 문제에 대해 자신이 어떻게 느꼈는지를 기꺼이 이야기해 주면서, 어쩌면 그 자신이나 아내가 잘못한 것일 수도 있다고 말하더군요. 우리는 깊이 있는 대화를 나눈 끝에 문제를 해결할 수 있었습니다. 그러고 나서 우리는 아내들을 불렀고, 그들도 비슷한 경험을 했죠.

정말 해방감을 맛본 경험이었습니다. 난 심지어 그 고통이 고맙기까지 했으니까요! 사명서가 얼마나 중요하고 또 얼마나 현실적인지를 깨달을 수 있었습니다. 그 때 사명서는 살아 있었습니다. 살아 있는 문서였습니다.

그 경험을 통해, 나는 다른 역할과 책임 속에서 상이한 경험들을 할 때도 이렇게 말할 수 있게 됐죠.

"이게 정말 내 사명의 일부일까?"

그렇게 해서 이 모든 것—제2상한 시간 관리와 소중한 것을 먼저 한다는 전체적인 생각이 생명을 가지게 되었습니다. 그 이후 나는 이 문서를 거의 투명한 겹침판으로 만들어 그것을 어떤 상황 위에건 올려 놓고, 내가 어떤 반응을 보여야 할지를 선택할 수 있었습니다.

사명서로부터 능력을 부여받은 사람들은 대부분 그들의 사명서가 '살아 움직이는' 어떤 시점이 있는 것 같다고 생각한다. 그들은 사명서를 소유하고 있다. 사명서는 그들의 것이다. 사명과 인생의 현재 순간 사이에 중요한 관련이 맺어진다. 그러고 나서 그것을 잘 손질하고 지속적으로 발전시키면, 사명서는 선택의 모든 순간에 영향을 미치는 기본적인 요인이 된다.

비전이라는 유산

능력을 부여하는 사명서를 만들고 그대로 살아가는 것은, 우리가 시간을 보내는 방식에 중대한 영향을 준다. 시간 관리를 이야기하면서 방향에 앞서 속도를 걱정하는 것, 몇 년을 낭비할 수도 있는데 몇 분을 아끼려 걱정하는 것은 우스꽝스러워 보이게 된다. 비전은 우리 생활의 다른 모든 것을 추진하는 근본적인 힘이다. 비전은 우리가 해야 할 독특한 공헌에 대한 의식을 심어 줌으로써 우리에게 열정을 준다. 소중한 것을 먼저 하고, 나침반을 시계에 앞세우고, 사람을 일정과 일보다 앞세움으로써 우리는 능력을 얻게 된다. 능력을 부여하는 자기 사명서를 만들고 통합하는 일은 우리가 할 수 있는 제2상한 투자 가운데 가장 중요한 것이다.

그리고 우리는 인생에서 더 큰 의미를 얻으면서 살며, 사랑하며, 배워 나가는 가운데, 아마 우리가 물려 줄 가장 중요한 유산은 비전일 수도 있음을 깨닫게 될 것이다. 우리의 자녀와 다른 사람들이 자신과 미래를 보는 방식은 우리 모두의 삶의 질에 깊은 영향을 미치기 때문이다.

비전이 주는 열정을 발전시키기 위한 제2상한 활동 목표들

- 매주 제2상한 시간을 설정하여, 내면의 삶을 풍성하게 가꾸어 나가라. 아울러 그 시간에 자신의 내면에 조용한 장소를 마련해 두어서 내면의 나침반과 관련을 가질 수 있도록 하라.
- 사명서 워크숍(부록 A)을 보고, 자기 사명서를 작성할 수 있도록 개인적 묵상의 일정을 마련하라.
- 당신의 현재의 사명서를 평가하고 검토할 시간 계획을 잡아라.
- 당신의 사명서를 암기하라.
- 당신 자신이 사명서대로 살아가는 모습을 그려 보기 위해 매일 '톱날을 가는' 목표를 설정하라.
- 매주 시간 계획을 짜기 전에 사명서를 검토하라.
- 당신의 경험과 당신의 결정들이 자기 사명서로부터 어떻게 영향을 받았는지를 일기에 적어 나가라.
- 다른 사람들이 오랜 세월에 걸쳐 작성한 사명서들을 읽어 보라. 그 사명서들이 그들의 삶과 사회에 미친 영향을 생각해 보라.
- 당신과 함께 살아가는 자녀나 다른 사람들이 그들 나름의 사명서를 만들 수 있도록 도와 주라. 다른 사람들과 더불어 비전을 키워 나가라.

6 : 역할들 사이의 균형

균형이란 선택이 아니라 공유하는 것이다.

아마 우리가 '시간 관리'의 영역에서 경험하는 가장 빈번하고 뼈아픈 고통은 불균형 때문에 생길 것이다.

사명서를 경험해 본 많은 사람들은 그 동안 중요한 영역을 소홀히 다루어 왔음을 깨닫고 고통을 느끼곤 한다. 그들은 건강, 가족, 친구 등과 같은 중요한 영역들을 희생하면서, 삶의 작은 영역―예를 들어 사업, 운동, 공동체 활동―에 엄청난 시간과 에너지를 투자해 왔다는 것을 깨닫는다. 또 어떤 사람들은 자신의 다양한 역할에 대해 잘 인식하고 있는 편이지만, 그 역할 사이에서 갈등을 느끼기도 한다. 그들의 역할은 서로 끊임없이 갈등을 일으키며, 그들의 제한된 시간과 관심을 얻으려고 경쟁하는 것처럼 보인다.

우리는 다음과 같은 말을 흔히 듣는다.

난 가족에게 관심을 기울이면서 동시에 일에서도 성공하고 싶습니다. 그러나 내가 다니는 회사는 내가 일찍 출근하여 늦게 퇴근하고 주말에도 일을 하지 않으면 승진을 시켜 주지 않습니다.

난 완전히 녹초가 돼서 퇴근하죠. 회사에서 하는 일이 자꾸 늘어나서, 가족에게 쓸 에너지나 시간은 없습니다. 그러나 가족은 나를 필요로 합니다. 자전거를 고쳐야 하고, 동화책을 읽어 주어야 하고, 숙제를 도와 주어야 하고, 여러 가지 의논도 해야 합니다. 나도 그들이 필요합니다. 가장 사랑하는 사람들과 함께 시간을 보내지 못한다면 삶의 질이란 게 뭐겠습니까?

난 내 다른 역할에는 전혀 발도 들여놓지 못합니다. 난 좋은 이웃이 되고 싶습니다. 공동체에서 봉사도 하고 싶어요. 운동을 하고, 책을 읽을 시간도 필요합니다—또 가끔은 그냥 멍청히 생각을 할 시간도 필요합니다.

난 너무 많은 방향으로 몸이 찢기고 있습니다—그리고 그것들은 다 중요한 일들이에요! 하지만 내가 어떻게 그걸 다 할 수 있단 말입니까?

가장 흔한 갈등은 일 역할과 가족 역할 사이의 갈등이다. 가장 흔히 표현되는 고통은 인간 관계에 대한 것이거나, 자기 개발 부족에 대한 것이다. 사람들은 이렇게 말한다.

"난 내 인생의 모든 일을 다 잘 할 수가 없어. 베이스를 모두 밟기 위해 빨리 뛰어다닐 수가 없기 때문이야. 내 인생에서 중요한 일들은 전혀 건드리지도 못한 채 그냥 지나쳐 버려. 빨리 뛰면 뛸수록, 더 균형을 잃는 것 같아."

『베스트 키드』라는 영화를 본 사람이라면, 미야기 노인이 어린 제자 다니엘을 거센 파도 속으로 밀어 넣는 장면을 기억할 것이다. 미야기는 이렇게 소리친다.

"균형을 배워라, 균형을 !"

다니엘은 거칠게 밀려오는 파도와 싸우지만 번번히 나자빠진다. 이윽고 다니엘은 멀리 스승을 바라본다. 스승은 가느다란 기둥 꼭대기에 올라가 있다. 미야기는 거기서 두루미 자세로 복잡한 무예 동작을 한다. 공중에서도 쉽게 발을 바꾸며 완벽한 균형을 잡을 수 있음을 보여 준다.

우리는 내면 깊은 데서 나오는 소리가 우리에게 이렇게 말하는 것을 들을 수 있다.

"균형을 배워라, 균형을 !"

그러나 많은 사람들은 그저 거센 파도에 떠밀리는 다니엘과 같은 기분을 느낀다. 사방에서 우리를 향해 달려드는 강력한 힘들에 의해 매번 나자빠지는 기분에 사로잡힌다.

균형이란 무엇인가?

분명히 말하지만, 균형이란 '정북향' 원칙이다. 우리는 자연의 균형, 무역 균형, 권력 균형, 균형 잡힌 식사 등 온갖 영역에서 정북향 원칙이 표현되는 것을 본다. 어느 원칙이나 그렇듯이, 그 원칙의 존재를 가장 절실히 느끼게 되는 때는 그 균형이 깨진 상태, 즉 불균형의 상태로 나타난 결과를 볼 때다. 중이염에 걸려 균형 감각을 잃는 바람에 농구 경기를 하다가 넘어진다거나, 균형을 상실함으로써 불편한 생활을 하다 보면, 그 원칙이 실재할 뿐 아니라 매우 중요하다는 것도 증명이 된다.

하지만 우리 생활에서 어떻게 균형을 길러 나갈 수 있을까? 그것은 그저 모든 일들을 철저히 수행하기 위해 날마다 일 사이로 바삐 뛰어다니는 것을 말하는가? 아니면 균형이 생활에 강력한 영향력을 미치게 하는 더 효과적인 방법이 있는 것일까?

잠시 시간을 내어 우리가 제2상한 시간 관리 프로세스를 다룰 때 나열한 역할들을 돌이켜 보라.

그 역할들을 어떻게 보는가? 서구인들은 어린 시절부터 각 역할들을 삶의 개별적인 '파편'으로 보도록 배운다. 우리는 학교에서 여러 교실을 찾아다니면서 각 교실에서 별도의 교과서를 가지고 별도의 과목을 배운

역할들

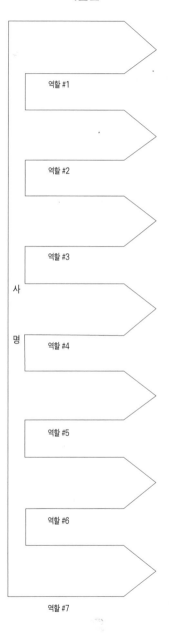

역할 #1

역할 #2

역할 #3

사

명

역할 #4

역할 #5

역할 #6

역할 #7

다. 생물에서 A학점을 받고 역사에서 C학점을 받으면서도 그 두 가지 사이에 어떤 관계가 있다는 생각은 한 번도 하지 않는다. 우리는 직장에서의 역할과 집에서의 역할을 완전히 분리된 것으로 보며, 그것이 개인적 발전이나 공동체 봉사와 같은 다른 역할들과 관련을 가지고 있다고 보지도 않는다. 그 결과, 우리는 '이것이냐 저것이냐' 식으로 선택의 관점에서 생각한다. 즉, 우리는 이 역할과 저 역할 가운데 어느 하나에만 초점을 맞추게 되는 것이다.

이런 파편화는 우리의 성격에까지 침투해 들어온다. 직장에서의 자기 모습은 집에서의 모습과는 별도의 것이다. 개인적 생활에서 하는 일은 공적인 생활에서 하는 일과 상관이 없다.

하워드 가드너는 『교육받지 못한 정신』에서 파편화한 사고의 영향이 어떤 것인지를 설명해 주고 있다.[1] 고급 학위를 가진 사람들은 자신이 교육받은 방식으로 일할 때는 곧잘 한다. 그러나 상황이나 환경을 바꾸어 시험을 쳐 보면, 그들은 낙제 점수를 받는다! 해낼 수가 없는 것이다. 경계선을 넘어선다는 것은 그들로서 생각조차 할 수가 없다.

문제를 보는 방식이 바로 문제다. 이런 파편화는 착각에 근거하고 있으나, 착각대로 살고자 하는 힘은 믿을 수 없을 만큼 완강하다.

사실 이런 각 역할은 고도의 상호 관련을 가진 전체의 일부들이며, 이 살아 움직이는 생태계 속에서 각 부분들은 서로 영향을 주고받는다. 간디는 이렇게 말했다.

"어떤 한 부분에서 잘못하는 사람이 다른 부분에서라고 잘할 수는 없다. 삶은 하나의 불가분한 전체이기 때문이다."[2]

이런 총체적인 패러다임은 동양 지혜의 근본이며, 여기에서는 균형이 삶과 건강에 필수적인 것으로 간주된다.

중국에서 훈련받은 의사 데이비드 아이젠버그는 이렇게 말한다.

(서양에서 사는) 우리는 '생물학'과 '물리학'과 '심리학'과 '정신 의학'이 별도의 것이라고 생각한다. 우리는 건강 문제를 다룰 때, 오직 화학적 상태나 감정 상태만 보며, 따라서 불완전한 모습을 보게 된다. 그러나 내 앞에 앉아 있는 환자는 화학적 상태일 뿐만 아니라, 가족, 대인 관계, 감정, 성격도 가지고 있는 사람이다. 병원에서는 정신과 몸을 구별하지만, 그것은 우리가 만들어 낸 추상에 불과하다. 우리의 생각과 관계없이 환자는 온전한 한 인간이며, 이상적으로 말하자면 환자를 치료하기 위해서는 이런 모든 측면, 즉 개인적 삶의 균형을 다루어야 할 것이다.[3]

균형에 대한 총체적인 패러다임은 고대 수피(이슬람교의 신비주의자 : 옮긴이)의 가르침에도 나타나 있다.

"하나를 이해하면, 하나 더하기 하나는 둘이므로 둘도 이해해야 한다고 생각한다. 그러나 사실 더하기도 이해해야 한다."[4]

우리의 개인적 삶에 이런 패러다임을 적용해 보면, 우리는 삶의 균형이 온갖 파편 사이를 바삐 왕래하는 것이 아니라는 것을 알게 된다. 균형이란 역동적 평형이다. 균형이란 고도의 상호 관련을 가진 전체 속에서 모든 부분들이 시너지적으로 작용하는 것이다. 균형은 '이것이냐 저것이냐' 식의 선택이 아니다. 균형은 두 가지가 모두 공존하는 상태다.

역할들 사이의 시너지 창출

이런 생각은 우리 생활에 얼마나 큰 변화를 가져오는가! 지난 70년 동안 집적되어 온 성격 윤리적인 문헌들 때문에 우리는 어떤 역할들에서 '성공'한다는 것은 그 역할들에서 각기 다른 성격을 지니게 되는 것을 뜻한다고 믿게 되었다—마치 스웨터를 입거나 구두를 신듯이. 그러나 이것은 파편화와 표리 부동을 만들어 낼 뿐이다. 아침에 일어나 샤워를 하고 아침을 먹는 사람이 사무실에서 고객들을 상대하고, 이사회에서 프리젠테이션을 하고, 어린이 야구단 코치를 하고, 차고를 청소하고, 교회에 나가는 사람과 똑같은 사람이라는 것이 현실이다. 우리가 무슨 일을 하든, 우리는 자기 생활의 모든 역할을 감당해야 한다.

그리고 성품의 원칙은 또한 대부분 능력의 원칙에도 적용된다. 비록 각 역할에 필요한 특정한 능력이 따로 있기는 하지만, 정북향 원칙들은 우리에게 능력을 부여함으로써 우리가 모든 역할을 잘 수행할 수 있게 해 준다. 아울러 정북향 원칙들은 여러 역할 사이에 강력한 시너지도 만들어 낸다.

레베카 : 로저가 대학원에 다니고 난 어린아이들과 집에 있던 때가 기억이 나요. 저녁때 우리는 로저가 학교에서 한 공부에 대해 이야기를 나누었어요. 그 결과 업무 환경에서 적용되는 것과 똑같은 원칙들이 집에서의 리더십과 관리에도 적용될 수 있다는 것이 점점 더 분명해졌습니다. 책임감 있고 유능한 직원으로 발전시키는 임파워먼트의 원칙들이, 서너 살 된 아이들이 자기 방을 청소하도록 임파워먼트하는 데도 적용될 수 있다는 것을 발견하는 것은 흥분되는 일이었어요.

우리는 또 가족 사이에 강하고 적극적인 관계를 만들어 주는 원칙들이 업무 환경에서도 중요한 결과를 낳을 수 있음을 발견했어요. 우리는 신뢰가 효과적인 기업 시너지의 기초라는 것을 깨달았어요. 성실성은 기업이 지속적으로 영향력을 발휘하는 데 필수적이었죠.

일단 원칙에 초점을 맞추게 되자, 우리의 다양한 역할들이 생활을 조각내고 분리하는 파편으로 여겨지지 않았습니다. 오히려 그 역할들은 보편적 원칙들을 적용하는 통로가 되었어요. 동일한 원칙들이 삶의 다양한 영역에 얼마나 많은 방식으로 적용될 수 있는지를 아는 것은 흥미있는 일이었죠.

이 역할 사이의 시너지는 문제 해결에 필요한 시간과 에너지를 크게 덜어 준다. 자신의 삶에 대한 개인적 책임을 받아들이는 주도성의 원칙이 성난 고객, 다그치는 상사, 욕구 불만에 찬 부하 직원을 다룰 수 있는 능력을 제시하듯이, 불평하는 배우자나 반항적인 10대 자녀를 다루는 데도 마찬가지의 능력을 부여한다. 우선 이해하고자 하는 감정 이입의 원칙은 우정, 가족, 공동체 봉사 조직에서와 마찬가지로, 업무 팀들에서도 똑같은 신뢰와 능력을 창출한다.

이 시너지는 우리가 맥가이버의 정신으로 자신의 역할을 바라볼 수 있는 능력을 부여한다. 딸을 데리고 테니스를 치러 가면 운동을 하려는 자기 개발 목표와 10대 딸과 친밀한 관계를 형성하고자 하는 부모로서의 목표를 충족시킬 수 있다. 공장을 시찰하고 신입 보조자를 훈련시킬 필요가 있으면, 그 보조자를 훈련시키기 위해 그 보조자와 함께 공장을 시찰하는 것이 좋을 것이다.

이런 시너지를 이해하게 되면 이것이냐 저것이냐 하는 이분법적 선택을 넘어설 수 있다. 아이를 낳아 기르는 여성은 자녀와 일을 놓고 선택해야 하는 고통스러운 정신적 분열을 뛰어넘을 수 있다. 이런 여성은 어머니 역할을 다하는 것이 사회에 크게 이바지하는 것이라는 비전을 가짐으로써 힘을 얻을 수 있다. 또 그렇게 함으로써 다른 역할들도 완수할 수 있는 성품과 역량을 개발하게 된다.

레베카 : 어머니 역할에 일차적인 시간과 노력을 기울이기로 선택한 여성들에게 따라붙는 낙인 때문에 괴로울 때가 많아요. 이 사회는 아이를 잘 기르는 것이, 회사의 생산 라인에서 이윤을 높이는 것보다 가치가 떨어지는 일로 여기는 것 같아요.

모성에 초점을 맞추기로 하고, 또 자신의 개인적 비전에 대한 분명한 의식을 가진 여성은 자신의 역할에서 진정 힘을 얻을 수 있어요. 그런 여성은 미래의 사회 지도자들의 성품을 형성하는 데 노력을 기울이는 일의 가치를 인정합니다. 그리고 그 과정에서 여자는 다른 역할들을 완수할 역량과 성품을 개발하게 되죠. 부업을 하거나 학위를 하나 더 따는 계획을 세우더라도 그것이 당면 과제에 방해는 되지 않아요. 그것은 능력의 문제가 아니라, 어디에 이바지하기로 선택하느냐 하는 문제니까요.

한동안 모성을 선택하기로 하고 나서도, 성품과 역량을 얻지 못하는 여성들도 있습니다. 그것은 그 역할이 주는 비전과 깊은 관련을 맺지 못하고, 또 자신의 창조적 에너지를 거기에 완전히 적용하지 못하기 때문이에요. 그러나 그런 관련을 맺고 창조적 에너지를 적용하는 여성들은 자신의 역할을 훌륭히 완수할 수 있는 능력을 부여받게 됩니다.

양자 택일적 사고를 뛰어넘는 것은 우리 시대의 조직에서 더욱 중요한 과제가 되고 있다. 분화된 사회에서는 유능한 가정 관리자—남자든 여자든—의 기술을 높이 평가하는 데 인색하고 그 기술을 직업 시장으로 전환시키지 못하는 것이 보통인데, 그럴 때 고통을 겪는 것은 바로 사회 자체다. 최근의 연구 결과를 보면, 이른바 여성적 속성들(부모 노릇을 하는 데서 잘 나타나는)이 새로 등장하는 조직들의 민주적 문화들을 효과적으로 관리하는 데 절실히 필요하다는 사실이 밝혀지고 있다.[5] 그런데 왜 이제서야 이런 깨달음에 다다르게 되었는가?

기원 전 5세기, 크세노폰은 직업 군인인 니코마키데스가 가정과 합창단을 지휘하는 데 뛰어난 것 외에는 별로 장점이 없는 다른 사람이 자기 대신 장군이 된 것에 불만을 터뜨렸다고 기록하고 있다. 그에 대해 소크라테스는 이렇게 말했다.

"무엇을 지휘하든 자신의 필요를 인식하고 또 그것을 제공할 수 있다면, 그는 훌륭한 지휘자가 될 수 있다. 지휘의 대상이 합창단이든 가족이든 도시든 군대든 상관없다…… 따라서…… 가족 운영 기술이 좋은 남자들을 경멸하지 말라.[6] 사적인 일의 지휘와 공적인 일의 지휘에는 정도의 차이가 있을 뿐이다."

우리가 역할들을 삶의 단편적인 부분들로 보게 될 때, 우리는 크로노스적인 부족의 심리를 가지게 된다. 여기서는 시간의 양이 일정하다. 따라서 그 시간을 한 역할에서 사용하면 다른 역할에서는 사용할 수 없다. 이것은 한 역할은 이기고 다른 역할은 지게 되는 승/패적 사고다. 우리는 자기 자신과 경쟁하고 있다. 우리는 자기 완성 예언에 몰두하여, 우리가 처한 위치를 정당화할 증거를 모으러 다닌다.

그러나 원칙들은 우리에게 풍요의 심리를 가지도록 한다. 모든 것이 더 많아진다. 우리는 생활의 모든 역할에서 승/승을 생각할 수 있고, 그것을 고도의 상호 관련을 이루고 있는 전체의 부분들로 생각할 수 있다.

균형 유지를 위한 세 가지 패러다임

제2상한 시간 관리 프로세스를 살펴보면서 우리는 역할들이 정보와 과제들을 조직하는 훌륭한 방법임을 알게 되었다. 우리는 그런 새로운 관점으로부터 얼마쯤 이익을 얻을 수 있었다. 그러나 역할들을 더 깊이 이해하여 우리 삶에서 시너지와 균형을 창출하는 능력을 갖게 되면, 훨씬 더 많은 이익을 얻을 수 있다. 여기서는 역할들에 대한 깊은 이해의 바탕을 이루는 세 가지 근본적인 패러다임이 제시될 것이다.

1. '자연스러운' 역할들은 사명에서 나온다

우리는 어디서 역할들을 얻는가? 우리의 깊은 내면의 삶에서 그 역할들을 파악해 보려는 노력을 기울이지 않는다면, 그 역할들이란 아마 우리가 자신에 대해 가지고 있는 감정과 사회적 거울의 조합에 지나지 않을 것이다.

그러나 우리가 만일 그런 노력을 기울인다면, 역할들은 살아 있는 나뭇가지들이 된다. 그 역할들은 공통의 줄기—사명, 즉 우리의 욕구와 능력을 개성껏 충족시키는 것—와 공통의 뿌리—자양분과 생명을 주는 원칙—로부터 자연스럽게 자라난다. 우리의 역할들은 우리가 살며, 사랑하며, 배우고, 유산을 남기는 통로가 된다.

이렇게 비전과 깊은 관련을 맺게 되면, 우리 역할들에 대한 열정과 에너지가 생긴다. 예를 들어, 부모들이 자신의 역할이 가지고 있는 강한 독특성—즉, 새로운 생명을 탄생시키고 성장시키며 그 새로운 생명이 다음 세대에 영향력을 미칠 때 사용하게 될 생산적인 힘을 발전시킬 수 있는 독특한 기회—을 발견한다면, 부모들은 힘을 얻고 해방되어, 잘못된 각본들, 낡은 관행, 구세대의 나약함들을 초월할 수 있을 것이다. 부모는 자기의 시대를 후대에 그냥 물려 주는 것이 아니라 그것을 변화시킨다. 부모는 전달의 매개체가 아니라 변화의 주인공이 된다. 부모들은 유산을 남긴다는 의식을 가짐으로써, 업무 처리적인 방식이 아니라 변화 추구적인 방식으로 스스로를 대하는 능력을 얻게 된다.

반면에 요구·원칙·사명으로부터 단절된 역할들—경제적 안정 외에는 아무런 의미도 없는 직장의 역할과 원칙이 아니라 착각에 근거한 인간관계, 내적 확신이 아니라 다른 사람들의 기대에 기초를 둔 봉사—은 자양분을 제공할 수 없다. 그런 역할은 깊은 내면에서 타오르는 '하겠다(yes)!'를 이끌어 낼 수 없기 때문이다.

역할 하나하나가 매우 중요하다. 한 역할에서의 성공이 다른 역할에서의 실패를 정당화해 줄 수는 없다. 사업에서 성공한 것이 결혼에서 실패한 것을 정당화해 줄 수는 없다. 공동체에서 성공한 것이 부모로서 실패한 것을 정당화해 줄 수는 없다. 어떤 역할에서 성공하거나 실패하는 것은 다른 모든 역할과 삶의 질 전체에 영향을 미친다.

역할과 관련된 이와 같은 '큰 그림'에 대한 깨달음이 없다면, 일부 역할은 무시한 채 다른 역할에 몰두하느라 탈진해 버리기 십상이다. 바로 이 때문에 우리는 매주 시간을 내어, 제2상한 시간 관리 프로세스를 통해 우리의 역할들을 적어 보는 것이다.

바쁘게 사는 한 회사 중역은 이렇게 말했다.

회사의 임원으로 일한 지난 17년간 난 많은 사람들과 함께 점심을 먹으러 나갔습니다. 그러나 내 역할들을 적어 보다 '남편' 항목에 이르렀을 때, 난 아내와는 점심을 먹으러 나간 적이 없다는 것을 깨달았습니다. 아내와의 관계는 내 인생에서 가장 중요한 관계인데도 말예요.

그러나 주간 시간 관리를 하게 되면서, 우리는 같이 나가서 점심을 먹기 시작했으며, 부부 사이는 훨씬 가까워졌습니다. 두 사람의 대화가 늘어났으며, 그것을 통해 나는 더 나은 남편이 될 수 있는 다른 방법도 발견할 수 있었습니다. 이제 매주 남편으로서의 내 역할을 검토하면서, 앞으로는 훨씬 그 역할을 잘 하게 되리라 믿고 있습니다.

매주 자신의 역할들을 적어 봄으로써 우리는 늘 그 역할들을 의식하게 되고, 우리 삶의 모든 중요한 영역에 관심을 기울일 수도 있다. 그렇다고 해서 매주 모든 역할에 대한 목표를 설정해야 한다는 것은 아니다. 또 매주 우리의 역할들이 똑같아야 한다거나, 모든 역할들을 빠짐없이 다루어야 한다는 뜻도 아니다. 우리는 자연의 균형 속에서 시간과 절기의 원칙을 배울 수 있다. 우리 삶에서는 불균형이 균형일 때가 있으며, 단기간 집중을 하는 것도 삶의 전반적인 사명에 이바지할 때가 있다.

예를 들어 아기를 갓 낳은 어머니는 아기를 사랑하고, 보살피고, 돌보는 데 엄청난 시간을 들인다. 이 어머니의 삶은 한동안 균형에서 벗어난 것처럼 보일 것이다. 그러나 평생의 관점에서 삶을 보면, 아울러 균형이란 평생에 걸쳐 살며, 사랑하며, 배우고, 유산을 남기는 것임을 깨닫는다면, 이와 같은 일시적인 불균형에도 맥락과 의미가 주어진다. 일시적인 불균형이 장기적인 균형을 만들어 내는 다른 예로는, 무언가에 공헌하기 위해 의미 있는 프로젝트에 몰두한다든가, 늙은 부모를 모신다든가, 새로 사업을 벌인다든가 하는 일들이 있다. 즉, 집중적인 투자가 성공과 실패, 평범함과 탁월함을 갈라 놓기도 하는 것이다. 그리고 이와 같은 투자를 하느냐 마느냐 하는 것은 다른 사람들—배우자, 자녀, 직원, 동료, 공동체 전체—에게 큰 의미를 가지게 된다. 일부러 불균형을 선택한 시기에는 주간 시간 관리에 한두 가지 역할만 올려 놓는 것이 더 편할 수도 있다. 이렇게 함으로써 홀가분하게 적은 수의 역할에만 집중을 할 수 있기 때문이다. 또 각 역할마다 목표를 설정하지 않는다 해도, 자기가 당면한 역할들 속에서 맥락을 찾아 나갈 수도 있다.

우리 삶의 균형과 관련하여 어떤 선택을 할 때 필수적인 요인은 우리 양심에서 우러나오는 내면의 소리와 깊은 관련을 가지는 것이다. 우리는 인간 존재보다는 인간 행위가 범람하는 환경에서 살고 있기 때문에, 불균형에 사로잡혀 사명이나 원칙이 삶에 반영되지 못하는 지경에 이르기 쉽다. 사명에 따라 움직이기보다는 긴급성에 따라 움직이게 되는 것이다.

익명의 초과 달성자들(Overachievers Anonymous)이라는 단체를 설립한 캐럴 오스번은 이렇게 지적한다.

어떤 때에는 인내와 능력의 한계를 넘을 만큼 생산을 해야 하는 시기가 있고 때로는 그것이 도움을 주기도 한다. 예를 들어 사업을 벌인 처음 몇 년간 나는 엄청난 시간을 투자했지만 그것을 후회하지는 않는다. 또 지금 나는 이 책에 흥미있는 아이디어들을 집어 넣기 위해 밤새워 일을 하고 있는데, 여기서도 아무런 문제를 느끼지 않는다.

그러나 진짜 문제는, 비유적으로 말하자면, 내가—또는 우리 가운데 누구라도—속도를 내기 위해 무의식적으로 과속으로 달리다가, 목적지에 이르고 나서도 기어를 저단으로 바꾸는 것을 잊어버릴 때 발생한다.[7]

오직 깊은 내면의 삶과 대화의 통로를 열어 놓을 때만, 우리는 지혜롭게 효과적인 선택을 할 수 있다. 심리학자 바버러 킬린저는 이렇게 말한다.

지혜는……균형에서 나온다. 일 중독자들은 대단히 똑똑하고, 흥미있고, 종종 재치와 매력까지 겸비한 사람들이다. 그러나 그들에게는 이런 내면적인 지혜가 없다. 그들이 인생에서 위기를 맞는다는 사실이 이것을 증명해 준다. 좋은 판단이란, 논리적이고 합리적인 사고와 아이디어들이, 그 결정이 옳다고 '느끼는' 본능적 반응의 지지를 받을 수 있는 판단이다. 또 그래야만 우리 행동의 결과에 대해 편안함을 느끼며 살 수 있다. 동시에 내면적인 지혜는 거기에 머무르지 않는다. 그것은 그 결정이 옳다고 느껴질 뿐 아니라, 우리의 가치와 믿음에 적합하기 때문이다. 우리 마음 속 깊은 곳 어딘가에서 '그렇다(yes)!'고 대답할 수 있기 때문이다.[8]

화려한 경력을 쌓아 왔지만 마약에 중독된 자녀를 돌보기 위해 불가피하게 한동안 일을 쉬어야 하는 사람들도 있다. 백만 달러가 넘는 연봉을 포기하고 일찌감치 은퇴하여 동네 축구 팀 코치를 하는 사람들도 있다. 인류 전체에 공헌하기 위한 프로젝트에 엄청난 시간과 에너지를 쏟아 부어야 하기 때문에 가족이며 친구들과 지낼 시간이 없을 것 같은데도, 가족과 친구들로부터 큰 에너지와 지원을 받고 있는 사람들도 있다. 이들은 모두 자신의 선택에 대해 기분 좋게 생각하고 있다! 이들은 사명에 따라 움직이고 있으며, 깊은 내면의 삶과 확고하게 관련을 맺고 있기 때문이다.

다음과 같은 이야기를 들려 준 한 여성도 이러한 내면적인 관련을 가진 사람이다.

나는 지금 '임신한 10대들을 위한 집' 의 이사로 일하고 있습니다. 이것은 훌륭한 조직이며, 나에게는 매우 귀중합니다. 나는 한동안 홍보 위원회 위원장을 맡은 적이 있어요.

그러나 내가 새 사업을 궤도에 올려 놓기 위해 노력하던 두 달 동안 우리 부부 사이에 균열이 생겼습니다. 난 내 가족과 소중한 시간을 보내야 한다고 생각했죠. 새해가 되면서, 모두들 내가 위원장직을 연임할 것이라고 여겼습니다. 그러나 나는 이렇게 말했습니다.

"아뇨, 올해는 위원회에서 일하지 않겠어요. 난 괜히 여러분의 기대만 높였다가 실망시키긴 싫어요."

그것은 고통스러운 고백이었습니다.

하지만 중요한 것은 나 자신에게 더 큰 신뢰감을 가지는 것이고, 어떤 상황에서는 내가 과감히 물러날 수도 있다는 걸 아는 것임을 깨달았습니다—그리고 나는 충분히 그렇게 할 수 있을 것이란 생각이 들었습니다. 난 그것을 깨닫고는 해방감을 맛봤어요. 나는 내 삶 속에서 더 큰 비중을 차지하고 있는 '하겠다 (yes).' 를 존중하면서 안 하겠다고 말하는 것을 배우게 된 것입니다.

그렇지만 난 때때로 그런 조화로운 상태에서 벗어나 낡은 습관들 속으로 다시 빠져 듭니다. 급한 일들이 있죠. 기다려 주지 않는 일들이 있어요. 그러나 내가 닻을 내리고 있는 내면의 깨달음과 편안함이 있기 때문에, 난 재빨리 다시 적응하여 균형을 되찾을 수 있습니다.

우리는 내면의 소리를 따르다가 일시적인 불균형의 시간에 빠져 들 수도 있다. 그럴 때 우리는 우리가 그렇게 단기간 집중하게 될 때 삶에 영향을 받게 되는 사람들과 협의하여, 상호 의존적 균형을 이루어 나갈 수 있다.

레베카 : 우리가 이 책을 낼 생각을 하게 되었을 때, 난 그 일 때문에 생활에 불균형이 생길까 봐 마음이 불편했어요. 비록 그 동안 수많은 사회 봉사 활동을 해 오고, 또 다른 집필 프로젝트에도 참여했지만, 지난 25년간 가족은 늘 내 열정의 주요 대상이었고 내가 공헌하는 영역이었어요. 나는 오랫동안 내 남편과 아이들을 위해 '언제나 그들이 찾을 수 있는 곳에 있겠다.' 는 쪽으로 선택을 해 왔는데, 그것은 사명에 따른 선택이었습니다. 하지만 난 또 이 책을 내는 일에 대해서도 열정을 느끼게 되었죠. 이 일은 다른 가치와 다른 역할들과 결부되어 있는 것이었는데, 그것은 가족과 마찬가지로 내 삶의 필수적인 부분이었어요.

난 내가 책을 쓰는 쪽을 선택할 경우, 내 가족에게 해 줄 수 없는 일들을 생각해 봤어요. 우리 집에는 아직 아이가 셋 있는데, 나는 걔들의 음악 공부와 숙제하기를 돕고, 레슨 받으러 가는 곳까지 걔들을 차로 태워다 주고, 걔들에게 영양분 있는 식사를 제공하고, 걔들이 하는 말에 귀를 기울여 줘야 했어요. 또 근처에 살고 있는 결혼한 자식들과 더 깊은 유대를 형성하고 싶은 욕구도 컸어요. 이런 일 때문에 내가 갈등을 느낀 거죠. 나는 어머니라는 내 역할을 중시했기 때문에 그런 일을 중요하게 느끼는데, 적어도 한동안은 예전만큼 그 일들을 할 수 없게 될 것이 뻔했어요.

로저와 나는 한동안 글을 쓰는 일과 부모 노릇을 함께 했어요. 그렇게 해서 집에 있는 아이들의 기본적인 욕구를 충족시켜 줄 수 있었죠. 그리고 아이들의 할머니 할아버지가 음악 공부와 차로 태워다 주는 문제에서는 큰 도움이 되었어요. 그런데 진정한 돌파구는 이 집필 프로젝트와 유산을 남기고자 하는 아이들의 욕구 사이에 시너지가 생겼을 때 열렸습니다. "우리의 시간, 재능, 다른 사람들을 행복하게 해 줄 수 있는 자원을 지혜롭게 활용한다."는 것이 우리 가족 사명의 한 가지였어요. 우리가 자식들에게 이 책을 내는 목적을 이야기해 주었을 때, 우리는 아이들과 비전을 공유할 수 있었고, 우리 사명은 바로 여기에서 나오는 힘을 얻을 수 있었어요. 아이들은 기뻐하면서, 최대한 나를 도와 주겠다고 하더군요. 결혼한 자식 몇 명은 집필 프로젝트에 직접 참여하게 되었어요. 다른 자식들도 여러 방법으로 우리를 도와 주었죠. 어느 토요일에는 자식들 내외가 와서는 우리가 글을 쓰느라 미루고 있던 정원일을 싹 해 줬어요.

우리는 희생을 해야 했지만, 아이들은 기꺼이 협조했고, 그 집필 프로젝트가 완성될 수 있도록 온갖 방법으로 도와 주었어요. 그렇게 해서 우리는 가족으로부터 멀어지는 대신, 많은 면에서 가족에게 더 가까이 다가갈 수 있었어요. 이 프로젝트는 우리가 함께 이룩한 것입니다. 그리고 우리 모두 그 과정을 통해 성장하게 되었죠.

우리의 역할들이 사명 · 비전 · 원칙에 따르게 되면, 단편적인 삶의 상자에서 시간을 보내는 것보다 '균형'을 이루는 것이 더 깊은 문제가 된다. 균형은 살며, 사랑하며, 배우고, 유산을 남기는 것에 있으며, 우리의 역할들은 그렇게 할 수 있는 시너지적인, 때로는 주기적인 통로가 된다.

2. 각 역할은 청지기 직분이다

우리는 자연에서 좀 더 광범위한 상호 의존적 균형을 배울 수 있다. 나무는 거대한 생태계의 일부다. 나무가 잘 성장하는 것은 그 주위의 다른 생물들이 잘 성장하는 것에 영향을 주고 또 그 영향을 받는다. 이런 상호 의존성의 현실 때문에 각 역할을 청지기 직분으로 파악하는 것이 중요해진다.

청지기 직분의 핵심은 신뢰다. 청지기는 '자신에게 맡겨진 재산을 책임감 있게 돌보는 사람'이다. 우리는 자신의 시간과 재능과 자원을 돌보는 청지기다. 우리는 직장에서, 사회에서, 가정에서 청지기 직분을 수행하고 있다.

청기지 직분은 자기보다 더 높은 어떤 존재 또는 어떤 것에 대한 책임의식을 요구한다. 우리가 그 어떤 존재나 어떤 것을 창조주로 생각하든 미래 세대로 생각하든 사회 일반으로 생각하든, 청지기 직분적 사고는 그 주인이 올 때가 다가왔다는 생각에 바탕을 둔다.

이러한 사실은 환경, 외채, AIDS 등의 문제를 통해 극적으로 우리의 관심을 끈 바 있다. '소유'라는 개념은 '나는 다른 사람에게 미치는 결과에 관계없이 내가 하고 싶은 것을 할 수 있다.'는 생각이다. 그러나 우리가 아무 자원이나 파괴하고 남용해도 어떤 벌도 받지 않는다는 생각은 착각이다. 우리는 미래 세대의 삶의 질에 영향을 주는 결과들을 초래하고 있기 때문이다.

우리가 책임을 회피할 방도는 없다. 우리는 어떤 식으로든 영향을 미치게 되며, 우리 인생이 주는 영향에 책임을 져야 한다. 우리가 가지고 있는 것-돈, 재산, 재능, 심지어 시간-으로 우리가 무엇을 하든, 우리는 다음 세대에게 유산을 남기게 된다. 그리고 우리는 자신의 각본과 관계없이, 독특한 인간 천부의 능력을 발휘할 수 있고, 어떤 청지기가 되고 싶은지 스스로 선택할 수 있다. 우리는 미래 세대에게 학대, 채무, 고갈된 자연 자원, 자기 중심적 사고방식, 착각을 물려 주어서는 안 된다. 우리는 건강한 환경, 잘 관리한 재산, 책임감, 원칙에 바탕을 둔 가치, 공헌에 대한 비전을 물려 주어야 한다. 그렇게 함으로써, 우리는 현재의 삶만이 아니라 미래의 삶의 질도 개선할 수 있다.

191쪽에 있는 표를 이용하여, 청지기 직분과 관련하여 자신의 역할을 파악하고, 각 역할에서 누구에게 책임 의식을 느끼는지 확인해 보면 도움이 될 것이다.

3부에서 우리는 다른 사람들과 청지기 직분 계약을 맺음으로써, 역할의 상호 의존적 본질을 깊이 살펴볼 것이다.

3. 각 역할은 네 차원 모두를 포함하고 있다

우리 삶의 각 역할은 신체적 차원(자원을 요구하거나 만들어 낸다.), 영적 차원(사명 · 원칙과 관련을 맺는다.), 사회적 차원(다른 사람들과의 관계에 관여한다.), 정신적 차원(학습을 요구한다.)을 가지고 있다.

사회 및 정신적 차원을 좀 더 자세히 살펴보자. 모든 역할은 가족 구성원, 직장 동료, 친척, 친구와 관계를 가지고 있다. 심지어 한밤중에 혼자 건물을 청소하는 작업 역할이라 할지라도, 거기에는 그의 상사와 또 그의 노동으로 덕을 보는 사람들과의 관계가 얽혀 있다.

이러한 필수적인 사회적 차원을 파악함으로써, 우리는 일정보다 사람을 앞세우는 능력을 가질 수 있다. 자신의 역할을 과제들과 관련짓는 임원들은 직원들이 자신의 과제를 '방해' 한다며 쉽게 좌절을 느낀다. 그러나 자신의 역할을 사람들과 관련짓는 임원들은 욕구를 충족시키고, 임파워먼트를 하고, 도움을 줄 수 있는 기회가 오면 깊은 만족감을 맛보게 된다. 침대를 정돈하고, 청소를 하고, 식사를 준비하는 것과 관련지어 자신의 역할을 파악하는 주부들은 자기 일을 하고 싶어하지 않는 아이를 다루는 데 어려움을 느낀다. 그러나 자기가 사랑하고 봉사하는 가족 구성원들과의 관련 속에서 자신의 역할을 파악하는 주부들은 아이들을 가르치는 순간에 기쁨을 느낀다.

인간 관계를 방해하는 과제 지향에서 벗어나 각 역할의 사회적 차원을

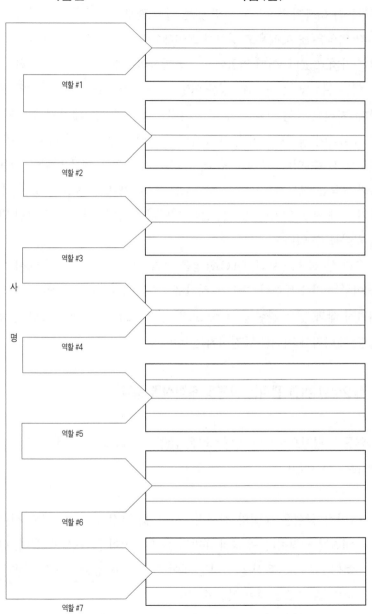

역할들　　　　　　**사람(들)**

역할 #1

역할 #2

역할 #3

사

명

역할 #4

역할 #5

역할 #6

역할 #7

깨닫게 되면, 인간 지향을 발전시켜 나감으로써 함께 살고 함께 일하는 사람들과 더불어 풍요롭고 보람 있는 인간 관계를 이룩할 수 있다.

각 역할은 또한 배우고 성장하고 이해와 기술을 증진시키는 정신적 차원을 가지고 있다. 어떤 역할에서든 효과성의 중요한 부분은 발전하는 것과 행동하는 것, 생산(P)과 생산 역량(PC)을 증대시키는 것 사이의 균형이다. 자신의 작업 역할을 좀 더 효과적으로 수행하는 데 도움을 얻기 위해 세미나에 참가하는 임원의 모습에서 이런 균형을 발전시키는 사람의 면모를 볼 수 있다. 우리는 또 더 잘 가르치기 위해 여름 방학을 이용해 강좌를 듣는 교사에게서도 그런 면모를 볼 수 있다. 또 부모 노릇을 더 잘하기 위해 책을 읽거나 강의를 듣는 어머니나 아버지에게서도 그런 면모를 찾아볼 수 있다.

우리 삶 전체를 보면, P/PC 균형은 규칙적으로 네 차원 모두에서 쇄신을 이루는 것을 뜻한다. 그것은 시간을 들여 운동하고, 책을 읽고, 우리의 내면적 삶과 깊은 관련을 맺음으로써, 삶의 모든 역할에 필요한 성품과 역량, 에너지와 지혜를 증진시키는 것이다.

제2상한 시간 관리는 균형을 촉진시켜 준다

역동적 평형으로서의 자연스러운 균형은 우리 삶에서 세 가지 중요한 방식으로 표현된다.

- 1차적 균형은 우리의 신체적·사회적·감정적·영적 차원 사이의 내면적 균형이다. 우리의 내면적 삶에 균형이 없다면, 즉 살며, 사랑하며, 배우고, 유산을 남기는 것이 합쳐질 때 창출되는 시너지가 없다면, 삶에도 균형이 있을 수 없다.
- 2차적 균형은 우리가 수행하는 역할들에 있다. 그것은 시너지적인

균형이며, 때로는 일시적 불균형으로, 부분들이 함께 작용하여 더 큰 전체를 만드는 것이다.

• P/PC 균형은 발전하는 것과 행동하는 것 사이의 균형으로, 우리의 업무 수행 능력을 증진시킴으로써 더 효과적으로 업무를 수행할 수 있도록 해 준다.

제2상한 프로세스가 우리 삶에서 풍요와 균형을 함양하는 양상을 보도록 하자.

우리는 매주 우리의 사명을 검토하면서 열정 및 전망과 관련을 가지게 된다. 우리는 자신의 신체적·사회적·정신적·영적 차원의 근본적인 내면적 균형에 초점을 맞추는데, 이것이 우리 삶의 외적 균형에 의미를 부여한다.

우리는 매주 자신의 역할을 검토하면서, 그 역할들을 우리의 사명을 성취할 수 있는 통로로 파악한다. 우리는 그 신체적 차원뿐 아니라 사회적·정신적·영적 차원도 본다. 우리는 그 차원들과 다른 사람들의 욕구와 능력 사이에 시너지를 창출할 수 있는 방법을 찾는다.

주간 작업표에 적힌 첫 역할인 '톱날을 간다.'는 역할은 인쇄된 제목을 가진 유일한 타이틀이다. 나머지는 다 빈 칸이다. 그것은 '톱날을 가는 것'이 우리의 개인적 PC 역할이기 때문이다. 그것을 보면 우리는 톱질을 하느라 너무 바빠 톱날을 갈 시간을 내지 못하는 일이 없어야 한다는 것을 상기할 수 있다. 이 역할을 통해 우리는 매일 네 차원을 모두 개선할 수 있으며, 삶의 모든 역할에 필요한 성품과 역량, 에너지와 지혜를 증진시킨다.

우리는 역할들을 둘러싼 기대들을 체계화하고 분명히 밝힘으로써, 제2상한 프로세스에서 역할 사이의 균형을 더욱 함양할 수 있다.

역할들을 기준으로 한 정보 관리

특정한 역할을 기준으로—시간순이나 알파벳순이 아니라—메모를 하게 되면, 정신적 연상 때문에 찾는 것도 빨라지고 간편해진다.

당신은 당신의 오거나이저, 즉 시간 관리 수첩이나 정리 수첩에 각 역할에 따라 칸을 배정할 수 있다. 그리고 나서 메모를 할 때는 적당한 역할 밑에 적을 수 있다. 집 바깥 벽에 새로 널을 박아 넣어야 한다면, 가정 관리의 역할 밑에 그것을 적어라. 새로운 생산물에 대한 아이디어가 떠오르면, 생산물 개발을 포함하는 업무 역할에 그것을 적어 넣어라. 자선 기부금 모집에 대한 정보를 얻으면, 공동체 리더십 역할에 그것을 적어 넣어라. 배우자의 생일, 아이의 신발 사이즈, 개의 예방 주사 일정에 대한 정보가 있으면, 가족 역할 항목에 적어 넣어라.

각 역할 밑에 전화 번호와 주소 목록을 적어 놓으면 편리할 때가 많다. 예를 들어, 업무 역할 밑에는 직장 동료들의 전화 번호를 적어 놓고, 가정 관리 밑에는 양탄자 청소나 창문닦기 같은 서비스를 해 주는 곳의 전화 번호들을 적어 놓는다.

즉시 메모들을 찾아볼 필요가 없을 때는, 그 메모들을 역할에 따라 분류된 서류철로 옮겨 놓을 수 있다. 직업적 정보들은 업무 역할에 따라 분류된 서류 서랍에 옮겨 놓을 수 있다. 각 역할에 따른 서류철이 있을 수도 있다(나아가 더 빨리 찾기 위해 색깔 코드를 붙여 놓을 수도 있다). 그리고 나서 각 역할 내에서 더 구체적인 정보에 따라 세분할 수도 있다. 진행중인 프로젝트 또한 역할에 따라 정리하여, 다 끝나면 서류 서랍으로 옮길 수도 있다.

선물에 대한 아이디어나 옷 사이즈 또는 부모로서의 목표 같은 가족 정보는, 해당 역할 항목에 따른 서류 서랍이나 3인치 5인치 카드 파일 또는 개인 계획 도구에 정리할 수 있다. 읽을 책 목록이나 운동 기록, '바라는 일' 목록과 같은 개인적 발전을 위한 계획들은 개인적 역할 밑에다 분류할 수 있다. 컴퓨터 화면도 역할에 따라 분류하면, 즉각적으로 전자 정보를 제공받을 수 있다.

역할에 따르는 정보 정리는 당신 자신의 정신적 프로세스와도 일치한다. 다른 사람이 고안한 정교한 서류 정리 시스템을 따르려고 하다 보면, 그 시스템 개발자와 똑같은 정신적 틀을 가지고 있지 못할 경우 그 목적을 달성하지 못하는 경우가 흔하다.

역할에 따른 정보 정리는 또한 제2상한에 초점을 맞추도록 해 주기 때문에, 긴급하지는 않지만 중요한 것을 더 많이 생각하도록 만든다. 메모를 하거나 전화 번호를 찾거나 정보를 정리하거나 컴퓨터를 사용할 때마다, 당신은 당신 삶의 중요한 인간 관계와 청지기 직분과 관련지어 생각을 할 수 있게 된다.

역할을 둘러싼 기대의 분석

어떤 특정한 역할에 대해서는 사명서에 적어 놓은 것보다 더 상세한 규정을 내리는 것이 도움이 될 것이다. 특정한 역할에 대해 사명서를 작성하거나 청지기 합의서를 작성하게 되면 그런 상세한 규정을 얻을 수 있으며, 또한 당신과 함께 그 역할을 수행하는 사람들과 더불어 기대를 공유할 수 있다.

예를 들어 당신이 남편이나 아내인 동시에 부모라면, 당신과 당신의 배우자는 부모 역할을 하는 것에 대해 비전과 가치를 공유하고 싶을 것이다. 직장에서는 업무와 관련된 당신의 역할에 대해 상사와 분명한 합의서를 만들고 싶을 것이다.

우리는 12장에서 비전 공유와 청지기 합의서에 대해 깊이 살펴볼 것이다. 그런 합의서를 오거나이저의 해당 역할 밑에 정리해 놓으면, 빨리 찾아보고 자주 검토할 수 있다.

균형은 불균형을 유도한다

'균형'과 '역할들'을 총체적인 맥락에서 이해하게 되면, 크로노스 시간에 의해 부과되는 관습적인 제한을 넘어서는 능력을 갖출 수 있다. 크로노스 정신을 가지고 있으면, 우리는 자신의 역할들을 제한된 시간과 에너지를 얻기 위해 갈등하고 경쟁하는, 삶의 단편적인 부분들로 보게 된다. 이런 패러다임은 부족의 심리를 만들어 낸다. 이런 사고에서는 시간은 한정되어 있고 '양자 택일'의 선택이 있을 뿐이다. 둘 다 할 수는 없기 때문이다.

그러나 전체적인 패러다임을 가지게 되면, 우리는 자신의 역할들을 '둘 다'라는 렌즈를 통해 볼 수 있다. 우리는 자신에게 주어진 여러 역할 사이의 깊은 관련을 보게 되며, 시너지를 일으킬 수 있는 엄청난 기회를 보게 된다. 그것은 풍요의 심리를 만들어 낸다. 시간은 제한된 자원일 수 있지만, 우리 자신은 제한된 자원이 아니다. 우리가 자신에게 주어진 여러 역할 사이에서 시너지를 만들어 내면, 우리는 자신이 가진 시간에 더 많은 부분을 투여할 수 있다.

역할들 사이의 균형을 촉진시켜 주는 제 2상한 활동 목표들

- 당신의 사명서와 역할들을 평가하여, 당신의 역할들이 사명에서 나오게 하고, 당신의 사명 속에 당신 인생의 모든 중요한 역할들을 포함시키라.
- 인간 관계 및 청지기 직분과 관련하여 당신의 역할 각각을 분석하라. 191쪽에 나온 표를 이용하면 도움이 될 것이다.
- 당신의 역할에 따라 당신의 계획표나 오거나이저를 정리하라.
- 당신의 역할에 따라 당신의 서류철이나 컴퓨터 화면을 정리하라.
- 당신의 역할 각각에 대하여 사명서나 청지기 합의서를 작성하라.

7 : 활동 목표 설정이 가진 위력

당신은 올바른 일을 하고 싶어할 것이다.
그리고 심지어 올바른 이유 때문에 그 일을 하고 싶어할 수도 있다.
그러나 올바른 원칙을 적용하지 않는다면
여전히 벽에 부딪치게 될 것이다.

모든 자기개발과 관리 문헌에서 발견되는 한 가지 공통 요소는 목표들이 주는 위력이라는 아이디어다. 우리는 장기 목표, 단기 목표, 일상 목표, 월간 목표, 개인 목표, 조직적 목표, 10년간 목표, 평생 목표를 세우라는 말을 자주 들어 왔다. '측정 가능하고, 구체적이고, 시간 제한이 있는' 목표의 미덕은 자기개발 서적들을 통해 여러 세대에 걸쳐 강조되어 왔다.

목표 설정은 분명히 강력한 프로세스다. 흩어지는 햇빛의 초점을 한데 모아 불을 일으킬 수 있는 것처럼 목표 설정은 강력한 힘을 제공하는 원칙에 바탕을 두고 있다. 목표 설정은 상상력과 독립 의지의 표현이다. 목표 설정은 '아무리 큰 코끼리라도 한 번에 한 입씩 먹어야 한다는 것', 즉 비전을 성취 가능하고 행동 가능한 행위로 전환시키는 실제적인 활동이다. 목표 설정은 성공적인 개인과 조직의 공통 분모다.

그러나 이처럼 가치가 분명하건만, 목표에 대한 우리의 경험과 감정에는 여러 가지가 뒤섞여 있다. 어떤 사람들은 영웅적 목표를 설정하고, 자신에게 엄격한 규율을 강제하여, 큰 업적을 이루기 위해 상응하는 대가를 치른다. 반면 어떤 사람들은 디저트를 먹지 않겠다는 정도의 새해 결심도 제대로 지키지 못한다. 어떤 사람들은 목표를 개인과 국가의 운명을 형성하는 기본적 요인으로 파악한다. 반면 어떤 사람들은 목표를 '현실' 세계에서는 힘을 가질 수 없는 피상적이고 공허한 이상주의로 파악한다. 어떤 사람들은 무슨 일이 있어도 목표를 고수한다. 어떤 저자들은 우리가 긍정적으로 생각하면 어떤 일이든 할 수 있다고 말한다. 반면 또 어떤 사람들은 우리가 할 수 없다는 것을 발견했을 때는 자신을 다그치지 말고 중단해야 한다고 말한다.

고통의 두 영역

목표 설정을 둘러싼 우리의 경험에는 두 가지 고통의 영역이 있다. 1) 우리가 목표를 성취하지 못했을 때 우리의 성실성과 용기가 받는 타격. 2) 우리가 목표를 성취했지만 그 결과가 변변치 못해 느끼게 되는 참담함.

'자기 성실성 계좌'에서의 인출

앞에서도 말했듯이, 우리 각자는 자신에 대한 신뢰의 정도를 나타내는 '자기 성실성 계좌'라는 것을 가지고 있다. 우리가 다짐을 하고 그것을 지킬 때, 예를 들어 목표를 설정하고 그것을 성취할 때, 우리는 입금하는 셈이다. 우리 자신의 신뢰할 만한 모습, 자신과 남들에게 약속을 하고 그것을 지키는 우리의 능력에 대한 자신감이 커지는 것이다. 이 계좌의 예금액이 늘어난다는 것은 힘과 안전의 원천이 된다.

그러나 우리가 목표를 성취하지 못할 때, 우리는 그 계좌에서 인출을 하게 되며, 이것은 고통의 원인이 된다. 오랜 시간에 걸쳐 빈번히 인출을 하게 되면, 우리는 약속을 하고 지키는 능력, 자신과 남들을 신뢰하는 능력에 대해 자신감을 잃게 된다. 냉소와 합리화가 뒤따르고, 이런 태도 때문에 우리는 의미 있는 목표를 설정하고 성취하는 힘을 잃게 된다. 나아가서, 우리 삶에서 중대한 도전에 맞서는 품성이 요구될 때, 우리에게는 그런 힘이 남아 있지 않게 된다.

스티븐 : 한 번은 생존 훈련 캠프에서 보조자로 봉사하며, 학생들을 이끌고 밤새도록 산을 타게 되었습니다. 어떤 계곡에 이르게 되었는데, 거기서는 밧줄을 손으로 더듬어 가며 강을 건너야 했습니다. 모두가 피로하여 힘이 빠지고 탈수 증세에 시달리고 있었습니다. 24시간 동안 먹지도 마시지도 못한 상태였죠. 그러나 우리는 그 거친 물살을 헤치고 40피트 폭의 강을 건너면 아침 식사가 기다리고 있다는 것을 알고 있었습니다.

나는 그룹 지도자의 한 사람으로서, 먼저 강을 건너야 했습니다. 나는 마음을 굳게 먹고, 심지어 우쭐거리는 듯한 태도까지 보이면서 출발했습니다. 나는 밧줄을 잡고 펄쩍펄쩍 뛰며 뻐겨 댔죠. 그러나 반쯤 건넜을 때, 힘이 빠지기 시작하는 것을 느꼈습니다. 난 순수 의지력을 동원하는 것에서 내 자신이 강을 건너 식사를 하는 모습을 그려 보는 것까지 내가 아는 모든 기술을 다 시도해 보았습니다. 그러나 나는 앞으로 나아가기 위해 밧줄에서 손을 떼기도 겁이 날 지경이었습니다. 한 손을 뗄 경우, 내 다른 손이 내 몸무게를 지탱해 줄 것이라고 자신할 수가 없었거든요.

강 중간에서 나는 쓰러졌습니다. 더 버틸 수가 없더라고요. 난 그 물살 거친 강에서 안전 밧줄에 대롱대롱 매달려 있었습니다. 학생들이 아주 통쾌해 했지요! 하지만 잘난 척하다 망신당한다고 결국 그들도 나와 똑같은 경험을 하게 되었습니다. 몇몇 학생만이 가까스로 강을 건널 힘이 있었습니다.

품성의 힘을 기른다는 것은 신체적 힘을 기르는 것과 같다. 시험이 닥칠 때 그 힘이 없으면, 제아무리 위장을 해도 힘이 없다는 사실을 감출 수가 없다. 속일 수가 없는 것이다. 대담한 목표를 설정하고, '임시 처방'을 따르는 대신 만성적인 문제의 해결을 시도하고, 다수 의견이 당신에게 등을 돌려도 스스로 마음먹은 것을 밀고 나가는 데는 힘이 필요하다.

우리가 목표를 성취하지 못하는 데는 많은 이유가 있다. 때로는 우리가 세운 목표가 비현실적일 수도 있다. 우리는 자아 의식을 전혀 반영하지 못하고 기대만 부풀려 놓을 수도 있다.

새해 결심이 전형적인 예다. 갑자기, 달력이 12월 31일에서 1월 1일로 바뀌었다는 간단한 이유 하나로, 우리는 먹는 방식이 바뀌고, 운동하는 방식이 바뀌고, 사람들을 대하는 방식이 바뀌기를 기대한다. 그것은 마치 어린아이들이 하룻만에 기는 걸 배우고, 숟가락질을 배우고, 자동차 운전을 배우기를 기대하는 것과 같다. 우리 목표들이 자아 의식을 가지지 못하고, 자연적 성장의 원칙을 존중하지 않을 때, 그 목표들은 환상에 머무르게 된다.

우리는 목표를 설정하고 그것을 성취하기 위해 애쓰지만, 때때로 환경이 바뀌거나 아니면 우리 자신이 바뀌는 일이 생기게 된다. 새로운 기회가 오거나 경제 형편에 변화가 생기거나 다른 사람이 나타나는 것이다. 때로는 우리의 관점이 달라질 수도 있다.

그런데도 우리가 원래의 목표를 고집한다면, 그 목표는 종이 아니라 주인이 된다. 그러나 목표를 포기하면, 우리는 스스로 다짐한 것을 지키지 못했다는 이유로 불안감이나 죄책감을 가지게 된다. 계속 목표를 바꾸거나 목표를 성취하지 못하면, 우리의 자기 성실성 계좌는 흑자를 유지하기 힘들어진다.

엉뚱한 벽에 세워 놓은 사다리

목표를 성취하지 못하는 것도 고통스럽지만, 목표를 성취해도 문제가 생길 수 있다. 우리가 성취한 목표가 인생에서 더 중요한 다른 것을 희생해서 얻어지는 경우가 있기 때문이다. 이것이 '엉뚱한 벽에 세워 놓은 사다리' 증후군이다. 이것은 우리가 흔히 성공의 사다리라고 부르는 것에 높이 올랐으나, 결국 그 사다리가 우리에게는 맞지 않는 엉뚱한 벽에 세워져 있음을 알게 된다는 뜻이다.

우리 동료 가운데 한 사람이 이와 비슷한 이야기를 한 적이 있다.

몇 년 전, 한 남자가 친구와 이웃에게 자신의 그 해 목표는 백만 달러를 버는 것이라고 말했습니다. 그는 "나에게 좋은 아이디어만 달라. 그러면 백만 달러를 벌어들일 수 있다."고 믿는 사업가였죠. 그는 예술의 경지에 이른 오락 제품을 개발하여 특허를 내고, 그것을 팔기 위해 전국을 돌아다녔습니다.

그는 일 주일씩 자식 가운데 하나를 데리고 여행을 하기도 했습니다. 부인은 남편이 아이들을 데리고 다닌다고 불평했습니다.

"아이들이 집에 돌아오면 기도도 안 하고 숙제도 안 해요. 그냥 일 주일 내내 파티만 해요. 아이들이 자기 일을 하도록 도와 주지 못할 거라면 애들을 데리고 다니지 말아요."

그 해가 저물 무렵, 그 사업가는 자신의 목표를 달성했다고 발표했습니다. 백만 달러를 번 것입니다. 그러나 그 직후, 그 사업가와 부인은 이혼을 했습니다. 자식 둘은 마약에 손을 대고 말았죠. 또 한 아이는 완전히 자제력을 잃었습니다. 콩가루 집안이 된 것입니다.

이 사람은 단 한 가지 목표에 초점을 맞추고, 모든 것을 거기에 집중시켰습니다. 그러나 총비용을 계산하는 데는 실패한 셈이죠. 그 백만 달러를 벌기 위해 그는 이보다 훨씬 비싼 대가를 치러야 했으니까요.

우리는 하나의 목표에 몰두하게 되면 마치 눈가리개를 한 말처럼 다른 것은 아무것도 볼 수 없게 된다. 때때로 우리 목표들은 '뺑소니 자동차'와 같아서 목적지에 이르게 되면 달려온 길을 따라 시체들이 널브러져 있게 된다. 한편, 좋은 의도로 목표들을 설정했는데, 막상 그 목표들을 성취하고 보니 그것이 다른 바람직하지 못한 결과들을 초래하는 경우도 있다. 러시아 출신으로 우리 프로그램에 참가한 어떤 사람이 이와 비슷한 경험을 이야기했다.

고르바초프는 알코올 사용을 제한하여, 러시아 사람들이 전만큼 술을 마시지 못하도록 했습니다. 그것은 과거 미국의 금주령과 같았고, 또 비슷한 결과들을 낳았죠. 사람들은 고르바초프가 기대한 바와 달리 생산적인 활동으로 방향을 돌리지 않고, 알코올을 마시는 것에서 마약을 사용하는 쪽으로 옮아갔습니다. 정부는 알코올 소비를 확 줄인다는 목표는 성취했지만, 원하던 것을 얻지는 못한 셈이죠.

우리는 대개 이런저런 목표를 달성하면 긍정적인 변화가 생기고 삶의 질이 높아질 것이라는 기대를 가지고 목표를 설정한다. 그러나 그 변화가 긍정적이지 않은 경우도 흔하다. 하나의 목표를 성취하는 것이 인생의 다른 영역들에 부정적 영향을 미치게 될 수도 있다. 우리는 그 결과들을 마주하고 나서야 착각에서 깨어나게 된다.

이렇게 목표를 '달성하면 착각에서 깨어나게 되고, 달성하지 못하면 비참한 운명에 처하게 되는' 고민의 맥락에서, 많은 사람들이 목표 설정 프로세스에 불편을 느끼는 것은 당연한 일이 아니겠는가.

문제를 일으키지 않은 채 목표의 위력만 취하는 것이 가능할까? 규칙적으로 의미 있는 목표를 설정하고 성취함으로써 자기 성실성 계좌를 알차게 만들 수 있을까? 하나의 목표를 포기 또는 변경하거나 심지어 부분적으로만 성취하면서도 우리의 자기 성실성 계좌를 유지하고, 나아가서 늘려 갈 수 있을까? 사다리가 올바른 벽에 세워져 있음을 확인하는 방법이 있을까?

그런 방법은 있으며, 심지어 목표 설정의 위력을 증가시킬 수도 있다.

요점은 원칙에 근거한 목표들을 수립하고 성취하려고 할 때, 우리의 네 가지 인간 천부의 능력을 시너지적인 방법으로 이용하는 것이 바로 그것이다.

우리의 네 가지 인간 천부의 능력을 이용하기

잘만 하면 전통적인 목표 수립 활동도 위력을 발휘할 수 있다. 전통적인 목표 수립에서도 우리의 독특한 천부의 능력 가운데 두 가지, 즉 상상력과 독립 의지를 이용하기 때문이다.

우리는 상상력을 이용하여 우리의 직접적 경험을 넘어선 가능성들을 시각화하고 또 생각해 볼 수 있다. 우리는 독립 의지를 이용하여 선택을 하고, 배경·각본·환경을 초월할 수 있다. 우리는 목표를 세울 때 흔히 이렇게 말한다. "나는 현재와는 다른 것에 대한 비전을 가질 수 있으며, 그것을 창조하기 위해 온 힘을 기울이겠다." 우리는 상상력을 이용하여 목표를 늘 염두에 둘 수 있으며, 독립 의지를 이용하여 목표 성취에 필요한 대가를 치를 수 있다.

이 두 가지 천부의 능력이 가진 힘은 막강하다―그 힘이란 목적을 가진 삶, 의식적 변화의 근본적 프로세스가 지닌 위력이다.

그러나 전통적인 목표 수립 프로세스에서는 종종 다른 두 가지 천부의 능력이 지닌 위력을 간과한다.

- 양심―목표를 사명·요구·원칙에 따르게 하는 것
- 자아 의식―자신의 역량과 자기 성실성 계좌의 잔고를 정확하게 평가하는 것

이 두 가지 천부의 능력을 자세히 살펴봄으로써, 이 천부의 능력들이

우리가 어떻게 의미 있는 목표를 수립하고 성취할 수 있게 해 주는지를 살펴보도록 하자.

양심은 사명과 원칙을 일치시켜 준다

양심이 위력을 가지는 것은 사명과 원칙을 일치시키고, 선택의 순간에는 지침을 제공하기 때문이다. 목표를 수립하는 순간—우리가 의식적으로 특정한 목적을 향해 우리의 시간과 에너지를 집중시키기로 결정하는 순간—은 곧 선택의 순간이다. 무엇이 그 선택을 결정하는가? 사회적 거울인가, 다른 사람들의 일정인가, 아니면 근본적인 원칙이나 욕구, 능력과는 단절된 다른 가치들인가? 아니면 내부에서 타오르는, 원칙 중심적이며 양심과 관련될 뿐 아니라 공헌에 초점을 맞춘 깊은 내면의 불길인가?

내면의 삶과 관련된 목표들은 열정과 원칙이 주는 위력을 가지고 있다. 이와 같은 목표들은 내면에서 타오르는 불길에 의해 동력을 공급받으며, 삶의 질을 높여 주는 '정북향' 원칙에 기초를 두고 있다.

이러한 위력을 이용하는 가장 좋은 방법은 다음과 같은 세 가지 핵심 질문을 던지는 것이다. 무엇을? 왜? 어떻게?

무엇을?

내가 무엇을 성취하기를 바라는가? 내가 무엇에 공헌하기를 바라는가? 내가 염두에 두고 있는 목적은 무엇인가?

원칙에 바탕을 둔 그 '무엇'은 성장과 공헌에 초점을 맞추게 된다. 삶의 질을 높이는 것은 그저 목표를 수립하고 성취하는 것만으로 되는 것은 아니다. 히틀러도 목표를 수립하고 성취했다. 간디도 목표를 수립하고 성취했다. 근본적인 차이는 두 사람이 무엇에 초점을 맞추었느냐 하는 것에서 나타났다. 우리는 대개 구하는 것을 찾게 된다. 우리가 삶의 질을 높여 주는 양심과 원칙에 일치하는 목표를 수립할 때, 우리는 최선의 것을 구하고, 또 찾게 된다.

왜?

왜 내가 그것을 하려고 하는가? 내 목표가 사명이나 요구 또는 원칙에서 나오는 것인가? 내 목표는 내 역할을 통하여 내가 공헌할 수 있도록 해 주는가?

사명과 비전의 맥락에서 보자면, '무엇' 이 '왜' 와 '어떻게' 보다 확인하기가 쉬울 수도 있다.

로저 : 최근 한 세미나에서 사명과 역할의 중요성에 대해 설명한 뒤, 나는 한 참석자에게 나와 함께 목표를 수립하는 프로세스를 진행해 볼 용의가 있느냐고 여러 사람 앞에서 물었습니다. 그 사람은 동의하더군요.

나는 말했습니다.

"좋습니다, 역할을 하나 골라 보세요—아무 역할이나 마음에 드는 걸로."

"아버지."

"당신이 그 역할에서 이루려고 하는 가장 중요한 목표는 무엇이라고 생각합니까?"

"열네 살 난 내 아들과 관계를 개선하는 것입니다."

"왜요?"

"글쎄요, 우리 관계가 별로 좋지 않아서죠."

"그런데 왜 그것을 개선하고 싶어합니까?"

"그 아이는 학교에서 친구들한테 몹시 시달리고 있습니다. 바람직하지 않은 방향으로 나가고 있죠. 난 바로 이럴 때 내가 그 아이와 가까워지는 것이 아주 중요하다고 느낍니다."

"왜요?"

"그래야 그 아이가 바른 길에 서서 생산적인 일을 하도록 도와 줄 수 있으니까요."

"왜요?"

"그 아이가 그걸 필요로 하니까요."

"그런데 왜 그걸 하고 싶어하는 겁니까?"

"그 아이를 돕기 위해서요."

"왜요?"

그 사람은 약간 화가 나기 시작하는 것 같더군요.

"난 걔 아버지니까요! 그게 내 책임입니다!"

"그런데 왜 그것을 하고 싶어하는 겁니까?"

그의 얼굴에는 화난 표정이 분명하게 떠올랐습니다.

"음, 왜냐 하면…… 왜냐 하면……."

그가 앉은 자리 곁에는 두 사람이 더 앉아 있었습니다. 그 두 사람은 도저히 가만히 있지 못하겠다는 듯 엉덩이를 들썩거렸습니다. 두 사람은 동시에 소리치다시피 말했습니다.

"자네가 그 아이를 사랑하기 때문이잖아!"

그 사실은 그의 얼굴에도 씌어 있었습니다. 그의 말에도 반영되고 있었고요. 그 사실이 너무도 분명하여, 주위 사람들은 그가 아들을 깊이 사랑한다는 것을 느낄 수 있었습니다. 그러나 그가 그 이야기를 하지 못한 것은, 세미나 분위기 탓인지도 모르고, 그가 내면의 불길과 관련을 맺지 못한 탓인지도 모릅니다.

두 사람이 대신 그 이야기를 해 주자, 그의 얼굴에 수줍은 웃음이 떠올랐습니다.

"맞습니다! 난 그 아이를 사랑합니다."

모두가 그에게서 넘쳐나는 힘과 평화를 느낄 수 있었습니다.

만일 이런 깊은 관련이 없다면, 우리는 의무감에 따라 마지못해 목표를 달성하기에 충분한 자제력을 길러야 한다. 그렇게 해서, 만일 그 목표가 우리가 해야 할 마지막 일이라면, 끝까지 견디어야 하고, 지치고 멍든 채 기어서 결승선을 넘어야 한다. 그 목표가 우리의 깊은 에너지 원천, 우리의 신념, 우리의 경험과 관련을 맺지 못한 까닭이다. 우리는 어떤 특정한 목표를 성취하고 싶어하는 이유도 모른 채(또 설혹 성취한다 하더라도), 마음에 없는 일을 해야 한다. 우리가 흥분 속에서 한 다짐은 목표를 성공적으로 완수하기까지 우리를 지탱할 힘을 주지 못한다.

동기 부여의 관건은 동기다. 그것이 '왜'다. 그것이 힘든 순간에 우리가 굳건하게 버틸 수 있는 에너지를 준다. 그것이 내면의 더 깊은 곳에서 타오르는 '하겠다(yes)!'와 관련을 맺고 있기 때문에 "안 하겠다(no)."고 말할 수 있는 힘을 준다.

만일 목표가 내면의 깊은 '왜'와 관련을 맺지 못하면, 그 목표는 무난할지언정 최선이 될 수는 없다. 우리는 목표에 대해 질문을 해 보아야 한다. 만일 목표와 관련을 맺고 있다면, 우리는 우리의 생각과 감정을 밀고 나가 마침내 무난함을 넘어 비전이 주는 열정과 목표 사이에 자유로운 흐름이 생기도록 할 수 있다. 그 관련이 강하면 강할수록, 동기 부여도 더 강해지고 지탱하는 힘도 세지게 된다.

어떻게?

어떻게 그것을 할 것인가? 내 목적을 달성할 수 있는 핵심 원칙들은 무엇인가? 이 원칙들을 집행하기 위해 내가 사용할 수 있는 전략들은 무엇인가?

'무엇'과 '왜' 사이의 일치를 이끌어 냈다면, 이제 '어떻게'를 알아볼 준비가 되었다. '어떻게'의 선택은 '통제'적 사고와 '해방'적 사고 그리고 '통제'적 관리와 '해방'적 관리 중에서 어떤 스타일을 선택할 것이냐 하는 문제로 집약된다. 우리의 패러다임이 컨트롤 패러다임이라면, 생산성을 높이거나 업무를 잘 수행하도록 하려면 사람들을 빈틈없이 감독해야 한다고 가정하게 된다. 반면 우리의 패러다임이 해방 패러다임이라면, 사람들에게 자유와 기회와 지원을 제공하고 그들의 내부에서 최고와 최선을 이끌어 냄으로써 훌륭한 일들이 이루어지게 할 수 있다고 가정하게 된다.

다른 사람들을 컨트롤의 관점에서 보느냐 해방의 관점에서 보느냐 하는 것은 우리가 자신을 보는 방식에 따라 결정된다. 만일 우리가 컨트롤의 관점을 지니고 있다면, 우리는 무엇을 성취하고자 할 때 스스로에게 엄격한 통제를 가해야 한다고 생각하게 된다. 반면 우리가 해방의 관점을 취하면, 기본적 리더십의 과제를 내적 능력을 해방시켜 주기 위한 최적의 조건을 조성하는 것으로 파악하게 된다. 만일 목표 수립에서 우리의 초점이 "밀고 나가.", "자제해.", "무슨 일이 있어도 해야 돼." 하는 식의 독립의지 자질에 맞추어진다면, 그것은 우리의 기본 패러다임이 컨트롤 패러다임임을 보여 주는 증거다.

로저 : 나는 말했습니다.

"좋습니다. 당신의 사랑을 어떻게 보여 줄 생각입니까?"

"모르겠습니다. 기회를 찾아봐야죠."

"달리 또 어떻게?"

"시간을 투자하겠습니다."

"달리 또 어떻게?"

그는 한숨을 쉬었습니다.

"나도 모르겠어요. 솔직히 말해 난 두렵습니다. 전에도 시도를 해 보았는데, 효과가 없었어요. 때로는 내가 더 열심히 하면 할수록 상황이 더 나빠지는 것 같습니다."

우리는 이어 그와 아들의 관계에 적용할 수 있는 원칙 몇 가지에 대해 이야기를 했습니다. 우리는 신뢰성에 대해 이야기를 했습니다—신뢰감 있는 관계를 형성하고 싶으면, 신뢰성을 보여 주라. 약속을 하고 지키라. 없는 사람을 등뒤에서 욕하지 말라. 우리는 감정 이입에 대해 이야기를 했습니다—먼저 이해하고자 하라. 존중해 주라.

이윽고 그는 깨닫기 시작했습니다. 그가 아들을 돕기 위해 아무리 필사적으로 노력해도, 원칙 중심의 리더십과 사랑으로 아들을 해방시킬 수 있다는 현실을 간과한 채 좋은 의도로써 아들을 컨트롤할 수 있다는 환상에 근거해서 부자 관계를 형성하는 한, 그의 노력은 결코 효과를 볼 수 없다는 것을.

세미나를 하면서 사람들은 가족 역할이 아니라 업무 역할을 택하는 경우도 있다. 대부분은 그들이 '무엇'을 해야 하는지에 대해서는 즉각 느낀다.

"이번 달에 매출을 5퍼센트 증가시킨다."

"이번 분기가 끝날 때 운영 비용을 3퍼센트 줄인다."

"사무실 분위기를 개선한다."

그러나 '왜' 프로세스를 거칠 때, 사람들이 맨 처음으로 인정하는 동기 부여는 흔히 부정적이거나, 경제적이거나, 외적으로 초점이 맞추어지거나, 긴급한 것들과 관련되어 있다.

"만일 내가 이것을 하지 않으면, 난 쫓겨나고 말 겁니다."

"내가 그것을 해내지 못하면, 난 신뢰를 잃을 거고, 그건 끔찍한 일이에요."

"우린 현실적인 문제를 가지고 있습니다. 이 문제가 더 커지기 전에 고쳐야 합니다."

그러나 우리가 더 깊은 대답을 해 달라고 다그치면 종종 다른 이야기를 듣게 된다.

"만일 그것을 하면, 난 정말 내 일을 했고 내 밥값을 했다는 느낌이 들

겁니다."

"난 내가 무슨 보람 있는 일을 했고, 고객에게 질 좋은 서비스를 제공했다고 느낄 때면 뿌듯해요."

"난 이 세상을 더 나은 곳으로 만들려고 노력하는 데 관심을 가지고 있습니다."

많은 업무가 워낙 경제적 또는 신체적 차원에 초점을 맞추고 있기 때문에, 더 깊은 동기 부여와는 전혀 연관을 갖지 못한다. 그런 업무는 사회적·정신적·영적 욕구들을 인정하거나 제기하지 못한다. 이런 업무는 사람들이 자연스럽게 그들이 마음 속에서 느끼는 것—사랑하고, 배우고, 자기보다 더 높은 어떤 것을 위해 살고자 하는 욕구—과 관련을 맺도록 해 주지 못한다. 그러나 이런 관련이야말로 바로 고용주들이 원하는 에너지와 창의성과 충성의 원천이다.

'어떻게'의 문제에 이르면, 업무 역할을 선택하는 사람들은 흔히 그냥 '밀고 나가야' 한다고 생각한다.

"난 정말 그 일에 매달려야 합니다."

"전에도 그런 일을 해 보았습니까?"

"네."

"잘되던가요?"

"아뇨."

우리는 이어 변화를 가져올 수 있는 '정북향' 원칙 몇 가지에 대해 함께 이야기를 한다. 우리는 상호 의존—감정 이입, 정직, 다짐을 하고 지키는 것, 관계를 형성하는 것—의 원칙들을 본다. 우리는 비전 공유, 승/승합의, 시스템 일치 등의 원칙을 본다. 곧 무엇을 해야 하는지 알고, 또 심지어 마음 속 깊이 그것을 하고 싶어하는 것만으로는 충분치 않다는 것이 분명해진다. 그것을 하는 것은 삶의 질을 높이는 원칙들에 기초를 두고 있어야 한다.

옳은 근거에서 옳은 방법으로 옳은 일을 하는 것이 삶의 질을 향상시키는 관건이다. 그리고 그것은 우리를 비전과 사명, 정북향과 일치시켜 주는, 순화한 양심의 힘을 통해서만 가능하다.

자아 의식은 성실성을 형성할 수 있게 해 준다

우리는 자기 성실성 계좌에서 흑자를 남기는 만큼만 신뢰를 받을 수 있다. 우리의 성실성은 우리가 스스로에 대해 가지는 자신감, 우리가 남들에게 불러일으키는 자신감이기 때문에, 그 계좌에서 많은 흑자를 기록하도록 마음에 새기고 지혜를 발휘해야 하며, 바로 그것이 효과적인 개인 리더십의 가장 훌륭한 특징이다.

기본적으로 우리는 독립 의지를 발휘하여 다짐을 하고 그것을 지킴으로써 성실성을 쌓아 나간다. 그러나 자아 의식이 없다면, 이러한 계좌를 관리하는 데 필요한 지혜를 얻을 수 없다. 목표를 너무 높게 수립해 그 목표를 성취하지 못하면 잠재적 예입금은 많이 줄어들게 된다. 목표를 너무 낮게 잡음으로써, 몇 달러씩 예입을 할 수 있는데도 몇 센트씩 예입하는 데 그칠 수도 있다. 우리는 목표를 달성하지 못한 것을 환경이나 다른 사람 탓으로 돌리느라고 매일, 매주, 순간순간 예입할 수 있는 기회를 놓칠 수도 있다.

자아 의식은 깊은 개인적 정직성을 포함한다. 자아 의식은 다음과 같은 어려운 질문을 하고 거기에 답함으로써 얻어진다.

내가 정말로 그것을 하고 싶어하는가?
내가 기꺼이 대가를 치를 것인가?
내가 그것을 할 만한 힘을 가지고 있는가?

내가 자신의 성장에 따른 책임을 받아들일 수 있는가?

내가 훨씬 낫게 할 수도 있는데 웬만큼 하고 마는 것은 아닌가?

내가 목표를 세우고 이루지 못한 것을 남의 탓으로 돌리고 있지는 않은가?

자아 의식은 우리가 현재 서 있는 곳에서—착각도 없고 변명도 없는 곳에서—출발하도록 촉구하며, 현실적인 목표를 수립하도록 돕는다. 자아 의식은 또한 우리가 어중간한 상태에서 손을 떼는 것을 허락하지 않는다. 자아 의식은 우리의 확장하고자 하는 욕구, 한계를 넘어서고자 하는 욕구, 성장하고자 하는 욕구를 인정하고 존중하도록 돕는다. 우리가 살면서 겪는 좌절 가운데 많은 부분이 기대에 부응하지 못한 결과로 나타나는 것이기 때문에, 현실적이면서도 도전적인 목표를 수립하는 능력을 통해 우리는 우리 삶에서 평화와 긍정적 성장을 이룩할 수 있다.

자아 의식은 양심의 소리를 듣는 귀다. 우리는 자아 의식을 통해 독립적인 법칙들이 있음을 인정하고, 우리가 자신에게 법이 되려고 하는 것이 헛된 것임을 이해할 수 있다. 우리는 자아 의식을 통해 겸손해지고 성장과 변화에 개방적인 자세를 가질 수 있으며, 우리가 목표를 수립할 때 전지 전능하지 않다는 사실을 깨달을 수 있다. 현재 우리가 아는 최선을 다해, 우리가 할 수 있는 모든 좋은 것에서, 우리는 최선의 이유로 최선의 것을 선택할 수 있으며, 그것을 최선의 방법으로 성취할 계획을 마련할 수 있다.

그러나 상황은 변할 수 있다. 우리도 변할 수 있다. **우리는 그러한 변화에 개방적이어야만 성실하게 행동할 수 있다.**

우리는 자아 의식 덕분에 이렇게 물어 볼 수 있다. 내가 최선을 다하기보다 무난한 것에 안주하는 것은 아닌가? 최선은 우리가 수립하는 목표일 수도 있다. 최선은 예기치 않은 기회 속에, 새로운 지식 속에, 이해가 넓어지면서 새롭게 하게 되는 선택 속에 있을 수도 있다. 만일 변화가 긴급함 · 기분 · 반대에 의해 이루어지면, 그러한 변화는 우리를 최선에서 멀어지게 한다. 만일 사명과 양심과 원칙에 의해 변화가 이루어진다면, 그것은 우리를 최선에 다가가게 한다. 무난한 것과 최선의 차이를 아는 자아 의식, 사명과 양심과 원칙에 근거하여 행동하는 자아 의식을 지니는 것은 우리의 자기 성실성 계좌에 가장 의미 있는 예입을 하는 것이다.

성실성은 목표가 무엇이든 그 목표를 고수하는 것을 가리키는 것은 아니다. 그것은 시스템의 완결성이며, 사명과 현재 사이에 전폭적인 관련을 만들어 내는 통합된 프로세스다.

원칙에 따라 목표를 수립하고 성취하는 방법

원칙이 없다면, 목표들은 삶의 질을 향상시킬 수 있는 힘을 가지지 못할 것이다. 당신은 올바른 것을 하고 싶어할 수도 있고, 심지어 그것을 하려고 하는 올바른 이유를 가지고 있을 수도 있다. 그러나 당신이 올바른 원칙을 적용하지 않는다면, 여전히 벽에 부딪칠 수 있다. 원칙에 따라 수립된 목표는 다음 세 가지 모두를 포괄한다. 즉 올바른 것을, 올바른 이유에서, 올바른 방법으로.

원칙에 근거한 목표 수립은 인간의 네 가지 자질 모두를 완전히, 시너지적으로 이용하는 것을 뜻한다.

- 양심을 통해 우리는 비전이 주는 열정, 사명, 원칙의 힘과 관련을 맺을 수 있다.
- 상상력을 통해 우리는 가능성에 대한 비전과 아울러, 그 가능성을 성취할 시너지적이고 창의적인 방식들에 대한 비전을 가질 수 있다.
- 자아 의식을 통해 우리는 현실적 범위 내에서 목표를 수립하고, 양

심에 따른 변화에 개방적인 상태를 유지할 수 있다.

- 독립 의지를 통해 우리는 과단성 있는 선택을 하고 그것을 실행에 옮길 수 있다. 우리는 언행 일치를 이룰 수 있는 성실성을 가지게 된다.

원칙에 근거한 목표 수립 프로세스는 거기에 1) '맥락'을 가진 목표를 수립하고, 2) 예정 목록을 가지고 있고, 3) 주간 목표를 설정할 때 가장 큰 효과를 거둘 수 있다.

1. '맥락(context)'을 가진 장기적 목표의 수립

대부분의 사람들은 장기 및 중기 목표들을 통하여 사명서가 제공하는 맥락과 주간 목표들을 연결시키면 도움이 될 것이라고 생각한다. 그러나 '장기'와 '중기'라는 용어는 이 목표들을 크로노스 시간 틀에 집어 넣을 염려가 있다.

타이밍이 중요한 문제가 될 수 있지만, 우리는 '맥락'을 가진 목표들을 통해 사람들과의 관계, 다른 목표와 사건들과의 관계 같은 다른 문제들도 더 잘 인식할 수 있다. '맥락'이라는 용어를 통해 우리는 개인 리더십이 단순히 장기적인 시야만 가지고 있는 것이 아니라, 폭 넓은 이해를 가지고 있다는 것을 깨닫게 된다.

만일 당신이 자신의 역할을 중심으로 목표를 정리한다면, 맥락을 가진 목표들을 쉽게 찾아볼 수 있도록 오거나이저의 각 역할 바로 밑에 적어 놓으면 된다. 무엇을/왜/어떻게 양식이 이런 목표를 포착할 수 있는 효과적인 방법이다. 예를 들어, 당신의 '톱날을 가는' 맥락을 가진 목표들은 이렇게 나타날 수도 있을 것이다.

무엇을:

내 목표는 건강하고 단련된 몸을 유지하는 것이다.

왜:

- 내 사명을 효과적으로 완수하는 데 필요한 힘, 인내심, 몸 맵시를 가지기 위하여.
- 효과적인 건강 유지로 아이들과 다른 사람들에게 본보기가 되기 위하여.
- 내 개인적 품성의 힘을 기르기 위하여.

어떻게:

- **좋은 영양** 나는 신선한 과일과 야채, 복합 탄수화물, 현미, 닭이나 칠면조, 생선 등의 섭취를 늘리겠다. 나는 또 설탕, 지방, 소금, 붉은 고기의 섭취를 줄이겠다. 나는 지금보다 식사의 양을 줄이되 더 자주 식사를 하겠다.
- **신체 유지** 나는 일 주일에 네 번 30분씩 에어로빅을 하겠다. 나는 농구 리그에도 가입하겠다. 일찍 자고 일찍 일어나면서 하루 일곱 시간의 수면을 취하겠다.
- **정신/신체의 연결** 나는 내 몸과 건강에 대해 긍정적인 생각을 하겠다. 나는 건강 문제에 대해 더 많이 알기 위해 세미나와 워크숍에 참석하겠다.
- **초점** 나는 구체적인 건강 문제에 관심을 기울이겠다.

이런 '무엇을/왜/어떻게' 양식은 사명·원칙·목표 사이에 뚜렷한 관련이 생기도록 해 준다. 주간 목표 수립을 준비할 때, 이런 맥락을 가진 목표들을 검토함으로써 즉시 그 관련으로 들어갈 수 있으며, 그 목표에 다가갈 수 있는 적당한 행동을 선택할 수 있다.

이런 식으로 목표를 보면 우리 생활의 상호 관련성을 재확인할 수 있게 된다. 이 목표는 '신체적' 목표로 간주해서 '톱날을 가는' 역할 밑에 분류할 수 있지만, 이것이 각각의 다른 영역 및 다른 역할과 어떻게 상호 관련되는지를 생각해 볼 수도 있다.

예를 들어, 대부분의 사람들은 규칙적으로 운동을 함으로써 얻을 수 있는 가장 큰 이로움은 신체적 차원이 아니라 정신적 차원에서 생긴다고 말한다. 즉, 성실성과 품성을 기르는 데 있다는 것이다. 정신적 차원—건강에 대해 더 많이 배우고, 건강한 생각을 하고, 스트레스를 줄이는 것—도 이런 '신체적' 목표의 효과에 강한 영향을 미친다. 친구들이나 가족 구성원들과 운동을 함으로써 신체적 경험뿐 아니라 풍부한 사회적 경험을 할 수도 있다. 우리는 향상된 건강을 통하여 자신의 다른 역할들의 신체적·정신적·사회적·영적 차원에서 능력을 부여받을 수 있다.

이런 상호 관련성을 깨달음으로써 우리는 마음을 열고 풍요의 심리를 받아들이게 되며, 목표 사이에 강력한 시너지를 창출할 수 있는 능력도 부여받게 된다.

2. '예정' 목록 유지하기

목표를 정할 때 부딪치는 한 가지 문제는 책을 읽거나, 세미나에 참석하거나, 누군가와 이야기를 하면서도 머릿속으로는 우리가 정말로 하고 싶은 일에 대한 아이디어를 떠올린다는 것이다. 목표를 수립할 준비는 안 되었지만, 그 아이디어를 잃고 싶지도 않은 경우다.

우리는 대부분 그 아이디어를 이미 꽉 들어차서 혼잡스러운 대뇌의 대기실 여기저기를 떠돌아다니게 놓아 둔다. 그래서 그 아이디어는 의식과 무의식을 들락거리면서, 당면한 과제를 해결하려는 우리의 주의를 산만하게 하고, 뭔가 해야 할 것을 하지 않고 있다는 모호하고 불편한 느낌을 준다. 더러 우리는 그 아이디어를 일반적인 '할 일' 목록에 적어 놓기도 하지만, 그 목록에서는 늘 성취하는 속도보다 항목이 쌓이는 속도가 빠르며, 최고 우선 순위 항목들이 별로 중요하지 않은 것들과 섞이게 되고, 이로 말미암아 늘 우리에게 할 일이 남아 있다는 느낌을 준다.

이보다 훨씬 더 효과적인 것이 바로 '예정' 목록이다. 이 목록은 각 역할 밑에 두는 것으로, 당신이 하고 싶을지도 모르는 일들을 적어 놓는 곳이다. 어떤 아이디어가 떠오를 때마다, 그것을 앞으로 생각해 보기 위해 적당한 역할 밑의 '예정' 목록에 적어 두라. 거기에 적어 둔다고 해서 그게 목표나 작정이 되는 것은 아니다. 어쩌면 그것을 할 수도 있고, 어쩌면 안 할 수도 있다는 것이다. 그것은 그저 앞으로 시간 관리를 할 때 참고하기 위해 기록해 놓는 것이다. 당신의 성실성은 아직 발동되지 않은 상태다.

'예정' 목록에 아이디어들을 적어 놓으면, 불안과 주의 산만은 사라지고, 나중에 고려해 볼 수 있게 된다. 주간 시간 관리 동안에 목록을 검토해 보고, 원하는 어떤 항목이든 그 주의 목표로 전환시킬 수도 있고, 더 생각해 보기 위해 목록에 그대로 놓아 둘 수도 있고, 다시 보니 별로 중요하지 않다고 판단하여 폐기할 수도 있다.

3. 주간 목표 수립

우리가 주간 목표들을 수립할 때 '무엇을/왜/어떻게' 양식은 우리의 역할과 목표들에 대해 생각하는 방식이 될 수 있다. 우리는 우리의 목표를 설정하면서 각 역할을 보게 된다. 그리고 자극과 반응 사이의 그 공간에 멈추어 서서 묻는다.

이번 주 내가 할 수 있는 일 중에서 이 역할을 통해 가장 긍정적인 영향을 미칠 수 있는 가장 중요한 것 한두 가지는 무엇일까?

이 질문에 대한 답은 우리의 사명과 역할을 검토할 때 나오는 느낌이나 인상 속에 있을 수도 있다. 어떤 사람은 이렇게 이야기했다.

매주 내 역할들을 검토하면서, 난 내가 해야 할 특정한 일들에 대한 인상을 얻습니다. 특히 아버지 역할이 그렇습니다. 어떤 아이에 관한 무슨 생각이 내 마음 속에 떠오르곤 하죠. 그러다 보면 내 아이들의 개인적 욕구들을 더 많이 인식하게 되고, 변화의 기회에 더 민감하게 반응하면서 마음을 열어 놓게 됩니다.

그 답은 각 역할에서 우리의 맥락을 가진 목표들을 검토한 결과로서 나올 수도 있고, 우리가 그 주 동안의 특정한 역할에 속하는 '예정' 목록에 집어 넣은 통찰이나 아이디어에서 나올 수도 있다. 이런 것을 검토하면서, 우리는 깊은 내면의 삶과 우리의 현재 상황 사이에 뚜렷한 관련을 맺게 할 수 있다. 우리는 목표에 의미를 주는 맥락을 만들어 낼 수 있다.

효과적인 주간 목표들의 특징

목표를 수립하면서, 효과적인 주간 목표의 다섯 가지 특징을 염두에 두도록 하라.

1. 목표들은 양심에서 동력을 얻는다. 효과적인 목표는 우리의 내적 명령들과 일치한다. 목표는 긴급성이나 대응을 통해서 동력을 얻는 것이 아니다. 목표는 사회적 거울의 반영이 아니다. 목표는 우리가 마음 속 깊은 곳에서 느끼는 어떤 것이며, 우리가 할 필요가 있는 어떤 것이다. 그러한 목표는 우리의 사명과 일치하고, 정북향 원칙들과 일치한다. 우리는 내적인 양심의 소리에 민감해야 한다. 특히 우리가 가장 큰 영향을 미칠 수 있는 우리의 가장 독특한 역할에서 목표를 고를 때 그래야 한다. 우리는 또한 균형을 유지해야 한다. 매주 역할 하나하나에 모두 목표를 설정할 필요는 없다는 것도 잊어서는 안 된다. 어떤 역할에서 목표를 수립하지 않기로 지

혜롭게 의식적인 선택을 할 때는 한동안 불균형 상태에 빠질 수도 있음을 염두에 두어야 한다.

2. 목표들은 종종 제2상한 목표들이다. 제2상한 시간 관리 프로세스는 자동적으로 '무엇'과 '왜' 사이를 연계시킨다. 그 결과, 우리가 고르는 목표들은 대개 중요하지만, 꼭 긴급한 것은 아니다. 우리는 또한 긴급한 동시에 중요한 제1상한 목표들을 고를 수도 있다. 그러나 우리가 그것을 고르는 일차적인 이유는 그것이 긴급하기 때문이 아니라 중요하기 때문이다.

3. 목표들은 우리의 네 가지 기본 욕구와 능력을 반영한다. 좋은 목표들은 신체적 차원에서 활동하는 것에 대한 목표일 뿐 아니라, 또한 이해하고 존재하는 것(영적 차원), 인간 관계를 맺는 것(사회적 차원), 성장하거나 배우는 것(정신적 차원)에 대한 것일 수도 있다. 어떤 사람들은 자신이 추구하는 목표들이 기본적으로 시간 제약을 받고 신체적인 것이라는 이유 때문에 불만과 불균형을 느끼기도 한다. 그러나 다른 필수적인 차원들의 현실을 무시하는 것은 삶의 질을 창조하는 우리의 능력을 가혹하게 제한하는 것이다. 그것은 또한 우리에게서 목표들 사이에서 창출될 수 있는 엄청난 시너지를 박탈하는 것이다.

4. 목표들은 우리 초점의 중심이다. 우리는 자신이 관심을 가진 모든 것—건강, 상사와 만나는 일, 10대 아들의 주말 계획, 동네 편의점에 전시된 불쾌한 잡지들, 대통령의 외교 정책, 핵 전쟁 위협—을 포괄하는, 이른바 관심의 원을 가지고 있다.

우리는 또한 이 관심의 원 안에 영향력의 원도 가지고 있다. 이

원은 관심의 영역 가운데 우리가 실제로 영향을 미칠 수 있는 영역을 가리킨다. 우리는 대통령의 외교 정책 결정이나 핵 전쟁 위협에는 영향을 미칠 수 없을지 모르지만, 우리 건강과 관련해서는 뭘 할 수 있다. 우리는 또한 아들의 주말 계획이나 동네 편의점의 잡지 전시에는 영향을 미칠 수 있다.

그러나 우리의 시간과 에너지를 가장 효과적으로 사용할 수 있는 곳은 대개 세 번째 원, 즉 초점의 중심 부분이다.

이 원에는 우리가 관심을 가지는 것인 동시에, 우리가 영향을 미칠 수 있는 것인 동시에, 우리의 사명과 일치하며 또 시의 적절한 것들이 있다. 다른 원에서 시간과 노력을 소비하는 것은 우리의 효과성을 감소시킨다. 우리가 관심의 원에서 활동할 때, 우리는 기본적으로 우리가 컨트롤할 수도, 영향을 미칠 수도 없는 것들에 노력을 낭비하는 것이다. 우리가 영향력의 원에서 활동할 때, 우리는 어떤 좋은 것을 할 수는 있지만, 더 좋은 것을 희생한 대가로 그것을 할 수도 있다. 우리는 초점의 중심인 목표들을 수립하고 성취할 때, 우리의 시간과 노력을 최대한 이용할 수 있다.

우리는 흥미롭게도 오랜 기간 초점의 중심에서 활동을 하면, 우리 영향력의 원이 저절로 늘어난다는 것을 알게 되었다. 즉, 우리는 더 많은 사람과 환경에 영향을 줄 수 있는 긍정적인 방법들을 발견하게 되는 것이다.

5. 목표들은 결단이거나 집중 둘 가운데 하나다. 아마 결단— 어떤 일이 있어도 하기로 결심한 것—과 집중의 차이를 구별하는 게 도움이 될 것이다. 결단할 때는 성실성이 즉각 발동한다. 이것은 계속 밀고 나가고, 작정한 것을 지키고, 하겠다고 한 것을 하는 것이다. 결단한 것을 포기할 수 있는 유일하게 타당한 이유는, 양심과 깊

관심의 원

영향력의 원

초점의 중심

은 자아 의식을 통하여, 당신이 수립한 '최선'의 목표가 그저 '무난한'목표로 전락하고 말았음을 확신하게 된 경우뿐이다. 그 때만, 오직 그 때만, 성실성을 가지고 변경할 수 있다.

집중한다는 것은 시간과 에너지의 초점을 맞추고 싶은 영역을 확인하고, 그렇게 할 기회를 찾으며, 그 기회를 향해 나아가는 것이다. 그러나 당신은 성실성을 걸지는 않는다. 만일 그 영역의 것을 하지 않으면, 당신이 투자한 시간과 에너지를 잃게 되지만, 당신의 자기 성실성 계좌에서 예금이 인출되지는 않는다.

주간 목표를 수립할 때마다 당신의 성실성을 발동시킬 필요는 없다는 것을 기억하라. 정작 중요한 것은 당신이 실제로 작정한 것들을 주의 깊게 관리하고, 당신의 자기 성실성 계좌의 수지를 민감하고 지혜롭게 맞추어 나가야 한다는 것이다. 그러나 주의를 한다고 해서 목적을 가지고 나아가는 일에 방해를 받아서는 안 된다.

자신감과 용기

어떤 목표를 수립하고 그것을 추진하는 것은 용기 있는 행동이다. 우리가 용기를 발휘하여 원칙 및 양심과 관련이 있는 목표를 수립하고 힘을 기울일 때, 우리는 대체로 긍정적인 성과들을 거두게 된다. 시간이 지나면서 우리는 자신감과 용기가 나선형의 상승 곡선을 그리는 것을 느낀다. 우리의 작정이나 결의는 우리의 기분보다 더 강해진다. 결국, 우리의 성실성은 문제조차 되지 않는다. 우리는 용기를 쌓아 가며, 점점 도전적이고, 심지어 영웅적인 목표들을 수립하게 된다. 이것은 성장의 프로세스며, 우리가 될 수 있는 모든 것이 되는 프로세스다.

반면, 우리가 용기를 발휘하여 기껏 세워 놓은 목표가 원칙이며 양심과 깊은 관련이 없는 것이면, 우리는 종종 바람직하지 못한 결과들을 얻고는 낙담과 냉소에 빠지게 된다. 사이클은 역전된다. 결국, 우리는 작은 목표조차도 수립할 수 없을 정도로 용기를 잃게 된다.

원칙에 근거한 목표 설정의 위력은 바로 원칙의 위력이다—우리가 수립하는 목표들이 삶의 질을 향상시킬 것이라는 자신감이며, 우리의 사다리가 올바른 벽에 세워져 있다는 자신감이다. 그 위력은 또 성실성의 위력이다—규칙적으로 의미 있는 목표를 세우고 이루는 능력이며, '최선'이 '무난한 것'이 되어 버릴 때 자신감 있게 목표를 바꿀 수 있는 능력이다. 그 위력은 성장하게 하는 열정과 비전, 깨달음과 창의성, 품성의 힘을 기르기 위해 인간의 네 가지 천부의 능력이 힘을 합쳐서 나타내는 위력이다.

이와 같은 위력을 이용하는 것은 나선형 상승 곡선을 만들어 내는 것이며, 그것은 우리에게 삶에서 소중한 것을 먼저 하는 능력을 지속적으로 부여한다.

목표들의 위력을 기르는 제2상한의 아이디어들

- 무엇을/왜/어떻게 양식을 이용하여 당신의 각 역할에 따라 맥락을 가진 목표들을 수립하라.
- 당신의 오거나이저 속의 각 역할 밑에 '예정' 목록을 작성하라. 한 주 동안 적당한 역할 밑에 수립하고 싶은 목표들에 대해 떠오르는 아이디어를 적어라. 이런 아이디어를 '예정' 목록에 놓는 것이 어떤 느낌을 주는지 확인해 보라. 다음 주를 계획하면서, 목표에 대한 아이디어를 얻기 위해 그 목록을 참고하라.
- 주간 목표들을 수립하면서, 잠시 멈추어 양심과 관련을 갖도록 하라. 각 역할에서 당신이 가장 중요하다고 느끼는 것을 하라.
- 주간 목표들을 수립하고 성취하면서, 당신의 천부의 능력들을 이용하는 방법에 대해 생각해 보라.
- 각 주간 목표에 대하여, 그것이 '결단한 것'인지 '집중해야 하는 것'인지 확인하라. 주말이 되었을 때, 이런 구분이 목표를 향한 당신의 태도, 목표를 성취하기 위한 진전, 자기 성실성 계좌의 수지에 어떻게 영향을 미치는지 분석하라.

8 : 주간 단위의 전망

우선 순위는 상황에 따라 달라진다.

　전문 사진 작가는 여러 가지 렌즈를 가지고 작업을 한다. 그들은 큰 사진을 찍을 때는 초광각 렌즈와 광각 렌즈를 사용한다. 멀리 있는 물체를 가깝게 찍기 위해서는 망원 렌즈를 사용한다. 사람 눈에 보이는 것과 가장 닮아 보이도록 찍을 때는 정상 렌즈를 사용한다. 근접 촬영을 할 때는 마이크로 렌즈를 사용한다. 바라는 결과를 얻기 위해 언제 어떤 렌즈를 사용해야 하는지 아는 것도 그들의 전문 지식에 속하는 일이다.

　언제 효과적으로 초점을 맞추어야 하는지를 아는 것은 사진 작가의 기술일 뿐만 아니라, 자기 리더십의 전문 지식이기도 하다. 대부분의 시간 관리 도구와 기술들은 일일 계획에 초점을 맞추며, 그렇게 초점을 맞추는 것이 훌륭한 근거가 있는 것처럼 보이기도 한다.

　하루는 완결성을 가지는 자연적 시간 단위 가운데 가장 작은 것이다. 해가 뜨고 지면서 우리는 24시간마다 새로운 과제와 마주하게 된다. 우리는 하루를 계획하고, 하루의 목표를 수립하고, 일정을 잡고, 활동의 우선 순위를 정할 수 있다. 그리고 하루가 끝날 때, 남은 일을 파악하고, 다음

날 다시 똑같이 계획하고 일정을 잡고 우선 순위를 정할 수 있다. 빈틈으로 빠져 사라지는 것은 없다.

그러나 일일 계획에 초점을 맞추는 데서 생기는 문제는, 그것이 마치 카메라의 망원 렌즈로 밖을 내다보면서 거리를 걸어가려는 것과 같다는 점이다. 우리는 계속해서 바로 눈앞에 있는 것―다급한 것, 가장 가까이 있는 것, 긴급한 것―에만 초점을 맞추게 된다. 그래서 우리는 본질적으로 우선 순위 설정의 위기에 빠지게 된다. 대부분의 일일 계획 방법의 목표는 소중한 것을 먼저 하는 데 도움을 주는 것이지만, 실제로는 일일 계획 속에서 늘 긴급한 것을 먼저 하는 데에만 초점을 맞추게 된다. 이런 하루 단위의 전망은 좋은 결과를 낳기 어렵다.

물론 우리는 큰 그림에만 초점을 맞추고 있을 수는 없다. 만일 우리가 비전을 행동으로 옮기지 않는다면, 우리는 현실과 단절되고, 이상주의적인 몽상가가 되며, 자신과 남들에게 신뢰를 잃는다.

우리 모두는 이와 같은 딜레마에 빠져 있다.

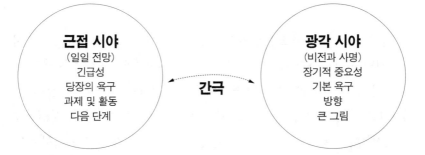

그러면 어떻게 이 딜레마를 극복하고 초점과 전망을 동시에 유지해 나갈 수 있을까?

한 주 단위의 전망은 시너지적인 제3의 대안에 따른 해결책을 제공해 주며, 이것은 균형 잡힌 현실적 방식으로 큰 그림과 하루를 연결시켜 준다.

주간 전망은 이러한 필수적 연결을 제공해 주기 때문에, 한 주는 균형 잡힌 질적인 삶을 창조하기 위한 가장 정확한 전망을 제공하는 '정상 렌즈' 가 된다.

활용 가능한 세 가지 시간 단위

일 주일은 삶의 구조에서 완결된 한 단위다. 한 주에는 일하는 낮 시간, 저녁 시간과 주말이 포함된다. 거리로 비유할 때, 일 주일은 서로 밀접하게 상호 관련되어 있을 만큼 근접해 있으면서도, 맥락과 전망을 제공할 만큼 멀리 떨어져 있기도 하다. 한 주는 국제적 표준이다. 사업 · 교육 · 정부를 비롯한 사회의 많은 부문들이 일 주일이라는 틀 안에서 운영된다. 나아가서, 한 주는 세 가지의 활용 가능한 유용한 전망을 제공한다. 1) 균형 잡힌 재충전, 2) 전체–부분–전체, 3) 상황에 맞는 내용물.

1. 균형 잡힌 재충전

한 주간에 대한 전망은 우리에게 매주 또 매일 쇄신이나 재충전—기분

전환과 숙고를 위한 시간—을 계획할 것을 촉구한다.

주간 단위 재충전

대부분의 문화권에서는 주간 단위 재충전 개념을 받아들이고 있다. 예를 들어 유태교-기독교 세계에서는 매주 안식일을 기념한다. 즉, 7일에 한 번씩 심사 숙고와 재결의에 바치는 하루를 마련하고 있는 것이다. 학문 세계에서는 이 개념을 확대하여 안식년이라는 제도를 두고 있다. 이것은 7년에 1년씩 교수가 자기 발전에 바치는 시간이다. 주간 단위 재충전의 가장 흔한 예는 가족이며 친구들과 함께 하는, 기분 전환을 위한 스포츠나 사교 행사 등을 포함하는 주말 활동이다.

제2상한 시간 관리를 통해 우리는 주간 단위 재충전을 균형 잡힌 생활 방식의 일부로 삼을 수 있다. 매일 긴급한 것에 밀리다가 마침내 무너져서 제4상한으로 탈출하는 대신, 진정한 재창조와 재충전을 주도적으로 계획할 수 있는데, 이것은 창조적 기간들 사이에 필요한 속도의 변화라는 의미를 가진다. 재충전은 부주의하고 목적 없는 탈출 활동이 아니다. 재충전에는 다음과 같은 가치 있는 제2상한 활동들이 포함된다.

- 가족이며 친구들과 관계를 구축하고, 교정하고, 재충전하는 것
- 종교 활동을 통해 진정으로 가치 있는 일에 다시 헌신하는 것
- 휴식과 기분 전환을 통해 에너지를 복구하는 것
- 특별한 관심사와 취미를 통해 재능을 개발하는 것
- 사회 봉사를 통해 공헌하는 것

우리는 경험을 통해 주간 단위 재충전의 가치가 매우 크다는 사실을 잘 알고 있다. 우리가 긴급성에 떠밀려 하루하루 일을 하다가 활동이나 속도의 변화도 없이 주말로 휩쓸려 들어가면, 우리는 스스로 날이 무디어

지고 에너지를 잃고 삶의 모든 영역에 대한 전망을 잃는 느낌을 가지게 된다. 그것은 마치 쉼표나 마침표도 없이 몇 쪽이나 계속되는 하나의 문장을 읽는 것과 마찬가지며, 어떤 구절법도 없는 음악을 듣는 것과 마찬가지다. 그러다 마침내 제4상한으로 탈출하게 되면, 속도의 변화를 통해 약간의 안도감을 가질 수 있다. 그러나 그럴 경우에 우리는 일반적으로 공허함과 불만족을 느끼게 되며, 재충전되었다거나 재창조되었다는 느낌은 받을 수가 없다.

자기 리더십이란 쇄신이나 재충전에 대한 욕구를 인정하는 지혜를 개발하는 것이고, 매주 진정으로 재창조적인 본성을 지닌 활동을 확실하게 제공하는 것이다.

제2상한 주간 시간 관리는 그 자체가 재충전 활동이다. 그것을 통하여 우리는 우리의 욕구와 능력과 정북향 원칙들에 대한 깨달음을 새롭게 할 수 있다. 우리는 인간의 네 가지 천부의 능력과 가진 관련을 새롭게 하며, 공헌의 길, 자기보다 더 높은 목적을 위해 살아가는 길에 대한 다짐을 새롭게 할 수 있다. 우리는 비전이 주는 열정, 역할들 사이의 균형, 우리 생활에서 목표들이 주는 위력을 새롭게 할 수 있다. 주간 시간 관리 실험을 해 본 어떤 사람은 이렇게 썼다.

난 일요일 저녁을 TV를 보는 제4상한 활동으로 보내곤 했습니다. 그러나 나는 그 시간이 일 주일 가운데 마음의 평화를 가장 크게 누리며 보내는 데 쓸 수 있는 시간이라는 것을 알게 됐죠. 그래서 교회 예배에 참석했습니다. 난 가족과 시간을 보냈습니다. 그것을 통해 내 사명과 역할, 목표를 검토할 수 있는 마음의 틀이 잡혔어요. 그래서 이제 난 일요일 저녁 시간을 다가오는 한 주를 계획하는 시간으로 잡아 놓고 있습니다.

어떤 사람들은 금요일 오후에 퇴근하기 전에 정리해 두기를 더 좋아한다. 어떤 사람들은 일요일 아침이나 월요일 아침을 더 좋아한다. 중요한 것은 당신이 혼자서 깊은 내면의 삶과 관련을 가질 수 있을 때 그렇게 하라는 것이다. 사람들은 규칙적인 쇄신이나 재충전 없이는 원칙과는 다른 방향으로 떠밀려 가게 된다. 작용을 하는 대신 늘 작용을 받으며 살게 된다.

매일의 재충전

주간 단위 전망의 장점은 매일의 재충전에서 균형을 얻을 수 있는지 없는지를 보면 알 수 있다. 예를 들어 하루 한 시간을 재충전에 쓴다면, '균형'이라는 것은 15분 동안 운동하고, 15분 동안 10대인 딸의 이야기를 듣고, 15분 동안 공부하고, 15분 동안 명상하는 것으로 해석될 수도 있다.

그러나 당신의 시각을 일 주일로 확대했을 때 늘어나는 가능성들을 생각해 보라. 건강 전문가들은 '운동 효과'를 얻기 위해서는, 적어도 일 주일에 세 번, 30분씩 격렬한 운동을 해야 하며, 운동 사이에는 쉬어야 한다고 말한다. 세 번에 걸쳐 신체적 재충전을 하는 것이 매일 15분 동안 가벼운 운동을 빠짐없이 하는 것보다 더 나은 효과를 가져올 것이다. 격렬하고 저항력이 있는 운동을 하지 않는 날에는 팔다리를 뻗는 가벼운 운동을 하거나 산책을 할 수 있다—그와 동시에 배우자와 이야기를 한다거나 테이프를 들음으로써 그 활동의 가치를 높일 수 있다. 그런 날에는 깊은 가르침을 주는 글을 읽는다거나 영감을 주는 글을 읽는 데 더 많은 시간을 보낼 수도 있다. 비록 각 활동의 성격과 시간은 일 주일에 걸쳐 다르겠지만, 당신은 그 활동을 통해 균형 잡힌 적절한 방식으로 톱날을 갈 수 있게 된다.

2. 전체-부분-전체

우리는 사명서를 검토할 때 전체—큰 그림, 염두에 두고 있는 목적, 우리가 하는 일의 의미를 생각해 본다. 그러나 전체에만 몰두해 버리면 이상주의적인 몽상가가 될 수 있다. 따라서 우리는 전체를 본 다음에는 부분으로―우리의 역할과 목표로―나아가야 한다. 우리는 자기 삶의 각 부분을 '근접' 해서 보게 된다. 그러나 부분에 몰두해 버리면 우리 삶은 기계화되고, 파편화되고, 단편화된다.

그래서 프로세스의 일부로서, 우리에게는 부분들을 다시 전체로 합치는 것이 필요하다. 주간 시간 관리라는 정상 렌즈를 통하여 두 가지 전망의 힘을 결합시키는 것이다.

부분들을 전체로 합치면 그 부분들의 상호 관련성을 볼 수 있다. 우리는 삶의 각 부분―일, 가족, 자기 발전, 사회 활동―이 공헌을 하고 사명을 완수할 능력을 부여한다는 것을 알게 된다. 우리는 각 부분이 다른 모든 부분에 공헌하는 것을 보게 되며, 어떤 한 역할에서 나타나는 품성과 역량이 다른 역할에서도 우리에게 이익을 준다는 것을 알게 된다.

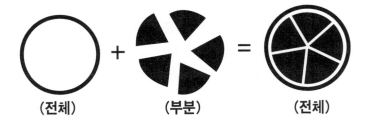

(전체)　　＋　　(부분)　　＝　　(전체)

'전체―부분―전체' 전망을 통해 우리는 시너지를 창출할 수 있고, 역할과 활동 목표들 사이의 인위적 장벽을 제거할 수 있다.

활동 목표들 사이의 시너지 창출

우리는 전체―부분―전체 사고를 통해 역할과 활동 목표들 사이에서 시너지를 창출하는 능력을 얻을 수 있다. 어떤 활동들은 그것들을 묶어서 한꺼번에 실행하면 각 활동을 따로따로 실행할 때보다 한결 나은 결과를 낳는다. 또 어떤 활동들은 결합시켜서는 안 되는 것도 있다. 그 각각의 활동이 배타적인 집중을 요구하기 때문이다. 그러고 나서 지혜롭게, 각 부분이 다른 부분에 어떻게 영향을 미치는지 인식함으로써 우리 활동의 나머지 부분을 조정할 수 있다.

예를 들어, 주간 시간 관리를 하면서 아들과 함께 수영을 하러 갈 시간을 계획함으로써, '아들과 친밀한 관계를 구축한다.'는 부모로서의 목표와 '운동을 한다.'는 톱날을 가는 목표를 함께 엮을 수도 있다. 사회적 지원을 필요로 하고 있는 소수 민족 집단에 들어가서 자원 봉사를 함으로써 새로운 언어를 배운다는 목표를 지역 사회 봉사 목표와 엮을 수도 있다. 우리가 풍요의 심리를 발전시켜 나가면, 훨씬 더 많은 목표들을 종합할 수 있는 방법들을 찾게 된다. 한꺼번에 세 끼 먹을 양의 음식을 준비함으로써, 맛있는 식사를 하고, 새로운 이웃을 만나고, 다음달의 봉사 클럽 모임에 대비할 수도 있다—한 끼분은 가족에게 주고, 한 끼분은 새 이웃에게 주고, 한 끼분은 남겨 두어 봉사 클럽 모임이 있는 밤에 저녁 식사 준비를 하느라 시간을 보내지 않아도 되기 때문이다. 가능성은 무한하다. 우리 삶에는 시너지를 창출할 수 있는 방법이 무수히 많으며, 그럼으로써 우리는 삶을 단편적이고 직선적인 전망 속에서 파악할 필요가 전혀 없게 된다.

그러나 우리의 목표는 일정 속에 되도록 많은 활동들을 쑤셔 넣으려는 것도 아니고, 모든 것을 동시에 하려는 것도 아니다. 우리는 슈퍼맨이나 슈퍼우먼이 되려는 게 아니다. 목표는 우리의 상상력을 이용하여, 목표들을 따로따로 이룩했을 경우보다 훨씬 더 나은 결과를 얻을 수 있도록, 시너지적이고 원칙에 기초를 둔 방법들을 찾는 것이다.

이와 같은 방법을 판단할 수 있는 기준은, 당신이 부분들을 관련지어 나가면서 속으로 어떤 기분을 느끼는지를 확인해 보는 것이다. 만일 억지로 하거나 꾸민 것이라는 느낌이 든다면, 원칙을 어기고 있는 것일지도

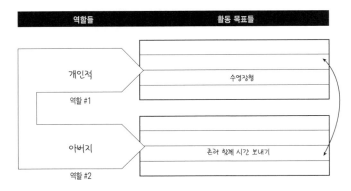

역할들	활동 목표들

개인적

역할 #1

수영강행

아버지

존과 함께 시간 보내기

역할 #2

모르고 당신 자신을 너무 무리하게 밀어붙이고 있는 것일지도 모른다. 그렇다면 각 활동에 개별적으로 접근하는 편이 더 나을 것이다. 활동들이 자연스럽게 합쳐진다면, 당신은 평화로운 느낌과 능력이 향상되었다는 느낌을 받을 것이다. 당신이 원칙과 일치되도록 활동하고 있는 것이기 때문이다. 그럴 경우에는 당신 삶의 여러 부분이 갈등하고 경쟁하는 게 아니라, 아름다움과 조화 속에서 서로 힘을 모으게 된다.

주간 계획표에서 이러한 시너지를 포착하는 몇 가지 방법이 있다. 한 가지 방법은 목표들 사이에 금을 그어 연결하고, 그 주의 적당한 날로 시너지적인 활동을 옮기는 것이다.

또 하나의 방법은 '기억할 것' 항목에 시너지적 활동을 적어 놓고, 당신의 목표들을 나타내는 활동 옆에 별표와 같은 표시를 하는 것이다.

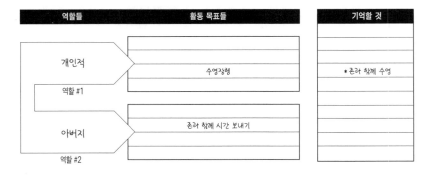

역할들	활동 목표들	기억할 것

개인적

역할 #1

수영강행

* 존과 함께 수영

아버지

존과 함께 시간 보내기

역할 #2

일단 시너지를 창출하면, 우리가 선택한 활동을 그 날의 약속이나 우선 순위로서 한 주간 속에 집어 넣을 수 있다.

인위적 장벽 제거하기

우리는 종종 일, 가족, 개인적 시간 사이에 벽을 쌓는 경향이 있다. 우리는 마치 한 영역에서 하는 일이 다른 영역에서 하는 일에 아무런 영향을 미치지 않는 것처럼 행동한다. 그러나 이런 장벽은 모두 인위적이다. 사무실에서 뜻대로 되지 않은 날에는 무력감과 공헌한 일이 없었다는 느낌이 들게 되며, 그것은 개인 생활과 가족 생활에 영향을 미친다. 개인적 갈등과 가족 갈등은 업무 수행의 질에 영향을 미칠 수 있다. 반면, 좋은 가족 관계는 우리 일에 긍정적인 영향을 미칠 수 있으며, 업무를 수행할 때 멋진 일이 생기면 우리는 그것을 가족이며 친구들과 함께 나누고 싶어 하게 된다.

삶은 불가분의 전체다. 우리가 생활의 다양한 측면들과 전반적인 목적 의식 사이에 관련이 생기도록 하면 한 가지 역할에서의 쇄신이 다른 역할에서도 쇄신을 가져다 준다. 우리는 업무상 조직의 목적 일부와 관련을 맺을 수도 있고, 거기에 기여함으로써 충족감을 얻을 수도 있다. 우리는 또 고객에게 봉사하는 데서, 또는 우리가 훈련시키거나 함께 일하는 사람들의 성장과 발전에서 충족감을 얻을 수도 있다. 우리가 성장과 공헌을 이루는 방식으로 투자를 하고 관련을 맺으면, 우리는 아침에 출근할 때 어젯밤 퇴근할 때보다 더 강하고 더 나은 상태가 되어 있음을 느끼게 된다.

우리는 집에서 재충전 시간을 보냄으로써 다른 모든 역할에서 더 강해질 수도 있다. 우리가 사랑하는 사람들에게 공헌을 하면, 가족과 보내는 시간은 유대를 더욱 공고히 한다. 우리는 가족과 함께 공동체와 친구들에게 공헌하기 위한 일을 할 수도 있다. 우리가 풍요로운 개인 생활과 가족 생활 그리고 사회 생활에 투자를 하면, 우리는 아침에 출근할 때 어젯밤 퇴근할 때보다 더 강하고 더 나은 상태가 되어 있음을 느끼게 된다.

전체-부분-전체의 전망을 통해 우리는 관계들을 바라보게 되고, 단편화·낙심·자기 중심 대신에 성장·공헌·충족으로 이끄는 관련을 창조하는 능력을 얻게 된다. 전체-부분-전체의 전망은 우리 삶을 통합시키고, 여러 요소를 아름다운 무늬로 수놓을 수 있는 잠재 의식적 사고 방식이 된다. 풍요롭게 '보는 것' 이야말로, 풍요롭게 행동하고 풍요롭게 살아가도록 해 주는 것이다.

3. 상황에 맞는 내용물

우선 순위는 상황, 즉 그 안에서 뭔가 벌어지는 '큰 그림'에 의해 좌우된다. 예를 들어 만일 지금 당신 가까이 있는 사람이 심각한 문제를 겪고 있어 도움을 필요로 한다면, 당신은 아마 당장 이 책을 내려놓고 그를 도우러 갈 것이다. 왜? 어떻게 당신의 시간을 가장 잘 활용할지를 결정하는 상황이 달라졌기 때문이다.

주간 시간 관리는 우리의 삶에서 무엇이 중요한 것이냐 하는 상황 속에 우리가 살면서 하는 활동들이라는 내용물을 집어 넣는다. 주간 시간 관리는 우리가 삶의 목적 및 패턴과 접촉할 수 있게 해 주는 큰 그림을 쇄신하는 것이다. 주간 시간 관리는 우리 삶에서 다음 7일 동안 무엇이 소중한 것이며, 어떻게 그 소중한 것들을 먼저 할지를 둘러싼 우리의 최선 추구 사고 방식을 나타내는 강력한 틀이다. 우리가 긴급한 것에 떠밀리려할 때, 기분에 좌우되려 할 때, 또는 예기치 않은 기회와 마주칠 때, 우리는 변화의 가치를 측정할 수 있는 뭔가 굳건한 것을 지니게 된다. 우리는 상황 속에 내용을 넣을 수 있으며, '무난한 것'이 아니라 '최선의 것'을 선택할 수 있다.

어떤 사람은 이렇게 썼다.

나는 주간 시간 관리를 시행하기 전에는 전화 벨이 울릴 때마다 벌떡 일어나곤 했습니다. 누가 위원회 모임에 대해서 말하면 그냥 따라가곤 했습니다. 그러나 지금은 이렇게 말합니다.

"나도 가고 싶지만, 그 시간에 딸과 함께 시간을 보내기로 약속해 놔서요."

때로는 일에 대한 책임 때문에 친구와 한 약속을 취소하기도 합니다. 하지만 그게 중요한 거라면 다른 때로 다시 시간을 잡습니다. 중요한 일이 아닌 한 어떤 것도 일정표 상에 올라가지 않죠.

제2상한 시간 관리란 일정표의 항목에 우선 순위를 정하는 데에 머무르는 것이 아니다. 그것은 우선 순위의 일정을 잡는 것이다. 제2상한 시간 관리는 빈 시간에다가 일정이 잡힌 행동을 집어 넣는 게 아니다. 그것은 '큰 돌'을 먼저 집어 넣고, 거기에 보탤 필요가 있는 모래 · 자갈 · 물을 차례대로 집어 넣는 것이다.

목적이란 그릇에 아무것이나 아가리까지 가득 채우는 것이 아니라, 큰 돌들이 들어가 있는지만 확인하고, 양심의 명령에 따른 변화가 있을 때를 대비해서 그릇을 가득 채워 두지 않는 것이다.

내용을 상황 속에 넣어 두려고 할 때에는 시간대를 만들어 놓고 그 가운데 준비를 위한 시간을 마련해 두는 것이 도움이 된다.

시간대 만들기

시간대란 중요한 활동들을 위해 예비해 둔 덩치가 크고 호환이 가능한 시간 블록들이다. 만일 가족 활동의 가치가 높다면, 매주 주간 계획을 짤 때 늘 토요일 아침을 떼어 놓을 수도 있다. 그렇게 함으로써 매주 토요일 아침에는 약속을 하거나 확고한 결의를 하지 않고도 가족 활동을 할 수 있게 된다. 다른 활동이나 목표의 계획을 잡으면서도, 가족 활동을 위해 예비해 둔 시간은 지켜 나갈 수 있는 것이다.

당신이 한 달에 두 번 목요일 저녁마다 만나는 지역 사회 프로젝트나 봉사 클럽에 적극적이라면, 매주 목요일 저녁은 그 봉사 활동을 위해 떼어 놓을 수 있다. 모임이 없을 때는 그 시간을 이용하여, 그 역할을 수행하는 데 필요한 회원 명부 작업 등을 할 수 있다.

직장에서는 일 주일에 한 번씩 아침 시간을 직원과 일 대 일 면담을 하기 위해 떼어 놓을 수도 있다. 사람들이 당신을 보고 싶어하면, 미리 설정해 놓은 시간대에 약속 시간을 잡을 수 있게 된다. 아울러 한 주간 내에 또 다른 시간을 떼어 새로운 고객을 만든다거나, 업계 관련 잡지를 읽는다거나, 장기 계획을 세우는 데 활용할 수도 있다.

시간대는 좀 더 효과적인 주간 시간 관리를 위한 틀을 제공할 수 있다. 요점은 한 주 전체를 모두 시간대로 채우는 것이 아니라, 높은 우선 순위를 가진 활동에 초점을 맞출 수 있도록 몇 가지 특정한 시간을 예비해 두는 것이다.

시간대를 이용하면 여러 가지 유리한 점이 있다. 먼저 높은 우선 순위를 가진 활동―제2상한 활동인 경우가 많겠지만―을 위한 시간을 떼어 둘 수가 있다. 아울러 생활에 질서가 잡힌 느낌을 갖게 되며, 다른 사람들도 그것을 알고 대응할 수 있게 된다. 만일 당신이 목요일 밤을 클럽 활동을 위해 떼어 놓았다는 것을 사람들이 안다면, 일 주일 내내 당신을 방해하지 않고 그 때, 즉 당신이 클럽 활동에 초점을 맞추어 이야기할 준비가 되어 있을 때, 당신에게 연락하면 된다는 것을 알게 되는 것이다.

시간대는 호환이 가능하기 때문에, 당신이 한 주 동안 할당한 시간을 희생하지 않고도 일정 속에서 융통성을 확보할 수 있다. 예를 들어, 만일 어떤 친구들이 갑자기 목요일 밤에 가기로 했던 콘서트에 갈 수가 없어 당신에게 대신 가라고 표를 준다면, 당신은 가족 시간을 목요일로 바꾸어 가족과 함께 콘서트에 가고, 클럽 일은 토요일 아침에 할 수도 있을 것이다. 그렇게 함으로써 한 주 동안 당신은 양쪽 역할에서 가장 중요한 것을

모두 이룰 수 있게 된다.

　시간대는 다른 사람들이 당신의 일정을 예상할 수 있게 해 준다. 만일 당신의 약속을 대신 잡아 주는 보조자가 있다면, 시간대는 당신과 보조자 두 사람 모두에게 권한을 준다. 당신이 월요일 · 수요일 · 금요일 오전 10시부터 오후 4시 사이를 약속 시간대로 정해 놓으면, 당신의 보조자는 사전에 달리 지시가 없는 한 그 시간대에 다른 계획을 잡지 않으리라는 것을 알게 된다. 동시에 당신은 당신의 보조자가 당신에게 먼저 확인을 하지 않고서는 다른 시간대에 약속을 잡지 않으리라는 것을 알게 된다.

준비 시간 확보하기

　우리의 좌절과 불안 가운데 상당 부분은 준비가 되지 않았다는 느낌에서 온다. 제대로 준비가 되지 않으면 많은 활동들이 긴급해진다. 주간 시간 관리를 통해 우리는 준비를 고려하고 촉진하는 틀을 만들게 된다.

　예를 들어, 금요일 아침으로 예정된 회의에서 중요한 프리젠테이션을 해야 한다면, 당신은 수요일에 얼마쯤 시간을 내서 준비를 하고, 목요일에 얼마쯤 시간을 내서 연습을 해야 할 것이다. 만일 토요일 아침에 정원에서 일을 할 계획이라면, 금요일에 씨앗이나 연장을 사러 가게에 들러야 할 것이다.

　우리가 삶에서 얻고 싶어하는 성공적인 경험이 우연히 얻어지는 경우는 드물다. 그런 경험은 거의 언제나 성취, 즉 신중한 계획과 철저한 준비의 결과인 것이다. 일 주일을 계획하는 그 투명한 순간을 통해 우리는 전망을 얻게 되고, 준비를 하는 데 필요한 시간을 확보할 수 있다. 일들이 계획대로 진행될 경우, 대개는 준비를 한 경우에 훨씬 더 큰 효과를 낼 수 있다. 설사 상황이 변하더라도, 준비를 하며 보낸 시간을 통해 우리는 상황 변화의 가치와 비용을 더 빠르고 효과적으로 인식하게 됨으로써, 올바른 방향으로 나아가는 능력을 얻을 수 있다.

일단 한 주간의 전망을 얻게 되면, 하루에 국한된 근시안적인 시야에 의해 제한을 받는 것이 견디기 힘들어진다. 당신은 맥락에 내용을 넣음으로써 선택의 순간에 좀 더 현명하고 효과적인 결정을 내릴 수 있게 된다.

삶의 질의 차이

일차원적인 크로노스 패러다임을 가지고 우리 삶에서 소중한 것을 먼저 하려고 시도하는 것은 너무 단순한 태도다. 그런 패러다임에서는 삶의 중요한 것과 그것을 잘하는 방식이 기계 장치인 시계와 인쇄된 달력에 달려 있다고 말한다. 시계의 째깍거리는 소리가 우리 삶의 속도를 규정한다는 것이다.

그러나 주간 시간 관리 프로세스를 통해 광범위한 전망을 얻게 되면 우리는 완전히 새로운 수준에서 보고 존재하게 된다. 그 차이를 이해하는 가장 좋은 방법은 그것을 경험해 보는 것이다. 우리는 종종 이런 이야기를 듣는다.

나는 대부분의 시간을 직장일에 매달려 보냈지만, 이제는 그렇지 않습니다. 난 마치 어깨에서 무거운 짐을 벗은 느낌이며, 다시 인생을 즐기고 있어요. 난 일에서 더 많은 것을 하면서도 내 다른 역할들에 쓸 시간 또한 충분히 가지고 있습니다. 내 인생은 균형 감각을 다시 찾는 중입니다.

나는 상당한 양의 질적인 시간을 발견하고 있습니다. 전에는 난 늘 이렇게 말했습니다.

"하루 24시간이 모자라고 일 주일에 7일로는 부족해. 난 할 일이 너무 많아."

난 때로는 낡은 습관으로 되돌아가지만, 그럼에도 닻을 내리고 있고, 균형이 잡혀 있고, 또 언제든 금방 조정을 할 수 있다는 것을 알기 때문에 마음이 편안합니다. 급한 일도 있고, 조금도 늦춤 없이 다급하게 해야 할 일도 있죠. 하지만 그래도 보람 있는 것이, 그러고 나면 나 자신을 위한 시간을 얼마쯤 떼어 놓을 수 있고, 또 그것이 고객과 관련된 긴급 상황 등과 같이 제1상한에 속하는 중요한 일이라는 것을 정말 알고 하는 것이기 때문입니다. 전에는 하루 매 시간 일정을 잡아야 한다고 생각했습니다. 하지만 이제는 중요한 것은 사소한 것마다 일일이 일정을 잡는 게 아니라, 소중한 것을 먼저 하는 것임을 깨달았습니다.

가장 눈에 띄는 변화는 내 아이들과 관련된 것입니다. 월요일은 늘 미친 듯이 바쁜 날이었죠. 딸은 승마를 하러 가고, 아들은 축구 연습을 하러 가고, 또 그 사이사이에 온 가족이 함께 저녁을 먹으려 했기 때문입니다. 그러다가 난 한 주를 계획하는 과정에서 내 아내에게, 이 시간을 아이들과 함께 하는 특별한 시간으로 정해 놓고 각각 한 아이를 데리고 나가 아이의 활동 전이나 후에 식사를 하자, 그래서 바쁘게 돌아다니는 것보다는 아이에게 초점을 맞추자고 제안했습니다. 지난 월요일, 두 주간의 계획을 세우는 일을 마치고 난 뒤, 아들과 함께 패스트 푸드 식당에서 식사를 하고 축구 연습장으로 가려고 차를 타러 가는데, 아들이 내 손을 잡으며 말했습니다.

"월요일은 일 주일 가운데 내가 제일 좋아하는 날이에요, 아버지. 아버지하고 함께 있든, 어머니하고 함께 있든 상관없어요. 난 그냥 얘기가 하고 싶을 뿐이에요."

여기에는 근시안적인 크로노스 패러다임을 통해서는 절대 발견할 수가 없는 삶의 질과 직결된 문제가 있다. 그저 일일 계획 체계에 주간 계획표를 보태는 것만으로도 큰 차이가 있다. 그러나 카이로스, 즉 풍요의 패러다임을 보태게 되면—우리 삶의 모든 부분이 우리 사명에 중요하며, 부분들 사이의 시너지가 전체 속에서 에너지를 창조하는 것을 보게 되면—

훨씬 더 커다란 차이가 나타난다. 그 결과 삶은 성장과 꾸준한 학습, 충만한 관계, 의미 있는 공헌의 생산적 사이클을 이루게 된다.

주간 전망은 균형과 전망을 함양해 주며, 순간순간 우리 삶에서 우리가 먼저 하기로 결정해야 할 소중한 것들에 관하여 효과적인 선택을 할 수 있는 맥락을 제공한다.

주간 단위의 전망을 신장시켜 주는 제2상한 목표들

- 매주 당신의 제2상한 시간 관리를 하기 위한 특정한 시간을 정해 놓아라. 반성과 명상에 편리한 장소를 찾아라.
- 한 주 동안, 주간 전망을 하게 됨으로써 다르게 대처할 수 있게 된 상황에 주목하라. 그것들을 당신의 오거나이저에 기록하라. 한 주가 끝날 때 당신의 경험을 평가하라.
- 아직 그렇게 하고 있지 않다면, 한 주에 하루를 재충전, 숙고, 재결의—단순한 기분전환이 아니라—를 위해 확보해 두라. 오늘 하루를 잡아, 당신이 흔히 다른 날에 하는 일들을 하지 말라. 그리고 한 달 뒤, 그것이 당신 삶에 미친 영향을 평가해 보라.
- 만일 당신이 다른 사람들과 함께 살거나 일한다면, 그들과 함께 주간 시간 관리 모임을 가지도록 하라. 모든 사람이 자신의 목적을 더 잘 성취하도록 해 주기 위해 당신의 활동들을 조정해 나갈 방법을 찾도록 하라.

9 : 선택 순간의 성실성

삶의 질은 자극과 반응 사이의 공간에서
어떤 일이 이루어지느냐 하는 것에 달려 있다.

주말에 제2상한 프로세스로 자신의 깊은 내면의 소리를 들으면서 30분 동안 주간 계획을 세웠다고 가정해 보자. 당신은 자신의 사명과 자신의 역할들을 검토하고 중요한 목표들을 확인했다. 당신은 그 활동 목표들을 한 주 동안의 행동 계획으로 구체화했다. 그리고 나서 하루가 시작될 때, 당신은 그 날의 계획을 검토하고 재빨리 중요성을 다시 확인해 본 다음, 양심의 명령에 따라 반드시 필요하다고 느끼는 것들은 우선 순위를 변경시켰다. 당신은 이제 '소중한 것들'을 재확인했으며, 당신 삶의 다음 24시간 동안 그 '소중한 것들'을 먼저 할 훌륭한 계획을 가지고 있다고 확신한다.

그래서 당신은 계획한 대로 하루를 살아가기 시작한다. 그러나 어찌된 일인지 하루가 '계획한 대로' 돌아가지 않는다.

• 당신이 막 직원 한 사람과 면담을 끝냈는데, 갑자기 그 직원이 다시 주저앉으며 자신의 일에 영향을 주는 걱정거리 몇 가지를 털

어놓기 시작한다. 당신은 이 직원이 걱정이 되기는 하지만, 10분 뒤에 중요한 회의가 있다. 당신은 회의에 나오려고 자신의 시간을 안배한 다섯 명의 다른 참석자들에게도 마음이 쓰인다. 당신은 어떻게 할 것인가?

• 당신은 딸이 다니는 초등 학교의 교장한테서 전화를 받는다. 학교 운동장에 필요한 장비를 확보하기 위한 특별 임무를 띤 위원회에 참가해 달라는 요청이다. 당신은 최근 지역 사회에 봉사하는 일은 그만 하기로 결심한 바 있다. 재충전이나 자기 쇄신에 시간을 충분히 쓰지 못하고 있고, 가족과 함께 보내는 시간도 충분치 않다고 느낀 까닭이다. 그러나 당신은 딸을 소중하게 여기며, 또 딸이 다니는 학교를 위해 교장이 하려고 하는 일도 높이 평가하고 있다. 게다가 당신에게는 그 계획에 중대한 영향을 미칠 재능과 자원과 연줄이 있다. 당신은 교장에게 뭐라고 대답할 것인가?

• 당신은 몇 시간 동안 어떤 프로젝트를 놓고 집중적으로 일을 했기 때문에, 당신의 효과성이 떨어지고 있다고 느낀다. 잠시 휴식을 취하며 뭘 좀 읽거나 이른 점심을 먹으면 다시 힘이 솟아날 것이라는 생각이 든다. 하지만 마감 시간이라는 게 있다. 당신은 휴식이 진정한 재충전인지 아니면 도피인지 판단할 수가 없다. 당신은 어떻게 결정할 것인가?

이런 예들이 당신이 처한 특정한 상황과 정확히 일치하지는 않을지도 모른다. 그러나 주변 여건이 어떻든, 당신은 계획을 실행에 옮길 수 없도록 하는 뜻밖의 도전이나 새로운 기회, 또는 이유나 핑계가 찾아온다는 것을 알고 있을 것이다.

그런 상황에서 당신은 어떻게 반응하는가?

당신은 어떤 선택을 하는가?

당신의 선택에 대해서는 어떻게 느끼는가?

선택을 하는 것에 대해서는 어떻게 느끼는가?

하루가 끝날 때는 어떤 기분인가? 계획한 것을 다 하지 못해서 좌절을 느끼고 자신이 부적격자라는 생각이 드는가? 또 계획한 대로 다 해 보려고 뛰어다니며 애쓰다 탈진한 느낌이 드는가? 아니면 당신이 사실상 소중한 것을 먼저 했다는 생각에 차분함과 평온함과 깊은 만족을 느끼는가?

이런 도전은 환상이 아니라 일상 생활이다. 제2상한 시간 관리가 아무리 강력하다 해도, 제2상한 시간 관리나 다른 계획 프로세스가 우리에게 일어날 모든 일을 미리 알려 주거나 그것을 컨트롤할 능력을 부여해 주지는 않는다. 만일 우리가 효과적인 시간 관리라고 생각하는 것이, 무슨 일이 있더라도 예정된 약속 목록이나 '할 일' 대로 밀고 나가는 것이라면, 우리는 좌절감을 맛볼 수밖에 없다. 대부분의 하루하루가 워낙 그런 기대를 충족시켜 주지 못하기 때문이다. 게다가 우리는 삶의 가장 풍부하고 가장 의미 있는 영역들 가운데 일부를 아쉬워하게 될 것이다. 그리고 꽤 오랫동안, 소중한 것을 먼저 하지 못한 채로 시간을 보낼 가능성이 높아진다.

삶의 어떤 주간이나 어떤 날 또는 어떤 순간이라도 그것은 지도가 그려져 있지 않은 땅이다. 전에 한 번도 살아 본 적이 없는 시간이다. 우리는 낙하산을 타고 낯선 땅에 떨어진다. 우리가 그 동안 만든 도로 안내 지도가 도움은 되지만, 길을 효과적으로 찾아 나가는 능력은 많은 부분 우리 내면의 나침반의 질—우리가 언제라도 정북향을 찾고 거기에 우리를 일치시킬 수 있게 해 주는 네 가지 천부의 능력—에 달려 있다. 바로 이 점 때문에 제2상한 시간 관리의 목적은 우리에게 선택의 순간에 성실성을 가지고 살 수 있는 능력을 부여하는 것이 된다. 어떤 우회로가 나타나든, 지도가 그려진 뒤 어떤 새로운 길이 만들어졌든, 우리는 내면의 나침반에 따름으로써 계속 올바른 방향으로 나아갈 수 있다.

선택의 순간

선택의 순간은 우리가 자신에게 진실해지는 순간이다. 선택의 순간은 우리의 성품과 역량이 시험대에 오르는 지점이다. 선택의 순간에 우리에게 작용하는 몇 가지 요인을 고려해 보라.

- 긴급성(다급하고 가장 가까이 있는 것)
- 사회적 거울(남을 즐겁게 하고 인기를 얻을 수 있는 것)
- 우리 자신의 기대
- 다른 사람들의 기대
- 우리가 가지고 있는 깊은 가치(장기적으로 우리가 중요하게 느끼는 것)
- 우리가 가지고 있는 운영상의 가치(우리가 단기적으로 원하는 것)
- 우리의 각본
- 우리의 자아 의식
- 우리의 양심
- 우리의 기본 욕구
- 우리가 원하는 것

이런 요인이 우리에게 작용하는 상황에서, 선택의 순간은 단지 선택의 순간이지, 그 이상도 이하도 아님을 기억하는 것이 중요하다. 우리가 이 영향력 가운데 한 가지 이상에 자동적으로 반응하든, 환경이나 다른 사람들에게 우리를 컨트롤할 권한을 부여하든, 천부의 능력을 이용하여 의식적이고 양심의 명령에 따른 결정을 내리든—그것은 우리가 선택하기 나름이다.

빅터 프랭클은 나치 독일의 끔찍한 수용소에서 다음과 같은 사실을 발견했다.

> 강제 수용소에서 살던 우리는, 자신의 마지막 빵 조각을 다른 사람들에게 건네 주고 그들을 위로하면서 막사를 나간 사람들을 기억한다. 그들은 수적으로 적을지는 몰라도, 인간에게서 모든 것을 빼앗아 가도 한 가지만은 빼앗을 수 없다는 것을 충분히 보여 주었다. 그것은 인간이 가진 자유 가운데 마지막 것—어떤 주어진 일련의 환경 속에서 자신의 태도를 선택하는 것, 자기 자신의 방법을 선택하는 자유다.
>
> 사실 강제 수용소에서는 늘 선택해야 할 것들이 있었다. 날마다 시시각각으로 결정을 내려야 했으며, 그 결정은 우리한테서 우리의 자아, 우리의 내적 자유를 빼앗겠다고 위협하는 힘들에 우리가 굴복할 것이냐 저항할 것이냐를 판가름하는 것이었다. 그것은 또한 우리가 환경의 노리개가 되느냐 마느냐를 판가름하는 것이었다…….[1]

환경이나 다른 사람들이 우리 삶의 질을 책임지고 있다는 환상을 가지고 살아가는 것이 편할지는 모른다. 그러나 우리가 자신의 선택을 책임진다는 것—반응을 할 수 있다는 것이 현실이다. 그리고 이런 선택 가운데 어떤 것들은 당시에는 작고 의미 없어 보일지 몰라도, 산골짜기의 작은 시냇물들이 모여 큰 강을 이루듯, 이런 결정이 합쳐져서 점점 큰 힘으로 우리를 최종 운명의 목적지로 몰아가게 된다. 시간이 지나면, 우리의 선택들은 마음의 습관이 된다. 그리고 이 마음의 습관들은 우리의 시간과 삶의 질에 다른 어떤 요인보다도 큰 영향을 준다.

원칙 중심의 선택

원칙에 중심을 둔 삶의 본질은 양심에 귀를 기울이고 양심대로 살겠다고 결의하는 것이다. 왜? 선택의 순간에 우리에게 영향을 주는 모든 요인 가운데, 양심이야말로 늘 정북향을 가리키는 요인이기 때문이다. 양심이야말로 흐트러짐 없이 삶의 질을 향상시키는 요인이기 때문이다.

원칙에 중심을 둔 선택이 다른 선택과 다르다는 것을 보여 주기 위해, 실험을 하나 해 보면 좋겠다. 이 실험에 깊이 몰두해 보기 바란다. 이 실험을 해 보는 것이야말로 이 장(章)의 핵심을 이해하는 길이기 때문이다.

당신이 맺고 있는 관계 가운데 당신이 깊은 관심을 가지고 있고, 정말 개선되기를 바라는 관계 몇 가지를 잠시 생각해 보라. 그것은 배우자와의 관계일 수도 있고, 부모 · 자식 · 상사 · 직원 · 친구와의 관계일 수도 있다. 그 관계를 생각하면서, 당신의 깊은 내면의 삶 속으로 들어가 이런 질문을 해 보라.

그 관계의 질을 뚜렷하게 개선시키기 위해 내가 할 수 있는 일이 한 가지 있다면 그것은 무엇인가?

이 질문을 생각해 보면 마음 속에 답이 떠오르는가?

마음에 떠오른 그 일을 하면 그 관계의 질이 개선될 것이라는 자신이 생기는가?

어떻게 그럴 것임을 아는가?

우리가 이런 질문을 할 때마다, 사람들은 거의 예외 없이, 변화를 가져오기 위해 그들이 할 수 있는 어떤 구체적인 일을 즉시 느끼게 된다. 사람들은 그 일이 관계의 질을 개선시키리라는 것을 안다.

"어떻게 그럴 거라는 것을 압니까?"

"글쎄요, 그냥 알지요."

대부분의 사람들이 전에 이런 환경이나, 또는 어떤 다른 환경에서 이런 질문과 답변을 해 보았기 때문에 그것을 아는 것은 아니다. 그 답이 반드시 선형적 사고의 직접적인 연장선 위에 있는 것은 아니다. 그것은 그저 해야 할 '옳은' 일을 내적으로 깊이 아는 것이고, 그렇게 하는 것이 관계의 질을 개선시키는 결과들을 낳을 것임을 자신하는 것일 뿐이다.

"당신 마음에 떠오른 대답이 정북향 원칙과 조화를 이룹니까?"

"네."

"그것이 당신 영향력의 원 안에 있는 일입니까?"

"네."

"어려울지도 모르지만, 할 수는 있는 일입니까?"

"네."

이러한 깊은 내면의 앎은, 우리가 특정한 상황에서 삶의 질을 개선시키기 위해 할 수 있는 일 가운데 가장 효과적이고 원칙에 기초를 둔 것을 향해 즉시 초점을 맞추게 해 준다. 이것은 당신이 사명서를 작성하거나 주간 시간 관리를 할 때 더러 경험하는 것과 똑같은 앎이다.

매일매일, 순간순간, 당신이 깊은 내면의 앎에 접근할 수 있다면 어떻게 될 것인가? 전쟁터와 같은 하루의 열기 속에서 긴급성, 사회적 압력, 다른 사람들의 기대, 고통의 회피, 편의, 응급 처방에 근거한 결정을 내리는 대신, 그 내면의 지혜에 따라 결정을 내릴 수 있다면 어떻게 될 것인가? 그런 결정을 효과적으로 내릴 수 있다면 어떻게 될 것인가? 그게 당신 인생에 변화를 가져올까?

스티븐 : 몇 년 전, 나는 양심에 귀를 기울이고 양심과 일치되게 살아가는 문제를 놓고 한 대학생 그룹과 이야기를 한 적이 있습니다. 그 과정에서 우리는

귀를 기울이는 연습을 해 보았습니다. 나는 학생들에게 자신의 깊은 내면의 삶과 관련을 맺고 양심에 귀를 기울여 보라고 했습니다.

'더 나은 학생이 되기 위해서 무엇을 할 수 있는가? 더 나은 아들이나 딸, 더 나은 룸메이트가 되기 위해 무엇을 할 수 있는가? 더 성실한 삶을 살아가기 위해 무엇을 할 수 있는가?'

나중에 어떤 여학생이 나에게 다가와 말했습니다.

"내가 듣는 소리가 진짜 내 양심의 소리인지 아닌지 어떻게 알 수 있죠?"

그 여학생이 한 질문은 전에도 많은 사람들이 하던 말이었습니다. 흔히 이런 식으로 묻죠.

"내가 듣고 있는 소리가 깊은 내면에서 우러나온 양심의 소리인지 아니면 다른 목소리―예를 들어 사회적 양심, 각본, 나 자신의 소망적 사고의 목소리인지 어떻게 알 수 있습니까?"

난 대답했습니다.

"귀를 기울이는 연습을 할 때 뭔가를 느꼈습니까?"

"아, 네! 난 내가 더 나은 사람이 되기 위해 해야 할 아주 많은 것을 알고 있다고 느꼈어요."

"그럼 학생의 질문은 잊어버리세요. 그냥 그것들을 하세요. 그 일들을 하다 보면, 학생은 그 내면의 소리와 사귀게 될 것이고, 그 소리가 학생의 질문에 대답을 해 줄 겁니다."

난 학생의 표정을 살피고는 말을 이었습니다.

"내 대답이 마음에 들지 않는군요, 그렇죠?"

"맞아요."

"왜 마음에 안 들죠?"

학생은 한숨을 쉬며 말했습니다.

"더 핑계를 댈 수 없으니까요."

1년 뒤, 난 같은 대학에서 다른 주제에 대해 이야기를 하게 되었습니다. 그 때 이야기가 끝난 뒤, 그 여학생이 다시 다가와 자기 소개를 하며, 자신이 한 해 전에 이러저러한 질문을 한 적이 있는 학생이라고 말하더군요. 난 그 때 상황이 다시 떠올랐습니다. 내가 물었습니다.

"그래서 어떻게 되었습니까?"

"난 그 일들을 했어요! 그 일들을 진지하게 받아들였죠."

"어떤 일들을 했는데요?"

"진지하게 지혜의 문헌들을 공부하기 시작했죠. 난 마음에 들지 않아 그냥 잊어버리기로 했던 사람들과 화해를 했어요. 난 집에 더 협조하게 되었고, 더 도움을 주게 되었죠. 학생으로서 꾸물거리던 것도 사라졌어요. 난 내 가족과 교회를 위해서 청지기 직분을 가지고 있을 뿐 아니라, 학생으로서도 청지기 직분을 가지고 있다는 것을 깨달았죠. 난 내 형제와 자매들과 더 즐겁게 지내려고 애를 썼어요. 부모님들한테 말대꾸도 하지 않았어요. 난 변명을 덜 하게 되었고, 화를 덜 내게 되었어요."

여학생은 잠시 말을 멈추더니 이윽고 말을 이었습니다.

"난 이제 내적이든 외적이든 양심의 소리와 다른 소리 사이의 차이를 아주 분명히 알게 되었어요."

몇 년 뒤, 난 다른 그룹과 이야기를 하게 되었는데, 그 때 그 여학생이 다시 나타났습니다.

"연속극 제3회에도 관심이 있으세요?"

난 관심이 있다고 말했습니다. 그러자 여학생이 말하더군요.

"내 자신의 내적인 안내자가 있다는 것을 깨닫게 되면서부터 내 인생에 찾아온 변화는 믿어지지 않을 정도예요. 난 내가 하는 모든 일에서 방향 감각을 찾게 되었고, 내가 그 방향에 충실하기만 하면, 모든 게 협력하여 그 일을 이루도록 도와 준다는 느낌을 받았어요."

이것이 원칙에 중심을 둔 삶의 핵심이다. 이런 삶은 깊은 내면의 지식과 통로를 만들어 내며, 성실성을 가지고 그 지식에 맞추어 행동하게 된다. 그 삶은 자신의 양심에 귀를 기울이고 그 양심대로 살아가는 성품과 역량을 제공해 준다.

이것은 분명히 '응급 처방'이 아니다. 이 여학생이 발견한 대로, 그렇게 되기까지 오랜 시간에 걸친 엄청난 노력과 투자가 필요했다. 그러나 양심대로 살아가면 살아갈수록, 우리는 원칙에 중심을 둔 삶에서 나오는 삶의 질을 향상시키는 열매들을 더욱 많이 맛보게 된다.

선택한 것을 실행하는 방법

제2상한 프로세스의 핵심적 목적은 자극과 반응 사이의 공간을 넓히고, 그 안에서 성실하게 행동하는 힘을 증대시키는 것이다. 우리가 사명서를 만들 때, 우리는 바로 그런 일을 하게 된다. 우리가 일 주일의 시간 관리를 할 때, 우리는 바로 그런 일을 하게 된다. 우리는 자극과 반응 사이에서 멈추어, 원칙과 욕구 그리고 능력을 잘 통합시켜 주는 반응을 주도적으로 선택한다.

날마다, 순간순간, 우리가 그렇게 하는 것, 즉 멈추는 것을 배움에 따라, 성실하게 행동하는 능력도 증대된다. 그런 멈춤 속에서 성실성이 나오면서, 우리는 우리 인간만이 가진 천부의 능력들을 이용하여 실행 여부를 자신의 내면에 묻고, 편견 없이 들은 대답에 따라 용기 있게 행동하게 된다.

1. 실행 의도를 가지고 물어라

실행 의도를 가지고 묻는 것은 우리가 원칙 중심이 될 수 있는 핵심적인 행동이다. 그것은 호기심 때문이 아니라, 마음 속의 지혜에 따라 행동하기로 다짐하면서 우리 양심에 묻는 것이다.

실행 의도를 가지고 물으면 원칙이 주는 겸손을 다시 확인하게 된다. 즉, 원칙들이 존재하며 원칙들이 컨트롤을 하고 있다는 것을 인정하게 되는 것이다. 아울러 실행 의도를 가지고 물음으로써, 우리가 인간으로서 가지고 있는 천부의 능력들도 확인하게 된다—우리가 물어 볼 필요가 있다는 것을 깨닫게 해 주는 자아 의식, 우리를 정북향으로 이끌어 주는 양심, 선택을 하게 해 주는 독립 의지, 선택한 것을 가장 효과적인 방식으로 실행하도록 해 주는 창의적인 상상력을 가지고 있다는 것을 확인하게 된다. 실행 의도를 가지고 묻는 것에는 배우겠다는 태도와 용기, 자신감이 포함된다. 실행 의도를 가지고 묻는 것은 옳은 일을 하고 싶어하는 욕구가 그저 어떤 일을 하고자 하는 막연한 욕구보다 더 크다는 것을 보여 주는 것이다.

선택의 순간에 성실하게 행동하는 것은 묻는 것에서 시작된다—우리가 사명서를 작성하거나 주간 계획을 세울 때 묻는 것과 마찬가지다. 하루의 도전들에 직면할 때, 우리는 즉시 양심에 귀를 기울이고 양심에 따라 사는 데 초점을 맞추게 해 주는 핵심적인 질문을 할 필요가 있다. 이것은 아주 개인적인 문제이기 때문에 스스로에게 가장 효과적인 질문을 함으로써 더 큰 능력을 지니게 된다. 어떤 사람들은 자신에게 의미가 있는 질문들을 이런 식으로 했다.

"지금 당장 내 시간을 가장 잘 이용하는 방법은 무엇일까?"
"지금 당장 가장 중요한 일은 무엇일까?"
"나에게 요구되는 삶은 무엇일까?"
"지금 해야 할 옳은 일은 무엇일까?"

표현이 어떻든 이런 질문은 가슴에서 나온다. 덧붙여, 선택의 순간에 우리가 효과적으로 할 수 있는 다른 질문들로는 이런 것이 있다.

이것이 내 영향력의 원 안에 있는가?

이것이 내 초점의 중심 안에 있는가?

제3의 대안이 있는가?

어떤 원칙들이 적용되는가?

그 원칙들을 적용하는 가장 좋은 방법은 무엇인가?

이 장의 첫머리에 소개한 상황 가운데 하나를 예로 들어, 이런 질문이 원칙 중심의 방법으로 행동하는 데 어떻게 도움이 되는지 보여 주도록 하겠다.

당신이 곧 중요한 회의를 앞두고 있는데, 한 직원이 마음을 열고 가슴 속 깊은 곳에 있는 이야기를 꺼내기 시작했다고 가정해 보자. 당신이 보여 줄 전형적인 반응은 좌절과 불안일 것이다. 딜레마에 빠졌다는 느낌, 서로 다른 방향으로 몸이 당겨지고 있다는 느낌일 것이다. 만일 회의에 참석하지 못하면 고위층 앞에서 체면이 깎일지 모른다는 두려움도 있을 것이다. 반사적인 반응은 시계를 보며 "정말 미안하지만, 곧 회의가 있어서 가 봐야겠네." 하고 매정하게 거절한 다음, 인사부에 가서 말해 보라고 돌려보내는 것일 수도 있다.

그러나 그 직원의 충성심과 창의성이라는 관점에서 보자면, 그런 결정의 대가는 무엇이 되겠는가? 그 직원으로부터 당신의 행동에 관해 전해 들은 다른 사람들의 관점에서 본다면? 당신 자신의 자기 성실성 계좌의 관점에서 본다면?

그러나 당신이 깊은 숨을 쉬고 잠시 멈추어 생각해 본다면 어떨까?

지금 당장 가장 중요한 게 무엇일까?

당신도 확실히 모른다. 일정보다 더 중요한 것이 사람이다. 그러나 일정에 잡혀 있는 이 특정한 회의에는 다른 사람들도 관련되어 있다.

이것이 내 영향력의 원 안에 있는 일일까?

두 상황 모두 당신의 영향력의 원 안에 있고, 두 사건 모두 당신의 사명과 목적에 결부되어 있다.

어떤 원칙들이 적용되는가?

당신이 상황을 생각하고 있을 때, 이런 특정한 원칙이 마음에 떠오를 수도 있다—솔직해야 하고, 마음을 열어야 한다. 문제에 사람들을 끌어들여 함께 해결책을 찾아야 한다. 당신은 그 직원에게 이렇게 말하고 싶을지도 모른다.

"당신이 나에게 큰 걱정거리를 털어놓으려는 것을 고맙게 생각하오. 그건 워낙 중요한 일이라서 시간을 내어 당신과 차근차근 그 이야기를 하고, 당신이 해결책을 찾도록 도와 주고 싶소. 그 전에 일이 하나 있는데, 난 지금 다른 사람들과 당장 만나기로 약속을 해 놓았소. 그렇지만 3시까지는 회의가 끝날 거요. 그 때 만나서 우리가 어떤 결론을 이끌어 낼 수 있을지 함께 생각해 보는 게 어떻겠소?"

어쩌면 당신은 다른 경험을 했을지도 모른다. 당신의 마음에 떠오르는 원칙은 그 경험의 가치일 수도 있다. 당신은 그 직원에게 잠시 기다리라고 한 다음, 비서에게 회의실에 가서 당신한테 중요한 일이 생겨 30분쯤 늦겠다고 전하라고 말할 수도 있다. 당신은 비서를 통해 당신이 처리할 안건들을 회의의 뒷부분으로 옮겨 달라고 요청할 수도 있고, 동료에게 연락을 하여 대신 회의에 참석해 달라고 요청할 수도 있다.

아니면 당신은 이와는 전혀 다른 경험을 가지고 있어, 잠깐 멈추어 생각하는 동안에, 이 직원의 문제는 당신이 나서서 책임질 영역이 아니라는 것을 깨달을 수도 있다. 그럴 경우 당신은 그 직원을 인력 개발부로 데려가, 거기서 그 문제를 직접 꺼내도록 유도할 수도 있다.

요점은 당신 자신의 요구와 시간 압박이라는 느낌에 쫓겨 반응하는 대신, 멈추어 서서 원칙에 대해 생각해 보고 양심과 관련을 가짐으로써, 선택의 순간에 소중한 것을 먼저 할 능력을 얻으라는 것이다.

질문을 하면서, 지혜는 감정과 이성의 결혼—시너지—임을 깨닫는 것이 중요하다. 많은 경우, 우리 양심이 시키는 일은 익숙한 것이거나 '상식'적이게 마련이다. 양심이 시키는 일은 우리가 읽은 것이나 생각한 것 또는 경험한 것들이기 때문에, 우리의 이성적 틀의 일부다. 이런 경우, 양심은 그것들의 적절한 적용 방법을 지시해 주거나 부각시켜 준다.

어떤 경우, 감정에 바탕을 둔 지혜는 이성에 바탕을 둔 지혜를 뛰어넘는다. 우리가 해야 한다고 느끼는 것을 하는 데 기준으로 삼을 직접적인 지식이나 경험은 없지만, 어쩐지 그것이 옳다는 생각이 들 수도 있다. 우리는 그렇게 하면 되리라는 것을 안다. 우리가 양심에 귀를 기울이고 양심에 따라 사는 것을 배움에 따라, 양심이 우리에게 가르쳐 주는 많은 것들이 우리 자신의 경험을 통해 우리의 이성적인 지식의 틀로 이전된다. 우리는 이성을 가지고 일들을 논리적으로 생각하면서도 이성에 지나치게 치우치지 않게 된다. 지혜로움이란 우리가 배울 수 있는 모든 것을 다 배우지만, 동시에 모든 것을 다 파악할 수는 없다는 사실을 깨닫게 되는 겸손함을 갖추는 것이다. 그렇기 때문에, 우리가 선택의 순간에 언행일치하려면 겸손하게 물어서 파악할 필요가 있는 것이다.

2. 핑계 없이 귀를 기울이라

우리가 양심의 첫 속삭임을 들을 때, 우리는 두 가지 중에 한 가지 반응을 하게 된다. 그 소리에 일치되게 행동을 하거나 아니면 즉시 어떤 다른 선택을 하기 위해서 핑계를 대는 것이다—스스로에게 '합리적인 거짓말'을 하는 것이다.

만일 첫 번째 선택을 하게 되면 우리는 평온함을 느낀다. 우리는 정북향에 더욱 일치될 수 있다. 우리는 내면의 소리를 인정하는 능력과 우리의 개인적 효과성을 증대시키게 된다.

만일 두 번째 선택을 하게 되면 우리는 불협화음과 긴장을 느끼게 된다. 우리는 종종 다른 사람들이나 환경과 같은 외적 요인들에 근거하여, 우리의 결정을 정당화하려고 든다. 우리는 으레 남들을 탓하고 비난하게 된다. 그러면 다른 사람들도 부조화를 느끼고 똑같이 대응하여, 붕괴라는 부정적인 시너지를 만들게 된다. 그런 붕괴 상태에서 우리는 다른 사람들이 우리의 핑곗거리가 될 만한 부정적인 행동을 해 주기를 서로 바라게 된다.

예를 들어, 힘든 하루 일을 끝내고 지친 몸으로 집에 돌아왔다고 해 보자. 당신은 긴장을 풀 요량으로 오는 길에 빌려 온 비디오를 보면서 조용한 저녁을 보내기를 기대하고 있다. 그러나 저녁 식사 시간에, 당신의 10대 아들이 어떤 내면의 갈등을 겪고 있다는 것을 느낀다. 당신은 내부에서 마음의 고통을 약간 느끼며, 시간을 가장 유용하게 보내는 방법은 계획을 재조정해서 오늘 밤에 아들과 이야기하면서 고민을 들어 주는 것이라는 양심의 소리를 듣게 된다.

그러나 한 마디로, 당신은 그렇게 하고 싶지 않다. 당신은 의식적으로 그 사실을 스스로에게 인정하고 싶지 않다. 당신은 아들을 진정으로 사랑한다. 아들이 잘되기를 바란다. 그러나 당신은 너무 피곤하다. 그리고 당신은 비디오를 보며 긴장을 풀 시간을 기다려 왔다. 사실, 당신은 그런 시간을 누릴 자격이 있다. 아들의 밥상에서 밥이 떨어지지 않도록 하기 위해 하루 종일 열심히 일하고 돌아온 것이 아닌가. 출근을 해서 회사 내부의 경쟁과 술책의 소용돌이에 시달리고, 골치 아픈 문제와 감정적인 대인 관계로 신경을 쓰고, 예산과 보고서를 놓고 애를 먹고, 성난 고객들과 욕구 불만에 찬 공급업자들과 일을 하느라 10시간을 보내고 퇴근을 하지 않았나—아들에게 더 좋은 것을 해 주려는 마음에서 이 모든 일을 치러 낸 것이 아닌가. 그리고 이제 원하는 것은 겨우 혼자 두 시간을 보내고 싶다는 것뿐인데—너무 바빠 몇 달 동안이나 미루어 온 비디오를 보려고 낸 딱 두 시간뿐인데.

그래서 당신은 저녁 식탁에서 응급 처방 쪽을 택한다.

"얘야, 잘 돼 가고 있나?"

아들은 당신이 진지하게 묻는 것인가 확인하기 위해 고개를 든다. 당신은 진지해 보이지 않는다. 아들은 대답한다.

"네, 괜찮아요."

"그래, 학교는 괜찮아? 숙제는? 데이트는?"

"네, 다 잘 돼 가요."

"학점이 잘 나오도록 열심히 공부하고 있니? 너도 알다시피, 장학금은 중요한 거야."

"네, 알아요."

아들은 식탁에서 일어나, 의자 위에 걸쳐 둔 스웨터를 집어든다.

"나가나?"

"네."

"어디?"

"그냥 바람 쐬러요."

"언제 올 거냐?"

"이따가요."

"내일 학교에 가야 하잖아. 10시 30분까지는 돌아와야 해. 알았지?"

"알았어요."

아들이 문을 향해 걸어가는데, 당신이 뒤에 대고 소리친다.

"얘야, 혹시 문제가 있으면, 내가 언제든 너와 이야기할 준비가 되어 있다는 걸 잊지 마라."

"네, 알고 있어요."

아들이 대꾸한다.

"지금 이야기하고 싶니?"

"아뇨, 나가야 해요."

"넌 이제 나하고 이야기 안 할 거니? 이젠 대답도 제대로 안 하는구나. 너하고 대화를 하는 건 불가능해."

"네."

아들은 나지막한 목소리로 말을 잇는다.

"아버지도 스스로를 감당해 나가시기가 별로 쉽지 않으시죠!"

"넌 10대들이 가끔 가다 한 번씩 입을 열 때 나오는 말이 다 똑똑한 이야기라고 생각하지!"

문이 쾅 하고 닫힌다. 당신은 안락 의자로 가면서, 요즘 10대들에 대해, 대화 부족에 대해, 부모 노릇을 하는 게 얼마나 힘든지에 대해 중얼중얼거린다. 난 노력을 했어! 그런데 저 녀석은 입 다문 귀신 같아. 대화를 하고 싶어하는 나의 모든 노력에 완강히 저항하고 있어.

그래, 10대들이야 어차피 좀 괴상한 것 아닌가. 안 그런가? 그렇게 당신 마음 속으로 확인을 한 뒤, 당신은 편안히 앉아서 비디오를 보기 시작한다. 몇 분도 지나지 않아 당신 마음 속에 꺼림칙하게 남아 있던 불편함은 비디오 화면 밑으로 금방 가라앉아 버린다.

그러는 동안에 당신 아들은 더 격심하게 갈등을 겪고 있다. 대화에 실패한 것에 책임을 지고 비난을 받아야 할 사람이 바로 자기라는 느낌이 드는 까닭이다. 아들의 문제는 복합적이다. 그 어느 때보다 비참한 기분인데, 같이 이야기할 사람은 아무도 없다.

시간이 지나면, 당신이 이런 식으로 대화에서 물러난 것으로 인한 대가는 엄청나게 커지게 된다. 당신 마음 주위로 벽돌이 하나씩 쌓이다가, 드디어 정당화와 합리화의 장벽들이 쳐지기 시작한다. 당신의 아들은 자신의 연약한 감정과 깊은 욕구들을 보호하기 위해 마음 주위에 벽을 쌓는다. 대화는 피상적이고, 긴장되고, 금방 감정적 상승 작용을 일으켜, 자기 행동의 타당성을 증명하려고 상대방을 탓하고 비난하는 방식으로 흐르게 된다. 당신은 양심의 첫 속삭임에 귀를 기울이지 않고 그것과 일치되게 행동하지 않은 결과로 일어난 불편과 고통의 복잡한 그물 속에서 살게 된다.

우리는 끊임없이 생기는 힘든 일보다는 긴장과 내적 부조화—우리가 해야 한다고 느끼는 것을 하지 않는 것—때문에 훨씬 더 탈진하게 된다. 그리고 우리가 스스로 중요하다고 믿으려고 애쓰는 제3상한 활동들로 우리 생활을 채우거나, 아니면 제4상한으로 달아남으로써 그 긴장에서 탈출하려고 한다. 그 결과 우리는 그 긴장을 증가시킬 뿐이다. 사실, 우리가 겪는 '시간 관리'와 관련된 좌절—들볶이고, 압박당하고, 딜레마에 빠진다고 느끼는 것—가운데 많은 부분은 알고 보면 내적 불협화음의 문제들이다.

선택 순간의 긴장 속에서조차, 답을 가지고 살기보다는 질문만 가지고 사는 것이 훨씬 더 쉽게 여겨진다. 우리가 질문을 가지고 있는 한, 우리가 의심을 하는 한, 우리가 갈등을 겪는 한, 우리는 어떤 것도 이행할 책임이 없기 때문이다. 결과에 대해 책임을 질 필요가 없기 때문이다. 그래서 우리는 삶의 질을 좌우하는 법칙들에 우리를 일치시키는 간단한 행동들을 피하기 위해 만들어 낸 합리적인 거짓말들의 덩어리 속에서 뒹굴며 며칠, 몇 주, 몇 달, 몇 년을 보낸다.

성실성을 가지고 행동하는 것의 핵심은 게임을 딱 그만두는 것이다. 양심뿐 아니라 우리 자신의 반응에도 귀를 기울이는 것을 배우라. 자기도 모르게 "네, 그러나" 하고 말하려는 순간, 그것을 "네, 그리고"로 바꾸라. 합리화하지 말라. 정당화하지 말라. 그냥 해야 할 것을 하라. 양심의 모든 소리를 삶의 기본 법칙들과 자신의 행동을 더 잘 일치시킬 수 있는 초대장으로 간주하라. 그리고 귀를 기울이고, 반응하라……귀를 기울이고, 반응하라.

3. 용기 있게 행동하라

예를 들어 적진을 뚫고 메시지를 전달한다든가, 불치의 병을 안고 살아간다든가, 아이를 구하기 위해 불이 난 집으로 뛰어든다든가 하는 아주 극적이고 특별한 사건들과 관련지어 '용기'를 생각하는 것은 쉽다. 그러나 가장 훌륭하고 용기 있는 행동 가운데 일부는 우리 삶의 일상적 결정 속에서 일어나는 자극과 반응 사이에서 순간적으로 나타난다.

변화하는 사람이 되는 것, 아동 학대와 같은 세대 사이의 부정적 경험을 자기 대에서 끊는 것, 인간 존엄성과 존중이라는 원칙에 근거하여 행동하는 쪽을 택하는 것 등은 엄청난 용기를 필요로 한다. 자신에게 정직한 것, 자신의 가장 깊은 동기를 검토하는 것, 평계와 합리화를 버리고 최선의 자아에 충실하게 사는 것 등은 용기를 필요로 한다. 원칙 중심의 삶을 사는 것, 자신이 하는 선택이 인기가 없거나 다른 사람들의 동의를 얻기 어려울 수도 있다는 것을 아는 것은 용기를 필요로 한다. 당신의 존재는 당신의 기분보다 크고, 당신의 생각보다 크고, 따라서 당신이 자신의 기분과 생각을 컨트롤할 수 있음을 깨닫는 것도 용기를 필요로 한다.

레베카 : 한 번은 일 주일짜리 세미나에 참석하기로 결정을 내렸습니다. 난 내가 이루고 싶은 일에 대해 분명한 기대를 가지고 있었습니다─특히 내가 세미나 과정 사이사이에, 또 그 뒤에 하려고 계획하고 있던 개인적인 제2상한 일들에 대해서요.

그러나 난 세미나 첫날부터 갈등을 겪게 되었죠. 난 세미나에 참가한 사람들을 위해 어떤 활동들을 조정해 달라는 요청을 받았습니다. 아주 깊은 수준에서는, 그 책임을 완수함으로써 이 회의에 참가한 다른 사람들의 성공에 이바지하는 것이 내 가치며 원칙들과 조화를 이루는 것이었습니다. 그 문제를 생각하면 할수록, 나는 그것이 내가 해야 할 일이라는 것을 더욱 강하게 느꼈습니다. 그러나 그렇게 하는 것이 내가 계획하고 기대하던 것과는 아주 다른 것임을 알았기 때문에 좌절감 또한 강했죠.

난 결국 그 책임을 받아들였습니다……. 그러나 심한 압박감과 불안 속으로 빠져 들고 말았습니다. 나는 이 일에서 저 일로 뛰어다니며, 모든 사람의 요구를 충족시켜 주려 했습니다. 게다가 내가 하려고 계획한 일들을 할 시간이 없다는 것 때문에 상당한 좌절감을 맛보게 되었죠.

이런 부정적인 감정들에 휩싸여 있던 와중에, 어느 순간 멈추어서 이런 말을 했던 게 기억납니다.

'잠깐! 난 이런 좌절감을 가지고 살 필요가 없어. 난 내가 해야 한다고 느끼는 것을 하기로 선택했잖아. 하지만 그렇다고 해서 내가 꼭 이런 불안과 긴장으로 고통을 겪어야 하는 건 아니야. 난 달리 선택할 수 있어.'

난 깊은 숨을 쉬고, 상황에 대한 내 자신의 반응을 선택하기로 결정했습니다. 난 모든 불안, 외적 압박에 대한 우려, 되지 않는 일에 대한 걱정을 버리기로 마음을 굳혔습니다. 난 마음 속으로 계속 이 말을 중얼거렸어요.

'난 다르게 선택한다! 난 다르게 선택한다!'

그러고 서 있을 때, 난 모든 부정적인 불안과 좌절이 떠나는 것을 느꼈습니다. 그 대신, 용기를 가지고 도전에 맞서겠다는 결의, 내가 해야 한다고 느끼는 것들은 최선을 다해 하겠다는 결의, 그리고 그 나머지는 머릿속에서 다 지워 버리겠다는 결의가 들어찼습니다.

이것은 단발적인 결정이 아니었습니다. 그 주 동안에, 다시 압박감과 불안이 몰려올 때마다, 다시 그 결심을 반복해야 했습니다—너무도 쉽게 그런 부정적인 감정들 속으로 빠져 들게 되었기 때문이죠! 하지만 난 그 때마다 멈추어서, '난 다르게 선택한다!' 고 스스로 다짐했습니다. 그런 결심을 반복하면 할수록,

더 큰 능력을 부여받는 느낌이었습니다.

한동안 난 이런 작은 행동을 가지고 '용기 있다.'고 하는 것은 건방지다고 생각했습니다. 그러나 이 문제를 생각하면 할수록, 선택의 순간에 내가 해야 한다고 느끼는 것을 하는 데는—그리고 온갖 이유, 합리화, 정당화, '상황이 이렇지 않았으면' 하는 생각 때문에 그 결정이 주는 마음의 평화를 깨뜨리는 것을 떨쳐 버리는 데는 정말로 용기가 필요하다는 것을 깨닫게 되었습니다.

되돌아보면, 내가 그 때 임무를 거부했다면, 난 그 주 내내 마음이 불편하고 또 내가 불성실한 사람이라는 느낌을 지울 수가 없었을 겁니다. 결과적으로, 그 경험은 내가 처음에 생각하던 것보다 훨씬 더 만족스럽고, 더 강력하고, 더 많은 새로움을 준 셈이에요.

에머슨은 말했다.

"우리가 하고자 하는 일은 점점 더 쉬워진다. 그것은 그 일의 성격이 변해서가 아니라, 그 일을 하는 우리의 능력이 증대되기 때문이다."[2]

우리가 실행 의도를 가지고 묻고, 핑계 없이 귀를 기울이고, 용기를 가지고 행동하는 것을 배워 나감에 따라, 원칙에 중심을 둔 삶을 살아가는 능력도 증대된다.

시간이 지나면, 양심에 귀를 기울이고 양심에 따라 살아가는 것은 마음의 근본적 습관이 된다. 우리는 합리화 · 공포 · 죄책감 · 좌절감을 가지고 살아가는 대신, 하루하루 순간순간마다 소중한 것을 먼저 하고 있다는 평화로운 내적 자신감을 가지고 살아가게 된다. 진정한 죄책감(각본에 따른 사회적 죄책감이 아니라)은 우리의 스승이요 친구가 된다. 비행기가 항로에서 이탈할 때 신호를 보내 주는 유도 장치처럼, 진정한 죄책감은 우리의 생활이 삶의 질을 관장하는 정북향 원칙에서 벗어날 때 우리에게 경고를 해 준다. 실수 또한 우리의 스승이다. 우리가 정북향에 대해 더 많이 배울수록 삶은 성장의 나선형 상승 곡선을 그리게 된다.

마음을 교육하기

마음(heart)을 교육하는 것은 정신(mind)을 교육하는 것에 반드시 필요한 보완물이다. 미국의 교육자 존 슬로언 디키는 이렇게 말했다.

교육의 목적은 인간을 능력과 양심 양쪽에서 완전해지도록 만드는 것이다. 능력이 증대하는 것에 발 맞추어 그 힘을 사용하는 방법을 안내할 방향성을 제시하지 못하여 결국 능력만 키우는 데 그친다면 그것은 좋은 교육이 아니다. 그럴 경우에 능력은 결국 양심으로부터 분리되어 떨어져 나오게 된다.[3]

마음을 교육하는 것은 내면의 지혜를 기르는 과정이다. 그것은 인간의 네 가지 천부의 능력을 모두 시너지적으로 이용하여, 선택의 순간에 성실하게 행동하는 방법을 배우는 것이다.

제2상한 프로세스는 몇 가지 중요한 방식으로 이러한 내면의 지혜를 기를 수 있게 해 준다.

- 자극과 반응 사이의 공간을 최고로 이용하는 방법 가운데 하나는 사명서를 작성하는 것이다. 이 사명서는 우리가 내리는 다른 모든 결정의 DNA가 된다.
- 주간 시간 관리를 통해 우리는 선택의 순간에 '중요성'을 관리하는 것과 관련된 전망을 얻고, 순간의 현실과 큰 그림을 결합시킬 기회를 가지게 된다.
- 주말 평가를 통해 우리는 시간을 선형적 크로노스 측정 단위가 아니라 배움과 성장의 주기로 볼 수 있게 된다. 주말 평가를 통해 우리는

삶으로부터 배우고, 우리가 내리는 결정의 질을 증대시키는 능력을 얻게 된다.

• 톱날을 가는 것은 인간의 네 가지 차원 모두를 새롭게 함으로써 우리의 결정의 질을 높여 준다. 인간의 네 가지 차원에 대해서는 지금부터 이야기하도록 하겠다.

신체적 차원

여러 연구 결과는 피로와 병은 효과적인 결정을 내리는 데 부정적인 영향을 미친다고 거듭 강조한다. 빈스 롬바르디는 이렇게 말했다.

"피로는 우리 모두를 겁쟁이로 만든다."[4]

피곤하거나 아플 때는 더 대응적으로 변하는 경향이 있다. 여기에 덧붙여 마약이나 알코올 같은 화학 물질을 남용하면 자극과 반응 사이의 공간은 심하게 축소된다.

신체적으로 톱날을 가는 것—운동, 올바른 섭생, 적당한 휴식, 해로운 물질 절제, 규칙적인 신체 검사—은 우리가 결정의 순간에 훌륭한 선택을 할 가능성을 높여 준다. 그것은 또한 우리의 선택의 폭도 넓혀 준다. 좋은 건강은 우리가 훨씬 더 많은 일을 할 수 있도록 뒷받침하는 자원이 되기 때문이다. 우리의 몸은 청지기 직분의 바탕이다. 우리의 몸은 하나의 도구이며, 우리는 그 도구를 가지고 다른 모든 청지기 직분과 책임을 수행해 나간다.

정신적 차원

질적인 정신적 쇄신을 통해 우리는 증대된 지식과 전망을 가지고 결정을 내리는 순간에 임할 수 있다. 스티븐 코비가 해낸 2백년간의 미국 성공 문헌에 대한 검토[5]와 같은 업적의 가치를 생각해 보라. 검토 당시로부터 50년 전까지 그런 문헌은 본질적으로 성격 윤리, 즉 '성공'을 성격과 기법의 문제로 보면서, 응급 처방과 피상적인 사회상에 초점을 맞추었다. 그런 문헌은 성공에 대해 환상적인 패러다임을 제공하였으며, 그 결과 장기적으로 삶의 질을 향상시키는 성과를 창출할 능력을 부여할 수가 없었다.

그러나 그 제한적인 패러다임을 넘어섬으로써, 우리는 그런 성격 윤리 문헌 이전에 150년 동안 성품 윤리에 기초를 둔 문헌들이 있었음을 알게 되었다. 성품 윤리는 성공의 가장 근본적인 요소들이 정직 · 성실 · 겸손 · 정절 · 정의 · 인내 · 용기와 같은 것이라고 말해 주었다. 이 성품 윤리 문헌들은 여러 문명에 수천 년간 이어져 내려온 지혜를 반영하는 것이었으며, 그 지혜는 또한 성공의 정북향 원칙들을 인정하는 것이었다. 재미있는 것은, 시간 관리 문헌에서 종종 되풀이되는 주제 가운데 하나가 '시간이 생명'이라는 것이다. 그러나 이런 시간 관리 문헌에는 기법들만 가득 차 있을 뿐, 성품이라는 개념은 그 속에서 완전히 실종되고 말았다.

우리는 온 역사에 걸친 문명들을 연구하면서, 이런 정북향 원칙에 따라 사는 개인과 사회의 삶⋯⋯그리고 그렇지 않은 개인과 사회의 삶의 결과들을 보게 되었다. 여기서 다시 오렌지를 찍은 비디오 이야기를 해보자─오렌지에 근접해서 초점을 맞춘 화면은 혼란만 일으키고 방향 감각을 상실하게 만들 뿐이다. 그러나 뒤로 물러나서 오렌지를 보면, 우리는 정상 렌즈를 통해 '전망 속에서' 사물을 보는 능력을 얻게 된다. 그리고 이런 전망─우리를 정북향에서 벗어나게 하려는 환경의 영향에 대한 깨달음─은 우리가 시간을 보내는 방식에 대해 순간순간 결정을 내리는 데 엄청난 변화를 가져다 준다.

- 지금 더 많은 일을 하기 위해 응급 처방식 해결책을 찾을 것인가⋯⋯아니면 인간 관계에 시간을 투자함으로써, 장기적으로 더 중요한 일들을 이룩할 것인가?

- 복도에서 다른 직원들에게 내 상사의 약점에 대한 말을 흘림으로써 솜사탕 만족감으로 사회적 욕구를 채우려 할 것인가……아니면 지금 이 자리에 없는 사람에 대한 험담을 삼가고, 직접 만나 서로의 차이에 대해 이야기함으로써 좋은 관계를 함양할 것인가?
- 상사가 주말에 일을 하라고 요청할 때 자동적으로 "하겠다!"고 대답할 것인가……아니면 상사의 요구와 내 요구 양쪽을 모두 충족시킬 수 있는 제3의 대안을 찾을 것인가?
- 내가 계획한 독립적 프로젝트를 고집스럽게 밀고 나갈 것인가……아니면 남들의 문제 해결을 도움으로써 다른 사람들과 나 자신 모두를 위해 삶의 질을 개선시킬 기회가 있다는 것을 인정할 것인가?

의미 있는 정신적 쇄신을 통해 우리는 결정을 내리는 순간에 환경에 의해 제한받는 지혜를 뛰어넘을 수 있으며, 우리의 정신을 언제든지 사용할 수 있도록 날카롭고 분명하게 관리하고 훈련시키는 능력을 얻게 된다.

영적 차원

영적 차원의 쇄신은 삶의 의미와 가장 중요한 목적에 대한 의식을 개발하는 것인데, 이런 의미와 목적은 우리의 일상적 결정에 강한 영향을 미친다. 지혜 문헌의 가장 핵심적인 요소 가운데 하나는 개인의 삶이 더 큰 전체의 일부라는 생각이다. 사람들이 이 큰 전체를 죽음 이후의 삶과 관련지어 보든, 삶의 순환적 주기와 관련지어 보든, 세대간의 유산과 관련지어 보든, 그 큰 그림이 보여 주는 지향을 통해 일상적인 삶의 도전은 의미의 맥락을 가진 틀 안에 놓일 수 있게 된다.

심리학자 데이비드 메이어스가 그의 저서 『행복의 추구』에서도 지적했듯이, 삶에서 이런 큰 그림이 보여 주는 지향을 가진 사람들이 더 행복하고, 더 만족하고, 더 공헌하는 사람이 된다. 메이어스는 일반적인 생각과는 달리, 행복한 사람들은 종교적 신앙이나 삶의 의미에 대한 신념을 가지고 있으며, 종교에 금전적인 기여를 아끼지 않을 정도로 종교적 활동에 몰두하는 사람들이 다른 박애주의적 노력에도 아주 큰 공헌을 한다는 점을 지적한다.

> 사람들은 종교적 의식을 통해, 개인의 사적인 작은 세계를 발전시키는 것보다 더 큰 계획의 틀을 잡을 수 있게 된다. 종교적 의식 속에서는 나의 재능과 부는 신이 주신 과분한 선물로, 나는 다만 청지기 직분으로 그것을 지키고 있을 뿐이라는 생각을 발전시키기 때문이다.[6]

그러나 메이어스는 또한 조사 대상으로 삼은 많은 미국인들이 스스로는 꼭 '종교적'이라고 생각하지 않으면서도, 삶의 의미를 찾고 생각하는 데 많은 시간을 보내고 있다는 점에 주목한다. 많은 사람들이 자기 중심적이고, 소비 지향적이고, 물질주의적인 크로노스 패러다임이라는 환상을 가지고 살아온 결과를 보게 됨에 따라, 자신의 삶을 좀 더 면밀히 검토하게 되고 삶의 결과들을 향상시키는 데 공헌할 방법들을 찾아 나서고 있다.

영적 차원에서 쇄신을 위한 활동들—명상, 기도, 공식적인 종교 활동, 이타적 봉사, 지혜의 문헌과 성스러운 문헌 연구, 사명서 암기 및 검토—은 큰 그림의 맥락을 제공하고, 정북향 원칙에 초점을 맞추어 공헌할 수 있게 해 준다. 이런 쇄신은 마음의 교육에서 핵심적인 역할을 한다. 영적 쇄신은 무엇이 '소중한 것'인지를 결정하는 기초다. 영적 쇄신을 통해 우리는 덜 중요한 것을 가장 중요한 것에 종속시키는 열정과 힘을 얻을 수 있다. 영적 쇄신을 통해 우리는 선택의 순간에 긴급성, 편의, 순간적 만족의 강력한 영향력을 넘어설 수 있는 능력을 얻게 된다.

사회적 차원

제3부 '상호 의존의 시너지'에서 우리는 사회적 차원을 좀 더 자세히 살펴볼 것이다. 그러나 우리가 이 시점에서 반드시 생각해 보아야 할 대목은, 자신과 맺는 관계가 다른 사람들과 맺는 관계에 어떻게 영향을 미치며, 이것이 우리의 마음 교육에 얼마나 중요한가 하는 것이다.

레베카 : 몇 년 전에 있었던 일이 하나 기억나는군요. 양심을 침해하는 일이 어떤 영향을 미치는지 깨닫고는 깜짝 놀란 적이 있습니다. 당시 나는 젊은 엄마인 동시에 작가 지망생이었죠—아직 학교 갈 나이가 안 된 아이들 때문에 무척 바빴고, 건강 문제와 다른 걱정거리들을 붙잡고 씨름을 하고 있었어요. 그러던 어느 날 서점에 갔습니다. 책꽂이에 내가 오랫동안 알고 지냈고 또 몇 년 전부터는 좋은 친구라고 여기고 있던 한 여성이 낸 책이 꽂혀 있더군요. 신간이었죠.

내 감정은 처음에는 놀라움, 그 다음에는 믿을 수 없다는 마음으로 빠르게 옮아갔어요. 어떻게 이 여자가 책을 낼 수 있었을까? 이 여자는 바쁜 공적 생활이 있을 뿐 아니라, 가정과 가족도 돌봐야 하는데? 어떻게 이 여자가 글을 쓸 시간을 낼 수 있었을까?

나는 책을 물끄러미 보고 있었어요. 시간이 갈수록 난 나도 모르게 합리화를 하고 정당화를 하게 되었죠.

'이 여자는 아마 애들을 봐 주는 보모를 고용했을 거야. 이 집안 사람들은 돈에 파묻혀 사는 게 틀림없어. 아마 매일 저녁 외식을 하기 때문에 저녁 준비를 할 필요도 없을 거야. 그리고 이 여자는 엄청난 에너지를 가지고 있을 거야—아마 평생 하루도 아파 본 적이 없을 거야. 만일 이 여자가 내가 겪어야 하는 문제들을 겪는다면, 도저히 책을 낼 수 없었을 거야."

그런 생각을 하는 가운데, 난 전에는 전혀 해 본 적이 없는 생각을 하게 됐어요. 갑자기, 책꽂이의 책이란 책은 모두 튀어나와 고함을 지르는 것 같았어요.

"왜 나를 안 읽었니?"

오래지 않아 난 가망 없고, 무능하고, 희생당하고, 좌절하여 엉망이 된 사람 같은 느낌이 들었어요. 난 내 '완벽한' 친구에게, 그리고 날 이렇게 만든 사람들과 환경에 거의 분노를 느끼다시피 했어요.

난 밖으로 나가 차에 앉아 잠시 생각을 했죠. 그 경험은 나에게는 충격적인 것이었습니다. 내 반응이 너무 나답지 않은 것이었기 때문이죠. 평소에 난 다른 사람들의 성공과 성취를 진심으로 기뻐했거든요.

내 속 깊은 곳 어딘가에서는 내 반응이 전혀 균형 잡히지 않은 것임을 알고 있었어요. 내 감정 밑바닥에 뭔가 그럴 만한 이유가 있는 게 틀림없다는 생각이 들었죠. 그래서 그 감정을 정리해 보기로 했습니다. 난 부정적이고, 남을 탓하고, 분노하는 반응들을 모두 떨쳐 버리고, 정직하게 내 자신의 마음을 들여다보려고 노력했어요.

순간 나는 고통스럽지만 멋진 빛들이 반짝이는 걸 보게 되었어요. 갑자기 모든 것을 밝혀 주는 빛 말이에요. 난 사실 내 친구에게 화가 난 게 아니었어요. 내 친구는 내가 가지지 못한 것들을 가지고 있을 뿐이었어요……나도 가질 필요가 있는 어떤 것들을. 난 내 친구의 성취를 자신의 허약함을 비추어 주는 거울로 본 거예요. 그리고, 그 거울에 비친 나 자신을 보고, 그 반사된 모습을 심하게 질책한 거죠.

난 내 친구가 훌륭한 어머니라는 것을 알고 있었어요. 어머니 노릇이란 게 내게는 힘든 문제였습니다. 난 친구의 엄청난 인내와 긍정적인 태도를 보면서, 거기서 자신의 무능을 느낀 거예요. 내 친구는 시간을 내서, 집 밖에서 의미 있고 창조적인 일들을 하고 있었어요. 나도 자신에게 글을 쓰는 재능이 있다는 것을 알고 있었죠. 하지만 내 다른 책임들을 이행하는 데 효율적이지 못했기 때문에 그 재능을 발전시킬 시간을 내지 못했던 거예요.

난 돈 관리를 잘못해서 살림에 쪼들리고 있었기 때문에, 내 친구는 형편이 넉넉할 거라고 지레 짐작해 버린 겁니다. 남편과 나는 신혼 때 몇 가지 잘못된 결정을 내리는 바람에 빚을 지게 되었죠. 난 그 빚의 굴레 때문에 내가 살면서 하고 싶은 많은 일들을 못 하고 있다고 느끼고 있었어요.

내 친구는 건강했습니다. 하지만 그게 문제가 아니었어요. 문제는 나도 규칙적으로 운동을 해야만 한다는 것을 알면서도 그렇게 하지 않았다는 거예요.

만일 내가 내 인생에서 해야 한다고 알고 있던 것들을 하고 있었다면, 애초에 그런 감정은 생기지도 않았을 겁니다. 내 친구의 성공이 내가 거둔 성공이었다면 그것은 틀림없이 기쁜 일이었을 테죠.

난 손가락만 퉁기면 갑자기 내 인생의 모든 게 바뀌는 일은 있을 수 없다는 것을 알았습니다. 하지만 적어도, 문제의 뿌리는 내가 인생에서 소중한 것을 먼저 하지 않았다는 사실이라는 걸 알았어요. 그리고 그것은 내가 어떻게 해 볼 수 있는 일이었죠.

에머슨은 말했다.

"사람들은 자신의 세상에 대한 의견이 자기 성품의 고백이기도 하다는 것을 모르는 듯하다."[7]

마음을 교육하는 가장 좋은 방법 가운데 하나는 다른 사람들과 상호 작용하는 것이다. 다른 사람들과 상호 작용을 하는 것은 근본적으로 우리가 자신과 맺는 관계의 반영이기 때문이다.

양심에 귀를 기울이지 않거나 양심대로 살지 않을 때, 우리는 자신의 내적 불협화음을 정당화하기 위해 다른 사람들을 탓하고 비난하기 쉽다. 자신을 측정할 사명과 원칙들에 대한 의식이 없다면, 우리는 자신의 잠재력이 아니라 다른 사람들을 기준으로 우리를 측정하게 된다. 우리는 비교적 사고와 승/패의 태도로 빠져 든다. 우리는 자기 중심적이고 자서전적인 태도를 가지게 된다. 우리는 자신의 동기를 남들의 행동에 강요한다. 우리는 남들의 장점과 단점을, 그것이 우리에게 어떻게 영향을 미치느냐에 따라 보게 된다. 우리는 남들의 단점을 탓하면서 자신을 정당화한다.

우리 가족, 함께 일하는 그룹 · 조직 · 사회가 서로를 탓하고 비난하며,

자기의 죄가 아니라 상대방의 죄를 폭로할 때, 그것은 사람들이 자신의 내적인 명령과 조화를 이루며 살지 못하고 있다는 좋은 증거다. 대부분의 경우 그들은 구출 환상에 사로잡혀 있다. 구출 환상이란 문제는 '저 밖에' 있으며, 밖에 있는 누가 나타나서 그 문제를 해결해 주리라고 생각하는 것이다.

성경의 잠언에는 이런 말이 있다.

"부지런히 네 마음을 지키라. 생명의 근원이 이에서 남이니라."[8]

우리가 상호 의존적 현실에 대한 문제로 옮아가기 전에 반드시 해야 할 가장 중요한 일은, 우리 자신의 성실성이 다른 사람들과 상호 작용을 할 때 미치는 영향에 대해 깨닫는 것이다.

양심대로 살아갈 때 얻는 성과

양심에 귀를 기울이고 양심대로 살아가는 사람들은 긴급성 중독, 다른 사람들의 비위 맞추기, 하루 종일 정신 없이 바빠야만 얻는 안전감에서 오는 솜사탕 만족을 느끼지 않는다. 대신 그들은 역경과 도전 속에서조차 깊은 충족감을 맛본다. 그리고 밤이면 그 날 할 수 있었던 가장 중요한 일들을 했다는 자신감을 가지고 잠자리에 든다. 그들은 내적 평화와 질적인 삶의 깊은 수준을 경험한다. 그들은 합리화를 하거나, 자기 자신과 싸우거나, 자신의 상황과 관련해서 다른 사람들이나 외적 환경을 탓하거나 비난하는 데 시간을 보내지 않는다. 그들은 자신의 역할에 대해 청지기 직분이라는 거의 성스럽다고 할 수 있는 의식을 가지고 있다. 그것은 다른 사람들을 위해서 의미 있는 방식으로 삶의 질에 공헌하려고 '반응을 할 수 있다(response-able, 책임진다는 뜻의 responsible을 풀어 해석한 말 : 옮긴이)'는 의식이다. 그들은 어려운 순간에도 강하다. 그들은 자기 성실성 계좌에 많은 예금액을 가지고 있다.

놀라운 것은, 양심을 침해하는 것이 그런 모든 부정적인 결과를 가져 옴에도, 우리가 때로 그런 선택을 한다는 것이다.

스티븐 : 최근 캐나다의 한 대도시에서 택시를 탈 일이 있었는데, 그 때 호텔의 벨보이가 택시 운전사에게 이렇게 말하더군요.

"닥터 코비는 공항까지 가십니다."

그 말에 택시 기사는 내가 의학 박사라고 생각하고, 나한테 자신의 의학적 문제에 대해 이야기를 하기 시작했습니다. 나는 기사에게 내가 그런 닥터가 아니라고 설명을 했지만, 영어를 제대로 못 알아들어 기사는 내 말을 이해하지 못했습니다. 그래서 나는 기사의 말을 그냥 듣고만 있었죠.

기사가 문제를 설명하는 것을 계속 듣고 있노라니, 그 문제들은 기본적으로 그의 성실성이 모자라서 생긴 것임이 점점 더 분명해졌습니다. 택시 운전사는 거짓말을 하고 속이는 기만의 삶을 살고 있었습니다. 기사가 가장 걱정하는 것은 경찰에게 잡히는 것이었습니다. 그게 그의 건강에 영향을 미치고 있었습니다. 나는 뒷좌석에 안전 벨트도 없이 앉아 있었고, 기사는 고속 도로를 따라 가속 페달을 힘껏 밟아 대면서 속임수를 쓰는 것에 대해 갖가지 이야기를 들려 주었죠.

공항에서 멈추었을 때도, 기사는 이렇게 말했습니다(다음은 내가 그의 서툰 영어를 좀 바꾸어 놓은 것입니다).

"난 다른 손님들을 찾아 나갈 겁니다. 규칙대로 두 시간이나 기다리진 않을 겁니다. 난 어디에 가면 손님들이 있는지 알거든요."

이어 기사의 표정이 굳어졌습니다. 기사는 말을 이었습니다.

"하지만 경찰한테 걸리면 곤란해질 겁니다. 내 면허를 잃게 되겠죠. 어떻게 생각하십니까, 닥터?"

마침내 나는 기사에게 말했습니다.

"그 모든 긴장과 압박감은 당신이 양심에 충실하지 않아서 생긴 것이라고 생각하지 않습니까? 당신도 속으로는 무엇을 해야 하는지 알고 있습니다."

"하지만 그렇게 해서는 먹고 살 수가 없습니다!"

"당신의 믿음은 어떻게 된 겁니까? 성실성의 원칙을 믿으세요. 당신은 마음의 평화를 얻을 것이고, 당신에게 지혜가 찾아올 겁니다."

그 말이 그에게 깊은 감동을 준 것 같았습니다. 기사는 마음을 열고 배우려는 자세가 되었습니다.

"정말 그럴까요?"

"난 그렇다는 것을 절대적으로 확신합니다. 하지만 반드시 진정으로 결의를 해야 합니다. 모든 문명의 기초를 이루고 있는 삶의 근본적인 법칙들을 지키며 살도록 하세요. 속이지 마십시오. 거짓말하지 마십시오. 도둑질하지 마십시오. 사람들을 존중하세요."

"그렇게 하면 정말 도움이 될까요?"

"된다고 알고 있습니다."

결국 그 기사는 팁을 받으려고 하지 않았습니다. 기사는 그냥 나를 끌어안았습니다.

"그렇게 하겠습니다. 벌써 기분이 좋아지는군요."

사람들은 그것을 알고 있다. 깊은 내면의 삶 속에서 사람들은 자신이 무엇을 해야 하는지 알고 있다. 그리고 그것이 삶의 질을 개선시키리라는 것을 알고 있다. 문제는 양심에 귀를 기울이고 양심대로 사는—선택의 순간에 성실성을 가지고 행동하는 성품과 역량을 개발하는 것이다.

선택의 순간에 성실성을 지키게 해 주는 제2상한의 활동 목표들

• 주간 목표들을 수립할 때, 진정으로 잠시 멈추어서 양심과 관련을 맺어라. 당신 자신이 그 과정에 참여하는 양상을 관찰하라. 순간의 압박감에 억눌리지 않을 때 양심과 관련을 맺은 것이 어떤 느낌인지 생각해 보라. 매일 결정을 하는 순간에 그 경험을 적용해 보려고 노력하라.

• 선택의 순간에 스스로에게 할 구체적인 질문을 만들라. 아침마다 그 질문을 검토하고, 하루 종일 몇 번씩 다시 검토함으로써, 그 질문이 항상 당신 앞에 있도록 하라. 자극과 반응 사이의 공간에서 멈추어 질문을 하는 습관을 기르도록 하라.

• 매일 하루를 시작할 때, 당신의 자기 성실성 계좌에 대해 생각하라. 하루 동안 당신의 양심과 상호 작용을 하면서, 예입과 인출을 적어 보라.

• 3단계 프로세스에 대해 생각해 보라.

실행 의도를 가지고 물어라.
핑계 없이 귀를 기울이라.
용기 있게 행동하라.

결정을 내려야 하는 순간에 직면할 때마다 이 프로세스를 거치는 것을 목표로 삼아라.

• 선택의 순간에 당신이 전형적으로 어떤 반응을 보이는지 주의하라. 하루 동안 당신이 멈추어서 양심과 관련을 맺은 횟수―그리고 그 결과를 확인하라.

• 매일 결정의 순간 가운데 적어도 한 번은 멈추어서 당신에게 작용하고 있는 요인들―예를 들어 긴급성, 다른 사람들의 우선 순위, 피로, (당신과 남들의) 기대 각본―을 분석하라. 그 요인들을 적고, 옆에 그 중요성 지표를 기록하라. 시간을 들여 이 요인들을 찬찬히 생각해 보고, 그런 과정에서 이 요인들에 대한 당신의 반응이 변하고 있는지 확인하라.

• 당신의 경험을 평가하라. 선택의 순간에 성실성을 쌓는 가장 효과적인 방법 가운데 하나는 당신이 양심과 상호 작용한 것으로부터 배우는 것이다. 이것은 하나의 과정이고, 되어 가는 상태이며, 당신이 연습할 수 있는 것이다. 다음 장에서 우리는 제2상한 시간 관리 프로세스의 일부로서, 당신의 삶에서 일어나는 것들을 평가할 수 있는 방법에 대해 구체적인 아이디어들을 제공할 것이다.

10 : 삶으로부터 배우기

사는 동안 계속 사는 방법을 배우라.[1]

―세네카

로저 : 몇 년 전 어떤 대기업의 자문을 해 주었는데, 그 때 난 뉴욕에서 자란 한 심리학자와 함께 일하며 사귈 기회를 가졌습니다. 우리는 같은 날 같은 그룹 앞에 나서는 경우가 많았죠. 난 그 심리학자가 동료들과 함께 미로에 놓인 쥐를 가지고 했던 작업에 대해 이야기하는 것을 자주 듣게 되었습니다. 심리학자들은 쥐를 미로의 한 끝에 놓고, 반대편 끝에 먹이를 놓습니다. 그리고 쥐가 막다른 골목에 부딪치며 나아가다 결국 먹이를 발견하는 과정을 관찰합니다. 쥐를 미로에 다시 한 번 놓으면, 쥐는 이번에는 전보다 덜 부딪치고 약간 더 빨리 먹이를 찾습니다. 몇 차례 반복하고 나면, 쥐는 신속하게 미로를 통과하여 불과 몇 초 안에 그 먹이를 찾아 먹습니다.

그쯤 되면 심리학자들은 먹이를 치웁니다. 쥐는 한동안은 미로에 들어갈 때마다 미로의 끝까지 최단 코스로 갑니다. 그러나 오래지 않아 먹이가 그 곳에 없다는 것을 알고, 가는 걸 중단합니다.

내 친구 심리학자는 이렇게 말하곤 했죠.

"그게 바로 쥐와 사람의 차이입니다. 쥐는 거기서 멈춘단 말입니다!"

비록 심리학자가 한 말은 농담이지만, 그가 한 말의 핵심은 아주 현실적인 것이다. 우리는 종종 판에 박힌 일에 빠져 들어 단조롭고 고된 일을 한다. 쓸모없는 패턴과 습관에 사로잡힌다. 우리는 인생의 이번 주간에나 다음 주간에나 똑같은 일을 계속 한다─똑같은 문제점에 시달리고, 똑같은 결점과 씨름을 하고, 똑같은 실수를 저지른다. 우리는 사실 우리 삶으로부터 배우려고 들지 않는다. 우리는 멈추어서 이렇게 물어 보지 않는다. 내가 이번 주에 무엇을 배워야 다음 주에 똑같은 일이 되풀이되는 것을 막을 수 있을까?

평가 : 고리의 완결

어떤 주간의 가치는 우리가 그 주 동안에 한 일에 한정되는 것이 아니다. 그 가치는 우리가 한 일에서 뭘 배우느냐 하는 것과 그 결과로 어떻게 변하느냐 하는 것에도 달려 있다. 이런 이유 때문에, 어떤 한 주의 경험도 어떤 형태의 평가 없이는 완결되지 못한다. 평가가 없으면 한 주일의 프로세스가 마무리되지 못한다.

평가는 성장의 나선형 상승 곡선을 만들어 나가는, 살며 배우는 주기 속에서 마지막 단계이자 동시에 첫 단계다. 평가를 통해 우리는 다시 프로세스의 시작으로 돌아올 수 있다. 그러나 다시 돌아올 때는 더 큰 능력을 지니게 된다. 우리가 삶으로부터 배움에 따라, 우리는 준비를 더 잘 하여 사명과 역할들을 검토하고, 목표를 수립하고, 새로운 한 주를 위한 틀을 만들고, 선택의 순간에 더 큰 성실성을 가지고 행동하게 된다. 우리가 시간 관리를 하고, 행동하고, 평가하고……시간 관리를 하고, 행동하고, 평가하고……다시 시간 관리를 하고, 행동하고, 평가함에 따라, 우리의 일 주일은 배움과 성장의 되풀이되는 주기를 이루게 된다.

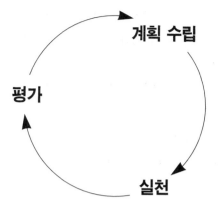

어떤 익명의 작가는 이렇게 말했다.

"순수한 마음을 가지고 싶다면 방심하지 말아야 한다. 모든 행동에는 결과가 따르므로 우리에게 뭔가 발생하기 때문이다."

C.S. 루이스는 이렇게 썼다.

"내가 경험을 좋아하는 것은, 경험이 아주 정직한 것이기 때문이다……. 우리는 자신을 속일지 모르지만, 경험은 우리를 속이려 들지 않는다. 우리가 공정하게 시험해 본다면, 우주는 어디에서나 진실의 울림을 가지고 있다는 것을 알 수 있다."[2]

이 살고 배우는 주기는 가이젠(かいぜん, 改善 : 옮긴이)의 정신 속에 있다—가이젠이란 지속적인 개선의 정신을 가리키는 일본말이다. 이것은 "부서지지 않았으면 고치지 마!" 하는 서구식 사고 방식과는 직접적인 대조를 이룬다. 일본의 개선 정신은 세네카의 충고를 따르고 있다.

"사는 동안 계속 사는 방법을 배우라."

그것은 또한 배움을 쌓아 가는 효과적인 학습 조직에 대한 피터 센게의 『다섯 번째 수련』을 개인적인 차원에서 적용하는 것이다.

진정한 배움은 인간적이라는 말이 가지는 뜻의 핵심이다. 우리는 배움을 통해 우리 자신을 재창조한다. 배움을 통해 우리는 전에는 절대 할 수 없었던 것을 할 수 있다. 배움을 통해 우리는 창조하는 능력, 삶의 생산적인 프로세스의 일부가 되는 능력을 확대시킨다. 우리 각자에게는 이런 유형의 배움에 대한 깊은 갈망이 있다.[3]

평가 프로세스의 중요성에 대한 인식은 이것을 성장 사이클 또는 평가 사이클이라고 부르는 데서도 드러난다. 이런 것의 변화된 형태가 개선과 성장에 초점을 맞춘 TQM을 비롯한 다른 프로세스들에 이용되고 있다. 개인 단위의 주간 평가를 통해 우리는 자아 의식을 증대시키고, 우리의 양심을 교육시키며, 효과적인 마음의 습관들을 형성할 수 있다.

당신의 주간 계획을 평가하는 방법

평가는 개인 일기장에 할 수도 있으며, 또는 한 주를 마무리하고 다음 주를 준비하면서 주간 계획표의 뒷면에 할 수도 있다. 질문들을 적은 체크리스트를 만들어 당신의 오거나이저에 넣어 가지고 다니면서, 매주 다음 주를 위한 제2상한 시간 관리 프로세스를 시작하기 전에 검토해 보면 도움이 될 것이다. 당신은 대여섯 가지 질문으로 만족할 수도 있다. 어쩌면 다음 항목에서 몇 가지를 고르는 것이 좋다고 생각할지도 모르겠다.

- 어떤 목표들을 성취했는가?
- 그 목표들을 성취하는 데 어떤 것으로부터 능력을 부여받았는가?
- 어떤 도전에 직면했는가?
- 어떻게 그 도전들을 극복했는가?
- 이런 목표를 성취하는 것이 내 시간을 가장 잘 이용하는 것이었는가?
- 이런 목표에 초점을 맞추는 바람에, 내 시간을 더 잘 이용할 수 있는

뜻밖의 기회들을 놓치지는 않았는가?

- 이런 목표를 달성하는 것이 내 자기 성실성 계좌에 보탬을 주었는가?
- 어떤 목표들을 성취하지 못했는가?
- 무엇이 그 목표들을 성취하지 못하게 가로막았는가?
- 선택의 결과, 원래 계획했던 것보다 내 시간을 더 잘 이용했는가?
- 선택의 결과, 자기 성실성 계좌에 예입을 하거나 그 계좌에서 인출을 했는가?
- 성취하지 못한 목표 가운데 다음 주로 넘길 것은 무엇인가?
- 재충전 · 숙고 · 재결의를 위한 시간을 가졌는가?
- 날마다 톱날을 가는 시간을 가졌는가?
- 쇄신이나 재충전에 사용한 시간이 다른 영역에 어떤 영향을 미쳤는가?
- 어떤 방식으로 역할과 목표 사이의 시너지를 창출할 수 있었는가?
- 어떻게 한 역할을 통해서 얻은 성품과 역량을 다른 역할들에 적용할 수 있었는가?
- 한 주 동안 어떤 원칙들을 적용하거나 적용하지 못했는가? 그 영향은 무엇인가?
- 제2상한 · 제1상한 · 제3상한 · 제4상한에서 각각 얼마나 많은 시간을 사용했는가?
- 한 주 전체에서 무엇을 배울 수 있는가?

이 질문들을 검토할 때 중요한 것은 당신의 나침반을 이용해야 한다는 점이다. 진정 정직해야 하고 자아를 의식해야 하며, 양심과 관련을 가져야 하고, 독립 의지와 상상력을 이용하여 가능성들을 고려하며 긍정적인 변화를 꾀해야 하는 것이다.

더 큰 전체의 일부인 한 주일

각 주간을 다른 모든 주간과 관련이 있는 것으로 보는 것도 도움이 된다. 월간 또는 분기별 평가를 해 보면서, 다음과 같은 질문들을 해 볼 수도 있을 것이다.

- 목표들을 수립하고 계획하는 데서 성공이나 실패의 패턴을 발견했는가?
- 현실적이면서도 도전적인 목표들을 수립하고 있는가?
- 내 목표들을 성취하는 데 자꾸 방해가 되는 것은 무엇인가?
- 어떤 패턴이나 프로세스가 개선될 수 있는가?
- 내가 비현실적 기대를 하고 있지는 않은가? 그것을 어떻게 수정할 것인가?

레베카 : 몇 년 전, 나는 개인적 재충전의 시간을 가졌으면 좋겠다는 깊은 욕구를 느꼈어요. 로저가 며칠 동안 아이들과 함께 집에 머물기로 했죠. 난 혼자 여관에 가서 몇 시간씩이나 내 일기를 읽었어요. 그것은 많은 깨달음을 주는 경험이었습니다. 나는 폭 넓어진 전망으로 내 삶의 여러 순간을 되돌아볼 수 있었고, 그럼으로써 더 깊은 이해를 할 수 있었어요. 하지만 가장 도움이 되는 통찰은 내 삶의 되풀이되는 패턴을 볼 수 있었을 때 얻었죠. 그런 패턴은 매일매일 파악하는 것이 불가능합니다. 개략적으로 말해, 나는 내가 필요로 하던 개인적인 방향을 발견했고, 상쾌한 기분으로, 그리고 내 삶에서 정말 중요한 것들과 훨씬 더 강한 관련을 가진 상태로 집으로 돌아왔어요.

나는 규칙적인 개인적 평가와 재충전의 시간이 삶으로부터 배우는 데 필수적인 부분임을 알았어요. 그것은 내 사명서를 검토하고, 내 삶의 중요한 관계들에 대해 생각하고, 내 역할들 각각에 맥락이 있는 목표를 수립하는 시간이죠. 그리고 로저와 나는 부부로서 그런 일을 함께 하는 것이, 우리 결혼에도 재충전의 느낌을 준다는 것을 알게 되었어요. 우리가 단둘이 있는 시간을 규칙적으로 내서, 우리가 공유하고 있는 사명서를 검토하고, 결혼의 동반자로서 또 부모로서 목표를 수립할 때, 그것은 진정으로 우리 삶, 우리 관계, 우리 가족의 질을 개선시켜 줍니다.

시간 관리를 하고, 행동하고, 평가를 하는 되풀이되는 프로세스는 우리가 한 선택과 행동의 결과들을 더 분명히 볼 수 있도록 해 준다. 이 프로세스는 네 가지 천부의 능력이 활동하고 있는 공간이다. 우리는 이 프로세스를 통해, 삶으로부터 배우고, 우리가 배운 바대로 살아가는 능력을 얻게 된다.

6단계 프로세스가 가진 위력

지난 여섯 장을 되돌아보라. 당신은 이제 프로세스가 가진 진정한 위력은 프로세스의 기초에 깊이 몰두할 때만 나타난다는 말의 뜻을 알 수 있겠는가? 만일 당신이 유별난 사람이 아니라면 제2상한 시간 관리 프로세스에서 한 첫 경험은 본질적으로 제3세대적인 경험이었을 것이다. 그러나 이제 당신이 더 깊은 이해를 가지고 그 프로세스로 돌아간다면, 당신은 비로소 제4세대적인 경험을 하게 될 것이다. 당신은 매주 프로세스의 각 단계를 밟아 나가면서, 더 깊은 의미와 더 강력한 성과들을 얻게 될 것이다.

이 여섯 단계를 이해하고 따름으로써, 당신이 자신의 삶에서 소중한 것을 먼저 하는 데 얼마나 큰 능력을 부여받을 수 있는지를 생각해 보라.

• **사명과 연계시킴으로써** 당신은 삶에서 소중한 것을 깨닫는 데서 나오

는, 깊은 곳에서 타오르는 '하겠다(yes)!'에 접근할 능력을 얻게 된다. 이 '하겠다!'는 열정을 창조하며, 덜 중요한 것들에 대해서는 자신감을 갖고 평온한 마음으로 "안 하겠다(no)!"고 말할 수 있게 해 준다.

- **활동 목표들을 검토함**으로써 당신은 균형 잡히고 시너지적인 방식으로 소중한 것을 먼저 할 수 있는 통로와 다시 연관될 수 있다.
- **역할들을 확인하는 작업**을 통해 당신은 매주 매 역할에서 당신의 사명을 성취하기 위해 할 수 있는 가장 중요한 것에 효과적으로 집중할 수 있는 능력을 얻게 된다. 이것을 통해 당신은 삶의 질을 향상시키는 원칙에 기초를 둔 목표들을 세울 수 있다.
- **주간 계획의 작성**을 통해 당신은 '큰 돌들' —당신의 중요한 제2상한 목표들—을 먼저 넣고, 그 주위에 다른 것들의 일정을 잡을 수 있다.
- **선택의 순간에 성실성을 발휘함**으로써 당신은 자극과 반응 사이의 공간에서 멈추어, 당신 인생의 어떤 선택의 순간에도 소중한 것을 성실하게 선택할 수 있는 능력을 얻을 수 있다.
- **평가**를 통해 당신은 당신의 일 주일들을 배움과 삶의 나선형 상승 곡선으로 전환시키는 능력을 얻을 수 있다.

이런 단계를 거침으로써, 더 짧은 시간에 더 많은 것을 하려는 태도에서 벗어나, 효과적이고 균형 잡히고 시너지적인 방법으로 소중한 것을 먼저 하는 태도로 전환이 일어난다. 이것은 살며, 사랑하며, 배우고, 유산을 남기는 것에 전체적으로, 통합적으로, 정북향과 일치되게 접근하는 방법이다.

그러나, 우리가 여기까지 왔음에도, 우리 앞에는 훨씬 더 풍부한 경험들이 놓여 있다. 그것은 상호 의존의 시너지와 관련된 것이다—우리가 다른 사람들과 관계를 맺고 있다는 현실과 관련된 것이다. 다음 부로 넘어가면, 우리가 가장 빈번하게 또 가장 심오하게 그 현실을 경험하는 영역에서, 시간의 문제와 삶의 질의 문제를 살펴보게 될 것이다.

제 3 부

상호 의존의 시너지

이제 상호 의존의 현실로 들어가기 전에, 잠깐 멈추어서 당신이 다른 사람들과 맺는 관계들이 당신의 시간과 삶의 질에 얼마나 강력한 영향을 미치는지 생각해 볼 것을 권하고 싶다.

- 상호 의존적인 노력에서 잘못된 의사 소통, 오해, 역할과 목표를 둘러싼 명료함의 부족으로 말미암아 불필요하게 제1상한에서 보내는 시간이 얼마나 많은가?
- 다른 사람들의 일정 또는 단지 당신이 짐작한 그들의 일정—결국은 전혀 중요한 일이 아닌 것으로 드러나는 경우가 많은데—에 맞추어 주느라 제3상한에서 보내는 시간이 얼마나 많은가?
- 당신의 가족이나 조직에서 잘못된 의사 소통, 오해, 정치 활동, 뒷공론, 비난, 탓함, 서로 비리를 폭로하는 것으로 보내는 시간이 얼마나 많은가?
- 시간과 삶의 질에 상당한 영향을 줄 수도 있는 잠재력—당신과 함께

살고 일하는 사람들의 재능 · 창조성 · 열정—가운데 개발되지 않은 채 남아 있는 것이 얼마나 많은가?

대부분의 사람들은, 다른 사람과 의사 소통을 하고 상호 작용을 하는 데—또는 형편없는 의사 소통이나 상호 작용의 결과에 대처하는 데—깨어 있는 시간의 많은 부분을 보낸다. 따라서 효과적인 상호 의존은 시간 관리 문제의 핵심이다. 그러나 전통적인 문헌들은 본질적으로 상호 의존을 무시하거나, 아니면 업무 거래적인 방식으로 대처한다. 이런 업무 거래적인 접근 방법은 기계적이고, 통제적이고, '사물'을 관리하는 패러다임에서 나온다. 사람들은 본질적으로 우리가 더 많은 일을 이루기 위해 위임을 하는 생물 공학적인 단위, 또는 우리 계획대로 나아가기 위해 능률적으로 처리해야 할 방해물 정도로 간주된다.

그러나 제4세대의 상호 의존은 업무 거래적인 것이 아니다. 그것은 변화 추구적인 것이다. 제4세대 상호 의존은 의존의 당사자가 되는 사람들을 문자 그대로 변화시킨다. 제4세대 상호 의존은 각 개인의 개성과 능력이라는 전면적 현실을 고려하며, 개인들이 개별적으로 제시할 수 있는 것보다 훨씬 더 나은 시너지적인 제3의 대안들을 창조할 수 있는 뜻하지 않은 잠재력을 고려한다. 제4세대 상호 의존은 관계의 풍요로움이며, 발견의 모험이며, 일정보다 사람을 앞세우는 자발성과 깊은 충족감이며, 전에는 존재하지 않던 것들을 함께 창조하는 기쁨이다. 제4세대 상호 의존은 궁극적으로 '지레의 받침점을 옮기는 것'이다—이것은 많은 사람들의 에너지와 재능들을 시너지적 방법으로 결합시키는 것에서 나오는 창의성 · 능력 · 생산의 기하 급수적 증가다.

3부에서는 삶의 상호 의존적 본성을 깊이 살펴보고, 우리의 성품과 역량이 모든 차원에서 사람들과 함께 일하는 것에 어떤 영향을 미치는지를 알아볼 것이다. 우리는 공유된 비전을 창조하고 권한을 부여하는 청지기 직분에 대한 합의와 같은 제2상한 활동들을 통해 다른 사람들과 더불어 시너지를 창출하는 방법에 대해 이야기할 것이다. 우리는 공동의 나침반을 만들어 내서 보완적 팀들을 형성하는 능력을 얻음으로써, 당신의 장점은 드높이고 단점은 줄여 나가는 방법을 보여 줄 것이다. 마침내 우리는 궁극적인 제2상한의 준비/예방 도구인 임파워먼트 문제를 다루게 될 것이다. 당신은 내면에서 시작하여 외부로 향하는 임파워먼트를 이룩하는 것이 당신의 능력을 증대시키고, 당신 주위의 모든 사람—가족·친구·동료들—에 대한 영향력을 증대시켜서, 더 높은 수행력과 더 큰 성취로 나아가게 해 준다는 사실을 보게 될 것이다.

만일 당신의 생활 방식이 본질적으로 상호 의존적이거나, 또는 어떤 다른 이유에서 이런 수준의 복잡한 문제에 들어가지 않고 싶다면, 그냥 4부로 넘어가도 좋다. 그러나 우리는 전통적인 시간 관리에서는 거의 무시되어 온 이 필수적인 영역을 한번 탐험해 볼 것을 강력하게 권한다. 당신은 상호 의존과 관련된 문제들과 잠재력들이 당신의 시간과 삶의 질에 얼마나 강력한 영향력을 발휘하는지를 발견하고 놀라게 될 것이다.

11 : 상호 의존의 현실

상호 의존은 자족과 마찬가지로 인간의 이상이며
또 이상이 되어야 한다. 인간은 사회적 존재다.

-간디[1]

상호 의존의 현실로 들어가기에 앞서, 우리는 당신에게 당신이 삶에서 '소중한 것들'로 결정한 것에 대해 다시 한 번 생각해 보라고 권하고 싶다. 거기에 다른 사람들과의 관계가 얼마나 많이 포함되어 있는가?

거의 예외 없이, 사람들이 진정으로 중요하다고 인정하는 모든 것은 다른 사람들과 관계가 있다. 심지어 '건강'이나 '경제적 안정'과 같은 것을 소중한 것 목록에 올려 놓았더라도, 그것은 가족이며 친구들과 함께 삶을 누릴 자원을 갖추고 싶은 마음에서 그렇게 한 것이다. 우리의 가장 큰 기쁨—그리고 우리의 가장 큰 고통—은 다른 사람들과의 관계에서 온다.

삶의 질은 그 본질상 상호 의존적이라는 것이 현실이다.

우리의 역할들은 상호 의존적이다—우리는 남편이고, 아내고, 부모고, 친구고, 상사고, 직원이고, 동업자고, 동료고, 지역 사회의 일원이고, 시민이다. 거의 모든 역할에서 얼마나 좋은 결과를 얻느냐 하는 것은, 적어도 한 사람 이상의 다른 개인과의 관계에 달려 있다.

우리의 성취는 상호 의존적이다. 우리는 역사를 돌아보면서 어떤 한 사람이 무언가를 '발명'하거나 '발견'했다는 이야기를 하는 경향이 있지만, 대부분의 위대한 성취들은 진공 상태에서 이루어진 것이 아니다. 명예를 얻는 사람은 흔히 그보다 앞서 길을 닦아 주고, 길을 안내하고, 효과가 없는 것을 발견함으로써 결국 누구 다른 사람이 효과가 있는 것을 발견할 수 있도록 해 준 많은 사람들의 어깨 위에 올라서 있는 것이다.

심지어 우리의 기본 욕구와 능력의 충족조차 상호 의존적이다.

사는 것은 신체적 건강과 경제적 안정을 추구하는 것이다. 의사, 병원, 페니실린, 의료 보험이 없다면 우리는 어떻게 될 것인가? 우리는 우리가 하는 일이 어떤 식으로든 다른 사람들의 삶에 영향을 주기 때문에 보수를 받는다. 우리는 우리가 받은 봉급 중의 얼마를 내고 다른 사람들의 노동에 따른 결과물을 사용한다.

사랑하는 것은 그 정의상 상호 의존적이다. '사랑은 사랑을 줄 때에야 비로소 사랑이다.' 사랑은 다른 사람들과의 관계나 일체감과 관련된 것으로서, 이것은 모든 지혜의 문헌에 나타나는 주요 주제 가운데 하나인 상호성, 즉 황금률에 기초를 두고 있다―("무엇이든지 남에게 대접받고자 하는 대로 남을 대접하라."로 요약되는 규범 : 옮긴이).

배우는 것은 성장하는 것이고, 우리 자신이 확대됨을 느끼는 것이다. 우리가 다른 사람들이 낸 책을 읽을 때, 다른 사람들이 연 세미나에 참석할 때, 다른 사람들이 강의하는 수업 내용을 들을 때, 얼마나 많이 배우는가? 우리가 다른 사람들과 그룹을 이룬 상황에서 상호 작용할 때 얼마나 자주 통찰을 얻게 되는가? 우리 '자신의' 아이디어들이 사실은 남들의 아이디어들에서 나오는 경우가 얼마나 많은가?

유산을 남기는 것 또한 그 정의상 상호 의존적이다. 유산을 남기는 것은 사회에 공헌하는 것이며, 다른 사람들의 삶에 의미 있는 방식으로 공헌하는 것이다. 우리가 사는 세상은 우리보다 앞서 간 사람들이 남긴 유산이다. 우리가 세상에서 선택을 하는 것은 우리를 뒤따르는 사람들을 위한 유산을 만들어 내는 행위다.

혼자 있을 때보다 함께 있을 때 더 낫다는 것은 부정할 수 없는 사실이다. '아무도 섬일 수 없다.'는 것을 깨달을 때, 어떤 개인도 모든 재능, 모든 아이디어, 전체 기능을 수행할 모든 역량을 갖출 수 없다는 것을 깨달을 때 겸손해질 수 있다. 삶의 질에 핵심적인 것은 함께 일하는 능력이며, 서로 배우는 능력이며, 서로 성장을 돕는 능력이다.

독립성 패러다임

삶의 질이 상호 의존과 떼어 놓을 수 없는 것임에도 우리는 '성공'을 독립적 성취의 관점에서 보는 경향이 있다. 그리고 시간 관리 문헌은 본질적으로 이런 독립적 성취 패러다임을 반영하고 있다. 대부분의 문헌은 이런저런 식으로 '시간은 생명'이라고 말하지만, 거기서 제시하는 기술과 기법들은 '사물'의 관리와 관련되어 있다. 사람들은 기본적으로 위임을 통해 우리의 효력을 높이는 자원으로 간주되거나, 우리가 계획대로 나아갈 수 있도록 능률적으로 처리해야 할 방해물 정도로만 간주된다.

그러나 알고 보면 독립성을 위한 자리는 따로 있다. 자극과 반응 사이의 공간에서 독립하는 것은, 각본이나 사회적 거울을 비롯한 다른 영향력—우리가 삶에 원칙 중심의 반응을 보이려고 하는 것을 막는 영향력—을 이겨 내는 품성의 힘을 가짐을 뜻한다. 이런 독립은 자리만이 아니라 목적이기도 하다. 그러나 독립성은 그 자체가 목적이 아니다. 진정한 독립은 효과적인 상호 의존에 선행하며, 효과적인 상호 의존을 준비할 수 있게 해 준다. 진정한 독립성은 신뢰를 가능하게 해 주는 자기 신뢰성이다.

우리가 '사물'을 다룰 때도 독립성이 담당하는 역할이 있다. 우리가 시간 관리 문헌에서 커다란 가치를 찾을 수 있는 곳이 바로 이 부분이다. 이런 문헌은 '사물'을 관리하는 훌륭하고 효력 높은 아이디어와 기법들로 가득 차 있다.

그러나 사람은 사물이 아니다. 우리가 사람들을 다룰 때, 우리는 자극과 반응 사이에 자기 자신의 공간을 가지고 있는 살아 숨쉬는 인간들을 상대하는 것이다. 이 사람들은 또한 천부의 능력들을 가지고 있으며, 그 자극과 반응 사이의 공간에서 활동할 수 있는 믿을 수 없을 만큼 놀라운 역량을 가지고 있다. 그리고 우리 시간의 상당한 부분은 이 상호 의존적 현실 속에서 상호 작용을 하는 데 사용된다.

자기 성실성을 제외한다면, 우리의 가장 큰 문제—그리고 시간과 삶의 질의 문제에 영향을 미치는 우리의 가장 큰 잠재력—는 이 상호 의존의 장에 있다.

독립성 패러다임의 대가

우리가 독립적 성취에 의거한, 직선적인, 크로노스만 고집하는 패러다임을 통해 욕구를 만족시키고 역량을 충족시키려 할 때, 인생은 거대한 잡동사니 속의 짧은 한 시간처럼 여겨진다. 오직 한정된 시간밖에 없기 때문에, 우리는 자신의 만족을 극대화해야 하고, 최대한의 경험을 해야 한다. 우리는 하나의 선을 통해 서둘러 움직이며, 되도록 다양한 것들을 잔뜩 움켜쥐려 한다. 우리는 경험과 감각의 대식가가 된다.

우리는 서둘러 산다. 건전한 생활 방식을 유지하는 데는 너무 많은 시간과 노력이 든다. 그래서 우리는 원하는 대로 먹고, 원하는 대로 행동하고, 무리를 해서 건강을 해치고, 몸이 아프면 의사를 찾아간다. 경제적 안정이란 삶의 의미나 방법과 관계없이 예금 잔고를 극대화하는 것이 된다.

우리는 서둘러 사랑한다. 우리는 치고 달리기 식의 인간 관계를 맺으며, 우리가 가는 길 주위에 깨어진 몸뚱아리와 부서진 삶을 흩어 놓는다. 우리는 결혼 생활로부터 많은 이득을 원하지만, 풍요로운 상호 의존의 삶, 사심 없는 봉사의 삶, 감수성을 가진 삶, 성품의 꾸준한 개선을 통한 성숙한 삶을 살겠다는 감동적인 각오와 결의는 하지 않는다. 우리는 아이들을 낳지만, 그 아이들을 가르치고 훈육하고 사랑하고 아이들의 말을 들어 주는 데 드는 엄청난 시간과 노력을 바치려고 들지는 않는다. 우리는 가장 가까운 몇 사람과 사랑을 나누기는 하지만, 다른 사람들에게 손을 뻗어 좀 더 폭 넓게 사랑을 나눌 시간은 없다.

우리는 서둘러 배운다. 깊은 대화와 의미 있는 방식으로 다른 사람들과 상호 작용을 할 시간이 없다. 배움은 피상적이다—우리는 다양한 상황에서 행동할 능력을 얻을 수 있는 원칙들을 이해하지 못한 채, 기술과 방법과 기법들로만 빠져 든다.

우리는 서둘러 이름뿐인 유산을 남긴다. 우리는 여기 몇 달러, 저기 몇 달러를 보내고, 그것을 통해 1~2분 동안 공헌을 했다는 만족감의 '마약 주사'를 맞으려 하지만, 그것은 오래 지속되지 못한다. 여기에는 진정으로 헌신하려는 마음은 없으며, 우리 삶의 깊은 목적에 대한 의식도, 공헌에 대한 의식도 없다.

많은 사회학자들과 논평가들이 지적했듯이, 빠른 속도를 바탕으로 한 이와 같은 독립성 패러다임은 우리 사회에 엄청난 불균형을 불러왔다. 우리는 더 많은 황금알을 얻으려고 하는 나머지, 황금알을 낳는 거위를 죽이고 있다. 우리는 소비하느라 너무 바빠 생산하는 능력을 생각하지 않는다. 우리는 그 증거를 우리 주변의 모든 곳에서 보고 있다—재정 적자, 보건 문제, 세계 경제, 장기적 투자를 꺼리는 월 스트리트의 분위기에서 그런 증거를 본다.

현대 스트레스 연구의 아버지인 한스 셀리에는 독립적 성취에 초점을 맞추는 것을 '암의 발전'에 비유했는데, "그 가장 큰 특징은 암이 암 자신만을 돌본다는 것이다. 따라서 암은 숙주의 다른 부분들을 먹고 자라며, 결국은 숙주를 죽이게 된다―이것은 생물학적 자살이다. 왜냐 하면 암세포는 그 무모하고 자기 중심적인 발전을 시작했던 숙주의 몸 내부에서가 아니면 살 수가 없기 때문이다."[2] 우리 사회 전체가 엉뚱한 벽에 기대어 세워진 사다리에 올라서 있다고도 할 수 있다. 우리는 독립성이라는 환상을 가지고 살고 있지만, 그 패러다임은 바람과 달리 삶의 질을 향상시키지 못한다.

결과를 바꾸기 위해서는 패러다임을 바꾸어야 한다.

상호 의존성 패러다임

정북향이 우리에게 가르쳐 주는 바에 따르면, 우리는 거대하고 고도로 상호 관련된, 살아 있는 생태계의 일부라는 것이 현실이다. 삶의 질은 상호 의존적이다. 삶의 질은 다음 그림에 나타나 있듯이, 360도이며, 완전히 한눈에 들어온다.

중앙에는 개인 차원이 있다. 우리 각자는 개인이다. 우리는 독특한 인간 천부의 능력을 지니고 있으며, 그 자질들을 이용하여 우리의 기본 욕구와 능력을 충족시킬 수 있는 품성과 역량을 얼마쯤 가지고 있다. 우리는 개인으로서 다른 개인들과 관계를 맺는다. 이것은 대인 차원이다. 이런 관계 속에서 우리는 다른 사람들과 함께 일을 하여, 관리 차원으로 표시되는 과제들을 성취한다. 우리는 집단적 목적을 위하여 시스템을 정비하고 일을 조정한다. 이것은 조직 차원이다. 이런 차원이 모두 우리가 사는 사회의 맥락 속에 있고, 이 사회에 영향을 준다.

이 상호 의존적 현실에 내포된 의미를 좀 더 살펴보도록 하자.

1. 모든 공적인 활동은 결국 개인적 활동이다

우리가 가족·조직·사회에서 보는 문제들은 개인들이 자극과 반응 사이의 공간에서 하는 선택의 결과다. 이런 선택이 반응적 태도, 각본, 긴급성에 따른 대응에서 나올 때, 그것은 가족·조직 그리고 전체 사회의 시간과 삶의 질에 영향을 준다.

예를 들어 결혼을 보자. 결혼하는 한 쌍이 각자의 깊은 내면 속에 삶의 지혜를 지니지 못했다면, 시작은 그럴싸할지 모르나 어려운 문제들이 나타날 때—자녀 교육, 살림살이, 친인척 문제 등에서—그들은 시너지적이고 긍정적인 방식으로 상호 작용할 수 있는 성품과 역량을 갖추지 못한 채 그 문제들을 맞게 될 것이다. 이 부부는 그들의 각본에 의존한다—두 사람의 각본이 아주 다를 수도 있다. 그리고 만일 이 부부가 원칙에 중심을 두고 있지 않다면, 이 각본의 차이로 말미암아 서로 거리가 멀어져 양극화하며, 마침내 원한과 소외까지 불러올 수 있다.

반면, 결혼하는 한 쌍이 원칙에 중심을 두고 있다면, 이 부부는 서로 차이를 존중하고 협력하여 상대방의 각본과 정북향 원칙들을 이해하게 된다. 이 부부는 그들이 처한 문제를 해결할 수 있는 시너지적인 제3의 해결책을 구한다. 이 부부는 상대방의 단점이 드러나면 도움을 줄 수 있는 기회로 간주한다. 이 부부는 누가 옳고, 뭐가 옳은지에 대해 관심을 덜 가진다. 이 부부는 자신들이 이루고 있는 가족을 사회의 기본 단위로 생각하며, 그들이 사회에 공헌할 수 있는 가장 중요한 방법 가운데 하나가, 튼실한 가정을 만들고 아이들이 사회의 책임 있는 구성원이 되도록 교육하는 일임을 깨닫는다. 이 부부는 또한 사회 전체에 공헌할 수 있는 다른 길들에서도 서로 돕고 뒷받침한다.

조직에서도 마찬가지다. TQM이나 임파워먼트 프로그램이 제대로 시행되지 않는 이유 가운데 하나는, 조직에서 이런 프로그램을 만들어 내는 많은 사람들이 자신의 깊은 내면의 삶에서 상황을 헤쳐 나가기 위해 요구되는 노력을 기울이지 않기 때문이다. 이들은 어릴 때 조건적으로 받은 사랑 때문에, 대학 시절 정규 분포 곡선에 따라 주어진 학점 때문에, 운동선수들이 가진 승/패 패러다임 때문에, 직업에서 강요되는 서열 시스템 때문에 독립성과 경쟁을 향해 나아가도록 각본이 씌어진 경우가 많다. 이 사람들은 비록 진지하게 노력을 할지는 모르나, 그들의 밑바탕에 깔린 패러다임을 넘어선 곳에서는 지속적으로 활동해 나갈 수가 없다.

TQM의 주창자로 알려진 고 W. 에드워즈 데밍은, 조직에서 일어나는 많은 문제들이 시스템의 문제가 아니라 사람들의 문제라고 말했다.[3] 그러나 사람들은 시스템을 만든다. 개인들이 경쟁적이고, 부족의 심리를 가지고 있고, 독립성을 내세우고, 크로노스만 고집하는 패러다임을 지닌 채 정북향과 어긋나 있으면, 조직과 사회에도 그것이 반영될 것이다. TQM과 임파워먼트 프로그램은 깊고 일관된 질적 변화를 창조하는 대신 '이달의 특별 요리' 정도의 수준에서 진행될 것이며, 사람들은 그런 노력에 대해 냉소하게 될 것이다.

전체의 질은 개개인의 질에서 시작된다. 조직적 임파워먼트는 개인적 임파워먼트에서 시작된다. 그래서 우리의 깊은 내면의 삶과 성실성 속에서 하는 작업이 그토록 중요한 것이다.

스티븐 : 최근에 수강자가 많은 어느 강의 시간에 한 남자가 나에게 말했습니다.

"스티븐, 어떻게 하면 원칙 중심의 리더십을 의회에 도입할 수 있을까요?"

나는 말했습니다.

"당신은 부인을 어떻게 대하십니까?"

"그게 이 일과 무슨 상관이죠?"

"결국 보면, 공공 정책은 개인의 도덕성을 그대로 나타내 주거든요."

그는 내 말에 얼굴을 붉히더니 더 말을 하지 않더군요. 난 그가 내 말을 불쾌하게 받아들인 것 같아, 나중에 그에게 가서 사과를 했습니다.

"내 말이 불쾌했다면 미안합니다. 그럴 의도는 없었습니다. 하지만 난 정말로 내면에서 우러나오는 접근 방식을 믿고 있습니다."

"난 화가 난 게 아닙니다. 오히려 그 말이 나에게 절실하게 다가온 걸요! 평생 동안 난 불의에 무관심한 사람들을 공격해 왔습니다. 그러면서 내가 사랑하는 사람들에게는 내가 겪는 좌절감들을 쏟아 부었죠. 그런데 스티븐, 당신이 바로 그 문제를 지적했기 때문에 내가 충격을 받은 것입니다. 하지만 난 그런 이야기를 들어 마땅했습니다."

궁극적으로 '조직적 행동'이라는 것은 없다. 그것은 모두 조직 내에 있는 개인들의 행동인 것이다.

2. 삶은 나눌 수 없는 하나의 전체다

앞에서도 나온 것처럼, 간디는 이렇게 말한 적이 있다.

"어떤 한 부분에서 잘못하는 사람이 다른 부분에서라고 잘할 수는 없다. 삶은 하나의 불가분한 전체이기 때문이다."

우리의 한 동료는 이런 경험을 이야기했다.

전에 커다란 항공 회사에서 일한 적이 있습니다.

난 마케팅 팀의 핵심 멤버였는데, 우리 팀의 과제는 수십 억 달러 상당의 방위 산업 프로그램 및 생산품의 판매를 돕기 위한 '실무 요약' 프리젠테이션 자료를 준비하는 것이었죠.

어느 날 우리 팀에 새로운 멤버가 고용되어 자기 소개를 하게 되었습니다. 우리는 관리층에서 그를 정중하게 맞이하는 것을 보고, 그가 특별히 선발된 사람이라는 것을 알 수 있었습니다. 그는 매우 똑똑했으며, 관련 업계에서 10년의 경력을 쌓은 사람이었습니다.

그는 회사에서 가장 중시하던 새로운 사업을 제안하기 위한 팀의 책임자로 임명되었습니다. 나는 그와 함께 그 일을 맡았고, 그의 옆자리에 칸막이 없이 앉게 되었습니다.

프로젝트가 진전됨에 따라, 나는 그 사람을 잘 알게 되었습니다. 자리가 붙어 있었기 때문에, 그가 하는 모든 전화 통화가 내 귀에도 들렸죠.

그리고 그런 전화들을 통해 아주 지저분하고 무질서한 그의 사생활이 드러났습니다. 그도 내가 그런 걸 알게 된 것을 눈치챘는지, 전화에 대해 변명하면서 말했습니다.

"하지만 이게 업무에 지장을 주지는 않을 거요."

그는 날마다 그 말을 되풀이했습니다.

제안서를 위한 집중적인 노력이 절정에 이르자, 일이 주는 압박은 두 배로 가중되고 시간은 모자랐습니다. 그러자 이런 압력솥 안에서 이 팀장의 사생활이 그 추한 몰골을 드러내기 시작했습니다. 잠도 거의 못 자고 마음 편할 날 없이 계속 일을 해 나가는 가운데, 팀장은 함께 일할 수 없는 사람이 되어 갔습니다. 화를 잘 내고, 비합리적이고, 말다툼을 좋아하고, 균형이 잡히지 않은 모습을 드러냈죠. 그게 주위의 모든 사람에게 영향을 주었습니다. 그 분야에 상당한 지식이 있었지만, 그는 프로젝트의 장애물이 되었으며 결국 해고되었습니다. 그렇게 큰 기대를 받으며 들어온 지 겨우 6개월 만에 말예요.

우리는 우리가 남들을 잘 속여 넘기고 있다고 생각할 수도 있다. 우리는 심지어 우리 자신을 잘 속이고 있다고 생각할지도 모른다. 그러나 우리가 어떤 역할에서든 이중적으로 행동하거나 부정직하게 행동한다면, 그것은 우리 삶의 모든 역할에 영향을 주게 된다.

3. 신뢰는 신뢰성에서 나온다
신뢰는 삶의 접착제 역할을 한다. 신뢰는 효과적인 의사 소통의 가장 본질적인 요소다. 신뢰는 모든 관계—결혼, 가족, 모든 종류의 조직—를 지탱해 주는 기본 원칙이다. 그리고 신뢰는 신뢰성에서 자라난다.

스티븐 : 한 번은 내 어린 아들이 내가 어떤 사람에 대해 거칠게 말하는 것을 들었습니다. 그러자 아들이 곧장 나한테 와서 말하더군요.

"아버지, 절 사랑하세요?"

아들은 너무 진심 어린 태도를 보여 주고 있었고, 너무 부드러웠고, 너무 연약했습니다. 아들은 내 본성에서 누군가를 사랑하지 않을 수 있는 가능성을 본 것입니다. 그리고 그것을 즉시 우리 부자 관계에 적용시켜 본 것입니다. 내가 신뢰할 만한 아버지인지 의문을 제기한 것입니다. 아들은 내 사랑을 신뢰해도 되는 건지 알고 싶어한 거죠.

　나는 하와이의 한 대학에서 1년 동안 객원 교수로 와 달라는 요청을 받았을 때는 완전히 상반되는 경험을 한 적이 있습니다. 하와이에 도착해 보니, 주택 사정이 우리가 기대하던 것과 다르다는 것을 알게 되었습니다. 그래서 나는 대학에 들어가서 주택 담당자가 한 일에 대해 문제를 제기했습니다. 나는 부아가 치밀어 따지고 들었죠. 난 총장에게 약정과 기대는 어떠했는데, 현재 상황은 그렇지 못하다는 것을 이야기했습니다.

　총장은 정중한 태도로 내 이야기를 귀담아 듣더니 말했습니다.

　"스티븐, 그런 이야기를 듣게 되어 매우 유감이오만, 주택 담당자는 아주 훌륭하고 유능한 사람이오……. 그 사람을 이리로 불러서 함께 해결해 봅시다."

　난 그런 이야기를 듣게 될 줄은 몰랐습니다. 난 그 문제에 말려들고 싶지가 않았습니다. 난 그저 불평하고 앓는 소리를 함으로써 총장이 그 문제를 해결해 주기를 바랐을 뿐입니다. 난 주택 담장자가 총장실로 오는 그 몇 분간을 도저히 잊지 못할 것입니다. 그 때 내 정신과 마음에 오갔던 일들을 말예요.

　'내가 어디에 말려든 거야? 나도 어쩌면 이런 혼란에 부분적으로 책임이 있을지 몰라. 내가 의사 전달을 제대로 못 한 게 틀림 없어.'

　주택 담당자가 도착했을 때, 나는 완전히 기가 죽어 있었습니다. 저절로 겸손해졌죠. 내 오만함을 자책하며 부끄러워하고 있었습니다.

　주택 담당자가 들어올 때 난 말했습니다.

　"여, 안녕하십니까? 만나서 반갑습니다."

　난 내 자신의 이중성을 강하게 의식하고 있었습니다. 그러나, 오, 자신의 부하들을 지지해 주고, 그들에 대해 긍정적으로 말해 주고, 어떠한 부정적인 문제라도 그 해결 과정에 그들을 참여시키려고 하는 그 총장을 얼마나 존경하게 되었는지!

　그 총장은 원칙 중심적인 분이었습니다. 만일 누군가—어떤 사람이든—총장 앞에서 나에 대해 불평을 한다면, 총장은 주택 담당자에게 한 것과 똑같이 정중한 태도로 나를 대했을 것임을 알 수 있었습니다. 그 총장은 자리에 없는 사람들에 대해서도 신의를 지키는 분이었죠.

난 다시는 총장 앞에서 경솔하게 행동하거나 어떤 사람에 대한 평판을 함부로 입에 올리지 않았습니다. 총장이 어떤 사람인지 알았기 때문입니다.

신뢰는 가식이나 임시 처방을 통해 얻을 수 없는 것이다. 신뢰는 근본적으로 품성, 즉 자기 신뢰성에 달려 있다.

신뢰성이라는 본질적인 기초 없이는, 신뢰는 기껏해야 잠정적인 것밖에 될 수 없다. 그런 경우에는 신뢰가 흔들릴 때 꺼내 쓸 수 있는 감정의 적립금이 없다. 기본적 동기에 대한 믿음이 없다. 의사 소통은 경계 상태에서 이루어지며, 가식적인 태도와 거리를 두는 태도로 가득 차게 된다. 반면 신뢰성은 인간 관계에서 융통성과 감정의 적립금을 만들어 낸다. 이따금 일이 엉망이 될 수는 있지만, 그렇다고 관계를 망치지는 않는다. 적립금에서 꺼내 쓸 수가 있기 때문이다. 일을 그르쳐도 사람들은 당신의 기본 의도를 신뢰할 것이다. 당신의 속마음이 어떤지를 알기 때문이다.

상호 의존성은 '중요성'을 새로 정의해 준다

독립성 패러다임에서 상호 의존성 패러다임으로 전환하고 나면 우리의 보는 눈이 완전히 새로워진다. 그것은 우리가 시간을 가장 잘 사용하는 방법에 대해 내리는 결정과 그 결과에도 강력한 영향을 미친다—그것은 문자 그대로 '중요성'을 새로 정의해 준다. 시간 관리 매트릭스를 돌이켜 보라.

상호 의존성 패러다임으로 이 매트릭스를 보면서, 다음 질문들에 관해 생각해 보라.

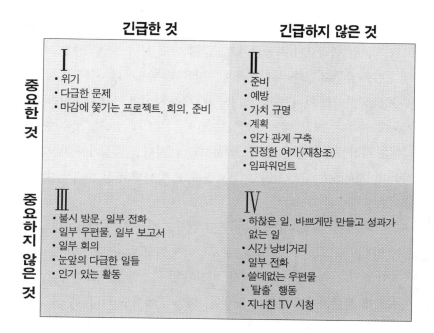

	긴급한 것	긴급하지 않은 것
중요한 것	I • 위기 • 다급한 문제 • 마감에 쫓기는 프로젝트, 회의, 준비	II • 준비 • 예방 • 가치 규명 • 계획 • 인간 관계 구축 • 진정한 여가(재창조) • 임파워먼트
중요하지 않은 것	III • 불시 방문, 일부 전화 • 일부 우편물, 일부 보고서 • 일부 회의 • 눈앞의 다급한 일들 • 인기 있는 활동	IV • 하찮은 일, 바쁘게만 만들고 성과가 없는 일 • 시간 낭비거리 • 일부 전화 • 쓸데없는 우편물 • '탈출' 행동 • 지나친 TV 시청

- 일을 자신이 능률적으로 하는 것과 …… 시간을 들여 직원이나 자녀에게 현재 그리고 미래에 일을 할 수 있도록 임파워먼트하는 것 가운데 어느 쪽이 더 중요한가? 어느 쪽을 선택하는 것이 당신의 시간의 질, 다른 사람들의 시간, 조직의 시간에 더 좋은 영향을 미치겠는가?

- 다른 사람들을 감독하고 컨트롤하는 데 시간을 보내는 것과, 다른 사람들이 가진 엄청난 창조적 잠재력을 발휘하게 해 주고 스스로를 관장하게 하는 것 가운데 어느 쪽이 더 중요한가?

- 기대하는 바가 서로 달라서 생긴 문제들을 효율적으로 풀기 위한 시간을 내는 것과 ……미리 시간을 들여 다른 사람들과 함께 솔직하게 기대치를 분명히 하는 것 가운데 어느 쪽이 더 중요한가?

- 의사 소통 부족으로 생긴 문제들을 해결하느라 시간을 보내는 것과, 효과적인 의사 소통을 가능하게 해 주는 인간 관계들을 형성하는 것 가운데 어느 쪽이 더 중요한가?

제4세대는 '사람' 패러다임이다. 제4세대는 '사물'에 대한 효율적이고 기계적인 관리보다 사람들과의 효과적이고 시너지적인 상호 작용에 더 초점을 맞추고 있다. 사람들에게 초점을 맞추는 것과 사물들에 초점을 맞추는 것 사이의 차이는 제3세대와 제4세대 사이의 가장 근본적인 차이 가운데 하나다. 제3세대는 관리하고 컨트롤하는 데 초점을 맞춘다. 제3세대는 사람들을 사물의 지위로 격하시킨다. 사람들은 심지어 자신을 조직하고, 계획하고, 훈련시키고, 컨트롤하고, 자신의 우선 순위를 정하는 데서도 효율부터 따진다.

그러나 제4세대 패러다임은 사람이 먼저고 사물은 그 다음이다. 리더십이 먼저고 관리는 그 다음이다. 효과성이 먼저고 효율성은 그 다음이다. 목적이 먼저고 구조는 그 다음이다. 비전이 먼저고 방법은 그 다음이다.

이렇게 사람들에게 초점을 맞추면, 다음 표에서도 나타나듯이, 전혀 다른 시각이 생기며, 삶에 대한 서로 다른 접근 방식이 창출된다.

분명히 말하지만, 우리가 사물을 관리할 때는 '사물' 패러다임이 적합하다. 그러나 그것을 사람들에게 적용하려 할 때는 부적합하며 또 비효과적이다. 그것은 마치 골프 채로 테니스를 하려고 하는 것과 같다─도구가 현실에 맞지 않는 것이다.

'사람' 패러다임	'사물' 패러다임
리더십	관리
효과성	효율성
자발성/우연히 발견한 능력	구조
통찰력	측정법
원인들	결과들/증상들
해방/임파워먼트	컨트롤
프로그래머	프로그램
변화 추구	업무 거래
투자	지출
고객 서비스	행정적 능률
원칙들	기법들
시너지	절충
풍요	부족

사람 패러다임은 가족, 조직, 온갖 그룹에서 성공을 거두는 데 필수적이다. 일본의 기업가 고노스케 마쓰시타는 서구의 기업들이 실패하고 도전을 받는 것은 대부분 이런 본질적인 패러다임에서 말미암은 문제 때문이라고 지적한다.

당신네 관리자들은 생각만 하는 반면 노동자들은 스크루드라이버만 돌리고 있다. 당신들은 마음 속 깊이 그게 사업을 하는 올바른 방법이라고 믿고 있다— 관리자들의 머리에서 아이디어를 뽑아 노동자들의 손에 쥐어 주어야 한다는 것이다.

그러나 우리의 경영 핵심은 회사에서 근무하는 모든 직원의 지적 자원을 동원하여 합치는 기술이다. 우리는 기술 및 경제적인 문제들의 내용을 연구해 왔다. 우리는 소수 기술 관료들의 머리가 아무리 좋더라도, 이제 그것만 가지고는 진정한 성공을 거둘 가능성이 희박하다는 것을 알고 있다.

기업은 모든 직원의 두뇌력을 통합하고 이끌어 내야만 오늘날의 거친 환경과 제약에 맞설 수 있다.[4]

우리가 상호 의존이라는 현실의 관점에서 '보게' 될 때, 우리는 관계 정립, 공유된 비전 창출, 상호 기대 확정 등과 같은 제2상한 활동에서 소비하는 시간의 중요성을 곧바로 인식할 수 있다. 우리는 또한 우리가 전통적인 시간 관리에서 하는 일 가운데 많은 부분이, 상호 의존의 뿌리에서 효과적으로 하는 작업이 아니라, 효율을 따지며 가지에 달린 잎만 만지작대는 것임을 알 수 있다.

진정한 상호 의존은 변화 추구적이다

　전통적 시간 관리의 상호 의존은 본질적으로 업무 거래적이다. 이런 종류의 업무 거래적인 상호 의존은 매일매일의 위임에서 발생하며, 흔히 좋은 인간 관계를 위한 원칙들을 포함하고 있다. 이런 상호 의존은 능률적이고 부드럽고 양쪽 당사자에게 만족스러운 방법으로 이루어질 수도 있다. 그러나 이것은 낮은 수준의 상호 작용이다. 관련 당사자들은 변하지 않는다. 그들은 바뀌거나 달라지지 않는다. 진정으로 시너지적인 것은 일어나지 않으며, 새로운 것이 창조되지 않는다.

　그러나 제4세대는 종류가 전혀 다르다. 제4세대는 업무 거래에서 변화 추구로 나아간다. 상호 의존의 진정한 시너지는 상호 작용 그 자체의 본성 속에서 창출된다. 사람들은 바뀐다. 사람들은 변한다. 사람들은 정말로 달라진다. 제4세대에 속하는 사람들은 업무 거래를 시작할 때, 자신의 의사 소통 과정에서 어떤 종류의 역학이 작동하게 될지 모른다. 이들의 의사 소통 과정에서는 어떤 새로운 것이 창출되며, 양쪽 당사자 누구도 그것을 컨트롤하지 못한다. 양쪽 당사자 누구도 그 새로운 것을 예상하거나 예측하지 못하고 의사 소통을 시작한 까닭이다. 이들은 컨트롤보다는 해방의 상태에서 상호 작용하는 사람들이다. 이런 종류의 변화 추구적인 상호 의존은 완전히 새로운 세계이며, 제4세대의 핵심이자 본질이다. 변화 추구적인 상호 작용에서는 시너지의 제4세대적인 개념이 핵심을 이루는데, 이 시너지는 현실 속에서 실제로 살아 움직일 뿐 아니라, 궁극적으로 현실을 컨트롤하는 일련의 균형 잡힌 자연 법칙들, 즉 원칙들을 중심으로 한 것이다. 제3세대적인 컨트롤, 능률, 독립적 성취, 크로노스적 접근 방법은 이 시너지의 제4세대적인 개념에 가려 빛을 잃는다.

　시너지라는 개념 전체는 감동적이고 흥미있는 것이다. 그러나 동시에 무서운 것이기도 하다. 시너지적인 의사 소통으로 들어갈 때, 당신은 그것이 어떻게 끝이 날지 정말 모르게 된다. 그리고 만일 당신이 확고한 각본에 따라 사는 사람이고 독립성과 제3세대적인 컨트롤과 능률의 철학에 따라 훈련받은 사람이라면, 당신은 시너지적인 의사 소통 속에서 아주 취약하고 미숙하다는 느낌이 들지도 모르며, 나아가서 의심과 두려움을 느낄 수도 있다.

스티븐 : 생존 훈련 프로그램에서 처음 현수 하강(懸垂下降)을 했을 때가 기억납니다. 난 조교였습니다. 생존 기술보다는, 인간의 상호 작용을 다루고 있었죠. 그러나 이런 생존 기술을 배울 때는 학생들과 같은 것을 배워야 했습니다. 난 벼랑 끝에 서 있던 순간을 절대 잊을 수가 없습니다. 드디어 내 차례가 되었죠. 깎아지른 벼랑 위에서 말 그대로 뒤로 떨어져야 했습니다. 난 다른 조교들이 바로 내 앞에서 그렇게 하는 것을 보았습니다. 난 머릿속으로는 안전 장치들이 두루 갖추어져 있어서, 설사 내가 기절하더라도 나를 잡아 줄 안전 밧줄이 있다는 것을 알고 있었습니다. 그러나 그걸 안다고 해서 마음이 가라앉지는 않더군요. 난 여전히 불안과 두려움 속에서 내가 얼마나 취약한 존재인지를 느끼고 있었습니다. 난 아무 말도 하고 싶지 않았습니다. 그렇게 했다간 학생들이 동요할 게 뻔했으니까요. 곧, 내가 뒤로 해서 허공으로 떨어진 순간, 내 마음과 정신을 스치고 간 느낌을 난 절대 잊을 수 없을 겁니다.

이 느낌은 상호 의존의 시너지라는 개념 전체가 주는 느낌과 흡사했습니다. 정말 자신이 취약한 존재라는 느낌이 들죠. 쥐고 있던 것을 놓아 버리는 겁니다. 프로세스와 원칙들에 믿음을 가지는 겁니다. 결과가 어떻게 될지는 모릅니다. 정말 위기에 처한 겁니다.

컨트롤이란 엄청난 착각이다. 컨트롤하는 사람은 기본적으로 삶의 원칙들이나 자연 법칙들을 충분히 내재화했기 때문에, 자기가 일을 일어나게 만드는 사람이라고 생각한다. 그러나 정말로 일이 일어나게 만드는 것은 그 자연 법칙과 원칙들에 대한 순종이다. 컨트롤은 아주 낮은 수준의 공헌이나 거래 관계에 있는 동업자들에게는 효과가 있을지 모른다.

그러나 당신이 더 큰 공헌을 하고 싶어하고, 또 진정 시너지적이고 창조적이며 그 자체로 힘이 되는 변화 추구적 상호 의존성으로 들어가고 싶어한다면, 당신은 우월한 위치에서의 컨트롤이라는 안식처를 떠나 취약해지게 된다. 당신은 더 높은 수준에서 이런 원칙에 대한 믿음을 발휘해야 한다. 당신에게 무슨 일이 벌어질지 모르므로 인생은 진짜 모험이 된다. 다음 굽이에 뭐가 있을지 자신할 수가 없다. 다른 사람이 어떻게 반응할지 자신할 수가 없다. 당신은 위기에 처하게 된다. 바로 이런 점 때문에 용기가 필요하다. 당신은 현재의 안전 지대에서 떠나 멀리 나가야 하며, 당신의 과거 경험이나 현재의 스승들을 떠나 멀리 나가야 한다. 저 밖에 나가면, 당신에게 영감을 줄 수 있는 아주 많은 모델들, 이미 먼저 해 보았고 당신에게 계속하라고 용기를 줄 수 있는 아주 많은 모델들이 있을지도 모른다. 하지만 거기에 도달하기 위해서라도 당신은 반드시 첫발을 내디뎌야 한다. 당신은 반드시 쥐고 있던 것을 놓고 '뒤로 떨어져야' 한다.

상호 의존의 네 가지 천부의 능력

우리가 그렇게 첫발을 내디딜 수 있는—그리고 부분의 합보다 훨씬 큰 시너지적인 전체를 창출할 수 있는—것은 우리의 독특한 천부의 능력 덕분이다.

상호 의존의 현실에서, 우리는 자신의 자극과 반응 사이의 공간뿐만 아니라, 다른 사람들에게 존재하는 자극과 반응 사이의 공간을 대하게 된다. 그렇게 하면서 우리는 우리의 독특한 천부의 능력을 이용하여 다른 사람들과 성실하게—통합된 방식으로 상호 작용을 할 수 있다.

• 자아 의식을 통해 우리는 **다른 의식**을 가지는 능력을 얻을 수 있다. 우리는 자신의 마음의 소리에 귀 기울이는 방법을 알기 때문에, 다른 사람들의 마음에도 귀를 기울일 수 있다. 우리는 우리의 자서전적인 생각에서 벗어나, 남들을 이해하려고 할 수 있다. 우리는 사람들을 우리 자신의 반영으로 보는 것, 사람들이 하는 모든 일을 그것이 우리의 시간과 세계에 어떤 영향을 미치느냐 하는 식으로만 보는 것을 중단할 수 있다. 우리는 사람들을 우리가 이루고 싶은 일을 이루게 해 주는 자원으로만 보는 것을 그만둘 수 있다. 우리는 자아 도취 단계를 넘어 나아가고, 차이를 존중하고, 기꺼이 남들에게서 영향을 받을 수 있다. 우리는 변함없는 핵심을 가지고 있기 때문에, 기꺼이 변화할 수 있다. 우리는 겸손해질 수 있고, 다른 사람들을 존중할 수 있다. 우리는 다른 사람들의 단점이 보여도 그것을 돕고 사랑하고 변화를 가져올 기회로 여길 수 있다.

• 우리는 **양심**을 이해하기 때문에, **집단적 양심**의 일부가 되는 것이 어떤 것인지 알 수 있다. 우리는 협력하여 정북향을 발견할 수 있다. 우리는 겸손하게 우리의 이해가 우리의 각본에 의해 제한될 수 있으며, 다른 사람들이 우리가 가지지 못한 통찰과 경험을 가질 수도 있다는 것을 깨달을 수 있다. 우리는 함께 나눌 비전과 가치를 창출함으로써 함께 소중한 것을 이루는 능력을 얻을 수 있다.

• **독립 의지**를 통해 우리는 **상호 의존적 의지**를 성취하기 위해 일할 수 있다. 우리는 승/승의 방법으로 함께 일하기로 합의함으로써 가치 있는 목적들을 달성할 수 있다. 우리는 상호 의존적 노력을 뒷받침해 주는 구조와 시스템을 만들어 낼 수 있다. 진정으로 독립된 개인들로서, 우리는 가족 · 그룹 · 조직 · 사회 전체에 이익을 줄 수 있는 공동의 목적을 함께 달성할 수 있다.

• 우리는 우리 자신의 **상상력을 창의적 시너지**라는 놀라운 프로세스에 바칠 수 있다. 우리는 다른 사람들이 가진 엄청난 창조적 잠재력을 해방시킬 수 있으며, 마음을 열고 시너지적인 놀라운 결과들을 받아들일 수 있다. 우리는 스스로 내놓은 어떤 해결책보다 훨씬 더 창의적이고, 더 적합하고, 더 효과가 있고, 더 보람 있는 제3의 대안을 내놓을 수 있다. 문제를 해결하는 프로세스에서 다른 사람들과 상호 작용을 하는 가운데, 우리가 투입하는 것은 변화 무쌍한 것의 일부가 되어 극적이고 새로운 결과들을 창출할 수 있다.

이런 상호 의존적 자질을 통해 우리는 풍요로운 관계들을 일구어 내고, 친구가 되고, 정직한 피드백을 주고, 진정한 방법으로 의사 소통을 할 수 있는 능력을 얻을 수 있다. 의존, 종속적 의존, 반(反)의존 대신, 효과적이고 시너지적인 상호 의존을 발휘할 수 있다. 우리는 효과적으로 함께 일을 하여, 공동의 목표를 성취할 수 있다. 우리는 각 개인의 장점을 기초로 하여 형성되며, 단점은 사소한 것으로 만들어 버리는 강력한 팀을 만들 수 있다. 우리는 강력하고 효과적인 방법으로 함께 소중한 것을 먼저 할 수 있다.

이렇게 하는 것이 궁극적으로 지레 받침점을 옮기는 일이다. 이것을 통해 우리는 불필요한 제1상한의 위기들과 중요하지 않은 제3상한의 활동들에 낭비되고 있는 시간과 에너지 그리고 인간의 창의성을 빼내서, 이런 것을 효과성이라는 완전히 새로운 영역을 창조하는 방식으로 결합시킬 수 있다. 다음 장에서 우리는 아주 효과가 높은 두 가지의 제2상한 활동을 보게 될 것이다. 우리는 그 활동들을 통해 우리의 결합된 천부의 능력들을 진정으로 변화 추구적인 방법으로 이용할 수 있을 것이다.

12 : 함께 소중한 것을 먼저 하라

차이는 시너지의 시작이다.

어떤 사람이 당신에게 팔씨름 도전을 했다고 생각해 보자. 목적은 되도록 많이 이기는 것이다. 시간 제한은 60초이며, 옆에서 지켜보는 사람이 있어, 한 사람이 이길 때마다 이긴 사람에게 10센트씩 주기로 약속했다. 우리는 자세를 잡고 시작할 준비를 한다.

이제, 예를 들어, 시작하자마자 내가 당신을 이겼다고 생각해 보자. 그러나 계속 당신의 손을 누르고 있는 대신, 즉시 힘을 빼서 이번에는 당신이 내 팔을 쓰러뜨리게 내버려 둔다. 나는 재빨리 반응하여, 다시 당신의 팔을 쓰러뜨리려고 한다. 당신은 습관적으로 저항한다. 당신은 이기고 싶어한다. 당신의 근육은 긴장되어 있으며, 집중하고 있기 때문에 미간이 좁아져 있다. 그러나 힘을 쓰는 도중에 갑자기 당신은 우리가 이제 각각 10센트를 벌어 놓고 있다는 것에 생각이 미치게 된다. 만일 당신이 나를 한 번 더 이기게 해 주고, 그리고 내가 당신에게 한 번 더 이길 기회를 주고, 그리고 당신이 나에게 다시 이길 기회를 주고……그러면 우리는 둘 다 서로 이기려고 기를 쓰는 경우보다 훨씬 더 많은 횟수를 이기게 될 것이다. 그래서 우리는 협력하여 빠르게 이겼다 졌다, 졌다 이겼다를 되풀이한다—그래서 60초 안에 우리 가운데 한 사람만 10센트를 버는 걸로 끝나는 대신, 우리 두 사람은 각각 3달러씩을 벌게 된다.

이것이 승/승의 핵심이다. 거의 모든 상황에서 협동은 경쟁보다 훨씬 더 생산적이다. 여기서 얻는 교훈은 우리가 번갈아 가며 지자는 것이 아니다—이번에는 당신이 위에 서고, 다음에는 내가 위에 서자는 것이다. 여기서 얻는 교훈은, 우리에게는 서로 협력할 경우 혼자서 이룰 수 있는 것보다 훨씬 더 많은 것을 성취할 능력이 있다는 것이다.

우리는 그룹이 모인 자리에서 이 팔씨름 연습을 할 때 종종 이런 말을 듣게 된다.

"난 처음에는 이것이 거슬리는 일이라고 생각했습니다. 그러나 이윽고, 만일 우리가 서로 주고받는다면, 우리 둘 다 승자가 될 수 있다는 것을 알게 되었죠."

"남을 압도하고 윗자리를 계속 유지하는 것에는 어떤 상징적 가치가 있습니다. 당시에는 그게 나한테 더 큰 의미가 있었어요. 그러나 결국 나는 이해하게 되었습니다. '잠깐 기다려! 이러다 보면 우린 둘 다 지는 거잖아.'"

"여기에 내 에고가 걸려 있었습니다. 모두들 지켜보고 있었죠. 난 내가 이겨야 한다고 생각했습니다—당신 팔을 뉘어야 한다고 생각했죠."

"내가 결국 깨달은 것은 내가 나 자신과 싸우고 있다는 것이었습니다."

우리 대부분은 승/패 사고 방식을 가지고 상황에 접근한다. '승리'는 누군가 다른 사람이 진다는 것을 의미한다. 우리는 승/패 운동 경기, 대학 학점의 정규 분포 곡선, 강제된 서열 체계 등에 의해 부족의 심리로 씌어진 각본을 가지고 있다. 우리는 승/패의 안경을 통해 인생을 본다. 만일 우리가 자아 의식을 개발하지 못하면, 우리는 협동해서 '몇 달러'를 버는 대신에 경쟁해서 '몇 십 센트'를 버는 것으로 우리 인생을 소비해 버리게 된다.

당신의 결혼 생활에서는 누가 승리하는 것인가—당신인가 아니면 당신의 배우자인가? 당신의 아이들이 당신에게 대들 때, 자신의 아이덴티티를 시험할 때, 누가 승리하는가? 인정을 받도록, 하와이 여행을 갈 수 있도록, 현금 보너스를 받도록 당신의 작업 팀에 있는 사람들을 서로 경쟁시킬 때, 누가 승리하는가? 시간과 삶의 질의 관점에서 볼 때, 이런 승/패 사고 방식의 대가는 무엇인가?

대부분의 우리 각본과는 달리, '승리'란 다른 어느 누가 져야만 한다는 것을 의미하지는 않는다. 승리는 우리가 우리의 목적을 이루는 것을 의미한다. 그리고 우리는 경쟁보다는 협동을 할 때, 훨씬 더 많은 목적을 이룰 수 있다.

상호 의존의 현실에서, 승/승은 유일하게 오래 존속시킬 수 있는 선택이다. 그것은 풍요 심리의 본질이다—우리 두 사람이 더불어 누릴 수 있는 것이 많다는 생각이다. 우리의 결합된 능력의 풍요로움으로 우리 자신과 다른 모든 사람들을 위해 훨씬 더 많은 것을 창조할 수 있다는 생각이다. 어떤 사람들은 이것을 '승/승/승'이라고 부르기도 한다. 함께 일함으로써, 서로에게서 배움으로써, 서로가 성장하는 것을 도움으로써, 전체 사회를 포함하여 모두가 이익을 얻기 때문이다.

승/승 프로세스

『성공하는 사람들의 7가지 습관』에서 우리는 승/승을 만들어 내기 위한, 원칙에 바탕을 둔 간단한 3단계 프로세스를 소개했다.[1)]

- 상호이익을 모색하라(보는 시각/하는 행동/얻는 결과, 상호 이익, 협동의 원칙에 근거하여).
- 경청한 다음에 이해시켜라(존중, 겸손, 진정성의 원칙에 근거하여).
- 시너지를 활용하라(차이를 존중하고 제3의 대안을 찾는 원칙에 근거하여).

이 3단계 프로세스가 무엇이고, 우리가 그것을 어떻게 적용할 수 있으며, 그것이 우리의 시간과 삶의 질에 주는 영향은 무엇인가? 이 점들과 관련하여, 이 3단계 프로세스를 좀 더 면밀히 살펴보도록 하자.

상호이익을 모색하라

제2상한과 마찬가지로, 승/승은 기본적으로 생각하는 방법이다. 그것은 모든 지혜의 문헌에서 아마 가장 빈번하게 언급되는 것—종종 '황금률'로 일컬어지는 상호 이익 또는 상호성의 원칙—에 바탕을 둔 근본적 패러다임이다.

우리가 승/승적 사고를 배움에 따라, 우리는 모든 상호 작용에서 상호 이익을 구하게 된다. 우리는 다른 사람들, 사회 전체와 관련해서 생각하기 시작한다. 그것은 우리가 '중요하게' 여기는 것, 우리가 시간을 보내는 방식, 선택 순간의 우리의 반응, 우리가 삶에서 얻는 결과에 커다란 영향을 준다.

경청한 다음에 이해시켜라

많은 사람들에게서 의사 소통이란 우선 자신을 이해시키고, 자신의 생각과 의견을 상대방에게 효과적인 방법으로 전달하는 것이다.

설사 우리가 남의 말을 듣는다 해도, 우리는 대답할 의도를 가지고 듣는 경우가 많다.

우리는 우리가 옳다고 확신할 때, 사실 다른 사람들의 의견은 구하지 않는다. 우리는 복종을 원한다. 우리는 우리 의견에 순순히 따라 주기를 원한다. 우리는 다른 사람들을 우리 모습대로 복제하기를 원한다— "만일 내가 당신의 의견을 들어야 한다면, 내가 먼저 그걸 당신에게 알려 주겠소!"

그러나 원칙들이 주는 겸손은 이런 종류의 오만을 씻어 낸다. 우리는 누가 옳으냐에 관심을 가지기보다는, 무엇이 옳으냐에 관심을 가지게 된다. 우리는 다른 사람들을 존중한다. 우리는 다른 사람들의 양심 역시 정확한 원칙들의 저장소라는 것을 인정한다. 우리는 다른 사람들의 창의적인 상상력이 아이디어의 풍부한 원천임을 깨닫는다. 우리는 다른 사람들이 자아 의식과 독립 의지를 통하여 우리가 가지지 못한 통찰과 경험을 얻을 수도 있음을 인정한다. 그래서 다른 사람들이 상황을 다르게 볼 때, 우리는 먼저 이해하려고 한다. 우리는 말하기에 앞서 먼저 귀를 기울인다. 우리는 자신의 자서전을 버리고, 진정으로 다른 사람들의 관점을 이해하는 일에 깊이 몰두한다.

흔히 우리는 거대한 렌즈의 양쪽에서 마주보고 서 있는 것처럼 서로의 차이를 본다. 한쪽에서 보면 그 렌즈는 오목 렌즈이고, 맞은쪽에서 보면 그 렌즈는 볼록 렌즈다.

양쪽의 관점 모두 가치 있는 것이다. 그러나 진정으로 서로의 관점을

이해하는 유일한 방법은 다른 사람이 서 있는 곳으로 가서 그 사람이 보는 대로 나도 보는 것이다.

간디가 말했듯이 "우리가 만일 적과 입장을 바꾸어 보고 그들의 관점을 이해한다면, 세상의 비참함과 오해 가운데 4분의 3은 사라질 것이다."[2] 우리가 다른 관점을 정녕 이해하게 되면, 우리는 이해가 증대되고, 그 결과 우리의 관점이 바뀌는 경우를 종종 보게 된다.

마틴 부버의 말에 따르면, "오직 서로 그대(깊은 존경의 태도로)라고 부를 수 있는 사람들만이 서로 진정으로 우리라고 말할 수 있다."[3] 진정으로 귀를 기울이는 것은 존경을 나타낸다. 그것은 신뢰를 이끌어 낸다. 우리가 귀를 기울일 때, 우리는 이해만 얻는 게 아니다. 우리는 우리를 이해시킬 수 있는 환경도 만들어 낸다. 그리고 두 사람이 서로의 관점을 이해할 때, 우리는 탁자를 사이에 두고 양쪽에서 서로 마주보고 있는 게 아니라, 탁자의 같은 쪽에서 함께 해결책을 바라볼 수 있다.

시너지를 활용하라

시너지는 승/승을 생각하고, 상대방을 먼저 이해하려고 하는 프로세스의 산물이다. 시너지는 시너지적인 상상력의 결합된 힘이며, 1+1이 3이나 그 이상을 만들어 내는 마술과 같은 산수다. 시너지는 타협이 아니다.

시너지는 $1+1=1\frac{1}{2}$ 이 아니다. 시너지는 개인들이 스스로 낼 수 있는 해결책보다 정녕 나은 제3의 대안을 창출하는 것이다.

이제 이 승/승 프로세스를 가족·그룹·조직에 적용하여 적극적으로 삶의 질을 끌어올릴 수 있는 구체적인 방법들을 보도록 하자. 개인에 관해 서술한 앞부분에서 그랬듯이, 여기서도 우리는 비전·역할·목표들을 살펴볼 것이다. 그러나 이번에는 상호 의존적 기초 위에서 그렇게 할 것이다—우리는 공유된 비전과 시너지적인 역할과 목표들을 살펴볼 것이다. 우리는 또한 이런 것이 창조하는, 임파워먼트에 힘입은 문화를 살펴볼 것이다.

공유된 비전의 중요성

만일 당신이 가끔 흥미있는 경험을 하고 싶다면, 함께 일하는 사람들에게 당신 조직의 '정북향' 이 무엇인지 물어 보라—본질적인 존재 목적이 무엇이냐? 당신의 가족 구성원들에게 이렇게 말해 보라.

"딱 한 문장으로 말해 봐―우리 가족의 목적이 뭐지?"

당신 배우자에게 물어 보라.

"우리 결혼의 목적이 뭐지? 본질적인 존재 근거가 뭐야?"

출근할 때, 서류판을 꺼내 들고, 만나는 첫 열 사람에게 물어 보라.

"좀 도와 주십시오. 난 지금 조사를 하고 있습니다. 첫 번째 질문은 이렇습니다. 우리 조직의 목적은 무엇입니까?"

당신의 그룹에게 물어 보라.

"이 업무 그룹의 목적은 무엇입니까?"

"이 이사회의 목적은 무엇입니까?"

"이 중역 회의의 목적은 무엇입니까?"

"이 집행 위원회의 목적은 무엇입니까?"

우리는 『포춘』 100대 기업을 포함한 많은 기업―대기업과 정교한 조직 체들―의 관리직 회의에서 이렇게 물어 보았다. 그리고 많은 경우, 최고 관리직에 있는 사람들은 상당히 놀랐고, 분통을 터뜨렸고, 당황했다. 그들은 자기네 내부에서 목적과 비전에 대해 서로 다른 이야기들이 나온다는 것을 믿을 수가 없었다. 이런 일은 심지어 사명서―관리직 사무실에서 조직 계통을 밟아 내려온 사명서―가 벽에 걸려 있는 곳에서도 마찬가지로 발생했다. 공유된 비전에 대한 의식이 없었다. 그런 조직에는 열정도, 내면 깊은 곳에서 불타오르는 '하겠다(yes)!' 도 없었다.

그러면 그 대가는 무엇일까?

로저 : 몇 년 전, 나는 어느 커다란 다국적 기업의 연구 개발부에 초대되어, 그들이 제2상한 문화를 창조하는 것을 도와 달라는 요청을 받았습니다. 나는 약간의 분석을 한 뒤 부서 책임자와 함께 작업함으로써 그런 목적을 이룰 수 있는 연수 프로그램을 만들기로 했습니다.

그 과정에서 나는 관리 부서와 실무 부서 몇 곳의 사무실을 찾았습니다. 나는 안내를 받아 사무실들을 돌아다니면서, 똑같은 장면이 되풀이되는 것에 점점 더 흥미를 느끼게 되었습니다. 사무실마다 약간 지친 남자나 여자─한 손에는 수화기를 들고, 다른 손으로는 컴퓨터를 치고, 책상에는 문자 그대로 서류들이 산더미처럼 쌓여 있었습니다─들이 고개를 들고 말하곤 했습니다.

"잠깐만요! 금방 가겠습니다!"

그 사람은 서둘러 일이나 전화 통화를 마무리짓고, 벽시계를 얼른 보고, 서류들을 옆으로 잠깐 밀어 놓고 나와 잠깐 이야기를 했습니다. 자기네가 믿을 수 없을 정도로 바쁘며, 실제로 할 수 있는 일 이상을 하고 있다는 이야기였습니다. 사무실을 잇는 복도에서는 사람들이 뛰어다니고 있었습니다. 사방에서 에너지가 샘솟는 것 같았지만, 동시에 공황 상태의 분위기가 깔려 있었죠.

마침내 나는 부서 책임자에게 돌아와 말했습니다.

"이 사람들은 제2상한 환경을 원치 않는군요. 그걸 관두는 게 좋겠습니다."

그 여자 책임자는 물었습니다.

"무슨 뜻이죠?"

"이 사람들은 긴급성을 사랑합니다. 이 사람들은 서로에게 그리고 스스로에게 자기네가 다른 누구보다 할 일이 많다고 믿게 하려 하고 있습니다. 이 사람들은 거기에서 안전감을 얻고 있습니다. 긴급성이 기업 문화를 지배하고 있어요. 내 생각에 진짜 문제는, 아무도 우선 순위가 무엇인지 제대로 모른다는 것입니다."

책임자는 한숨을 쉬었습니다.

"맞아요. 연구 개발부가 무엇을 해야 하는지와 관련해서 부사장들 사이에 커다란 권력 투쟁이 있어요. 각 부사장은 추종자들을 거느리고 있죠. 솔직히, 우리는 서로 반목하고 있습니다. 분명한 신호 체계가 없죠. 이런 상황이 얼마나 오래 지속될지 모르지만, 얼마 안 가 다 분해되어 버리고 말 거예요."

이 사람들은 미친 듯이 바쁜 척함으로써, 조직 내에서의 안전과 아이덴티티에 대한 어떤 감각을 유지하려 애쓰고 있었습니다. 기저에 깔린 패러다임은 이런 것이었죠.

'최후의 결전이 벌어져서 사람들의 목이 잘릴 때도, 난 절대 잘리지 않을 거야. 난 여기에서 제일 바쁜 사람이고, 제일 부지런한 사람이고, 모두 그걸 알고 있으니까.'

그런 일이 있고 얼마 뒤에, 그 조직에서는 커다란 동요가 일어 아주 많은 사람들이 일자리를 잃었습니다. 이런 조직 개편이 있기 전 우리가 그 곳에 들어갔을 때, 우리는 안간힘을 써 가며 전통적인 시간 관리를 가르칠 수도 있었을 것입니다. 그러나 그들이 원하는 제2상한 문화를 창조해 내지는 못했겠지요. 핵심적인 문제는 그들에게 공유된 비전이 결여되어 있었다는 것입니다.

최근에 우리는 여러 대기업 사람들이 참석한 프로그램에서 이 이야기를 했다. 이야기가 끝난 뒤 몇 사람이 우리에게 다가와서 말했다.

"꼭 우리 조직 이야기를 하는 줄 알았습니다!"

"내 이야기를 한 것 아닙니까? 우리가 바로 그렇단 말입니다!"

재미있게도, 그것은 그들의 이야기가 아니었다. 다만 우리가 들려 준 이야기 자체가 워낙 전형적인 경험이었던 것이다.

아주 많은 기업들이 '라이트-사이징(right-sizing, 적당한 규모 편성 작업 : 옮긴이)'으로 들어가면서, 우리 문화에서는 이 문제가 더욱 심각해지고 있다. 사람들은 믿을 수 없을 정도로 바쁘게 종종걸음을 치면서, 자기가 없어서는 안 될 존재라는 느낌을 주고 싶어한다. 하고 있는 일들이 본질적으로 제3상한에 속하는 것임에도, 그 일에 바쁘다는 것이 그들의 일차적인 정당화와 안전감의 원천이 되고 있다.

사람들에게 공유된 중요성에 대한 분명한 의식이 없기 때문에, 그 대가로 조직에서 얼마나 많은 시간과 노력을 낭비해야 되는지 한번 생각해 보라! 우리가 함께 일한 큰 회사 가운데 하나는 몇 년 전에 연구를 하여,

일본에서 주는 데밍 품질상을 받은 회사들로부터 정보를 수집했다. 그들은 제2상한에서 소비하는 관리 시간의 비율을 살펴보았다. 그 정보와 우리가 다른 조직들에서 연구한 시간 기록을 비교해 보다가, 우리는 데밍상을 받을 만큼 생산성이 뛰어난 회사들은 전형적인 다른 기업 조직들과는 다른 시간 윤곽을 가지고 있음을 알게 되었다. 아래 표에서는 전형적인 패턴은 일반 활자로 나와 있고, 고도의 수행 능력을 갖춘 조직의 패턴은 굵은 활자로 나와 있다.

이 수치들은 중간 부분이 별로 없는 양극화 현상을 보여 준다—가장 큰 차이는 제2상한과 제3상한 사이에 있음을 쉽게 알 수 있다. 고도의 수행 능력을 보여 주는 회사들은 그렇지 않은 회사보다 썩 많은 시간을 긴급하지 않지만 중요한 것을 하는 데 보내고 있는 반면—긴급하지만 중요

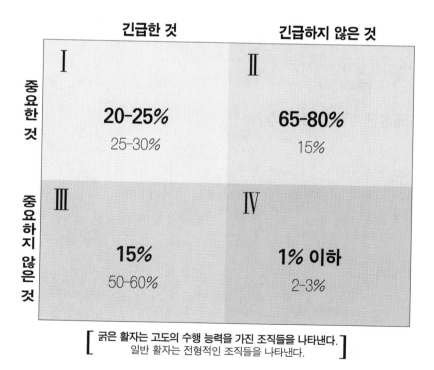

[굵은 활자는 고도의 수행 능력을 가진 조직들을 나타낸다.]
일반 활자는 전형적인 조직들을 나타낸다.

하지 않은 것을 하는 데에는 퍽 적은 시간을 사용한다. 대부분의 경우, 이런 차이가 나타나는 것은 무엇이 중요한지에 대해 인식하는 정도가 다르기 때문이다.

우리가 오랜 기간에 걸쳐 세미나에서 이런 수치들을 보여 주었을 때, 우리는 다수의 사람들이 고도의 수행 능력을 보여 주지 못하는 회사들을 나타내는 수치가 자기 회사에도 해당된다고 느끼는 것을 알았다. 일반적으로 그 이유도 같았다. 이것은 많은 회사(크건 작건)에서, 사람들이 관리 시간의 50~60퍼센트가 회사의 목적에 공헌하지 못한다고 느낀다는 것을 의미한다!

긴급성이 조직을 얼마나 주도하느냐 하는 것은 곧 중요성이 얼마나 주도하지 못하느냐 하는 것을 나타낸다. 그렇다고 긴급한 것이 없다고 말하려는 게 아니다. 제1상한은 아주 현실적이며, 사실 시간의 상당한 비율이 긴급하고도 중요한 것을 하는 데 소비되어야 한다. 그러나 문제는, 무엇이 중요한지가 분명하지 않기 때문에, 너무나 많은 시간이 제3상한에서 낭비되고 있다는 것이다!

공유된 비전이 주는 열정

공유된 비전이 창조하는 열정은 시너지적인 임파워먼트를 가능하게 한다. 공유된 비전은 관련된 모든 사람의 에너지 · 재능 · 역량에 가해지던 속박을 풀어 주고 그것들을 서로 결합시켜 준다. 공유된 비전을 창출하려 할 때 그 자체의 질서가 만들어진다. 컨트롤을 하려고 할 때는 그 반대 효과, 즉 역기능에 따른 무질서나 혼란만 생겨난다.

위대한 목적을 성취하기 위해 노력한 그룹, 운동 팀, 회사, 기타 조직들의 이야기는 누구나 들어 보았을 것이다. 그들은 자기네가 가진 자원 이상의 수행 능력을 보여 준다.

이것은 가족의 경우에도 마찬가지다.

스티븐 : 우리의 사명서가 우리 가족에게 주는 의식적이고 무의식적인 효과—통합하고, 에너지를 주고, 조화를 가져다 주고, 삶의 방향을 잡아 주는 효과—를 제대로 설명할 수 있는 말이 있으면 좋겠습니다. 우리는 이 일을 몇 년 전에 했어요. 우리는 8개월 동안 거의 매주 일요일 낮이나 저녁에 30분 내지 1시간 동안 앉아 더 깊은 질문들을 다루었습니다.

"우리가 하려고 하는 것은 무엇인가? 진정으로 중요한 것은 무엇인가? 우리는 어떤 가정을 원하는가? 어떻게 하면 네가 자랑스럽게 네 친구들을 우리 집으로 데려올 수 있겠는가?"

결국 우리는 이러한 사명서를 만들어 내게 되었습니다.

"우리 가족의 사명은 믿음 · 질서 · 진실 · 사랑 · 행복 · 편안함을 키워 나가는 장소를 만드는 것이고, 사회에서 가치 있는 목적에 봉사하기 위하여 저마다 책임 있게 독립적인 사람이 되고, 효과적으로 상호 의존적인 사람이 될 기회를 제공하는 것이다."

내 자식들뿐 아니라 내 어머니도 그 사명서를 만드는 일에 이따금 참여했으며, 이제 자식들이 아이들을 낳았기 때문에, 우리는 세대간에 지속성을 형성하는 것을 돕는 세대간 사명서들을 가지게 되었습니다. 우리는 그 선언서를 벽에 걸어 놓고, 그것을 기준으로 지속적으로 자신을 점검합니다. 우리는 아직도 자신에게서 원칙에 일치하지 못하는 점과 약점들을 발견합니다. 그러나 우리는 계속 그 사명서로 돌아옵니다. 사명서를 통해 우리는 우리 자신의 잠재력에 초점을 맞출 수 있습니다.

공유된 비전은 그룹 안에서 판단을 내릴 수 있는 규약이 되며, 기준이 된다. 공유된 비전은 사람들을 한데 묶어 준다. 공유된 비전은 사람들을 통일시켜 주고, 사람들에게 목적에 대한 의식을 심어 줌으로써, 도전의 시기에 커다란 힘을 제공한다.

어떤 사람은 이런 이야기를 해 주었다.

자기 사명서를 쓴 직후, 나는 아버지로서의 내 역할에 대해 생각하게 되었고, 내가 자식들에게 어떤 모습으로 기억되기를 바라는지 그려 보게 되었습니다. 그래서 그 해 여름 가족 휴가 계획을 잡을 때, 나는 그 비전의 원칙을 우리 가족에게 적용하기로 마음먹었습니다. 우리는 휴가를 위하여 일종의 가족 사명서를 작성했습니다. 우리는 그걸 ‘스미스 팀’이라고 불렀죠. 그 사명서는 가족이 함께 여행을 떠났을 때 우리가 가지게 되기를 바라는 전망을 제공해 주었습니다.

우리 각자는 스미스 팀을 형성하는 데 공헌할 수 있는 특정한 역할을 맡았습니다. 여섯 살 난 딸은 가족의 응원단장 역할을 택했습니다. 딸의 목표는 가족 내에서, 특히 차를 타고 함께 여행을 하는 동안, 모든 갈등을 없애는 영향력을 행사하는 것이었습니다. 딸은 몇 가지 응원 구호를 만들어, 문제가 생길 때마다 가족 한 사람에게 그 구호를 외쳤습니다—“스미스들! 스미스들! 길을 따라 달려가네! 우리가 뭉치면, 우리는 지지 않아!” 우리는 마음에 있든 없든 모두 그 구호를 함께 따라 했으며, 그것은 자칫 생길 뻔한 안 좋은 감정을 쫓아 버리는 데 큰 도움을 주었습니다.

우리는 또 모두 똑같은 티셔츠를 입었습니다. 어디쯤에서 우리가 어떤 주유소에 들어서게 되었는데, 그 곳 직원은 처음에는 우리에게 별관심을 보이지 않았습니다. 그러나 그 직원은 고개를 들어 우리가 모두 똑같은 티셔츠를 입고 서 있는 것을 보더니 갑자기 말했습니다.

“야, 당신들은 꼭 한 팀처럼 보이는데요!”

그 한 마디로 그 말은 사실이 되어 버렸습니다. 우리는 모두 서로를 바라보며, 믿을 수 없을 만큼 기분이 좋아졌습니다. 우리는 차로 돌아가서 다시 길을 떠났습니다. 창문은 내리고 라디오는 크게 틀어 놓고 있었죠. 뒷좌석에서는 아이스크림이 녹고 있었습니다. 우리는 한가족이었습니다!

우리가 휴가에서 돌아온 지 석 달 만에, 세 살 난 아들이 백혈병 진단을 받았습니다. 그 일 때문에 우리 가족은 몇 달 동안 위기를 겪었습니다. 재미있던 일은, 우리가 아들을 데리고 화학 요법 치료를 위해 병원에 갈 때마다, 아들이 우리 팀 셔츠를 입고 싶어했던 것이죠. 어쩌면 그것은 아들이 팀을 다시 생각하고 싶었고, 가족 휴가 때 함께 한 경험을 둘러싼 안정감과 추억의 느낌을 다시 가지고 싶어했기 때문인지도 모릅니다.

아들은 6개월간 치료를 받은 뒤, 심하게 감염이 되어 두 주 동안 중환자실에 누워 있게 되었습니다. 우리는 거의 아들을 잃을 뻔했습니다. 그러나 아들은 버텨 냈어요. 아들은 그 두 주 동안 거의 매일 그 티셔츠를 입고 있었습니다. 그 티셔츠는 토한 자국, 핏자국, 눈물 자국으로 범벅이 되어 있었죠.

마침내 아들이 회복되어 집으로 돌아왔을 때, 우리는 아들을 축하하기 위해 모두 가족 티셔츠를 입고 있었습니다. 우리는 모두 그 휴가 때 우리가 창조한 가족의 사명감을 되새기고 싶었던 거예요.

결국 우리는 스미스 팀이라는 비전 덕분에 우리 가족이 맞닥뜨린 가장 큰 도전을 헤쳐 나갈 수 있었습니다.

공유된 강력한 비전은 가족과 조직 그리고 다른 사람들과 함께 일을 하는 어떤 상황에서도 삶의 질에 커다란 영향을 미친다—우리는 더 큰 전체에 공헌하는 한 부분이 된다. 우리는 함께 살며, 함께 사랑하며, 함께 배우고, 함께 위대한 유산을 남길 수 있다.

유능하게 해 주는 공유된 사명서 작성

그러면 어떻게 하면 유능하게 해 주는, 공유된 비전에 대한 사명서를 만들 수 있는가?

상호이익을 모색하라. 먼저 이해하려고 하라. 시너지를 활용하라.

조직, 가족, 나아가 어떤 종류의 그룹이라도 이런 승/승 프로세스를 이용하여 공유된 비전을 창출할 수 있다. 우리는 세계 곳곳에서 사람들이 이런 작업을 하는 것을 보아 왔다. 동시에 우리는 다음 네 가지 조건이 채워지기만 하면 정북향의 실재가 입증되는 것을 보아 왔다.

1. 고도의 신뢰 환경 속에서
2. 완전히 정보를 제공받고 있고,
3. 자유롭게 시너지적으로 상호 작용을 하는
4. 사람들이 충분히 있다.

이런 종류의 상호 작용은 집단적 양심을 열어 놓을 수 있다. 우리는 러시아 · 싱가포르 · 영국 · 오스트레일리아 · 남아프리카 · 남아메리카 · 캐나다 · 미국 등 우리가 사명서 작업을 하는 어디에서나 그것을 보아 왔다. 사람들이 함께 모여 승/승 프로세스를 거침에 따라, 그들은 삶의 기본적 법칙의 많은 것들을 공통적으로 깨닫게 된다. 사람들은 창의적인 시너지를 이용하여, 그들의 결합된 재능과 에너지가 변화를 일으킬 수 있는 방법들을 그려 보게 된다.

가장 크게 임파워먼트를 하는 조직적 사명서들은 우리가 보편적 사명 ─ '모든 관련자의 경제적 복지와 삶의 질을 향상시키는 것' ─이라고 부르는 것과 조화를 이루고 있다. 이 선언서는 인간의 네 가지 욕구 모두를 다룬다. 이 사명서는 사람들이 단지 위(胃)나 마음이나 정신이나 영혼만 가지고 있는 게 아니라, 시너지적인 전체로서 이 네 가지 모두를 함께 가지고 있다는 것을 받아들인다. '모든 관련자' 란 이러한 노력의 성공에 이해 관계를 가지고 있는 모든 사람을 뜻한다. 하나의 조직에서 보자면, 그것은 단지 관리자와 노동자만이 아니다. 그것은 고객, 공급자, 직원의 가족, 사회, 환경, 미래 세대 전부다. 가족의 경우에는 여기에 확대 가족, 과거의 가족, 미래의 가족과 전체 인류 가족이 포함된다.

임파워먼트하는 사명서는 공헌에, 집단적으로 깊은 곳에서 불타오르는 '하겠다(yes)!'를 창조할 수 있는 가치 있는 목적에 초점을 맞춘다. 이런 사명서는 임원의 선포를 통해 '올림푸스 산(그리스 신화에서 신들이 사는 산, 여기서는 최고 경영자층을 가리킴 : 옮긴이)' 에서 아래로 내려오는 것이 아니라, 관련된 모든 사람의 감성과 지성에서 나온다.

만일 당신이 조직의 사명서를 만들 계획을 세우고 있거나 이미 만든 사명서를 검토하고 싶다면, 당신은 다음과 같은 사명서의 특징 목록에서 도움을 얻을 수도 있을 것이다.

임파워먼트하는 조직 사명서의 특징을 살펴보자.

- 공헌에, 집단적으로 깊은 곳에서 불타오르는 '하겠다(yes)!'를 창조할 수 있는 가치 있는 목적에 초점을 맞춘다.
- 올림푸스 산에서 나와 아래로 내려오는 게 아니라, 조직의 내부에서 나온다.
- 시간을 초월한 원칙들에 바탕을 둔다.
- 비전과 원칙에 바탕을 둔 가치들을 포함한다.
- 모든 관련자의 욕구를 다룬다.

● 네 가지 욕구와 능력을 다룬다.

공유된 비전의 사명서를 만드는 것은 제2상한 가운데서도 가장 먼저 해야 할 일이다. 이렇게 하고 나면 엄청난 시간과 노력이 절약된다. 그리고 사명서 작성의 마지막 결과는 단순한 공유된 비전 이상의 것이다. 그 프로세스를 통해 우리가 변하기 때문이다. 그 프로세스를 통해 그 프로세스의 일부인 다른 사람들과 우리의 관계가 변하기 때문이다. 그 프로세스를 통해 근본적인 방식으로 우리 삶의 질이 변하기 때문이다.

시너지적인 역할과 목표의 중요성

우리가 공유된 비전을 효과적으로 실행하고자 할 때, 우리는 시너지적인 역할과 목표들이 가지는 가치를 보게 된다.

우리 개인 생활에서, 개인의 역할들을 삶의 단편화된 부분으로 보게 될 때, 그 부분들은 서로 갈등을 일으키고 경쟁한다. 그러나 우리가 자신의 역할들을 고도의 상호 관련을 가진 전체의 일부로 보게 될 때, 그 부분들은 협력하여 풍요의 삶을 창조한다.

개인의 역할들이라는 면에서 보자면, 상호 의존적 현실에서도 똑같은 것이 적용된다. 우리가 부족과 경쟁의 관점에서 생각하는 대신, 각 역할이 전체에 공헌하는 방식을 보게 될 때, 우리는 승/승 프로세스를 이용하여 풍요와 시너지를 창출할 수 있다. 여기서 관건은 시너지적인 청지기 합의서를 만드는 것이다. *

사람들은 어떤 과제를 처리하기 위해 함께 일할 때, 머지않아 다음 다섯 가지 요소를 다루게 된다.

---

* 청지기 합의서의 견본이 필요하면, 한국 리더십 센터(02-3472-3360)로 연락하라.

- **기대 성과** : 우리가 뭘 하려고 하는가? 우리가 원하는 결과—양적으로 질적으로—는 무엇인가? 언제 그것을 얻을 수 있는가?
- **실행 지침** : 우리가 그것을 하려고 할 때 어떤 변수들이 있는가? 기대 성과들을 추구할 때 의식해야 할 본질적 가치, 정책, 법적 의무, 윤리, 한계, 주도 수준들은 무엇인가?
- **가용 자원** : 우리가 가지고 일할 것은 무엇인가? 어떤 예산, 체제, 인력의 도움이 가능하며, 그것을 어떻게 얻을 수 있는가?
- **성과 확인** : 우리가 하고 있는 일을 어떻게 측정할 것인가? 어떤 기준을 가지고 바라는 결과의 성취를 표시할 것인가? 그런 성과들은 측정 가능하거나 관찰 가능하거나 판별 가능한가? 아니면 이 세 가지의 조합 가운데 어느 것인가? 우리는 누구한테 책임을 지는가?
- **상벌 결과** : 왜 우리가 그것을 하려고 하는가? 바라는 성과를 거두었을 때 또는 거두지 못했을 때 나타나는 자연적인 그리고 논리적인 결과들은 무엇인가?

시간 관리의 관점에서 볼 때, 우리가 이 다섯 가지 문제를 분명히 하지 못하기 때문에, 다른 사람들과 상호 작용 속에서 수정하고, 재규정하고, 문제를 해소하기 위해 얼마나 많은 시간을 보내는가?

사람들은 기대 성과에 대해 분명한 생각을 가지고 있지 못하다.

"난 당신이 내가 이렇게 하기를 바라는 줄 알았습니다."

"아뇨, 그건 당신이 해야 할 일이 아닙니다."

"글쎄, 어쨌든 그게 내가 이해한 바입니다. 난 이것이 우선인 줄 알았는데요."

"아뇨, 이것이 아니라 저것이 우선이었습니다."

사람들은 실행 지침에 대해 분명한 생각을 가지고 있지 못하다.

"난 내가 주도하는 줄 알았는데요."

"우린 당신한테 권한을 준 적이 없습니다."

"난 그 점에 대한 회사의 정책이 있는 줄 몰랐습니다."

"음, 있었습니다."

사람들은 어떤 가용 자원이 있는지 모른다.

사람들은 자기 나름의 어떤 기준에 따라 그들의 일을 평가하는데, 그들의 상사는 다른 기준에 따라 그들의 일을 평가한다.

사람들은 자신의 업무 수행과 관련되어 생각해 본 적도 없는 부정적인 결과들을 얻거나, 자신의 업무 수행이 어떤 보상과 관련되어 있는지도 모른다.

우리가 세미나 참가자들에게 그들의 조직에서 이런 문제를 둘러싼 불분명한 기대들과 그 결과를 처리하는 데 얼마나 많은 시간을 보내느냐고 물을 때, 사람들은 일반적으로 적어도 60퍼센트는 된다고 대답한다. 우리가 시간 관리 문제들에 대해 말할 때, 바로 이것이 효과성의 핵심에 해당하는 사항이다. 바로 조직 내의 이런 과정을 통하여, 의미 있는 시간과 에너지—소중한 것들을 하는 데에 쓸 수도 있는 시간과 에너지—가 제3상한에서 소모되거나 부정적인 방법으로 없어져 버리는 것이다

6장에서 이야기했듯이, 각 역할은 청지기 직분이다. 효과적인 상호 의존적 노력의 관건은 이른바 '승/승 청지기 합의서'다. 이 합의서는 사람들과 가능성들의 중요한 접점을 나타낸다. 이 합의서에서 개인적인 사명과 조직적인 사명이 결합되며, 내면의 열정이 조직 전체를 통해 번져 나가게 된다.

승/승 청지기 합의서 작성하기

청지기 합의서는 전통적인 위임—다른 사람들에게 과제들을 '내던져 버리는 것'으로 전락한 행위—과 분명히 다르다. 청지기 합의서는 함께

소중한 것을 먼저 이룩하기 위한 시너지적인 동반자 관계를 창출한다. 사람들은 과제를 '뒤집어 썼다.'고 느끼는 대신 과제에 열중하게 된다. 동기 부여를 받게 된다. 두 당사자는 공유된 중요성을 가진 일을 성취하게 된다.

그러면 어떻게 이러한 합의서를 만들 수 있는가?

상호이익을 모색하라. 먼저 이해하려고 하라. 시너지를 활용하라.

당신이 상사 · 부하 · 동료 · 자녀와 함께 앉게 되었을 때, 이 프로세스를 거치며 승/승 청지기 합의서의 다섯 가지 요소 각각에 대한 합의를 하도록 하라.

1. 기대 성과들을 구체화하라

기대 성과들은 청지기 합의서의 '공유된 비전'이다. 이것은 '중요한' 것에 대한 선언서이며, 모든 상호 의존적 관계에서 소중한 것을 먼저 하는 데 핵심 요인이다. 이것은 풍요 심리의 시험대이며, 계속 제3의 대안과 시너지를 찾아 나가는 과정이다.

조직원들을 유능하게 해 주는 조직 사명서를 만드는 데 이용된 것과 같은 요소들이, 기대 성과들과 관련된 효과적인 사명서를 만드는 데도 도움을 준다. 예를 들어 이런 것이다.

- 공헌에 초점을 맞출 것
- 네 가지 욕구 모두를 다룰 것
- 모든 관련자가 '승'을 거두는 것이 무엇인지를 이해할 것

미래에 기대 성과들을 생산해 내는 능력을 고양하기 위해—생산 능력,

즉 PC를 함양하기 위해—해야 할 것들을 구체화하는 것 또한 중요하다. 그리고 기대 성과들이 방법이 아니라 결과임을 명심하는 것도 필수적이다. 우리가 자기 방법을 강요할 때에는 결과에 책임을 져야 한다.

기대 성과 사명서는 본질적으로 가족, 그룹 또는 조직의 일치가 이루어지는 장이다—각 청지기 직분의 목표와 전략이 전반적 사명과 일치하게 되고, 조직 내의 다른 사람들이나 팀들의 노력과 일치하게 되는 장이다. 이것은 '함께 사명을 창조하는', 즉 개인과 조직의 사명이 함께 섞이는 프로세스를 창출한다.

2. 실행 지침을 수립하라

합의서의 실행에 영향을 줄 수도 있는 정책과 절차에 덧붙여, 다음과 같은 실행 지침들을 확인하는 것이 중요하다.

- 성과 확인을 하기 위해 이용할 정북향 원칙들
- 정책 밑바탕에 깔려 있는 조직의 원칙들(반드시 자연 법칙들일 필요는 없고, 실제로 활용 가능한 원칙들이면 된다)
- '경계 사항들'과 이미 알려진 실패한 길들(하지 말 것들)
- 권한의 수준

실행 지침을 분명히 이해하게 되면 많은 주요한 문제들을 피할 수 있다. 예를 들어 권한의 수준을 생각해 보자. 어떤 식당에서는 웨이터에게 불만을 가진 손님에게 음식을 '보상'해 주는 권한을 부여하지만, 다른 식당에서는 같은 행동을 했다는 이유로 그 웨이터를 해고할 수도 있다. 이런 경우 합의된 권한 수준이 있다면 문제를 없앨 수 있다.

다음 여섯 가지 수준의 권한은 윌리엄 언컨이 작업한 것을 약간 고친 것이다.[4]

1. 지침을 얻을 때까지 기다리라.

2. 물어 보라.

3. 제안하라.

4. 행동하고 즉시 보고하라.

5. 행동하고 정기적으로 보고하라.

6. 스스로 행동하라.

합의서는 여러 가지 기능에 대해 서로 다른 수준의 권한을 포함할 수도 있다. 비서는 서신 교환을 처리하거나 직원의 문제들에 응답하는 데는 제3수준에 있지만, 방문자들이나 걸려 오는 전화를 처리하는 데는 제5수준에 있을 수도 있다.

권한의 수준들은 능력과 신뢰가 늘어남에 따라 변할 수 있다. 방을 청소하라는 말을 들을 때까지 기다리는 세 살 난 아이는 열 살이나 열두 살이 되었을 때는 제5수준으로까지 발전할 수도 있다.

중요한 것은 개인의 능력에 맞추어 권한의 수준을 정하는 것이다.

3. 가용 자원을 확인하라

이 영역은 합의서를 이행하는 데 이용 가능한 재정적·인간적·기술적·조직적 자원들(예를 들어 훈련이나 정보 시스템들)을 다룬다. 이용 가능한 자원뿐만 아니라, 어떻게 그 가용 자원에 접근하고, 어떻게 같은 자원을 이용하는 다른 사람들과 함께 일을 하고, 그 한계는 무엇인지를 확인하는 것이 중요하다. 지금까지 흔히 간과되어 온 승/승 청지기 직분 합의서의 독특한 자원은 참가자 자신, 특히 리더십·관리·감독 역할을 가진 사람들이다. 청지기 직분 합의서의 본질 때문에, 지도자는 한 개인으로 보자면 리더/봉사자(leader/servant)가 될 수 있다.[5] 우리는 13장에서 이 개념을 더 깊이 검토할 것이다.

4. 성과 확인의 기준을 정하라

성과 확인은 우리가 한 일의 성과를 확인하는 방식이다. 성과 확인은 합의서의 내용을 성실하게 지키도록 도와 준다. 여기에서는 성과를 어떻게 측정할 것이냐 하는 문제만이 아니라, 의사 소통의 세부 사항들까지도 언급한다.

성과 확인은 바라는 성과들 하나하나와 관련된 P(생산)와 PC(생산 능력)의 기준 둘 다를 포함한다. 기준은 측정 가능할 수도 있고, 관찰 가능할 수도 있고, 판별 가능할 수도 있다. 의문의 여지 없이, 승/승 합의서를 만들어 내는 데 가장 어려운 부분은, 명확하고 포괄적인 기대 성과들—P와 PC 모두—을 상정하고, 그 성과들 각각을 성과 확인 프로세스 안에 집어 넣기 위한 명백한 기준을 마련하는 것이다.

성과 확인의 프로세스에서, 개인은 합의서에 구체화된 기대 성과들을 기준으로 자기 자신을 평가한다. 평가 프로세스에서 도움이 되는 것은 360도 피드백이며, 이것은 개인이 관련자들에게 요청할 수 있는 것이다. 이런 피드백은 직접적으로 그 개인에게 돌아올 수도 있다. 우리는 13장에서 이 피드백을 깊이 살펴볼 것이다.

5. 상벌 결과를 정하라

상벌 결과에는 두 가지가 있다. 자연적인 것과 논리적인 상벌이다. 자연적인 상벌 결과는 우리가 기대 성과들을 거두거나 거두지 못하면 자연스럽게 일어나는 것을 말한다. 우리가 시장 지분을 잃고 있는가? 그것이 순익에 영향을 미치는가? 다른 사람들은 어떤 영향을 받는가? 집안일을 하지 않는다면 어떤 일이 일어나는가? 집안일을 하면 어떻게 되는가? 부정적 결과와 긍정적 결과 모두를 확인하는 것이 중요하다.

논리적 결과들은 보상, 승진 기회, 훈련과 개발을 위한 추가적 기회, 확대되거나 축소된 청지기 직분, 규율 따위를 포함한다.

우리는 논리적 결과와 자연적 결과 두 가지 모두 처리해야 하며, 두 가지 모두 자기 나름의 자리를 가지고 있다. 때때로 부모들은 의도적으로 아이에게 자연적 결과보다 논리적 결과를 앞세우는 쪽을 택해야 한다. 예를 들어, 만일 아이가 찻길로 달려 나가려 한다면, 부모는 아마 아이가 그렇게 해서 일어나는 자연적 결과보다는 밖으로 나가는 것을 허락하지 않는 논리적 결과를 경험하도록 할 것이다.

우리는 승/승 청지기 합의서의 이 다섯 가지 문제를 모두 대하며 살아간다. 질적인 제2상한 리더십 시간에 최우선적으로 다룰 수도 있고, 일을 하다 보면 부딪치는 제1상한 위기 관리 시간에 다룰 수도 있다. 어느 쪽을 선택하느냐에 따라 우리가 이 문제들에 소비하는 시간의 양이나 그 결과로 일어나는 시간의 질이 크게 달라진다.

한 여성은 이렇게 말했다.

나는 승/승을 사랑해요. 나는 나에게 뭘 기대하는지도 전혀 모르겠고, 내가 이해하지도 못하는 기대에 부응하느라 늘 좌절감만 맛보던 결혼 생활에서 빠져 나왔어요. 이제 누군가에게 이렇게 말할 수 있다는 것은 멋진 일이에요.

"이게 당신이 나한테 기대하는 거죠? 이것은 내가 당신한테 기대하는 거예요. 자, 타협을 해서 이렇게 해 봅시다."

좌절은 본질적으로 기대에 달려 있다. 솔직하게 상호 의존적 기대들을 확인하는 것은 삶의 질을 높이는 데 큰 보탬이 된다.

그러나 우리가 합의하지 못한다면?

청지기 합의서를 만들기 시작할 때, 서로 상황을 다르게 볼 가능성이 꽤 있다. 그것은 좋은 것이다! 다르다는 것이야말로 시너지의 출발점이니까! 프로세스를 거치면서, 당신은 그 차이에 대해 이야기하게 된다. 당신은 쟁점들이 나중에 문제를 일으키기 전에 미리 탁자 위에 문제를 꺼내놓게 된다. 당신은 창의적인 제3의 대안이 될 만한 해결책을 찾게 된다. 당신은 그 쟁점을 둘러싸고 조심할 필요가 없으며, 해결되지 않은 쟁점과 표현하지 못한 감정의 부정적인 결과들을 가지고 살 필요가 없다. 그 대신에 당신은 천부의 능력을 이용하여, 그 차이를 다루고 시너지적으로 해결하면 된다.

상호이익을 모색하라

당신은 진정으로 다른 사람이 이기기를 바란다. 당신 역시 이기고 싶다. 당신은 둘 다 만족할 만한 해결책을 낼 수 있을 때까지 상호 작용하기로 마음먹는다.

먼저 이해하려고 하라

당신이 상호 이해를 구할 때, 다음 질문들에 관해 생각해 보면 도움이 될 것이다.

- 다른 사람의 관점에서는 무엇이 문제인가? 답하려는 의도가 아니라, 이해하고자 하는 의도를 가지고 진정으로 귀를 기울여라. 당신 자신의 자서전에서 벗어나라. 당신이 다른 사람보다 오히려 그의 관점을 더 잘 표현할 수 있을 때까지 노력을 하라. 그러고 나서 다른 사람에게도 같은 것을 하도록 격려하라.
- 관련된 핵심적인 쟁점들(관점이 아니라)은 무엇인가? 일단 관점이 드러나고 양자 모두 상대방이 자신의 관점을 완전히 이해했다고 느끼면, 함께 문제를 살펴보고 해결할 필요가 있는 쟁점들을 밝히라.

- 완전히 받아들일 만한 해결책에는 어떤 성과들이 담기는가? 상대방의 '승리'에는 무엇이 담기는지를 파악하라. 당신의 '승리'에는 무엇이 담기는지 밝혀라. 두 가지 기준을 탁자 위에 올려 놓고, 시너지적인 상호 작용의 기초로 활용하라.

시너지를 활용하라

창의적인 제3의 대안이 될 만한 해결책을 발견하는 문을 열라. 브레인 스토밍을 하라. 맥가이버 식 사고 방식을 이용하라. 마음을 열라. 놀랄 만한 일에 대비하라. 당신이 세워 놓은 기준에 부응할 수 있는, 가능한 선택들의 목록을 작성하라.

이런 프로세스가 어떻게 이루어지는지 두 가지 예를 보도록 하자.

사례 #1:

당신이 당신 회사의 영업 대표자라고 생각해 보자. 시장 상황이 어렵다. 당신의 영역에는 경쟁 업체들이 다수 있다. 당신의 고객은 대부분 정확한 납품 일자를 지켜 주기를 원하기 때문에, 사업을 유지해 나가는 데는 약속한 납품 날짜를 지키는 능력이 관건이 된다.

그러나 최근 공장에서 물건들을 마지막 순간에 보내 왔다. 당신은 일부 주요 고객들과 약속한 납품 기한을 두어 번 어겼다. 당신은 그 고객들의 상황을 알고 있기 때문에, 당신의 회사가 계속 미덥지 못하게 나가면 그들이 다른 업체로 주문을 돌린다는 것을 알고 있다. 당신은 거래선을 조금도 잃고 싶지 않기 때문에, 공장 관리자에게 가서 어떻게 된 일인지 확인한다.

막상 그 곳에 가 보니, 공장 관리자는 제1상한에 생매장을 당할 지경이고, 당신을 비롯한 여러 영업부 사람들의 독촉에 쫓기고 있다. 공장 관리자는 기한은 둘째치고 늦게나마 납품할 수 있는 것만으로도 기적이라고 말한다.

당신은 어떻게 하겠는가?

상호이익을 모색하라.

당신은 이기고 싶다. 당신은 이 관리자가 이기게 해 주고도 싶다. 당신은 또 고객들도 이기게 해 주고 싶다. 당신은 '둘 가운데 하나'를 생각하는 것이 아니라 '둘 다'를 생각한다. 당신은 모든 사람의 욕구를 충족시킬 수 있는 제3의 대안을 찾고 있다. 당신은 증상에 대처하기보다 만성적인 문제를 해결할 방법을 찾고 있다.

먼저 이해하려고 하라.

1. 다른 사람의 관점에서는 무엇이 문제인가?

공장 관리자의 말을 들으면서, 당신은 지난 6개월간 수요는 30퍼센트 증가했는데, 시설 확충을 위한 예산은 승인이 나지 않았음을 알게 된다. 현재의 교대조는 계속 잔업을 하고 있으며, 시설 유지를 위한 보수 업무는 손도 대지 못하고 있다. 이에 따라 노동 비용과 기계 가동 중단 시간은 늘어나고 있고, 공장 관리자와 본부의 관계가 상당히 악화되었다. 공장 관리자는 사방에서 압박을 당하고 있으며, 당신이 맞추어 달라고 요구한 납품 기한은 비현실적이라고 여긴다. 공장 관리자는 일을 지체시키려는 게 아니다. 당신과 마찬가지로 시간에 맞추어 납품하고 싶다. 단지 막다른 골목에 몰려 있어 출구가 보이지 않는다고 느낄 뿐이다. 당신은 공장 관리자의 상황을 낱낱이 파악한 뒤, 고객의 상황과 당신 자신의 곤경을 설명한다. 당신은 모든 관점을 탁자 위에 올려 놓은 상태에서, 협력하여 쟁점들을 밝히고 해결책을 찾을 준비가 되어 있다.

2. 관련된 핵심 쟁점들은 무엇인가?

당신은 공개적으로 의사 소통을 하는 가운데, 이 문제는 훨씬 더 큰 문제에서 비롯된 한 가지 증상에 지나지 않는다는 것을 알게 된다. 핵심 쟁점들에는 이런 것이 포함된다.

- 시설 가동 능력
- 자금
- 본부와의 관계
- 고객들과의 관계

3. 쌍방이 수용할 수 있는 해결책은 무엇인가?

당신은 단기 및 장기적 해결책을 둘 다 내놓고 싶어한다. 당신은 공장 관리자가 다른 주문들을 제치고 당신의 주문만 먼저 받을 수는 없다는 것을 깨닫는다. 그렇게 하면 관련된 모든 사람에게 더 큰 문제들을 일으킬 뿐이다. 당신은 또한 비용과 예상되는 기계 가동 중단을 최소화하고 싶다. 따라서 잔업을 추가하는 것은 올바른 해결 방법이 아니다. 무슨 일이 있어도 일관성과 신뢰성은 유지되어야 한다. 그리고 장기적 개선을 위한 기초가 마련되어야 한다.

시너지를 활용하라.

당신은 제3의 대안을 모색하는 가운데, 몇 가지 현실성 있는 가능성들을 제기하게 될 것이다.

- 당신은 고객들로부터 받게 될 제품 주문량을 미리 추산해 봄으로써 공장에 더 많은 여유 시간을 줄 수도 있다.

- 기한 내에 일부만 납품하고 나머지 주문량은 며칠 뒤에 마저 납품하면, 고객들 가운데 일부는 당분간 만족할 수도 있다.
- 당신은 다른 영업 대표자들이 이 문제를 이해하도록 영업 부서에서 노력을 기울일 수도 있다. 어쩌면 대표자들이 사업을 확대하고자 하는 욕심에 고객들과 과도한 계약을 맺음으로써 공장에 대한 생산 요구가 인위적으로 불어난 것일 수도 있다.
- 공장 관리자가 직접 와서 영업 부서와 이 일을 상의할 수도 있다.
- 영업부의 대표와 공장 관리자가 현재의 동향을 살펴보고, 공장 설비 확충의 중요성을 강조하는 합동 분석 보고서를 본부에 제출할 수도 있다.
- 협력하여 주문 처리 시스템의 효율을 개선함으로써, 서류 작업보다 생산에 더 많은 시간을 투입하도록 할 수도 있다.

당신은 이런 방법, 또는 수많은 다른 가능한 방법들을 추구함으로써 문제의 해결로 나아갈 수 있을 것이다. 핵심은 당신이 문제를 놓고 서로 반목하는 대신 문제를 놓고 협력한다는 것이다. 상호이익을 모색하고, 먼저 이해하려 하고, 시너지를 창출함으로써, 당신의 시간과 에너지는 갈등을 일으키는 대신 해결책들을 내놓는 데 이용될 수 있다. 최종 산출물은 전반적인 청지기 합의서의 일부로 포함시킬 수도 있다.

사례 #2:
당신의 열여섯 살 난 딸이 자기 차를 갖고 싶어한다고 생각해 보자. 딸은 가족의 차가 비는 시간에 자기 계획을 맞추지 않고, 마음대로 오가고 싶어한다. 딸은 돈을 좀 모아 놓기는 했으나 차를 사기에는 부족하다. 게다가 딸의 말로는 제 친구 중에 이미 차를 가진 아이들이 많기 때문에 자기도 운전에 책임질 수 있다면서, 당신더러 자신을 믿어 달라고 한다.

처음에 당신의 생각은 안 된다는 쪽으로 기운다. 당신도 딸이 대체로 책임감이 있다는 것은 알지만, 딸은 아직 운전 면허를 딴 지 1년도 안 되었으며, 벌써 딱지를 뗀 적이 있다. 또 딸이 가족의 차를 이용하기 때문에, 당신은 딸이 어디를 가고 누구와 함께 가는지에 따라 (어느 정도) 통제를 할 수 있다. 당신은 딸의 나이에는 마음대로 다니며 하고 싶은 일을 해서는 안 된다고 생각한다. 게다가 당신은 단지 차를 사는 데 드는 돈뿐 아니라, 보험료, 휘발유 값, 전반적 유지 보수 비용까지 대 줘야 한다.

그러나 이것은 단순히 한 가지 대답만 나올 수 있는 상황이 아니다. 사실 이 비슷한 상황이 부모 자식 관계를 얼마나 금가게 만드는가? 딸이 자기를 이해하거나 신뢰하지 못하고, 당신이 딸에게 가장 좋은 게 뭔지를 안다는 이유로 자기를 억누르고 부모의 권위만 세우려 한다면서 반항을 하는 경우가 얼마나 많은가? 부정적인 갈등에 얼마나 많은 시간과 에너지가 소모되는가? 어떻게 만족스러운 해결책을 찾을 수 있을까? 기억하라 : 상호이익을 모색하라, 먼저 이해하려고 하라, 시너지를 활용하라.

협력하여 관점들을 이해하고, 쟁점들을 밝히고, 시너지적인 제3의 대안을 내놓으려 하는 과정에서, 당신은 가족 차를 한 대 더 사는 일을 놓고 승/승 청지기 합의서를 작성하는 문제를 생각할 수도 있다. 딸은 그 차를 일정한 기준만 지키면 마음대로 이용할 수 있다. 당신은 유지 보수에 필요한 것들을 구체적으로 나열하고, 추가되는 보험료와 휘발유 값은 딸이 치르도록 할 수도 있다. 당신은 딸이 어디를 누구와 함께 가는지에 대해 알리고 가는 합의를 할 수도 있다. 합의의 일부로, 당신은 또한 더 어린 자녀들을 태워다 주는 일을 딸에게 분담시킴으로써, 당신이나 당신 배우자가 시간을 벌도록 할 수 있다.

핵심은 이런 해결책이 이상적이라거나, 제3의 대안을 금방 얻을 수 있다는 게 아니다. 요점은 문제가 당신네 사이가 아니라 당신네 앞에 있을 때, 중요한 관계에서 부정적인 사이클을 만드는 것을 피하라는 것이다.

그런 부정적인 사이클은 해결하는 데 오랜 시간이 걸릴 수도 있으며, 관련된 모든 사람의 시간과 삶의 질에 커다란 영향을 미칠 수 있다.

그러나 우리가 정말로 의견의 일치를 보지 못한다면?

비록 대부분의 승/승 청지기 합의가 다음 경험들처럼 폭발적이고 분열적인 쟁점을 다루는 것은 아니지만, 우리는 이 프로세스가 얼마나 큰 힘을 발휘할 수 있는지를 보여 주기 위해 당신에게 다음의 이야기들을 해주고 싶다. 승/승 청지기 합의는 대부분의 분열적인 쟁점에 적용시킬 수 있기 때문이다.

스티븐 : 전에 나는 동부의 한 대학에서 200명쯤 되는 MBA 학생들을 훈련시킨 적이 있습니다. 그 자리에는 많은 교수들과 초대 손님들도 나와 있었죠. 우리는 그들이 제시할 수 있는 가장 힘들고, 가장 민감하고, 가장 취약한 쟁점을 다루었습니다―낙태였습니다. 낙태 찬성론자와 반대론자가 하나씩 강당 앞쪽으로 나왔습니다. 둘 다 자신의 입장에 대해 정말 깊은 확신을 가지고 있었습니다. 그리고 이 두 사람은 200명의 학생 앞에서 서로 상호 작용을 해야 했습니다. 나는 그 자리에서 두 사람에게 효과적인 상호 작용의 습관들을 연습해 보라고 했습니다―상호이익을 모색하라, 먼저 이해하려고 하라, 시너지를 활용하라.

내가 물었습니다.

"두 사람은 승/승 해결책을 낼 때까지 기꺼이 의사 소통을 하겠습니까?"

"난 어떻게 될지 모르겠습니다! 내 생각에는……."

"잠깐만요. 당신은 지지 않을 겁니다. 두 사람 다 이길 겁니다."

"하지만 어떻게 그런 일이 가능하겠어요. 우리 둘 가운데 한 사람이 이기면, 다른 한 사람은 지는 것인데."

"한번 해 보시겠습니까? 포기하지 말아야 한다는 것을 잊지 마십시오. 굴복하지 마십시오. 타협하지도 마십시오."

"한번 해 보죠."

"좋습니다. 먼저 이해하려고 하십시오. 당신들은 상대방이 만족할 정도로 상대방의 관점을 재진술하기 전에는 자신의 관점을 피력할 수 없습니다."

두 사람은 대화를 시작하자, 곧 서로의 말을 자꾸 잘랐습니다.

"그래요. 하지만 당신이 깨닫지 못하고 있는 건……."

내가 나섰습니다.

"잠깐! 상대방도 당신이 자신을 이해했다고 느끼는지 모르겠군요. 상대방이 당신의 말을 이해한 것 같습니까?"

"전혀 그렇지 않아요."

"좋아요. 그럼 아직 자신의 관점을 피력해서는 안 됩니다."

그 두 사람이 얼마나 땀을 흘렸는지 상상도 하지 못할 겁니다. 그들은 서로 상대방의 말에 귀를 기울일 수가 없었죠. 두 사람은 서로 다른 생각을 가지고 있었기 때문에 말이 나오는 즉시 서로를 판단했습니다.

마침내 45분쯤 지난 뒤, 그들은 드디어 진정으로 귀를 기울이기 시작했습니다. 당신은 그것이 두 사람에게 어떤 영향을 주었는지─개인적으로, 정서적으로─그리고 그 과정을 지켜보는 전체 청중에게 어떤 영향을 주었는지 상상하지 못할 것입니다.

어떤 사람이 그런 민감한 문제에 대해 마음을 열고 감정을 이입하며, 밑바탕에 깔린 상대방의 욕구와 두려움과 느낌들에 귀를 기울인다는 것은, 아주 강렬한 체험이었습니다. 앞에 나와 있던 두 사람은 눈물을 글썽거렸습니다. 청중의 반도 눈물을 글썽거렸죠. 두 사람은 그들이 서로를 미리 판단한 것에, 서로에게 딱지를 붙인 것에, 자신과 다르게 생각하는 사람들을 비난한 것에 큰 수치를 느끼고 있었습니다. 두 사람은 앞으로 어떻게 해야 할지를 놓고 이야기하다가, 시너지적인 아이디어들이 쏟아지자 완전히 압도되었습니다. 두 사람은 피임·입양·교육 등에 대한 수많은 대안을 제시했으며, 거기에는 새로운 통찰들이 들어 있었습니다. 두 시간이 지나자 두 사람은 서로 이렇게 말했습니다.

"우리는 이제까지 귀를 기울인다는 게 뭔지 몰랐습니다! 이제 우리는 왜 상대방이 저렇게 생각하는지 이해하게 되었어요."

이와 같은 진정한 감정 이입의 정신은 효과적인 시너지의 기초다. 이런 감정 이입은 입장을 둘러싼 부정적 에너지를 넘어서게 해 준다. 감정 이입은 열린 마음과 서로에 대한 이해를 창출하며, 사람들을 단결시켜 문제를 해결하게 만든다. 핵심적인 문제는 관련된 사람들 사이의 관계의 질이며, 또한 그 사람들이 제3의 대안을 구할 때 서로 의사 소통을 하고 시너지를 만들어 내는 능력이 있느냐 없느냐 하는 것이다.

우리는 이런 감정 이입의 정신이 상황을 변화시키는 것을 여러 번 보았다. 병원 행정 책임자와 의료 책임자가 아주 큰 병원의 150명에 이르는 이사, 행정 관리, 의사 앞에서 1차 진료 의사를 고용하는 민감한 문제를 놓고 두 시간 동안 격론을 벌였을 때도 이와 같은 변화가 일어났다.

한 조직에서는 디자인 엔지니어들이 자신들의 권한·창의성·재능을 억누르는 규제적인 환경에 과민하게 반응해서 그런 문화를 가진 조직을 떠나 다른 곳으로 가고 싶어할 정도가 되었다. 그 곳에서도 변화가 일어났다. 디자인부의 임원들은 그들을 강하게 억누르는 규제적인 사람들 때문에 아직도 겁을 먹고 움츠러들어 있었다. 그러나 두 가지 서로 다른 관점을 대표하는 고위 인사들이 이 프로세스를 거치면서, 그들은 디자인 엔지니어들의 창의성과 재능도 유지하는 동시에 규제 부서의 기준에도 부응하는 아주 새로운 접근 방법을 내놓게 되었다.

어떻게 자산을 평가 절하하느냐 하는 문제를 놓고 주요 부서 하나와 고위 임원들 사이에 장기간의 싸움이 진행된 바 있던 한 대기업에서도 이런 변화가 일어났다. 그 부서는 자산을 평가 절하하는 것이 그들의 기업 문화를 완전히 타락시키는 것이라고 느끼고 있었다. 고위 임원들은 기존의 관행을 옹호했다. 그러나 그들이 이 프로세스를 거치는 동안에 감정이입의 정신이 그들을 변화시켰다. 사람들은 서로 싸우는 대신 공유된 비전과 청지기 직분에 대한 의식을 가지고, 둘 다 같은 방향을 보게 되었다. 그들은 의사 소통을 할 때 상대방을 존중하게 되었으며, 창의적인 제안을 했으며, 단 30분 만에 서로 아예 이야기조차 하지 않을 만큼 회사를 분열시킨 뿌리 깊은 문제를 풀어 버렸다. 사람들은 이 상호 의존의 힘에 깜짝 놀라고 말았다.

사람들이 진정으로 상호이익을 모색할 때, 사람들이 서로 깊이 이해하려고 할 때, 사람들이 서로 반목하는 대신 시너지적으로 문제를 해결하는 데 에너지를 쏟으려 할 때, 그 결과는 커다란 영향력을 가지게 된다. 우리는 상상할 수 있는 가장 긴장되고 어려운 상황에서도 이런 프로세스가 위력을 떨치는 것을 보았다.

스티븐 : 한 번은 어떤 대기업과 함께 일을 하기 위해 출장 준비를 하고 있었습니다. 내가 전화를 했더니 그쪽에서 말하더군요.

"집으로 돌아가십시오. 방금 회의가 취소됐습니다."

"왜요? 무슨 일이죠?"

"노조가 파업을 했습니다."

"왜요?"

"사원 일부가 약속한 대우를 받지 못했기 때문입니다."

"관리자들도 그 점을 인정합니까?"

"네, 인정합니다."

"그럼 지금이 이야기를 할 때입니다. 상황이 적절합니다. 회의를 여세요. 취소하지 마십시오. 그냥 놔 두었다간 사람들은 양극으로 갈라져서 자기 입장에 빠져 들고, 서로 공격하기 위해 사람들을 모으기 십상일 겁니다."

전에 우리는 그 기업 사람들 전체에게 승/승의 프로세스를 가르친 적이 있어요. 그리고 그것은 그 곳 사람들과 그들의 가족 생활에 커다란 영향을 주고 있었습니다. 중간 관리자 일부는 심지어 이 프로세스의 위력을 증명하는 비디오까지 편집해 두었더군요. 그러나 최고위층 사람들은 어떤 의미에서 자신들은 그런 수준을 넘어섰다고, 그런 것을 필요로 하지 않는다고 생각했습니다.

우리는 관리층에게 말했습니다.

"사과하십시오. 그건 아주 사소한 일입니다. 회의를 예정대로 여세요. 지금이 때입니다."

관리자들은 사과를 했습니다. 이런 일은 처음 있는 일이었습니다. 그러나 이것이 정확한 원칙이었습니다. 노조 위원장은 허를 찔린 셈이었죠. 노조 위원장은 말했습니다.

"좋습니다, 우리도 가죠. 하지만 우리는 노동 조합의 입장을 보여 주기 위해 늦게 들어가겠습니다. 그래야 동료들이 우리가 배반하는 거라고 생각하지 않을 테니까요."

나는 회의에 들어가서 그 회사 사장과 노조 위원장에게 말했습니다.

"난 두 분께 커다란 용기가 필요한 일을 요구할 것입니다. 한번 해 보시겠습니까?"

두 사람은 좀 망설이다가 하겠다고 하더군요.

나는 두 사람을 강당 앞으로 나오게 한 다음 말했습니다.

"두 분은 그저 이 사람들의 이야기에 귀를 기울이십시오."

나는 청중을 향해 말했습니다.

"여러분은 자신을 위해 세운 야심 만만하고 거의 영웅적인 목표들을 가지고 있다는 것을 알고 있습니다. 아마 여러분은 그 목표들을 받아들였을 것입니다. 그러나 지금 여러분 가운데 얼마나 많은 사람들이 현재 상태에서 그 목표들을 성취할 수 있다고 정말로 믿고 있습니까?"

그 곳은 800명 가까운 사람들이 앉아 있는 큰 강당이었습니다. 하급 관리자부터 고위 임원까지 모두 나와 있었죠. 그러나 손을 드는 사람은 하나도 없었습니다.

"자, 여러분 가운데 얼마나 많은 사람들이, 만일 우리가 지금까지 말해 온 프로세스—상호이익을 모색하라, 먼저 이해하려고 하라, 시너지를 활용하라.—를 문자 그대로 실행하면, 그 불가능해 보이는 영웅적인 목표들을 성취할 수 있을 것이라고 믿고 있습니까?"

거의 모든 사람이 손을 들었습니다.

나는 두 사람을 돌아보고 말했습니다.

"이 조직이 여러분에게 주는 메시지를 보십시오. 나는 두 분이 모든 사람 앞에서, 두 분도 이 프로세스를 배우고, 바로 밑의 부하들에게 팀 교육으로 이 프로세스를 가르치겠다고 약속을 하셨으면 좋겠습니다. 그리고 그 사람들은 그들이 마주하는 상대와 함께 그들의 바로 밑 부하들에게 팀 교육을 하여, 마침내 모두가 이 일에 참여하고, 그래서 문제가 해결되도록 했으면 좋겠습니다. 자, 만일 두 분이 그 약속대로 할 준비가 되어 있지 않다면, 약속을 하지 마십시오. 그냥 '더 생각해 보겠다. 기다려 달라.'고 말씀하세요. 두 분도 책임질 수 없는 기대를 심어 주고 싶지는 않을 겁니다."

두 사람은 서로 오랫동안 마주 보았습니다. 강당 안의 긴장은 상상할 수 없을 정도였습니다. 마침내 두 사람은 손을 내밀어 악수를 하고 포옹을 했습니다. 사람들은 모두 환호했죠.

오늘날, 그들은 미국에서 지도적인 조직의 하나가 되었습니다. 단지 그런 경험 때문이 아니라—많은 변수들이 있었습니다.—그들이 기꺼이 이 프로세스를 적용하고자 한 것이, 관련된 모든 사람의 삶의 질에 획기적인 변화를 가져왔기 때문입니다.

이런 종류의 시간을 절약해 줄 어떤 시간 관리 기법이 있을까? 우리는 컨트롤과 '잔심부름꾼' 위임 또는 심지어 좋은 위임에 관해 말하고 있는 게 아니다. 우리는 업무 거래적인 관계에서 벗어나 변화 추구적인 관계로 들어가는 것—진정한 임파워먼트로 들어가는 것에 대해 말하는 것이다. 우리는 심지어 논의가 불가능해 보이는 것도 논의할 수 있는 시너지적인 프로세스, 민감한 문제가 생길 때 모든 사람에게 이익을 주는 방식으로 문제를 해결할 수 있는 시너지적인 프로세스에 대해 말하는 것이며, 이 시너지적인 프로세스를 통하여 관련된 모든 사람의 독특한 천부의 능력이 지닌 위력을 이끌어 내는 일에 대해 말하는 것이다.

승/승은 당사자주의적인 것이 아니라, 시너지적인 것이다. 승/승은 업무 거래적인 것이 아니라, 변화 추구적인 것이다. 승/승에 참여하거나 그것을 목격하는 사람 모두가 그것을 알 수 있다.

함께 소중한 것을 먼저 할 때 나타나는 차이

우리 모두가 공유된 비전과 청지기 합의서를 가지고, 승/승의 상호 작용을 하는 문화에서 살고 일한다면 어떨까? 그것이 어떤 차이를 가져올까?

감독을 생각해 보자. 낮은 신뢰의 문화에서는 감독이 컨트롤 · 감시 · 주변 맴돌기 · 검사 등과 같은 말들과 관련되어 있다. 그러나 높은 신뢰의 문화에서는, 사람들이 합의에 따라 자기 자신을 감독한다. 기준은 분명하고, 결과는 확정되어 있다. 무엇을 기대할 것인지에 대한 공통된 이해도 형성되어 있다. 관리자 · 지도자 · 부모는 도움의 원천—편의를 제공하는 사람, 도움을 주는 사람, 응원단장, 충고자, 자문역, 코치—이 된다. 기름이 흐른 자국을 닦아 내고는 얼른 길을 비켜 주는 사람이 되는 것이다.

평가는 어떤가? 낮은 신뢰의 문화에서는, 당신은 강제적인 서열, 외적인 업무 수행 평가, 판단으로 들어갈 수밖에 없다. 높은 신뢰의 문화에서는, 판단이 사후가 아니라 사전에 업무 수행에 대한 합의 내용 속에 들어간다. 사람들은 자기 자신을 판단한다. 사람들의 평가는 단지 측정에만 달려 있는 것이 아니라 분별에도 달려 있기 때문에 이런 이야기를 할 수 있다. "수치상으로는 좋아 보이지만, 난 이 특정한 분야에 우려를 느끼고 있습니다……." 따라서 사람들은 그들의 업무 수행과 성공에 영향을 미치는 쟁점들을 훨씬 더 강하게 의식하게 된다.

컨트롤의 범위는 어떤가? 낮은 신뢰의 문화에서는 컨트롤의 범위가 좁다. 주변을 맴돌며 검사를 하는 데는 시간과 에너지가 든다. 당신은 오직 일정한 수의 사람들만 컨트롤할 수 있을 뿐이다. 그러나 높은 신뢰의 문화에서는, 주변을 맴돌며 검사를 할 필요가 없다. 당신은 컨트롤하려 애쓰지 않고 풀어 주려 애를 쓴다. 한 사람이 8명이나 10명을 상대하는 것이 아니라 50 · 100 · 200명을 상대한다.

동기 부여는 어떤가? 낮은 신뢰의 문화에서는 당신은 '동기 부여라는 위대하면서도 멍청한 이론'에 빠져 들게 된다. 당근을 앞에 두고 채찍을 뒤에 감추고 있는 것이다. 그러나 높은 신뢰의 문화에서는 사람들이 내적으로 동기 부여를 받는다. 사람들은 안에서 타오르는 불길에서 힘을 얻는다. 사람들은 공동의 사명이기도 한 공유된 비전을 수행하기 위한 열정에서 힘을 얻으며, 자신의 사명과 가족이나 조직의 사명 사이의 시너지에서 힘을 얻는다.

구조와 시스템은 어떤가? 낮은 신뢰의 문화는 관료제, 과도한 규칙과 규정, 제한적이고 폐쇄적인 시스템으로 가득 차 있다. 거칠고 무책임한 사람을 두려워하여, 모두가 순응해야 하는 절차들을 세워 놓는다. 자발성의 수준은 낮다. 기본적으로 "시키는 대로 하시오."의 수준이다. 구조는 피라미드적이고, 위계적이다. 정보 시스템은 단기적이다. 분기별 수지가 기업 문화의 사고 방식을 좌우하는 경향이 있다. 그러나 높은 신뢰의 문화에서는 구조와 시스템들이 임파워먼트를 가능하게 하고, 공유된 가치의 실행 지침 내에서 합의한 목적을 향해 사람들의 에너지와 창의성을 해방시키는 쪽으로 배치되어 있다. 관료제도 덜하며, 규칙과 규정도 적지만, 사람들은 더 열심히 참여한다.

자, 이런 차이가 우리의 시간에 어떤 영향을 주는가?

낮은 신뢰의 문화에서는 컨트롤하고, 감시하고, 주변을 맴돌고, 검사하고, '엿보고 시시콜콜히 캐는' 데 얼마나 많은 시간을 소비하는가?

경쟁적인 평가 시스템, 평가 게임, '동기 부여' 프로그램에 얼마나 많은 시간을 소비하는가?

관료적인 시스템, 규칙, 규정을 처리하는 데 얼마나 많은 시간을 보내는가?

낮은 신뢰에서 나오는 숱한 의사 소통 문제들을 정리하는 데 얼마나 많은 시간을 보내는가?

사람들이 미시 관리(micromanagement)를 하고 눈앞에 닥친 위기를 처리하느라 너무 바쁜 나머지, 의미 있는 변화를 가져올 수 있고 또 높은 효과를 지닌 제2상한 계획, 예방, 임파워먼트 활동에 투자를 하지 못할 때, 시간과 기회 비용은 어떤가?

우리는 낮은 신뢰의 증상들에 대처하는 데, 그리고 그런 증상을 더 빨리 **처리한다고 해서 질적인 차이가 생기는 것은 아님을 배우는** 데 믿을 수 없을 만큼 많은 시간을 소비하고 있다.

'함께 소중한 것을 먼저 하는 것'은 임파워먼트에 달려 있다. 그것은 '일 대 일' 비율에서 '한 단위의 노력 대 수천 단위의 성과' 비율로 지레받침점을 옮기는 궁극적인 방법이다. 이것이 가져오는 성과들에 근접이라도 할 수 있는 시간 관리 기법은 세상에 없다. 그래서 임파워먼트가 제2상한의 핵심에 자리잡고 있는 것이다.

13 : 내면에서 시작하여 외부로 향하는 임파워먼트

우리가 문제는 '저 밖에' 있다고 생각할 때
바로 그 생각이 문제다.

우리가 서로 임파워먼트할 수 있는 높은 신뢰의 문화를 바탕으로 살면서 일하게 된다면 멋질 것이다. 그러나 우리는 그렇지 못하다. 우리가 일하는 조직은 규칙, 규제, 관료적 형식주의에 빠져 있다. 우리는 상충되는 지침들을 가지고 있고, 경쟁적 시스템 속에서 살고 있다. 자발성의 수준은 낮다. 사람들은 본질적으로 일 바깥에서 만족을 얻는다. 사람들은 일하는 시간의 많은 부분을 제3상한에서 보낸다—회사 내 권력 다툼을 일삼고, 뒤에서 헐뜯고, 비난하고, 질책하고, 서로 비리를 폭로한다. 그러고 나서 복도에 둘러서서 서로 기분을 맞추어 준다.

"부장이 이런 짓을 했는데, 이게 있을 수 있는 일이야?"
"그래! 난 이런 일도 겪었어!"
"이 동네에서 뭐 하나 제대로 되는 게 없는 것이 이상한 일도 아니지."
"글쎄, 뭘 기대할 수가 있겠어?"

그래서 우리가 뭘 할 수 있겠는가?

우리가 문제는 '저 밖에' 있다고 생각할 때, 바로 그 생각이 문제다. 이런 생각 때문에 우리는 자신의 능력을 박탈당해 버린다. 다시 말해 우리는 건설적인 반응을 선택할 수 있는 공간을 스스로 밀어 낸다. 우리는 환경과 다른 사람들의 단점에 신경을 지나치게 씀으로써 그런 것이 우리를 컨트롤하도록 만든다. 우리는 자신의 에너지를 우리 관심의 원, 즉 우리가 컨트롤할 수 없는 것들에 쏟아 붓는다.

원칙 중심의 리더십은 개인적 임파워먼트이며, 이것이 조직 내에서의 임파워먼트를 가능하게 한다. 원칙 중심의 리더십은 우리의 에너지를 우리 영향력의 원에 쏟아 붓는다. 원칙 중심의 리더십은 남을 탓하거나 비난하지 않는다. 원칙 중심의 리더십은 성실성을 가지고 행동함으로써, 우리와 다른 사람들이 성품과 역량 그리고 시너지를 발전시킬 수 있는 환경을 만들어 낸다.

우리는 최고 지도자는 아닐지 모르나, 한 사람의 리더이기는 하다. 우리가 원칙에 중심을 둔 리더십을 발휘해 나감에 따라, 영향력의 원은 넓어진다.

스티븐 : 몇 년 전, 어떤 조직의 하급 관리층에 있는 사람이 우리 세미나에 참석했습니다. 그 프로그램은 최고 임원들을 위한 것이었지만, 그 사람은 너무 간절하게 오고 싶어한 나머지, 세미나에 참석시켜 달라고 임원들에게 간청을 했답니다. 마침내, 그 고집에 못 이겨 임원들도 동의하게 되었죠.

이 사람은 아주 주도적인 사람이었습니다. 공을 잡으면 그대로 달리는 스타일이었죠. 결국 이 사람은 개인 및 직업적 성장에 초점을 맞추고, 자신의 기술 기반을 확대하기 시작했습니다. 이 사람은 승진을 거듭했습니다. 그리고 3년이 채 안 되어 그 조직에서 3인자가 되었습니다.

게다가 이 사람은 지역 사회에서도 커다란 사회적 문제 몇 가지를 해결하는 데 참여하기로 결정했습니다. 이 사람은 아주 역동적이라서, 봉사 조직에서 집행 위원이 되었으며, 심지어 상근해 달라는 요구까지 받았습니다. 그러나 이 사람은 자기 회사를 떠나고 싶어하지 않았어요.

난 확신하고 있습니다. 그 사람을 벌거벗겨 돈 한 푼 없이 어디에라도 떨어뜨려 보십시오. 얼마 지나지 않아 그 사람은 틀림없이 어떤 조직에서고 최고의 지위에 오를 것입니다. 그 사람이 워낙 주도적이고, 감수성이 예민하고, 자아 의식이 강하기 때문입니다. 나는 자기 영향력의 원 안에서 일하는 것이 어떤 힘을 가지는지를 느끼기 시작했을 때 그 사람이 보여 준 눈빛을 잊을 수가 없습니다.

이 장에서 우리는 어떤 영향력의 원에서도 할 수 있는 세 가지 구체적인 일을 살펴보게 된다. 이것은 제2상한에 속한 일들로, 우리 자신에게 임파워먼트하고 우리의 환경을 변화시키는 일들이다.

1. 임파워먼트의 조건들을 배양하라.
2. 챔피언들의 점심을 즐기라.
3. 리더/봉사자(leader/servant)가 되라.

1. 임파워먼트의 조건들을 배양하라

임파워먼트는 외부에서 가져와 설치할 수 있는 게 아니다. 그것은 내부에서 싹터 자라나는 것이다. 임파워먼트는 그것을 가능케 하는 조건을 만들 수 있느냐 없느냐 하는 것에 성사 여부가 달려 있다. 이런 조건이 많으면 많을수록, 조직 문화도 임파워먼트가 더욱 잘 되게 마련이다.

우리는 사실 다른 사람들을 실제로 '임파워먼트' 해 주는 것이 아니라, 그렇게 할 수 있는 조건들을 배양할 뿐이다. 그렇게 되면 사람들이 자신들의 네 가지 천부의 능력을 이용하여 스스로를 임파워먼트시킬 수 있는 환경을 만들어 내게 된다. 이것은 효과 높은 제2상한 투자로서, 커다란 보상을 가져다 준다.

정도는 다르지만, 이런 조건을 조성하는 것은 우리 영향력의 원 안에서 얼마든지 가능한 일이다. 이런 조건을 염두에 두면서, 우리가 임파워먼트의 환경을 조성하기 위해서는 어떤 분야에 어떻게 우리의 노력을 기울이면 되는지 보도록 하자.

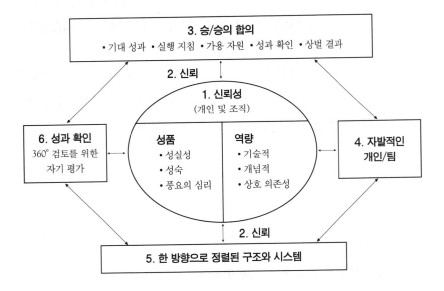

조건 1 : 신뢰성

임파워먼트의 핵심에는 신뢰성이 있으며, 신뢰성은 성품과 역량에 달려 있다. 성품은 우리의 존재다. 역량은 우리가 할 수 있는 것이다. 이 두 가지는 모두 신뢰성을 창조하는 데 필요하다.

스티븐 : 내가 잘 아는 어떤 사람이 왼쪽 무릎에 이상이 생겨 다리를 약간 절게 되었습니다. 이 사람은 의사를 찾아갔는데, 그 의사는 성품이 훌륭한 사람이

긴 했지만 무능했습니다. 이 의사는 2차원 평면의 모니터를 보면서 3차원 운동을 파악하는 기술이 부족했습니다. 의사는 연골 조직을 좀 치료해 주기는 했지만, 전방 십자형 인대 이완이라는 정확한 진단을 내리지는 못했습니다. 그 결과, 이 사람은 제대로 치료를 받을 수가 없었어요. 이 사람은 다리를 고치느라고 일도 제대로 못 했죠. 나중에 이 사람의 딸과 아들이 운동을 하다 무릎을 다쳤을 때, 이 사람은 아이들을 그 의사에게 보내지 않았습니다. 그 의사를 신뢰하지 않았기 때문입니다.

한 최고 경영자는 그 이야기를 듣고 나서 말했다.

"이제야 왜 내가 어떤 사람들을 신뢰하지 않는지 처음으로 이해할 수 있겠습니다. 난 흔히 이런 생각을 합니다. '당신은 좋은 사람이오. 당신은 정직하지. 그런데 왜 내가 당신을 신뢰할 수 없는 거요?'

"이제 난 그들의 역량에 문제가 있기 때문이란 것을 깨달았습니다. 그들은 자신의 전문 분야에서 흐름에 뒤쳐져 있습니다. 그들은 낡았습니다. 그들은 조직에 의해 이끌려 가고 있습니다. 그들은 끊임없이 개선하려는 정신 같은 게 없어요."

그러나 좋은 성품이 결여된 역량 역시 신뢰를 주지는 못한다. 유능하지만 부정직한 의사에게는 가고 싶지 않을 것이다. 물론 치료만 받으면 된다고 할 수도 있지만, 돈이 문제가 되게 마련이다. 그런 의사는 돈을 위해 실제로는 필요하지도 않은 치료를 받게 할 수도 있다.

신뢰를 주는 데는 좋은 성품과 역량 둘 다 필요하다. 그리고 이 두 가지는 모두 우리 영향력의 원 안에 있다.

성품에는 다음과 같은 것이 포함된다.

• **성실성**—말한 대로 실천하는 능력, 균형 잡힌 원칙들을 중심으로 자신의 공적 · 사적 생활과 깊은 내면의 생활을 통합시키는 것.

- **성숙**—용기와 배려의 균형. 할 말을 하고 정직하게 피드백을 해 주고 솔직하게 문제를 제기하면서도, 다른 사람들의 감정·생각·의견을 배려하고 존중하는 태도.
- **풍요의 심리**—삶은 늘 무한히 확장될 수 있고, 제3의 대안도 무수히 많다는 패러다임(이는 삶은 제로섬 게임이며 파이의 크기는 일정하다, 따라서 누구 다른 사람이 한 조각을 집어먹으면 내 몫은 줄어든다는 패러다임과 반대되는 태도다).

역량에는 다음과 같은 것이 포함된다.

- **기술적 역량**—합의 결과를 성취할 수 있는 지식과 기술. 문제를 통하여 생각하고 새로운 대안을 찾을 수 있는 능력.
- **개념적 역량**—큰 그림을 보고, 가정을 검토하고 관점을 변화시킬 수 있는 능력.
- **상호 의존적 역량**—다른 사람들과 효과적으로 상호 작용할 수 있는 능력. 여기에는 귀를 기울이고, 의사 소통을 하고, 제3의 대안을 찾고, 승/승 합의를 창출하고, 시너지적인 해결책을 향해 노력하는 능력이 포함된다. 완결된 조직과 시스템 속에서 효과적이고 협동적으로 보고 일하는 능력.

성품과 역량은 고도의 효과를 내는 중심 영역으로, 이것은 다른 모든 조건을 배양할 수 있는 밑바탕이 된다.

어떤 다국적 대기업의 한 지사는 TQM 프로그램을 시도하다 실패하고 말았는데, 나중에야 그 실패의 원인이 성품과 역량 사이의 이와 같은 연관성에 있음을 알게 되었다. 그들은 이렇게 말했다.

우리의 문제점은 부족의 심리에 있었습니다. 우리는 사람들을 채용하는 데 부족의 심리를 가졌고, 그들을 승진시키는 데 부족의 심리를 가졌으며, 사람들에게 보상을 해 주는 데 부족의 심리를 가졌습니다. 사람들을 파트너로 영입하는 데 부족의 심리를 가졌고, 파트너들에게 수익을 분배하는 데 부족의 심리를 가졌습니다. 그러니까 우리의 기업 문화가 엉망진창이 된 것도 당연한 일입니다! 서로 시기하고 증오하게 된 것도 당연한 일이죠. 겉치레는 그럴싸하게 통일의 꼴을 갖추었지만, 속 깊은 곳에는 기업 문화를 분열시키는 세력들이 존재합니다—대다수의 일정들은 보이지 않는 곳에서 은밀히 진행되고, 인간 관계에 문제가 발생하고, 부서들은 서로 목을 조릅니다. 우리는 튼튼한 구조와 시스템, 규칙과 규제를 가지고 있지만, 이것은 그저 변화하는 환경에 맞춰 살아남기 위한 궁여지책에 지나지 않아요. 그러나 이제 우리 조직이 변화하는 환경에 적응하지 못하고 있다는 것을 보여 주는 증거들이 나타나기 시작했습니다. 우리는 임시 처방으로는, 즉 시너지적인 문화를 창조하기 위해 필요한 생태학적 이해가 없는 단편적인 패러다임으로는, 급변하는 환경에 적응할 수 없음을 절실히 깨닫고 있습니다.

우리는 이런 일이 어디서나 되풀이되고 있음을 목격한다. 경쟁의 각본을 가진 사람들은 협동적 시스템보다는 경쟁적 시스템들을 만들어 낸다. 긴급성 패러다임을 가진 사람들은 궁극적으로 긴급성 패러다임에서 자라나는 시스템들을 만들어 낸다. 설혹 누구 다른 사람이 승/승 또는 중요성에 기초를 둔 시스템이나 구조를 도입하려 해도, 기본 패러다임이 바뀌지 않는 한, 변화의 압력이 사라지자마자 다시 원래의 패러다임으로 돌아가기 십상이다.

성품과 역량이 조직의 다른 모든 요소를 이끌어 내는 것이 현실이다. 성품과 역량을 함양하는 것은 임파워먼트를 가능토록 하기 위해 우리가 할 수 있는 가장 효과 높은 일이다.

성품과 역량을 함양할 수 있는 가장 좋은 방법은 우리가 주간 목표를 세울 때 스스로 다음과 같은 질문들을 해 보는 것이다.

- 일을 더 잘 하고 다른 사람들과 더 효과적으로 상호 작용하기 위해 서는 어떤 지식이나 기술이 필요한가?
- 일을 진전시키고 문제들을 해결하기 위해 용기를 발휘하고 있는가?
- 다른 사람들의 욕구에 대해 사려 깊고 민감한 태도를 유지하고 있는가?
- 늘 제3의 대안을 찾고 있는가?
- 내 양심에 귀를 기울이고, 내 사명과 정북향에 일치되게 행동하고 있는가?

이런 질문을 통해 우리의 양심은 노력을 집중시켜야 할 영역을 정확히 집어 낼 수 있다. 이런 질문에 대한 답들을 기초로 우리는 개선을 위하여 '톱날을 갈거나' 역할과 관련된 목표들을 세울 수 있다.

개인적 신뢰성에 덧붙여, 집단적 성품과 역량 또한 조직의 임파워먼트에 반드시 필요한 조건이다.

- 회사가 개인이 결의한 일을 지원할 것이라고 신뢰할 수 있는가?
- 필요할 때 팀을 신뢰할 수 있는가?
- 가족 구성원들이 서로를 지원할 수 있거나 지원하고 있는가?

기억하라. 조직의 행동 같은 것은 없다. 조직 내 개인들의 행동이 있을 뿐이다. 조직 내 개인들이 신뢰성을 가질 때에만 조직 또한 신뢰성을 가지게 된다.

조건 2 : 신뢰

신뢰는 모든 것을 결합시키는 접착제다. 신뢰는 다른 모든 요소—승/승 청지기 합의서, 자발적인 개인들과 팀, 한 방향으로 정렬된 구조와 시스템, 책임성—가 피어나는 환경을 조성한다. 그리고 이런 다른 조건들이 각각 완성됨에 따라—사람들이 승/승 청지기 합의서를 만들고, 개인과 팀들이 스스로를 다스리게 되고, 구조와 시스템들이 원칙과 일치되고, 책임을 지는 것이 지속적인 프로세스의 일부가 됨에 따라—신뢰는 더욱 증가한다. 이 프로세스는 계속 되풀이된다.

아울러 신뢰는 신뢰성으로부터 자연스럽게 성장하는 것이다. 따라서 우리가 가장 효과적으로 신뢰를 쌓기 위해서는 신뢰받을 만한 태도를 가져야 한다.

조건 3 : 승/승의 합의

우리는 우리 그룹이나 조직에서 공식적인 리더십을 가진 자리에 있지 않을 수도 있다. 그러나 그렇다고 해서 우리의 책임 영역에 대해 청지기 합의를 발의하지 못한다는 뜻은 아니다. 우리는 청지기 합의를 가족 내에서 시행할 수 있고, 업무 팀에서 시행할 수 있고, 지역 사회의 봉사 단체에서 시행할 수 있다.

- 우리가 거두고자 하는 기대 성과들은 무엇인가?
- 우리는 어떤 실행 지침을 따라야 하는가?
- 우리는 어떤 가용 자원을 가지고 있는가?
- 우리가 하는 노력의 성과를 누가 확인하는가?
- 상벌 결과는 무엇인가?

당신의 영향력의 원이 어떠하든, 당신이 속한 기업 문화가 어떠하든,

당신은 공유된 기대와 이해를 창출하기 위해 노력할 수 있다. 우리가 주간 시간 관리를 할 때 다음과 같은 질문들을 해 보면, 청지기 합의를 이행하기 위한 목표들을 세우는 데 도움을 얻을 수 있을 것이다.

- 내가 나의 역할에 대해 의미 있는 청지기 합의서를 가지고 있는가?
- 강화하거나 수정하거나 더 높은 수준으로 끌어올릴 필요가 있는 합의가 있는가?
- 나는 합의 내용을 수행하기 위해 성실하게 행동하고 있는가?

우리가 상사·친구·부하·배우자·자녀·동료와 더불어 공유된 비전과 전략을 창출할 때마다, 우리는 자신과 다른 사람들에게 임파워먼트를 해 줄 수 있게 된다.

조건 4 : 자발적인 개인/팀

신뢰가 높은 문화에서는 누가 감독을 하는가? 합의가 감독을 한다.

자발성은 우리 영향력의 원 안의 합의에 기초를 두고 있다. 우리는 정북향과 조화를 이루고 우리가 이룬 합의에 따라, 개인으로서 또 그룹이나 팀의 구성원으로서 우리 자신을 다스리는 책임을 진다. 우리는 누가 지휘하거나 컨트롤하거나 확인하거나 감독하지 않아도 우리가 하기로 합의한 일—계획·활동·평가를 포함하여—을 할 수 있다. 그리고 우리는 사람들이 사용하는 방법을 감독하는 것이 아니라, 결과에 책임을 지도록 하고 또 우리 스스로 그 결과를 이끌어 내도록 도와 줌으로써, 다른 사람들이 이런 능력을 갖도록 해 줄 수 있다.

이와 관련하여 우리가 제2상한 시간 관리 동안에 할 수 있는 질문에는 다음과 같은 것이 있을 것이다.

- 어떤 일을 해야 한다고 알고 있으면서도, 다른 사람이 시킬 때까지 미루고 있지는 않은가?
- 사람들이 합의한 성과를 거둘 수 있을 경우, 내 개인적인 선호에 관계없이, 그들이 가장 좋아하는 방법을 쓸 수 있도록 허용하는가?
- 다른 사람들이 일하는 동안 그들에게 일할 수 있는 자율적인 공간을 주는가, 아니면 계속 감독하고 확인하는가?

조건 5 : 한 방향으로 정렬된 구조와 시스템

구조와 시스템이 한 방향으로 정렬되어 있으면, 그 구조와 시스템은 임파워먼트를 가능하게 해 준다. 그렇지 않을 때는 임파워먼트를 방해하는 쪽으로 작용한다. 만일 당신이 중요성을 주요 패러다임으로 생각하면서도 기획 시스템은 날마다 할 일을 바탕으로 수립한다면, 당신의 시스템은 일관되어 있다고 할 수 없다. 만일 당신이 자녀들에게 책임감을 키워주려 하면서 계속 세세하게 '잔심부름꾼' 위임을 한다면—뭘 할지, 어떻게 할지, 언제 할지—당신의 시스템은 일관된 것이라고 할 수 없다. 만일 당신이 조직 내에서 협동의 관행을 키우려 하면서 경쟁 보상 제도를 시행한다면, 당신의 시스템은 일관되어 있다고 할 수 없다. 이런 경우에, 당신은 성취하려고 하는 바로 그 일과 정반대로 일을 하고 있는 것이다.

구조와 시스템이 한 방향으로 정렬되어 있으면, 이런 구조와 시스템은 성실성이나 통일성을 구축한다. 이런 구조와 시스템은 당신이 하려고 하는 일을 가로막는 게 아니라 수월하게 이루어지도록 해 준다.

구조는 우리 영향력의 원 안에 있을 수도 있고, 그렇지 않을 수도 있을 것이다. 우리가 공식적인 리더십의 지위에 있다면, 우리는 많은 사람들의 시간과 삶의 질에 영향을 주는 보상·정보·훈련과 같은 시스템에 책임을 지고 있을 수도 있다. 이 때 제2상한 시간에 투자하면 풍요와 원칙에 기반을 둔 시스템을 만들어 냄으로써 강력하고 일관성 있는 문화를 개발할 수 있다.

우리가 조직의 구조와 시스템을 만들어 낼 위치에 있지 않다 해도, 우리는 여전히 적당한 기회를 잡아 그런 구조와 시스템의 창조와 재창조에 영향을 줄 수 있다. 우리는 제2상한 시간을 이용하여, 개인 생활과 오거나이저, 개인적 정보 시스템, 개인적 개발 프로그램을 이용하여 한 방향으로 정렬된 구조와 시스템을 창조할 수 있다—우리는 가족 내에서도 그런 구조와 시스템을 창조할 수 있고, 청지기 합의서가 상호 작용의 방법이 되는 환경을 일궈 나갈 수 있다. 우리는 또 업무 팀이나 지역 사회의 봉사 단체나 특별 관심 그룹에서도 그런 구조와 시스템을 창조할 수 있다. 다른 사람들과 상호 작용을 하는 영역이면 어디에서든지, 우리는 문제를 제기하여 정북향에 바탕을 둔 구조와 시스템을 창조하는 것을 도울 수 있다.

여기서 관리와 리더십 사이의 중요한 차이가 또 하나 나타난다. 관리는 시스템 안에서 작용하지만, 리더십은 시스템 위에서 작용한다. 주간 시간 관리를 할 때 다음과 같은 질문들을 해 보면, 한 방향으로 정렬된 구조와 시스템을 길러 낼 수 있을 것이다.

- 기대 성과에 장애가 되는 시스템이나 구조가 있는가?
- 기대 성과를 더 쉽게 성취하기 위해 창조할 수 있는 구조나 시스템이 있는가?
- 내 영향력의 원 안에서 이 시스템을 창조하거나 변화시키기 위해 이용할 수 있는 가장 좋은 방법은 무엇인가?
- 변화를 일으키기 위해 다른 사람들과 시너지적으로 일하는 방법은 무엇인가?
- 내가 가지고 있는 것 가운데 개선할 수 있는 개인적 시스템과 구조는 무엇인가?

조건 6 : 성과 확인

우리가 신뢰를 키워 나가는 환경 속에 있고, 승/승의 청지기 합의서가 개발되어 있고, 구조와 시스템이 한 방향으로 정렬되어 있다면, 성과 확인은 어떻게 작용하는가? 이것은 대체로 합의서에 정해진 기준에 따른 자기 책임을 통해 이루어진다.

우리가 성과 확인을 장려하기 위해 할 수 있는 구체적인 일들에는 다음과 같은 것이 있다.

- 구체적인 확인 기준을 합의서에 집어 넣는 것
- 분별력을 행사하는 것
- 피드백을 요청하고 받는 것

합의서의 기준을 설정할 때 우리는 수행 성과를 측정할 수 있는 판단 기준을 만들어 내게 된다.

우리가 분별력을 행사하면, 외적 요인들—예를 들어 승진, 상, 공식적 인정, 사회적 인정—에 지나치게 의존하지 않고도 훌륭한 일을 했다는 느낌을 얻을 수 있게 된다. 우리는 스스로 설정한 뛰어나야 한다는 책임감을 받아들인다. 우리는 업무 수행을 제대로 하지 못했을 경우 그것을 다른 사람 탓으로 돌리지 않으며, 받을 자격이 없는 칭찬에 우쭐해 하지도 않는다. 다른 사람들의 비판이나 칭찬은 우리 자신의 양심과 관련해 비추어 볼 때 부차적인 것에 불과하기 때문이다.

그러나 우리는 또한 다른 사람들로부터 피드백을 구하는 겸손함을 지녀야 하며, 그런 피드백을 평가 · 계획 · 판단 프로세스의 필수적인 부분으로 간주한다. 우리는 '챔피언들의 점심'을 즐기는 일을 살펴보면서 피드백에 대해 더 자세히 논의할 것이다.

임파워먼트의 이런 여섯 가지 조건을 확인하고 이해함으로써, 우리는 효과 높은 제2상한 활동에 힘을 기울일 수 있다. 만일 가족이나 그룹이나 조직의 만성적 문제를 인식하지 못하거나 그 해결책을 모른다면, 우리는 제1상한과 제3상한에서 위기를 다루는 데 지나치게 많은 시간을 소비하게 된다. 그리고 심지어 우리의 제2상한 작업도 뿌리에서 작업을 하는 대신 잎만 만지작거리는 피상적인 수준에 놓이게 된다.

그러나 이런 조건들을 이해함으로써 우리는 밑바탕에 깔린 더 깊은 문제들에 노력을 집중할 수 있다. 그리고 이와 같은 노력을 통하여 우리 영향력의 원—그것이 어떤 크기이든—안에서 활동하며 강력한 변화를 일구어 내게 된다.

2. 챔피언들의 점심을 즐기라

성품과 역량을 개발하는 것은 하나의 프로세스다. 우리가 이 프로세스에서 할 수 있는 효과 높은 일 가운데 하나는 규칙적으로 360도 피드백을 구하는 것이다. 피드백을 구하고 받아들이는 데는 겸손이 필요하다. 어쩌면 그 피드백을 받아들이는 과정이 무척 힘겨울지도 모른다. 그러나 피드백을 이해하고 피드백에 따라 지혜롭게 행동하는 것은 당신의 시간과 삶의 질에 강력한 영향을 미칠 수 있다.

어떤 사람들은 피드백의 가치 때문에 피드백을 '챔피언들의 아침 식사'라고 불러 왔다. 그러나 그것은 아침 식사가 아니라 점심 식사다. 비전이 아침 식사이고, 자기 교정이 저녁 식사이기 때문이다. 비전이 없다면 피드백을 위한 시각을 가질 수 없다. 그냥 다른 사람이 가치를 두는 것이나 원하는 것에 반응을 하게 될 뿐이며, 사회적 거울을 보며 살게 될 뿐이다. 모든 사람에게 모든 걸 해 주려 하고, 모두의 기대에 부응하려 하면서 살아가게 된다. 그러다가 결국 본질적으로 우리 자신의 기대는 물론 어느 누구의 기대에도 부응하지 못하게 된다.

그러나 비전과 사명에 대한 분명한 의식이 있을 때, 우리는 피드백을 이용하여 더 큰 성실성을 갖출 수 있다. 우리는 겸손하게, 우리도 맹점을 가지고 있으며, 다른 사람들의 관점을 알게 되는 것이 자기 관점의 수준을 높이는 데 도움이 된다는 사실을 인정할 수 있다. 우리는 또한 지혜롭게, 피드백이 우리 자신뿐 아니라 그 피드백을 주는 사람들에 대해서도 이야기를 해 주는 것임을 깨닫게 된다. 다른 사람들의 반응은 그들이 우리를 보는 방식만이 아니라, 그들이 중요하게 생각하는 일들을 우리가 얼마나 잘 하고 있다고 여기는지도 보여 준다. 중요한 것은 사람이기 때문에, 그리고 우리의 리더십이란 공유된 중요성을 만들어 내는 것이기 때문에, 이런 피드백의 영역은 매우 중요하다. 그러나 우리는 피드백에 지배되지는 않는다. 우리는 사명서에 구축해 놓은 원칙들과 목적들에 의해서만 지배를 받는다.

우리는 피고용인으로서 상사·부하·동료·친구들로부터 피드백을 받을 수 있다— 우리는 또 부모로서 우리 자녀, 배우자, 다른 부모, 우리 자신의 부모로부터 피드백을 받을 수 있다. 우리는 우리의 공동체 역할에서, 우리의 확대 가족 역할에서, 또 제3자의 관점이 도움이 되는 어떤 역할에서나 피드백을 받는다.

레베카 : 난 로저가 맨 처음 우리 아이들한테 피드백을 요청했을 때를 기억해요. 난 바닥에 쓰러질 뻔했답니다! 난 생각했죠.

'큰일났구나! 이제 우린 그 불만에 가득 찬 얘기를 다 듣게 생겼어—피아노 연습, 시금치, 잠자는 시간, 집안일……'

애들이 틀림없이 제기하게 될 문제들 때문에 내 마음은 조마조마했어요.

로저는 애들 각각에게 종이 한 장에 세 단어를 적으라고 했어요. 계속, 중단, 시작. 그리고 나서 로저는 말했습니다.

"지금 내가 하는 일 가운데 계속했으면 좋겠다고 생각하는 게 뭐지? 내가 그만두었으면 하는 게 뭐지? 내가 지금 하지 않는 일 가운데 시작하면 좋겠다고 여기는 일이 뭐지?"

난 정말이지 로저의 용기에 감탄했어요.

그러나 내가 더 감탄한 것은 아이들의 깊이 있는 대답이었어요. 아이들은 어쩐 일인지 뭔가 다른 대답을 해야 할 때라고 느끼는 듯했습니다. 아이들의 대답은 사려 깊고, 도움이 되고, 뒷받침이 되는 것들이었어요. 아이들의 대답에는 깨달음과 감사가 반영되어 있었죠. 그리고 아이들이 우리 둘에게 제안한 것들에는 아이들에게 중요한 것, 우리가 변화를 꾀하면 정말 큰 차이가 나는 것들이 잘 반영되어 있었어요. 나중에 나도 용기를 내서 아이들에게 같은 일을 해 봤죠. 그러고는 다시 한 번 아이들의 성숙한 답변에 놀랐어요.

오랜 세월에 걸쳐, 우리는 우리 아이들의 피드백을 아주 귀중하게 여기게 되었습니다. 특히 나이 든 자식들이 집을 떠나, 부모인 우리와 나눈 경험에 대해 더 큰 전망을 가지게 되면서부터는 더욱 그랬어요. 그것은 단지 개인적인 도움만 되는 것이 아니었어요. 그것은 또 아이들에게 우리가 바라는 가정을 만들어 가는 데 참여하고 투자한다는 느낌도 주었답니다.

피드백을 받은 즉시 면밀하게 그것을 분석하고, 나아가서 피드백을 준 사람들에게 가서 이렇게 말하는 것이 좋다.

"고맙습니다. 나는 당신의 피드백에 무척 고마워하고 있어요. 그래서 거기에 대해 함께 이야기해 보고 싶습니다. 당신이 나한테 한 말은 이런 것이었어요."

그럼으로써 다시 그 사람들에게 피드백을 해 주고, 그러고 나서 그 피드백에 근거한 행동 계획을 수립하는 데 그 사람들을 참여시키라. 그렇게 하면 당신은 변화의 촉매가 될 수 있다. 당신은 변화의 모범이 되며, 주위 사람들이 그것을 볼 때, 그 사람들도 당신의 변화 그리고 자신들의 변화에 마음을 열게 된다.

피드백을 얻을 수 있는 간단하고도 효과적인 방법이 여러 가지 있다. '계속/중단/시작' 방법은 단지 한 가지 보기일 뿐이다. 공식적인 방법이 있는가 하면 비공식적인 방법도 있다. 피드백은 익명으로 이루어질 수도 있고, 얼굴을 맞댄 상태에서 이루어질 수도 있다. 그러나 일반적으로 '7 가지 습관 프로파일(profile, 다면평가)'과 같은, 객관적 기준을 가진 피드백 도구들이 더 효과가 있다. 그 기준들이 피드백을 주는 사람의 가치들을 반영하기보다는, 집단적 양심—사람들이 확인할 수 있는 원칙들—과 관련되어 있기 때문이다.

중요한 것은, 사람들이 서로의 성품을 판단하지 말아야 한다는 것이다. 피드백은 업무 수행과 효과성이라는 기준에 따라 이루어져야지 성품이 기준이 되어서는 안 된다. 기대 성과에 업무 수행 기준이 포함될 때, 사람들은 그런 성과를 거두는 데 필요하다면 자기 내면으로 들어가 품성을 기를 것이다. 한 조직의 최고 경영자는 사람들에게 두 가지 질문에 대한 피드백을 달라고 요청한 적이 있다. 이 질문들은 우리가 세 가지 서로 다른 역할에서 시간을 보낸다는 생각에 따라 작성된 것이다.

- **생산자**(기대 성과를 생산하는 데 필요한 일을 하는)—P
- **관리자**(시스템 내부에서 구도를 잡고 사람들과 함께 일을 하는)—M
- **리더**(비전과 방향을 제시하고, 상호 존중에 근거하여 보완적 팀을 형성하는)—L

그는 사람들에게 그가 어디서 가장 많은 시간을 보낸다고 생각하는지 P · M · L 세 자의 글자 크기를 달리해서 알려 달라고 했다. 그리고 나서 어디서 가장 많은 시간을 보내야 하는지에 대해서도 알려 달라고 했다. 그는 피드백을 받았을 때 자신의 윤곽이 PML로 나타난 것을 보았다. 그러나 사람들이 바라는 윤곽은 PML이 압도적으로 많았다. 사람들은 그가 조직을 지도하는 데 더 많은 시간을 쓰기를 바란 것이다. 사람들은 그가 급속히 변화하는 업계의 환경 속에서 앞을 내다보며 동향을 읽어 내고, 회사의 방향을 제시할 필요가 있다고 느끼고 있었다. 사람들은 관리와 생산은 자기네끼리 할 수 있는 일이라고 느끼고 있었으며, 최고 경영자는 리더십을 제공하는 데 에너지를 쏟아야 한다고 느끼고 있었다.

이런 피드백에 근거하여, 이 최고 경영자는 자신의 활동에 중대한 변화를 일으켰다. 그는 사업 환경에 관심의 초점을 맞추었다. 그에게 피드백을 준 사람들도 그를 격려하고 지지했다. 얼마 지나지 않아 이런 움직임이 주는 이득이 분명히 나타났다. 그는 떠오르는 경향을 포착하고 거기에 대응할 수 있었으며, 그 결과 자신의 회사를 극적으로 부상시켜 시장 점유율을 크게 증가시킬 수 있었다.

여기서 말하고자 하는 바는 리더십이 생산이나 관리보다 더 중요하다는 게 아니다. 이 세 가지 모두가 회사의 성공에 필수적이다. 우리가 말하고자 하는 바는 일반적으로 리더십이 무시되기 쉽다는 것이다. 이 최고 경영자는 피드백을 구하고 거기에 근거하여 행동함으로써 리더십에 대한 요구를 깨닫게 되었고, 자신의 회사를 극적으로 전진시킬 수 있었다.

대부분의 임원들은 제2상한 리더십을 소홀히 하고 관리에 초점을 맞춘다. 그러나 이런 관리는 사실상 리더십을 소홀히 하는 데서 오는 모든 문제를 다루기 위해 관리의 필요성만 자꾸 증가시킬 뿐이다. 따라서 제2상한 프로세스가 훨씬 낫다는 것을 알 수 있다. 주간 시간 관리를 통해 비전과 관점을 가진 리더십을 함양할 수 있기 때문이다. 반면 일일 계획은 위기의 우선 순위를 정하는 데 너무 많은 시간을 보내야 하기 때문에 관리의 필요성만 증가시킨다.

프로젝트의 진행 과정에서 일찌감치 좋은 피드백을 얻으면, 그렇지 않은 경우에 비해 프로젝트 진척에 큰 차이를 낳을 수 있다. 한 동료는 이런 이야기를 한 적이 있다.

내가 새로운 과제를 맡은 첫 주에 나는 내가 하고 싶은 일에 대한 원대한 비전을 가졌습니다. 말하자면 '나는 왕이다.' 이런 생각을 한 거죠. 난 내가 모든 것을 컨트롤하고 있다는 느낌이었습니다.

그 때 우리와 일한 지 2년 정도밖에 안 된 하급자 한 사람이 다가오더니 말했습니다.

"난 정말이지 당신이 세운 그 계획은 아무 짝에도 쓸모가 없다고 생각합니다."

물론 꼭 이렇게 말을 한 것은 아니지만, 말뜻은 그랬습니다. 또 이런 뜻의 말도 했죠.

"이 일은 절대 이루어지지 않을 겁니다. 난 이 일을 아예 시작도 하지 말아야 한다고 생각합니다."

난 이렇게 말하고 싶은 기분이었습니다.

"자네 말은 내가 이제까지 들어 본 말 중에서 가장 멍청한 소리야!"

그러나 나는 이를 악물고 이렇게 말했습니다.

"나도 우리 사이의 의견 차이를 존중하네. 자, 안으로 들어가 함께 이야기해 보세."

15분 뒤, 그 직원은 내 계획의 주요 문제점들을 모두 지적해 주었습니다. 그래서 나는 완전히 새로운 패러다임을 얻을 수 있었죠. 그것은 아주 강력한 학습 경험이었습니다. 난 내가 찾을 수 있는 모든 제삼자의 여론을 조사하고, 그들과 이야기를 하고, 그들의 이야기에 귀를 기울이는 프로세스를 시작했습니다. 난 그들에게 물었습니다.

"이 부서에 대한 당신의 패러다임은 무엇입니까?"

난 아직도 그 때의 메모들을 가지고 있습니다. 그리고 지금도 때때로 문제점들을 피할 수 있게 해 준 그 메모들을 꺼내 봅니다.

많은 조직들이 360도 피드백을 무시하고 있다. 많은 조직들이 숫자로 나타난 최종 결과에만 초점을 맞춘다. 그것은 사물에 관한 단기적인 자료들이며 불완전한 정보 시스템이다. 사람들을 다루지 않기 때문이다. 심지어 사람들을 다룬다고 주장하지도 않는다. 여기에도 사람들의 활동과 비용은 기록될지 모른다. 그러나 사람들의 감성과 지성, 사람들의 힘, 사람들의 능력에 대해서는 아무런 언급이 없다. 여기에서는 총결산만 중시하는 태도가 나온다. 이런 태도는 사람들의 발전, 질 개선, 시스템에 대한 작업, 장기적 투자, 협동 정신, 문화에 대한 신뢰, 1마일을 가라고 하면 2마일 가는 서비스와 같은 측정 불가능한 요인을 모두 무시해 버리는 식으로 조직을 이끌고 나가게 된다.

우리가 조직과 더불어 일을 하면 할수록, 우리는 모든 이해 관계자―고객 · 공급자 · 직원 · 가입자 · 소매자 · 투자자 · 공동체 · 자신―로부터 360도 피드백을 얻는 것이 품질 향상에 큰 영향을 준다는 것을 더욱 확신할 수 있다. 우리는 이와 같은 360도 평가 프로세스를 '이해 관계자 정보 시스템(stakeholder information systems)', 즉 SIS라고 부른다.

스티븐 : 한 번은 한 나라의 공군 장성들에게 도전과 갈등의 역사라는 주제로 훈련 프로그램을 진행한 일이 있습니다. 나는 SIS의 중요성에 대해 이야기를 했습니다. 장군들이 동의의 뜻으로 고개를 끄덕이는 것이 보였습니다. 나는 책임자가 되는 장군에게 말했습니다.

"그러니까 여러분도 이해 관계자 정보 시스템을 이용하고 있다는 뜻입니까?"

"우린 이 사람들을 그런 방법으로 훈련시킵니다. 이 사람들은 최고의 조종사들이지 훈련받은 관리자들이 아닙니다. 이들은 모두 해마다, 그들이 접하는 모든 사람들이 그들을 어떻게 생각하느냐에 대한 보고서를 받습니다. 그리고 그런 보고서가 얼마나 큰 힘을 가지는지를 깨닫고 있습니다. 이들은 그것을 개인 및 직업적 발전의 기초로 이용합니다. 여기서 높은 점수를 얻지 못하면—거기에는 그들의 부하들도 포함되는데—아무도 진급을 할 수가 없습니다."

난 말했습니다.

"우리 나라의 많은 조직들에서는 그런 개념을 도입하는 것이 얼마나 힘든지 모르실 겁니다. 그런데 어떻게 하면 그게 단순한 인기 투표가 되는 것을 막을 수 있죠?"

"스티븐, 우리 나라의 생존은 바로 이 사람들에게 달려 있고, 이들은 그 사실을 잘 알고 있습니다. 때때로 가장 인기 없는 사람들이 가장 높은 점수를 받습니다. 그것은 그들에게 업무 수행 능력이 있기 때문이죠."

피드백을 얻는 데는 겸손이 필요하다. 피드백을 이해하고, 분석하고, 그에 따라 적절하게 행동하는 데는 지혜가 필요하다. 그것은 분명히 챔피언들의 점심 식사다.

3. 리더/봉사자가 되라

우리가 공식적인 리더십 역할을 맡을 때, 만일 우리가 세세한 것을 관리하거나, 감독하거나, 확인하거나, 위기를 관리하지 않는다면, 우리는 무엇을 하며 시간을 보내야 할까?

우리는 공유할 수 있는 비전을 창조해야 한다. 우리는 개인들과 팀들의 능력 개발을 위해 힘을 주고 가르치는 스승 역할을 해야 한다. 우리는 신뢰 관계를 형성해야 한다. 우리는 장기 계획을 짜고, 지평을 살피고, 관련자들의 욕구를 보고, 시장의 동향을 연구하고, 시스템에 대한 작업을 하고, 일관성을 만들어 내야 한다. 바꾸어 말하면, 우리는 중요하지만 긴급하지 않은 제2상한 활동들을 하는 데 시간을 써야 하며, 그것은 상당한 차이를 가져온다. 우리는 눈앞에 닥친 일을 하느라 시간을 관리하는 쪽으로 빠져 들어서는 안 된다. 우리는 문자 그대로 차원이 다른 일들을 해야 한다. 우리는 '리더/봉사자'가 되어야 한다.

'봉사 리더십'이라는 생각은 오래 전부터 있었다. 그러나 임파워먼트의 조건들이 제대로 자리잡히지 않았기 때문에, 사실 한 번도 뿌리를 내리지 못했다. 봉사 리더십은 그저 또 하나의 구두선에 그치고 말았으며, 컨트롤을 하는 자비로우면서도 권위적인 방법으로 전락하고 말았다.

그러나 임파워먼트의 조건이 자리가 잡힐 때, 봉사 리더십은 훌륭한 결과를 낳는다.

스티븐 : 난 정말로 임파워먼트시켜 주는 리더와 함께 처음 일하던 때를 아직도 생생하게 기억하고 있습니다. 그 전에는 내 리더십 경험이라는 것이 기본적으로 '친절한 컨트롤'을 통한 접근 방식이었습니다—일종의 자비로운 독재인 셈이죠. 그러다가 새로운 상사를 만나게 되었습니다. 그 상사는 그런 패러다임을 통해 세상을 보는 분이 아니었습니다. 그 상사는 임파워먼트 패러다임을 통해 세상을 보았습니다. 난 그 상사를 처음 만나 보고는 완전히 무장 해제를 당한 기분이었습니다.

나는 커다란 사업을 책임지고 있었으며, 많은 관리자들이 나에게 보고를 했습니다. 내가 그 분과 처음 접촉하게 된 것은 그 분이 어느 날 나한테 전화를 했을 때였죠. 지금 돌이켜 보니, 승/승의 모든 요소—기대 성과, 실행 지침, 가용 자원, 성과 확인, 상벌 결과—가 조직 전체에 자리를 잡고 있었습니다. 물론 그 당시에는 그런 식으로 씌어 있거나 이름이 붙어 있지는 않았습니다만.

그 분은 말했습니다.

"스티븐, 내 역할은 당신에게 도움의 원천 노릇을 하는 일인 것 같소. 따라서 당신도 날 그렇게 생각해 주기를 바라오. 내가 어떻게 당신을 도울 수 있을지 말해 주시오."

난 혼자 생각했습니다.

'그래, 이건 내가 들어 본 가장 친절하고 가장 사려깊은 접근 방식 가운데 하나로군. 하지만 이 사람은 나와 관계를 형성한 다음 내 일로 치고 들어와, 일이 잘 되는지 확인하고 틀린 걸 다 고치려 들겠지.'

우린 자기 자신을 기준으로 남들을 판단합니다. 그래서 난 그런 식으로 생각한 것입니다. 나는 그 분의 말씀을 들었을 때, 내 자신의 동기를 그 분의 행동에 투사하고 있었습니다. 그 분이 어떤 패러다임에 따라 행동하는지도 모르면서 말예요.

그 분은 나한테 말했습니다.

"진심으로 하는 말이오, 스티븐. 가서 당신을 만나 보고 싶지만, 아무래도 지금은 때가 아닌 것 같소. 당신한테는 그 곳에 많은 일들이 있을 것이고, 따라서 지금이 내가 당신한테 도움을 줄 수 있는 제일 좋은 시간은 아닌 것 같소. 당신이 결정하시오."

그래서 난 생각했습니다.

'이 사람 진심인 것 같은데. 이 사람과는 터놓고 말을 할 수가 있을 것 같아. 이 사람은 위에서 내려다보면서 확인을 하는 감독은 아닌 것 같군. 진짜로 도움의 원천이 되고 싶어하는 것 같아.'

그러자 그 분은 말했습니다.

"어쩌면 내가 나 자신에 대해서, 그리고 내 경험이 어땠는지에 대해서 몇 마디 할 수 있을 것도 같소. 그 이야기를 들어 보면 내가 어떻게 당신한테 자원이 될 수 있을지 생각이 날 수도 있을 거요."

글쎄요, 그 분은 나보다 경험이 한 25년은 많았습니다. 그 분은 풍부한 자원을 가지고 있었고 아주 지혜로웠습니다. 하지만 난 그 때 아주 바빴죠. 그래서 그 분한테 말했습니다.

"다른 때가 더 나을 것 같은데요."

그래서 우리는 만나는 걸 연기했습니다.

내가 몇 주 뒤에 만나자고 했을 때도 그 분은 똑같은 태도였습니다. 난 공항에서 그 분을 만나, 뭘 살펴보고 싶으냐고 물었습니다. 그러나 그 분은 말했습니다.

"난 당신을 도우러 이 곳에 왔소. 우린 당신이 하자는 대로 할 거요."

그래서 난 그 분과 함께 어떤 회의에 가며 말했습니다.

"내가 전달하려고 애쓰는 점을 강조해 주시면 도움이 될 것 같습니다."

그래서 그 분은 그렇게 했습니다. 그러고 나서 나는 또 하나 요청을 했습니다. 그런 일을 할 때마다 그 분은 날 돌아보며 말했습니다.

"또 뭐 없습니까?"

난 이런 느낌이 들기 시작했습니다.

'책임지는 사람은 나야. 이 사람은 날 도와 주러 여기 온 거야.'

그래서 난 그 분한테 마음을 아주 많이 열었습니다. 나는 전통적인 방식으로 몇 가지 문제를 다룬 뒤에 회의실에서 나오며 그 분을 보고 말했습니다.

"내가 그걸 처리한 방법에 대해 어떻게 생각하십니까? 그게 선생님의 경험과 일치하는 것이었습니까?"

그러면 그 분은 이렇게 대답하시곤 했습니다.

"음, 스티븐, 다른 지사에서 하고 있는 일을 한번 생각해 보기 바라오. 아니면 이런 다른 대안을 생각해 보거나."

그 분은 나한테 어떤 한 가지를 하라고 말하지 않았습니다. 그 분은 기본적으로 결정을 내리는 내 책임과 권한을 인정해 주었지만, 내가 생각해 보아야 할 다른 일들을 예를 들어 가며 설명해 주었습니다.

덕분에 그 분이 아니라 내 양심이 지배적인 힘이 될 수 있었습니다. 그 분한테는 책임질 다른 영역들도 있었습니다. 그 분은 날 떠나 다른 일들을 계속 해 나가곤 했습니다. 그러나 그 분은 떠나도, 내 양심은 내게서 떠나지 않았습니다. 늘 나와 함께 있었습니다.

이런, 내가 책임감을 느끼잖아! 그래서 나는 그 분의 지혜와 경험을 받아들이기 시작했습니다. 그 분은 풍요로운 모습을 보여 주었습니다. 그러나 절대 나한테 이래라저래라 하진 않았습니다. 늘 이렇게 말했습니다.

"이런 가능성을 생각해 보는 게 어떻겠소?"

또는 이렇게 말했죠.

"이런 가능성은 생각해 보았소?"

그렇습니다, 그런 말은 내가 전에는 한 번도 경험해 본 적이 없는 방식으로 내 양심을 존중해 주었습니다.

얼마 안 있어 나는 다른 감독자와 함께 일하게 되었습니다. 그 분도 아주 훌륭한 분이었지만, 아주 강하게 컨트롤을 하는 분이었습니다. 결국 난 그 분이 하라는 대로 하는 게 얼마나 쉬운지를 알게 되었습니다. 그러나 그렇게 하다 보니 창의성을 발휘할 기회가 없었으며, 배울 기회도 없었습니다. 난 완전히 능력을 빼앗긴 기분이었습니다. 그래서 나는 내 만족의 대부분을 일이 아니라, 일 바깥에서 찾게 되었습니다. 그 분 주변의 사람들은 모두 나와 마찬가지였습니다. 모두들 그의 스타일에 적응할 수밖에 없었죠.

나는 이런 경험을 통해 임파워먼트와 컨트롤의 차이를 알게 되었습니다.

우리는 말콤 볼드리지 전국 품질상을 받은 사람들과 인터뷰를 하면서 물어 보았다.

"가장 어려운 문제는 뭐였습니까?"

"컨트롤을 포기하는 것이었죠!"

그것이 거의 일치된 대답이었다. 그것은 무척 어렵다. 그것은 우리의 각본을 거스르는 일이다. 우리 대부분은 임파워먼트받은 경험이 없고, 임파워먼트하는 스승이 우리에게 이렇게 저렇게 하면 된다고 가르쳐 준 일도 없다. 그러나 미국의 전직 대통령 조지 부시는 말콤 볼드리지 상 시상식에서 이렇게 말했다.

"여기 상을 받은 기업들은······종업원들의 지성 · 판단 · 성품이 지닌 힘에 의존해야 한다는 것을 깨닫고 있습니다."[1]

리더/봉사자의 일은 사람들이 지성·판단력·성품을 형성하도록 도와 주는 것이다. 이를 위해서는 전통적인 사고 방식이나 행동 방식을 파괴해야 할 때도 있다. 예를 들어 당신은 이렇게 할 수도 있다.

• 당신의 다음 사친회 모임에 아들을 데리고 가서, 당신이 교사와 면담할 때 아들의 도움을 받도록 하라. 아들 스스로 자신의 일을 설명하고, 자신의 욕망과 희망에 대해 말하고, 원한다면 교사의 피드백에 응답하게 하라. 당신과 교사는 리더/봉사자가 된다. 아들에게 이런 말을 하라. "넌 학교에서 청지기 직분을 배우는 거야. 우리가 뭘 도와 줄 수 있을까?"

• 다음에 상부에서 당신에게 작업 검토를 요구할 때, 제출 기간 이전에 부하 직원에게 검토서 양식을 주라. 반드시 양식의 요소들에 대해 부하 직원과 토론하도록 하라. 그 요소들이 기대 성과, 실행 지침, 가용 자원, 상벌 결과, 업무 합의의 결과 가운데 일부가 되기 때문이다. 그리고 나서 직원에게 도움의 원천이 되도록 하라. 그 사람과 '함께 발 맞추어 뛰면서' 질문을 하라.

어떻게 되어 가는가?
뭘 배우고 있는가?
목표는 무엇인가?
내가 어떻게 도와 줄 수 있는가?

업무 검토서를 제출할 때가 오면, 부하 직원더러 그 양식을 작성하게 하고 함께 검토하라. 당신의 업무와 관련된 사항도 함께 논의하라. 당신은 적절한 자원과 지원을 제공했는가?

• 누가 문제를 가지고 오면, 그 사람한테 "당신은 어떻게 하는 게 좋겠소?" 하고 물어 보라. 사람들이 스스로 해결할 수 있고 또 해결해야 하는 문제들을 풀어 주려고 서둘지 말라. 그들에게 자신의 창의력을 이용하여 문제를 해결하는 더 새롭고 더 나은 방법을 찾도록 격려하라. 사람들에게 방법이 아니라 결과에 대해 책임을 지도록 하라.

레베카 : 얼마 전, 난 어떤 청소년 그룹한테서 함께 뮤지컬을 제작하자는 요청을 받았어요. 당시 난 막 리더/봉사자 개념에 대해 배울 때였죠. 나는 뮤지컬을 제작하는 것보다는, 이 청소년들이 성장하면서 자신의 재능과 리더십 기술을 개발하도록 돕고 싶었어요.

나는 제작을 도와 달라고 하는 아이들과 협력하여, 그 목적을 가장 잘 이룰 수 있을 것으로 여겨지는 원칙들을 지침으로 수립했어요.

• 책임을 정하고 아이들에게 그 책임을 이행하는 방법을 가르친다.

• 무능은 그냥 봐 넘기지 않는다. 역량을 키우도록 돕는다.

• 정확한 원칙들을 가르치고 스스로를 다스리도록 한다.

리더들—베키와 브렌트—은 둘 다 열일곱 살이었어요. 그들은 재능이 있었고, 이 프로젝트에 열성을 가지고 있었습니다. 그러나 자신들이 하려고 하는 일에 대한 경험은 없었죠. 난 그 리더들을 만났을 때 말했습니다.

"난 너희와 함께 이 일을 하게 되어서 아주 기분이 좋아. 난 이게 멋진 작품이 될 거라고 생각해. 난 너희를 정기적으로 만나고 싶어. 그리고 너희가 성공하도록 내가 할 수 있는 모든 일을 하겠어. 내 일은 너희에게 자원이 되는 거야. 내가 뭘 해 주었으면 좋겠니?"

처음에 이 두 리더는 약간 놀란 것 같았어요. 리더들은 무슨 일을 해야 하는지에 대해서는 사실 생각이 없었고, 내가 그것을 일러 줄 거라고 짐작하고 있었거든요. 하지만 난 그러지 않았습니다. 나는 두 지도자에게 리더/봉사자 역할을 설명해 주었어요. 우리는 심리적 계약을 맺었습니다. 난 두 지도자에게 언제라도 달려가서 정보와 도움과 지원을 제공하겠다고 약속했죠. 두 리더는 자신들의 역할에 대해 분명한 의식을 갖게 되자 생각을 하기 시작하더군요.

"음, 우리한테는 대본이 필요해요."

"좋아! 그걸 어디서 얻을 작정이니?"

두 아이는 이야기를 했어요. 처음에 나온 생각은 주제를 발표하고, 다른 아이들에게 각본을 써서 내도록 하자는 거였습니다. 솔직히 말해서 난 그런 접근 방법이 효과가 있을지 없을지 몰랐어요. 우린 공연까지 6개월밖에 남지 않은 상황이었거든요. 난 그 리더들이 배우기를 원했어요. 아울러 성공하기도 바랐어요. 난 내가 걱정하는 바를 말했죠. 하지만 동시에 그 리더들의 리더십을 믿는다고 말하면서, 결정은 두 리더가 하는 것임을 분명히 했습니다. 두 리더는 제출 시한을 정했어요. 그래서 설사 적당한 대본이 들어오지 않더라도 대안을 활용할 시간을 가질 수 있었죠.

아무도 대본을 제출하지 않더군요. 그래서 난 다음 모임에서 말했습니다.

"좋아, 우리가 이 일에서 뭘 배울 수 있을까? 그리고 너희의 다음 행동 계획은 뭐지?"

두 리더는 다양한 가능성에 대해 이야기를 하고 나더니, 둘이 직접 나서기로 결정했어요—베키는 각본을 쓰고 브렌트는 음악을 맡기로 했죠. 베키가 글을 쓰는 걸 좋아하고 브렌트가 음악을 좋아하긴 했지만, 두 아이 모두 한 번도 이런 일을 해 본 적이 없었어요. 두 아이 모두 부담을 느끼고 약간 두려워하는 기색까지 보였어요. 하지만 난 두 아이가 이 일을 해낼 능력이 있는 것으로 믿는다고 말했습니다. 두 아이는 일을 하러 갔어요.

몇 주 지나지 않아 두 리더는 내가 보기엔 훌륭한 대본을 준비해 왔어요. 거기에는 새로 작곡한 아름다운 노래도 많이 들어 있었죠. 다음 모임에서, 두 리더는 다른 아이들도 리더로 삼아 제작의 모든 측면에 끌어들이기로 했어요. 감독으로, 안무가로, 무대 디자이너로, 반주자로. 모두가 열두 살에서 열일곱 살 사이의 청소년이었죠. 난 베키와 브렌트가 다른 청소년 리더들을 만나기 전에 매번 미리 만나서 모임의 계획을 짜고 준비하는 것을 도와 주었습니다. 그리고 그런 모임이 끝난 뒤에도 매번 만나, 두 아이가 배운 걸 평가하고 실행하는 걸 도와 주었죠. 난 내가 도와 줄 수 있는 한 가지 방식이, 그 청소년 리더들에게 자문을 해 줄 어른 한 명씩을 붙여 주어서 잘 모르는 걸 물어 보면 가르쳐 주고 도와 주도록 하는 것이라고 했어요—하지만 그들의 일을 대신 해 주진 않을 거라고 했죠. 베키와 브렌트는 그 제안을 마음에 들어 하더군요. 그래서 난 각 분야의 어른 전문가들의 도움을 얻기 시작했어요. 그리고 그 분들을 만나 이 청소년들이 성장하는 걸 돕는 데 사용할 접근 방법을 설명했습니다.

일이 진전되는 것을 지켜 보는 것은 흥미 진진했어요. 우리 셋이 정기적으로 만날 때마다 난 물었죠.

"어떻게 되어 가니?"

두 아이는 자신들이 겪은 일을 이야기해 주고, 자신들의 좌절감과 걱정거리에 대해서도 이야기를 했어요. 아이들이 충고를 구할 때, 난 이따금 이런 제안을 하기는 했습니다.

"이런 가능성은 생각해 봤니?"

또는 이렇게도 말했죠.

"이런 식으로 접근할 수도 있을 것 같은데."

하지만 난 이렇게 말하는 경우가 더 많았어요.

"그거 정말 걱정이로구나. 어떻게 하면 좋을 것 같아?"

어떤 경우에는 아이들이 생각해 본 적도 없는 것들을 내가 살며시 제기하기도 했어요. 아이들은 이 일이 정말로 저희가 책임지는 일이고 아무도 대신해 주지 않는다는 것을 깨달았습니다. 동시에 아주 많은 사람들이 그들의 지휘 아래 기꺼이 일을 하려 하고, 그들의 꿈을 실현할 수 있도록 도와 주려 한다는 것도 깨달았죠. 그러면서 아주 창의적인 생각들을 내놓았기 때문에, 난 깜짝 놀라곤 했어요.

지침을 고수하는 것이 늘 쉬운 것은 아니었습니다. 한 번은 리허설 때, 어떤 어른 리더 한 사람—기술적으로 아주 유능하고, 컨트롤 위주의 리더십에 더 익숙한 사람이었는데—이 자신이 충고를 해 주기로 되어 있는 청소년 리더의 일을 대신 해 주었어요. 난 즉시 다가가서 이렇게 말하고 싶은 충동을 느꼈죠.

"뭘 하시는 거예요? 우린 지금 이 아이들이 스스로 이 일을 하는 방법을 배우도록 돕고 있다는 걸 모르시는 거예요!"

하지만 난 그런 말을 하지 않았습니다. 그냥 기다리면서 청소년 리더들이 어떻게 하나 지켜보는 것이 우리가 하려는 일에 더 어울린다고 생각했죠. 마침내 아이들이 나한테 와서 문제를 설명했어요. 난 말했죠.

"그건 문제로구나. 어떻게 할래?"

아이들은 한참 이야기를 하더니, 그런 일을 해결하는 것을 청지기 직분으로 삼은 청소년 리더가 그 어른 자문에게 가서 우려를 전달하기로 했어요. 그 여자아이는 용기 있고 세심하게 이 문제를 다루었고, 문제는 이내 해결되었죠.

결국, 뮤지컬 제작에는 90명에 이르는 청소년이 관여하게 되었습니다. 리더들을 포함해서 거기 참여한 모든 아이가, 어른들이 대신 해 주었을 경우보다 훨씬 더 많이 일하고 땀을 흘리고 배웠어요. 그리고 작품의 질은 믿을 수 없을 만큼 좋았습니다. 그것을 본 사람들은 감동해서 눈물을 흘렸죠. 이 아이들은 우리 고장에서 공연을 한 뒤에, 이웃 큰 도시의 강당에서 수백 명의 사람들을 모아놓고 두 번에 걸쳐 추가 공연을 해 달라는 요청을 받았어요. 두 번 모두 기립 박수를 받았죠.

나는 리더/봉사자가 되는 것이 컨트롤에 의존하는 리더가 되는 것보다 훨씬 어렵다는 것을 알게 되었습니다—적어도 처음에는. 하지만 그 보답은 훨씬 더 컸어요! 제작 과정은 재미있었죠—그러나 그보다 더 재미있는 것은 이 아이들이 이제 어디를 가든, 자기들이 하는 일에서 질적인 차이를 보일 수 있을 만큼 증대된 능력을 지니게 되었다는 점이었어요.

'사람들을 통하여 과제를 성취하는 것'은 '일을 성취하는 것을 통하여 사람들을 키우는 것'과는 다른 패러다임이다. 전자의 패러다임으로도 일은 할 수 있다. 그러나 후자의 패러다임에 서면 훨씬 더 큰 창의성, 시너지, 효과성을 가지고 일을 하게 된다……. 그리고 그 과정에서, 미래에 더 많은 일을 할 수 있는 역량도 형성된다.

다 그럴 듯하게 들리지만……

대부분의 사람들은 원칙 중심의 리더십이 임파워먼트 환경을 조성하는 데 큰 영향을 미친다는 것을 알 수 있다. 그러나 시련도 있다. 바쁜 일상 생활에서, 우리는 때때로 자신을 깊이 시험하고, 자기 천부의 능력과 역량을 새롭고 강력한 방식으로 이용해야 하는 상황에 빠진다. 이 장의 결론으로, 우리는 내면에서 나와 외부로 향하는 임파워먼트를 창출할 때 부딪치게 되는 가장 일반적인 문제들을 다루어 보고 싶다.

내 상사가 승/승에 대해 한 번도 들어 본 적이 없는 사람이라면 어쩔 것인가?

설사 당신의 상사가 승/승에 대해서는 한 번도 들어 본 적이 없다고 해도, 적어도 '승리'에 대해서는 들어 보았을 것이다. 그러면 거기서 시작하라. 당신은 심지어 '청지기 직분 합의'라는 말을 쓸 필요조차 없다. 그냥 상사에게 이렇게 말하라.

"난 내 역할들을 검토해 보았습니다. 그래서 내가 해야 할 일에 대해 분명한 합의를 해 두고 싶습니다. 여기 내가 우선 순위를 정해 놓은 목록이 있습니다. 이걸 한번 봐 주시고, 혹시 다르게 생각한다면 알려 주시기 바랍니다."

이해하고자 하라. 이야기를 하라. 기대 성과들에 대해 합의하라.

당신은 다시 상사에게 가서 이렇게 말할 수도 있다.

"자, 여기 내가 생각하기에 중요한 정책과 지침들이 있습니다. 내가 혹시 더 알아야 하는데 모르고 있는 게 없나요?"

이와 같은 방식으로, 당신은 승/승의 다섯 가지 요소를 하나하나 거칠 수 있다.

이런 일이 몇 주가 걸릴지도 모르고, 몇 달이 걸릴지도 모른다. 그러나 그런 다음에는 그것에 따라 일을 할 수 있다. 그리고 만일 합의와 일치되지 않는 요청이 오면, 당신은 그 합의를 상기시키며 이렇게 말할 수 있다.

"자, 여기 당신이 나더러 이대로 해도 좋다고 말한 우선 순위들이 있습니다. 지금 그것을 바꾸고 싶어하는 것 같은데, 어떻게 바꾸는 게 좋겠습니까?"

어쩌면 상사의 그 요청이 정말로 방향 전환일 수도 있고, 아니면 그냥 당신에게 전달된 또 하나의 '할 일'에 불과할 수도 있다(그리고 이제 당신이 그것을 안 하겠다고 하면, 그것은 당신 대신 어떤 긴급성에 몰려 사는 사람에게 전달될 것이다). 합의는 당신과 당신의 상사에게 측정 가능한 기준을 제공할 것이다.

상사가 내게 임파워먼트를 하려 들지 않는다면 어쩔 것인가?

어떤 여성은 이런 경험을 이야기한 적이 있다.

난 정말 '구세대 남자' 클럽 같은 기업 문화 속에서 일해요. 최고 관리층은 모두 60대의 남자들로, 이 업계에서 오랫동안 일을 해 온 사람들입니다. 그들이 나를 대하는 태도는 "가서 커피나 한 잔 타 와, 아가씨." 하는 거예요. 그 사람들이 날 진지하게 대해 주거나, 나를 승진시킨다는 건 정말 있을 수 없는 일입니다. 이 사람들은 30년 동안 똑같은 방식으로 일을 해 왔고, 그걸 바꾸고 싶어하지 않아요. 따라서 눈이 반짝거리는 비서가 다가가서 "난 정말 승/승으로 일을 하고 싶어요." 하고 말한들, 가당찮게 생각할 거예요.

현실적으로, 기업 문화가 기존의 패러다임에 너무 깊이 물들어 있고, 또 사람들이 그 문화 속에 너무 오랫동안 젖어 있어서, 그것을 바꾸기가 아주 힘든 상황도 가정할 수가 있다. 더군다나 당신의 영향력의 원이 작을 경우에는 더욱 그렇다. 만일 상황이 당신에게 승이 아니라면, 당신이 선택할 수 있는 최선은 더 나은 다른 자리를 알아보는 것일 수도 있다.

그러나, 그런 열악한 상황에서도 커다란 변화를 일으킨 사람들의 예는 너무나 많다.

로저 : 몇 년 전, 난 어떤 커다란 조직의 연수 프로그램을 개발하는 일을 맡게 되었습니다. 거기 가니까 그쪽에서 일하던 여비서 한 사람을 붙여 주더군요. 내 태도는 분명히 "가서 커피나 한 잔 타 와, 아가씨." 같은 식은 아니었습니다. 그러나 난 할 일이 워낙 많았기 때문에, 그냥 그 비서를 한 번만 보고 나서 내 목록에서 지워 버리고—'유능한 비서군, 됐어.' 하는 식으로—서둘러 '더 중요한' 일들로 옮아간 거죠.

비서는 내가 비서에게 기대하는 모든 일을 아주 잘 했습니다. 비서는 점차 더 많은 일을 하기 시작했습니다. 몇 번 편지를 구술하고 난 뒤에, 비서는 어느 날 나한테 온 편지들을 가지고 들어와 개봉하고 정리하며 말했습니다.

"이 편지들 가운데 우리가 어제 보낸 것과 비슷한 방법으로 답장할 게 또 있으면, 제가 초안을 잡아 시간을 덜어 드릴게요. 제가 잡은 초안을 검토해 보시고 생각을 말씀해 주세요."

난 사실 시간에 쫓기고 있었기 때문에 이렇게 말했죠.

"그럽시다."

비서가 나한테 준 초안은 잘 씌어 있었고 사려 깊었습니다—아마 내가 직접 쓴 것보다 나았을 겁니다. 얼마 지나지 않아, 그 비서는 편지들 가운데 95퍼센트를 직접 작성한 후 내 승인을 받아 발송하게 되었습니다.

난 비서의 글 솜씨에 감탄한 나머지, 훈련 교본을 작성하는 일을 해 보지 않겠느냐고 했습니다. 비서는 동의했습니다. 그래서 난 비서에게 특정한 업무를 하나 주고, 몇 가지 아이디어를 적어 보라고 했습니다. 비서는 아이디어들을 적었을 뿐 아니라, 훌륭한 완성본 초안까지 만들어 냈습니다.

결국 그 비서는 그 부서의 연수 담당자이자 차장이 되었습니다. 난 나중에서야 그 비서가 사실은 신문 방송학 박사 학위까지 받은 사람이라는 것을 알게 되었습니다. 그 여자는 당시에는 그 자리밖에 없었기 때문에 비서 자리를 받아들인 것이었어요. 그 비서 덕분에 연수 프로그램은 성공을 거둘 수 있었습니다.

이 여자는 어떤 역할을 수행하는 데 어떤 사람이 얼마나 효과적일 수 있느냐 하는 것에 대한 내 비전을 높여 주었습니다. 그 일을 겪은 뒤, 비서들과 그들의 잠재력을 보는 내 관점은 완전히 달라졌습니다. 그리고 이 경험은 그 뒤로 내가 비서 직종에 있는 사람들과 상호 작용을 하는 방식에도 영향을 주었습니다. 내 가장 훌륭한 동료들 가운데 일부는 비서로 출발해서 능력을 키우며 발전한 사람들입니다. 아울러 비서 자리가 좋아 계속 유능한 비서로 남아 있는 사람들도 많습니다.

거의 모든 상황에서, 당신이 자기 영향력의 원 안에서 기술과 능력과 일을 형성해 간다면, 시간이 지남에 따라 당신은 사람들이 당신이나 당신의 일을 바라보는 패러다임을 바꾸어 나갈 수 있다. 당신이 맡은 일에서 당신이 하고 싶어하는 일에 대해 분명한 비전을 가지고 있지 못하고, 또 변화를 창출하는 데 따른 대가를 치르려고 하지 않는다면, 당신은 스스로 자신의 능력을 박탈하게 되고, 남들을 탓하고 비난하게 되기 십상이다. 요점은 계속 임파워먼트를 받은 상태로 남아 있어야 한다는 것과, 패러다임을 변화시키거나 상황을 변화시키기 위한 선택을 할 수 있어야 한다는 것을 깨닫는 것이다.

내가 이끄는 사람들이 임파워먼트를 바라지 않는다면 어쩔 것인가?

어떤 사람들은 '목표에 의한 관리'를 통해 약간의 자유를 행사하다가 총에 맞아 안장에서 떨어진 경험 때문에 아직도 깊은 상처를 지니고 있기도 하다. 그들의 태도는 이런 것이다.

"나한테 내가 할 일만 말해 달라. 최단 시간에 되도록 많은 돈을 벌게 해 달라. 그리고 나서 날 여기서 놓아 달라."

또 어떤 사람들은 일에서 발생하는 것들이 삶의 질에 전혀 영향을 미치지 않는다고 생각한다. 그들은 일 밖에서 만족을 얻는다. 그들은 일종의 평형 상태에 도달해 있으며, 남이 귀찮게 구는 것을 꺼린다.

승/승은 사람들을 현재의 상황 그대로 받아들인다. 그들이 있어 주었으면 하고 당신이 바라는 곳에서 받아들이는 게 아니다. 따라서 당신은 승/승에 입각하여, 사람들이 지금 있는 곳에서 사람들을 만날 수 있다. 당신은 사람들이 편하게 느끼는 권한 수준에 따라 청지기 합의서를 작성할 수 있다. 그러나 당신은 완전히 마음을 열어 두어야 한다. 당신의 협의 사항을 탁자 위에 계속 놓아 두어야 한다.

"난 당신이 이제까지 하던 방식으로 우리의 기대에 부응하게 되는 것을 좋아한다고 생각합니다. 당신은 자신이 그것을 잘 해내기만 하면, 그것으로 충분하다고 느끼고 있습니다. 업무 수행과 책임의 수준에 대해 우리 모두가 만족할 만한 합의만 할 수 있다면, 당신에게 더 유리한 조건이 된다 해도 난 상관하지 않겠습니다.

하지만 내가 진정으로 당신을 존중하고 당신의 공헌을 원한다는 것을 알아 주면 좋겠습니다. 기회가 닿는 대로 내 생각을 계속 알려 주도록 하죠. 난 앞으로도 우리가 더 큰 관심을 기울일 수 있는 영역을 발견하고, 당신은 더 높은 수준의 권한을 얻기 위해 일할 수 있게 되면, 그것이 우리 둘에게 더 좋은 일이 될 것이라고 확신하고 있습니다."

임파워먼트의 조건을 배양하기 위해서 당신은 이 밖에도 다음과 같은 것들을 할 수 있다.

- 그룹이나 조직을 위한 사명서 작성에 사람들을 참여시키라.
- 사람들이 당신에게 문제를 가져오면 "당신이라면 어떻게 하겠습니까?" 하고 물어라.
- 인내심을 가지고, 그룹의 일부 사람들이 높은 수준의 권한 합의서를 작성한 예가 다른 사람들의 눈에 저절로 드러나도록 하라.

내가 일하는 시스템이 승/패적이라면 어쩔 것인가?

당신이 조그만 부서의 관리자라고 해 보자. 그리고 당신이 정말로 팀 관리 접근 방식을 믿고 있다고 해 보자. 당신은 팀과 함께 작업을 하여 사명서를 작성했다. 그리고 그 사명서는 정말 큰 효력을 발휘했다. 팀 구성원들이 다 그것을 받아들였다. 모두 그것을 좋아한다. 모두 그것에 흥분한다. 사명서는 팀 구성원들을 임파워먼트시켜 주었다. 팀 구성원들은 청지기 직분에 대한 의식을 가지고 있다.

그러나 당신은 조직 체계에 따라, 부하 직원 네 명의 서열을 매겨야 할 수밖에 없는 처지다. 이것은 한 방향으로 정렬되지 않은 시스템이다―당신은 승자들을 고용해 놓고도 그들을 가르는 데 시간을 보내야 한다. 이런 상황에서 당신은 어떻게 하겠는가?

그들을 문제에 참여시키라. 함께 문제를 해결하라.

당신은 그 네 사람을 한데 불러모아, 시스템이 어떻게 운영되는지 설명할 수 있다. 그리고 그들에게 이런 시스템 안에서 그들의 요구에 부응하면서 함께 일을 할 수 있는 방법에 대한 창의적인 생각이 없는지 물을 수 있다. 이렇게 묻는 것이다.

"여기 우리의 문제가 있소. 당신네 생각은 어떻소?"

당신들의 신뢰 수준이 높다면, 당신은 진정한 제3의 대안을 함께 만들어 낼 수도 있다.

영향력의 원과 당신이 다른 사람들에게 가지고 있는 신뢰에 따라, 시스템을 변화시키려는 당신의 노력은 조직 전체에 영향을 줄 만큼 확대될 수도 있다. 참을성이 있고 꾸준하다면, 당신은 정확한 원칙에 따라 일할 것이며, 당신이 이루어 내는 긍정적인 변화는 모두에게 이득이 될 수도 있다.

현실적으로 부족의 심리가 팽배해 있다면 어쩔 것인가?

언젠가 한 커다란 석유 회사에서 한 사람이 이렇게 말했다.

"불경기 때는 어떻게 되죠? 감원 작업에 들어가면 무슨 일이 생깁니까?"

다른 사람이 일어나더니 말했다.

"무슨 일이 일어나는지 내가 말해 주죠. 난 직접 감원 작업을 지휘했을 뿐만 아니라, 공장 문을 통째로 닫은 회사에서 일을 한 경험이 있거든요."

그는 이어 그들의 고위 임원이 처음부터 문제 해결에 모든 사람을 참여시킨 이야기를 해 주었다. 사람들은 서로를 이해하고자 했으며, 시너지와 승/승을 찾으려고 했다. 그들은 함께 경제와 재정 자료를 보았고, 그들의 업계 상황을 보았고, 그들의 회사 상황을 보았다. 모두들 경제 현실이 그 공장에 먹구름을 몰고 온다는 것을 알 수 있었다. 그 공장은 낡은 것이었다. 시장은 사라지고 있었다. 그들은 모두 이 공장이 구제 불능인 것을 알 수 있었다. 그래서 그들은 함께 직장을 옮기는 일에 관심을 기울였다.

공장이 문을 닫던 날, 언론 매체에서는 피켓을 들고 줄을 선 사람들, 시위, 분노, 적대감을 예상하고 공장을 찾아왔다. 그러나 그들은 그런 것 대신에 성대한 켄터키 프라이드 치킨 작별 파티가 열린 것을 보고 놀랐다. 그들의 기업 문화 속에는 아주 높은 신뢰감이 깃들여 있었다. 임원들이 개방적으로 사람들을 문제에 참여시켜 함께 해결책을 찾아 나갔기 때문이다.

상황이 변하면 어쩔 것인가?

새로운 상사가 부임한다면 어쩔 것인가? 당신이 속한 부서가 조직 재정비에 들어간다면 어쩔 것인가? 기대 성과가 바람직하지 않다는 것을 알게 된다면 어쩔 것인가?

조직 외부의 변화는 어떠한가? 당신은 변화하는 상황에 어떻게 대처할 것인가? 공급선이 바뀌거나, 증권 시장이 붕괴하거나, 시장 동향이 갑작스럽게 달라진다면 어쩔 것인가? 합의서의 틀 안에서 이 모든 변화를 어떻게 보정할 것인가?

우리는 청지기 합의서를 작성할 때부터 이미 상황이 변할 것이라는 가정을 한다. 그것은 법에 얽매이는 합의서가 아니다. 사람들은 겁이 나서 합의를 지키는 것이 아니다. 그 합의서는 신뢰 위에 구축된다. 합의서는 사람들을 묶어서 주저앉히는 것이 아니라, 자유를 주어 위로 끌어올리기 위한 것이다. 합의서는 기대를 둘러싼 의사 소통과 확인을 위해 개발된 형식이다. 합의서는 변화하는 상황에 따라 변하기 위해 고안된 것이다. 합의서는 언제나 어느 당사자에 의해서나 공개될 수 있다. 합의서는 살아 있는 문서다.

내가 평지 풍파를 일으키지나 않을까 걱정이 되면 어쩔 것인가?

우리 프로그램에 참여한 어떤 사람—주요 기업의 관리자였는데—은 이런 경험을 이야기해 주었다.

어느 날, 난 회사 회의에 참석을 했는데, 거기서는 환경에 상당히 부정적인 영향을 미칠 수도 있는 중요한 정책들이 논의되고 있었습니다. 난 거기 앉아 있다가, 내가 속으로는 그 문제들에 대해 아주 강한 반감을 가지고 있음에도 거의 입을 다물고 있다는 것을 깨닫게 되었죠.

난 자문해 보았습니다.

'왜? 왜 난 입을 열기 두려워하는가? 내가 오래 전 이 회사에 고용되었을 때 난 두려움이 없었다. 난 공개적으로 내 감정과 우려를 나타냈다. 난 자신감이 있었다. 난 성실하게 행동할 수 있다고 느꼈다. 그런데 지금은 왜 이렇게 되었는가?'

그 생각을 하다가, 난 퇴직 연금을 적잖게 벌어 놓았다는 것을 깨달았습니다. 난 새 집도 샀습니다. 새 보트의 할부금도 내고 있었습니다. 기본적으로, 난 내 경제적 안정을 위협할 수 있는 어떤 일도 하고 싶지 않았던 것입니다. 난 '황금 수갑'에 묶여 꼼짝도 못 하고 있었던 거예요.

그 순간 난 두 가지 결심을 했습니다. 내 재정 상황을 정리하여 약간의 여유 자금을 만들어 놓는 것, 그리고 꾸준히 나 자신의 상품성을 높여 나가는 것이 바로 그것이었습니다. 난 내 자리에 집착하느라 내 성실성이 훼손당하는 일을 겪고 싶지 않았습니다.

이 관리자는 나중에 실무자 회의에 들어가서 사람들에게 신문을 한 부씩 건네 주었다고 한다. 이 관리자는 실무자들에게 구인 광고란을 보라고 했다. 관리자는 말했다.

"거길 보시오. 거기 난 일자리들 가운데 지금 당신들이 있는 자리보다 더 나아 보이는 게 있는지 살펴보시오."

실무자들은 시키는 대로 했다. 많은 사람들이 정말 괜찮아 보이는 일자리들을 발견했다. 관리자는 말했다.

"좋소. 가서 그걸 확인해 보시오. 당신들이 그 일자리를 얻을 자격을 갖추고 있나 보시오. 돌아와서 그 이야기를 해 봅시다."

다음날 실무진이 돌아왔을 때, 그들 대부분은 자신이 자격 미달이라는 것을 알고 충격에 빠져 있었다. 그 일자리들은 그들이 갖고 있지 못한 새로운 기술, 새로운 지식과 정보를 요구하고 있었다. 이 관리자는 자신의 개인적 경험을 털어놓은 뒤, 실무진에게 자신의 자리가 아니라 능력에 근거해서 자신의 안정성을 구축하라고 권했다.

만일 당신이 확실하게 행동하기를 두려워하고, 용기 있게 말하기를 두려워하고, 가정들에 도전하기를 두려워한다면, 당신은 당신 자신과 조직에 폐를 끼치는 것이다. 당신의 두려움을 검토하고, 그 두려움에서 벗어나라. 그래서 스스로 갖출 수 있는 최대의 역량을 갖추고, 또 그것을 발휘하도록 하라.

내가 함께 일하는 사람들이 신뢰할 만하지 못하다면 어쩔 것인가?

만일 당신이 함께 일하는 사람들에게 심각하게 의문을 품고 있다면 어쩔 것인가? 당신이 그들의 역량, 또 심지어 그들의 성품에 의문을 가지고 있다면 어쩔 것인가? 어떻게 신뢰에 바탕을 둔 청지기 합의서를 마련할 것인가?

몇 가지 중요한 원칙들이 있다.

1. **당신 자신의 마음을 먼저 살펴보라.** 성공은 늘 내면에서 시작되는 것이다. 당신 자신으로부터 출발하라. 당신은 저 사람을 어떻게 보는가? 당신의 패러다임에 일부 문제가 있는 것은 아닐까? 당신은 진정으로 그 사람이 성공하기를 바라는가? 당신은 그 사람이 성장하고 발전할 역량을 갖추고 있다고 믿는가?

대부분의 사람들이 의도적으로 무능하지는 않다는 게 우리의 경험이다. 아울러 사람들은 일부러 비열하게 굴고, 이율 배반적으로 나오고, 조작을 하려 들지도 않는다. 그들은 다만 아직까지는 자신의 행동을 추스를 수가 없을 뿐이다……. 종종 성품에 대한 부정적 판단은 오해에서 싹튼다. 의도는 좋을 것이라고 가정하라. 당신이 어떤 사람에 대해 속으로 가지고 있는 믿음들이 당신이 하는 모든 상호 작용의 분위기를 규정한다. 성품과 역량은 늘 연속체로 존재하는 것이다. 당신의 패러다임을 반드시 원칙과 일치시키도록 하라.

2. 자기 평가 능력과 자율성을 함양하라. 우리가 다른 사람의 발전에 끝까지 책임을 질 수는 없다는 것을 깨닫는 게 중요하다. 절대로 우리가 어떤 사람을 진정으로 변화시킬 수는 없다. 사람들은 반드시 스스로 자신을 변화시켜야 한다. 그러나 우리가 도움을 줄 수는 있다. 우리는 자원이 될 수 있다. 우리는 양육하고, 격려하고, 지지할 수 있다. 우리는 리더/봉사자가 될 수 있다.

성장의 수단으로 청지기 합의를 이용하라. 청지기 합의서는 성품과 역량을 광범위하게 다룰 수 있을 만큼 융통성이 있다. 합의서를 상황에 맞도록 조정하라.

현실적인 바탕 위에서 기대 성과에 대해 분명한 생각을 가지라. 그 성과들에 대해 끝까지 이야기해 보라. 누구한테도 일부러 작은 기대만 제시하는 호의를 베풀어서는 안 된다. 당신은 개인뿐 아니라 회사 · 가족 · 업무 그룹 등 관련된 모든 사람의 이해를 대표해야 한다. 경우에 따라서는 피고용인 스스로 판단하여, 현재의 일자리에서 자신의 기술에 더 잘 맞는 다른 자리로 갈 수도 있다.

지침들에 대해 토론하라. 더 많은 지침들이 세워져야 하는가? 어쩌면 당신은 더 자주 의사 소통을 하고 싶을 수도 있다. 권한의 수준에 대해 토론하라. 어쩌면 지금 시점에서는 당신이 오르고 싶은 수준이 제2 수준일 수도 있다. 숙련도가 높아지면, 그것은 더 높은 수준으로 조정될 수도 있다.

가용 자원들을 살펴보라. 특히 도움이 될 수 있는 것은 무엇인가? 그 사람에게 성공할 수 있는 모든 기회를 주라. 합의서 내용에는 야간 대학에 간다든지 회사 연수 코스에 참가한다든지, 개인 독서 프로그램이라는 목표를 가지는 것에 대한 지원도 포함될 수 있다. 가정에서는 가족 구성원들이 익힐 수 있는 기술들이 포함될 수도 있으며, 거기에 가족 구성원들의 발전에 부모들이 자원 역할을 한다는 것을 밝힐 수도 있다.

성과 확인과 상벌 결과에 대해 구체적으로 이야기하라. 성과 확인 기간은 단기로 설정하라. 사람들이 기준에 맞추어 자신의 업무 숙련도를 평가할 수 있는 능력을 개발하도록 도와 주라. 다시 말하지만, 일부러 부드럽게 대해서 얻을 것은 하나도 없다―또는 일부러 강하게 나가도 마찬가지다. 현실에 대처하라. 사람들이 자기 행동의 결과를 보도록 도와 주라.

때로는 직접적인 피드백을 주는 게 최선의 방법이다. 당신 자신을 판사나 배심원의 자리에 올려 놓지 말라. 그 대신 도움의 원천이 되라. 당신의 피드백은 청지기 합의서의 요소들에 맞추어서 수행되어야 한다. 합의서가 다스리게 하라. 위협적이지 않은 환경에서 함께 합의서를 보면, 상대방도 방어벽을 허물고 원칙들로부터 배우게 된다. 사람들이 자신의 내적 나침반에 다가서도록 격려하라. "이 합의서를 기준으로 볼 때 당신은 자신의 업무 숙련도에 대해 어떻게 느끼는가?", "당신과 함께 일하는 사람들은 당신이 하는 일에 대해 어떻게 느낀다고 생각하는가?" 식의 질문들을 던지라. 자아 의식을 창조하라. 사람들이 자신의 현재 업무 수행 수준의 논리적 결과를 미리 내다보도록 도와 주라. 당신 쪽에서 분명하게 의사 소통을 하고 신뢰성 있는 태도를 보여 주면, 사람들은 배움과 성장에 마음을 열 것이다. 그들 자신의 양심이 그들에게 가르침을 줄 것이다.

당신은 또 그에게 다른 사람들로부터도 피드백을 받아 보라고 제안할 수 있다. 그 사람은 자신의 행동이 다른 사람들에게 어떤 영향을 주는지 모르고 있을 수도 있기 때문이다. 이런 피드백은 당사자를 존중하는 방법으로 주어야 한다―그 사람에게 바로 전달되어야지 당신을 통해 전달되어서는 안 된다. 만일 어떤 사람이 다른 사람들의 의견에 심하게 의존하고 있다면, 그 사람은 심각한 '맹점'—너무나 민감해서 의식에 수용되지 않는 약점—이 있을 가능성이 높다. 만일 사람들이 너무 취약하고 민감하다면, 당신은 그들 스스로도 알고 있음직한 그 약점을 처리할 수 있도록 전문적인 개발 과정에 참가할 것을 권할 수도 있다. 그러면 사람들은 점차 안정을 얻고, 맹점에 대한 피드백에도 마음을 열 것이다.

일반적으로 상대적으로 안정된 사람들이 이런 360도 피드백을 얻게 되면, 우선 그들은 겸손해진다. 그런 피드백을 통해 자기 중심적인 경향에 마침표를 찍게 되는 수가 많다. 그 피드백들은 사람들을 겸손하게 만들기 때문이다. 설사 사람들이 그것을 인정하지 않고, 고마움을 표시하지 않더라도, 그런 피드백은 분명히 영향을 미친다.

그런 시기에 더욱 지원을 아끼지 않고 관심을 기울임으로써, 당신이 그들에게 신경을 쓰고 있다는 것을 알게 하는 것도 매우 중요하다. 그들이 진정 듣고 싶어하는 말을 들려 주는 데서 당신이 은밀한 즐거움을 느끼거나 하지 않는다는 것을 반드시 알려야 한다.

만일 당신이 상사를 신뢰하지 않는다고 해도, 공개적인 의사 소통은 마찬가지로 중요하다. 합의서의 기준에 의거하여 정직한 피드백을 주라. 당신이 스스로 받기 원하는 신뢰를 구축하는 데에는 오랜 시간이 걸릴 수도 있다. 만일 당신의 우려를 전달할 수가 없다고 느껴지거나, 그 사람이 변하려 하지 않는다는 것을 알게 되면, 당신은 다른 자리나 아니면 다른 직장을 알아보는 게 나을 수도 있다. 불신이 팽배한 환경 속에서 일한다는 것은 당신과 조직을 고갈시키는 것이다.

사람들이 완벽할 수는 없다는 사실 때문에 고도의 신뢰를 가진 환경을 조성하고자 하는 노력을 멈추어서는 안 된다. 강경하고 지배적인 상호 작용 스타일로 돌아가는 쉬운 길을 택해서도 안 된다. 몇 사람의 문제를 피하기 위해 과도한 컨트롤을 하다 보면 조직 전체의 업무 수행에 좋지 않은 영향을 미치게 되기 때문이다.

어떤 회사의 통찰력 있는 리더는 연례 보고서에서 이렇게 말했다.

> 사람들은 더 많은 자유를 얻을 때 창의적이고 건설적인 자세를 지니게 된다. 이렇게 신뢰한다고 해서, 인간 본성의 완전성을 지나치게 낙관하는 것은 아니다. 그것은 오히려 다른 불완전한 사람들로 구성된 그룹이 부과한 규칙과 규제와 제한 밑에서 일하는 개인들보다는, 신뢰와 자유와 상호 존중의 환경 속에서 함께 일하는 개인들이 인간 조건상 불가피한 잘못과 실수를 훨씬 잘 극복할 수 있다는 믿음을 가지는 것이다.[2]

누가 잘못을 한다면 어쩔 것인가?

서로 깊이 신뢰하는 문화 환경 속에서는, 잘해 보려다가 일을 그르치더라도 그것을 있는 그대로 배움의 기회로 받아들일 수 있다. 처음에 성공하지 못하면, 그 이유를 찾아 내라. 의사 소통을 하라. 대화를 시작하라. 그 경험으로부터 무엇을 얻을 수 있는지를 발견하라. 그러고 나서 앞으로 나아가라. 사람들이 모험을 두려워한다면, 사람들이 늘 총에 맞아 안장에서 떨어질지도 모른다고 불안해 한다면, 그것은 조직에도 승리를 안겨 주지 못한다. 사람들은 자유롭게 실패할 수 없는 상황에서는 진정으로 자기를 다스릴 수가 없다.

한 관리자는 이렇게 말했다.

늘 독립적인 판단을 내려야 하는 문제들이 생깁니다. 나는 관리자로서 사람들이 제 기능을 다해 주기를 바라고, 유능한 존재들이기를 바라고, 최고의 판단력으로 자신의 업무를 꾸려 나가기를 바랍니다. 난 이것이 그들의 손만이 아니라 마음에 이를 수 있는 방법이라는 것을 압니다. 우리 사이의 합의 내용은, 만일 내 부하 직원들이 실수를 하면, 그것은 관리자인 내 잘못이라는 것입니다. 그러나 만일 그들이 같은 실수를 되풀이하면, 그것은 그들의 잘못이라는 것이죠. 따라서 그들은 엄호를 받으면서 임파워먼트받은 판단을 내릴 수 있습니다.

만일 똑같은 잘못이 계속 저질러진다면, 그것은 합의서가 현실과 조화를 이루지 못하고 있을지도 모른다는 신호다. 어쩌면 더 빈번한 의사 소통을 통해 성과 확인을 할 필요가 있을지도 모른다. 어쩌면 상황이 변했을지도 모른다. 어쩌면 당신이 생각하는 것만큼 기대가 분명하지 않을지도 모른다. 어쩌면 새로운 지식이나 새로운 기술이 필요할지도 모른다.

잘못이 일어나는 데는 이유가 너무 많기 때문에, 사람들이 잘못을 할 때 화를 내서 얻을 수 있는 것은 아무것도 없다. 그런 하나의 행동이 당신의 그룹이나 조직의 문화 전체에 경쟁력을 키우는 데 필요한 창의성과 권한을 말살하도록 분명한 신호를 보내는 것이 될 수도 있다. 따라서 6연발 권총을 꺼내는 대신 합의서를 꺼내라. 합의서를 주의 깊게 살펴보라. 합의서를 놓고 함께 토론하라. 마음을 열고 정직하게 대하라. 분명한 피드백을 주라. 필요한 변화를 이루고, 그런 다음에 앞으로 나아가라.

중국 대나무의 기적

중국 대나무는 땅이 준비된 다음에야 심는다. 그리고 첫 4년 동안 그 대나무는 땅 밑에서만 성장한다. 땅 위로 보이는 것은 작은 알뿌리와 거기서 나오는 조그만 싹뿐이다.

5년째가 되는 해에는 대나무가 8피트 높이로 자란다.

원칙 중심의 리더들은 이 대나무 비유를 이해한다. 그들은 제2상한에서 일하는 것의 가치를 이해한다. 원칙 중심의 리더들은 당장 성과를 보지 못하더라도, 땅을 준비하고, 씨를 뿌리고, 거름을 주고, 다듬고, 물을 주고, 김을 매는 식으로 대가를 치른다는 것이 무엇을 뜻하는지 안다. 그런 리더는 수확기가 되면 마침내 열매를 얻을 것이라는 믿음을 지니고 있기 때문이다.

사실 얼마나 멋진 열매를 거두는가!

당신 조직의 문화는 누구도 모방할 수 없는 경쟁상의 이점으로 작용할 수 있다. 기술은 복제할 수 있다. 정보는 얻을 수 있다. 자본은 들여올 수 있다. 그러나 당신 조직이 효과적으로 협동하고, 제2상한에서 일을 하고, 소중한 것을 먼저 하는 능력은 살 수도, 가져올 수도, 설치할 수도 없다. 서로 깊이 신뢰하고 임파워먼트하는 문화는 언제나 자기가 있는 그 자리에서 길러 내는 것이다.

이것은 가족을 비롯해, 다른 어떤 사람들이 모인 그룹에도 해당되는 이야기다. 질이 높은 문화는 시간을 두고 키워 나가야 한다. 오직 정확한 원칙에 따라 행동할 때만, 인내심과 겸손과 용기를 발휘할 때만, 영향력의 원 안에서 일을 할 때만, 당신은 자신을 변화시킬 수 있고 조직에 긍정적인 영향을 줄 수 있다. 오직 내면에서 시작할 때만 임파워먼트를 창출할 수 있다.

제 4 부

원칙 중심의 삶이 주는 힘과 평화

제2상한 생활 방식이 안겨 주는 성과들은 무엇인가? 소중한 것을 먼저 할 때—우리가 사물을 원칙의 관점에서 볼 때, 우리가 자극과 반응 사이의 공간에서 멈출 때, 우리가 중요성에 근거하여 행동할 때—그것이 우리 삶에 어떤 차이를 가져오는가?

이 책의 마지막인 4부에서 우리는 제2상한 패러다임이 일반적 상황—사무실과 가정 그리고 업무 팀—에서 어떻게 작용하는지를 보여 줄 것이다. 우리는 제4세대가 당신이 하는 일과 당신이 그 일을 하는 이유를 어떻게 변화시키는지 보여 줄 것이다. 당신은 시계와 나침반이 새로운 지도들과 결합하여 행복, 충족, 엄청난 성과가 있는 삶을 창조하는 것을 보게 될 것이다. 우리는 원칙 중심의 삶의 주요 장애물뿐 아니라 핵심 원리도 확인할 것이다. 우리는 삶의 전환점에서 필요한 용기와 자신감에 대해 이야기할 것이다.

원칙 중심의 삶은 그 자체가 목적이 아니다. 원칙 중심의 삶은 수단인 동시에 목적이다. 원칙 중심의 삶은 인생의 길을 따라가는 우리 여행의 질(質)이다. 원칙 중심의 삶은 우리가 날마다 가장 중요한 것을 성취하면서 경험하는 힘과 평화다.

원칙 중심의 삶에서는 여정과 목적지가 같다.

14 : 시간 관리에서 자기 리더십으로

관리는 시스템 내부에서 작용한다.
그러나 리더십은 시스템 위에서 작용한다.

　이 책의 서두에서, 우리는 제4세대가 그 이전의 세대와는 크게 다르다고 말했다. 제4세대는 시간 관리를 넘어선 자기 리더십이다. 제4세대는 낡은 패러다임 안의 새로운 프로세스가 아니다. 제4세대는 새로운 패러다임 안의 새로운 프로세스다.

　이제 우리는 일상 생활―사무실과 가정 그리고 업무 팀이나 그룹―의 구석구석에서 자기 리더십이 어떤 차이를 가져오는지 한번 살펴보려고 한다. 이 사례들을 검토해 나가면서, 이것들이 당신의 상황과 똑같지 않다는 것을 알게 될 수도 있을 것이다. 그러나 사례 자체에 얽매이지 말라. 그 속에서 실천되는 원칙을 찾아라. 사고의 차이를 찾아라. 그리고 나서 그 원칙을 당신 자신의 상황에 적용시키라. 제4세대가 시간과 삶의 질에 미치는 영향을 생각하라.

사무실의 월요일 아침

전형적인 월요일 아침이라고 생각해 보자. 당신은 회사 마케팅 부서의 고객 관리자다. 당신은 고객 관리자 팀에 소속되어 있으며, 각 관리자는 30~40명의 고객들을 관리한다. 당신은 자신의 사무실을 가지고 있으며, 다른 두 관리자와 비서를 함께 쓰고 있다.

당신은 어젯밤에 주간 계획을 세웠다. 그리고 하루를 검토하기 위해 막 자리에 앉았다. 당신은 다음과 같은 목록을 작성하고, 각 항목의 일에 드는 시간을 추정한다. 별표(★)가 있는 항목은 당신이 오늘 하고 싶은, 효과 높은 제2상한 활동을 나타낸다.

- 가격을 검토하고 대량 구매와 관련된 협상을 하기 위해 내일 이 곳으로 오는 매킨리 고객 대표와 만날 일을 준비한다(3시간).★
- 오늘 안에 제안서를 작성해 제임슨 산업으로 팩스로 보낸다(2시간).
- 고객 개발 명단에 오른 10명에게 전화를 한다(15분에서 1시간).
- 워핀든 고객 전략을 의논하기 위해 빌과 점심을 먹는다(1시간 30분).★
- 비망록과 우편물을 검토한다(1시간).
- 내부 전자 메일 메시지들을 확인한다…… 17가지 메시지(15분).
- 전화 음성 메시지들을 확인한다(10분).
- 서류 재정리를 마친다(1시간).

당신이 계획한 일에 덧붙여, 당신의 관심을 요구하는 몇 가지 일이 생겼다.

- 책상 위에 메시지가 둘 있다 :

"주요 고객인 앤더슨에게 발송품이 도착하지 않았음"(이것은 이번 달 들어 두 번째다).

"수요일에 열릴 예정이던 품질 관리 위원회 회의가 오늘 오후 3시로 변경됨"(2시간).

- 비서가 다른 고객 관리자의 큰 프로젝트에 할당되어, 당신은 오늘 비서 없이 일을 해야 할 것이라는 통보를 받는다.
- 이런 항목을 검토하고 있는데 상사가 찾아와서 당신의 주요 고객들에 관한 대강의 계획—제품에 근거하여—3개월치를 준비해 줄 수 없느냐고 묻는다. 상사는 이것을 부서 관리자에게 오후 2시까지 보고해야 한다고 말한다(1시간).

당신은 오늘 하루에 어떻게 접근할 것인가? 이 사례로부터 최선의 것을 얻고자 한다면, 종이 한 장을 꺼내 당신 스스로 일정을 잡아 보는 것이 좋다. 당신이라면 먼저 무엇을 하겠는가? 그 다음에는 무엇을 하겠는가? 당신의 계획과는 별도로 생긴 일들에 어떻게 대처할 것인가? 당신은 사무실에 얼마나 오래 있을 것인가? 하루가 끝나면 당신은 어떤 상태일까?

하나의 접근 방법은 스스로 이렇게 묻는 것이다.

- 이 활동 가운데 가장 중요한 것은 무엇인가?
- 미루어도 되는 것은 무엇인가?
- 위임할 수 있는 것은 무엇인가?
- 피할 수 있는 일은 무엇인가?
- 더 빨리 할 수 있는 일은 무엇인가?
- 가장 중요한 것을 하기 위해 내 일정을 어떻게 조정할 수 있는가?

이 접근 방법을 따른다면, 당신은 빌과의 점심 식사, 서류 재정리, 고객 개발 전화 같은 몇 가지 일정을 다시 잡을 수 있을지도 모른다. 앤더슨 발송을 확인하는 과제는 위임할 수도 있다. 제임슨 제안, 매킨리 준비, 비망록, 전자 메일과 음성 사서함 메시지, 고객 관리 계획처럼 당신이 가장 중요하다고 느끼는 것들을 성취하기 위한 일정을 먼저 작성할 수도 있다. 어쩌면 품질 관리 위원회 회의 전까지 그것을 다 할 수 있을지도 모른다.

어쩌면 당신은 하루 일정을 다르게 잡을 수도 있겠지만, 일단 이와 같은 기본적 접근 방법을 채택했다고 가정해 보자. 당신은 자신의 하루에 대해 어떻게 느낄 것인가? 어려운 상황에서도 소중한 것을 먼저 했다고 느낄 것인가?

자, 이런 질문을 생각해 보자. 당신의 다음 월요일은 어떨 것인가? 아니면 다음다음 월요일은? 당신 평생의 모든 월요일은 어떨 것인가? 당신은 기본적으로 똑같은 문제에 부딪칠까? 구체적인 것은 달라도, 문제들의 기본 성격은 똑같을까?

만일 이런 상황이 벌어진다면, 그것은 제3세대의 산물이라고 할 수 있다. 아무것도 변하지 않는다면, 당신은 평생 기본적으로 위임하고, 미루고, 피할 것이다. 그러나 이렇게 하는 것이 진정으로 소중한 것을 먼저 하는 것일까?

제4세대 접근 방법은 어떻게 다른가?

당신은 활동이나 약속 대신 사람이나 인간 관계와 관련지어 당신의 하루를 본다. 당신은 진행중인 프로세스를 조직의 사명에 공헌할 수 있는 새로운 가능성으로 본다. 그것은 단지 언제 어떤 일을 하느냐 하는 문제가 아니라, 그 일을 하느냐 마느냐 하는 문제다. 그것은 '언제' 만이 아니라 '왜' 와 '어떻게' 라는 질문을 하는 것이다. 그것은 당신의 '시계' 만이 아니라 당신의 '나침반' 을 참조하는 것이다.

당신은 판단을 내릴 때, 멈추어서 양심과 관련을 맺고 싶을 것이다.

- 목적을 가지고 물어 보고 싶을 것이다.
- 핑계 없이 귀를 기울이고 싶을 것이다.
- 용기 있게 행동하고 싶을 것이다.

당신은 자신이 해야 할 가장 중요한 일이 무엇인지를 결정하면서, 임파워먼트의 조건들에 대해 생각하고 싶을 것이고, 당신의 노력을 어디에 집중하여 가장 크고 긍정적이고 장기적인 성과를 얻을 것인지를 생각하고 싶을 것이다. 당신은 각 활동의 본질에 대한 질문으로 시작하고 싶어 할 수도 있을 것이다.

- 어떻게 이런 활동이 일어나는가?
- 왜 내가 지금 이런 활동을 하는가?
- 이런 활동을 하는 속뜻은 무엇인가?
- 최종 목표는 무엇인가?
- 이런 활동이 조직의 목적에 이바지하는가?
- 이것이 내 능력과 우리의 결합된 자원을 가장 고도로 가장 잘 활용하는 것인가?

이런 질문에 대한 답이 당신이 하기로 결정하는 행동을 규정할 수 있을 것이다. 거의 대부분의 경우, 당신은 밑바탕에 깔린 시스템을 개선하고 싶어할 것이다. 당신은 과제들을 할 일로서가 아니라, 당신이 개선시키고 싶어하는 더 큰 프로세스의 지표로서 보게 될 것이다.

목록 가운데 있는 몇 가지 일을 살펴봄으로써, 이것이 현실 속에서 어떻게 풀려 나가는지 보도록 하자. 이 항목들을 검토하면서 우리는 몇 가지 가능한 제2상한 결정들을 제안할 것이다. 당신은 그와 다른 것을 선택할 수도 있다. 그것도 좋다. 요는 기본 프로세스에 대한 감을 잡는 것이니까.

1. 제임슨 제안

이 활동에 대해 생각해 보자. 왜 이것이 최종 순간에 이루어지고 있는 가? 이것에 대해 언제 알았는가? 당신이 사용하는 제안 시스템은 어떤 것인가? 제안에 대한 당신의 기본 패러다임은 무엇인가? 다른 고객 관리 자들은 더 나은 제안 방법을 가지고 있지는 않은가?

이 제안서 제출 건이 오늘로 날짜가 잡힌 것은, 당신이 오늘 이것을 하 겠다고 말했기 때문이라고 가정해 보자. 당신은 이 일이 잘 되기를 간절 히 바라고 있고, 제임슨 쪽에 당신이 열심이라는 것을 알리고 싶었다. 그 래서 당신은 과감하게 약속했다.

"내가 그 제안을 월요일 오후까지 하겠습니다!"

그러나 그것이 과연 제임슨 쪽의 요구에 부응하는 것일까? 그것은 비 현실적인 기대가 아니었을까? 그것은 불필요한 기대가 아니었을까? 그 들이 언제 그 제안을 검토할까? 그들이 가장 좋아하는 형식은 따로 있는 게 아닐까?

어쩌면 제임슨 쪽에서 그 제안을 오늘 받고 싶어하는 것으로 드러날 수도 있다. 그런 경우 당신은 그냥 그 제안을 하면 된다. 그러나 오늘은 그들과 함께 기대의 내용을 확인하고, 그들이 진정으로 필요로 하는 것을 더 잘 이해한 상태에서, 내일 제안을 하는 것이 더 효과적일 수도 있다. 아무튼 앞으로 제안은 어떻게 할 것인가? 당신이 오늘 하면 앞으로 더 큰 효력을 발휘할 수 있는 일이 있는가? 당신은 제안을 놓고 당신 팀의 다른 사람들과 효과적인 시너지를 창출할 수 있는가? 도움이 될 만한 어떤 표 준적인 형식을 마련해 놓을 수 있는가?

이런 질문에 대해 생각하는 가운데, 당신은 고객 관리자들이 서로 의 사 소통을 하는 데 거의 시간을 쓰지 않는다는 것을 깨달을 수도 있다. 그 이유 가운데 하나는 당신네 사이의 경쟁심일 것이다. 당신들은 커미션을 받으며, 이것 때문에 당신들은 서로 경쟁하는 경향이 있다. 흔히 그렇듯이, 당신은 최고의 아이디어와 방법은 혼자만 알고 있어야 하는 것이라고 생각한다. 그러나 정작 사업에서 서로 이익을 줄 수 있는 사람들은 당신과 경쟁하는 바로 그 사람들이다. 왜 이런 일이 일어나는가? 당신은 이것을 바꾸기 위해 무엇을 할 수 있는가? 당신 영향력의 원 안에서 이것을 수정할 수 있는가? 당신은 변화를 가져오기 위해 무엇을 할 수 있는가?

어쩌면 오늘 당신은 함께 일하는 사람들에게 메모를 보내 제안에 관한 회의를 열 수도 있다. 그들에게 표준 제안 형식을 만들자고 제안할 수도 있다. 나중에 당신은 합동 프로젝트에서 나오는 커미션을 나누어 가질 기회를 찾을 수 있을지도 모른다. 부서의 한 비서가 제안서를 작성하는 책임을 맡을 수도 있고, 그렇게 되면 당신들은 비표준적인 정보를 공급하기만 하면 된다. 이것은 청지기 직분 합의를 통해 구축할 수 있는 일이다.

이런 행동을 취함으로써 당신은 시스템을 변화시킨다. 그냥 일을 하는 대신, 당신은 당신 자신과 다른 모든 사람을 위해 미래의 시간을 절약한다. 당신은 신뢰 관계를 형성하고, 더 효과적인 방법으로 고객의 요구에 부응할 수 있다.

2. 발송 문제

왜 이런 일이 두 번이나 일어났는가? 근원적인 문제가 있는가? 다른 사람들에게도 이런 일이 일어났는가? 달리 누구를 개입시킬 필요가 있는가?

오늘 당신이 배달 담당자들과 이야기를 한다고 해 보자. 비난하는 태도가 아니라, 이해하고 도움을 주려고 노력하는 태도로 말해야 한다. 주문서는 담당자들에게 어떻게 전달되었는가? 시스템을 개선할 방법은 있는가? 만일 이런 문제가 정기적으로 일어난다면, 어쩌면 당신은 배달 부서에 개입하여 해결책을 만들어 낼 수도 있을 것이다. 문제를 분석할 수 있는 공개 토론회는 있는가? 어쩌면 당신은 배달 담당자들과 함께 필요한 일에 대한 프리젠테이션을 준비할 수도 있을 것이다. 사람들을 문제에 참여시키라. 함께 해결책을 찾아라. 문제를 해결하면서 인간 관계를 형성하여, 앞으로도 문제들을 효과적으로 해결할 수 있는 능력을 기르도록 하라.

3. 함께 쓰는 비서

왜 오늘 비서를 이용할 수 없다는 이야기를 미리 듣지 못했는가? 그 비서는 충분히 임파워먼트를 받았는가? 그 비서는 더 공헌하고 싶어하는가? 당신은 오늘 비서 투입 문제를 놓고, 당신과 함께 일하는 다른 두 관리자와 이번 주 안으로 약속을 잡아, 그 날 공유 자원을 둘러싼 청지기 직분 합의서를 만들어 내는 프로세스를 시작할 수 있을 것이다. 질문을 하라. 귀를 기울이라. 기대 성과를 보라. 모두가 이기는 길은 무엇일까?

비서가 당신네 셋 모두를 위해 우편물·메모·전자 메일·전화 메시지를 정리하는 것이 도움이 될 수도 있다. 당신의 즉각적인 관심을 필요로 하는 항목들이 우선 순위가 잡혀 당신 책상 위에 놓일 수도 있다. 나머지는 나중에 검토하기 위해 서류철에 넣어 둘 수도 있다. 만일 비서가 아직 이런 정보의 우선 순위에 대한 결정을 내릴 수 없다면, 그 비서와 함께 일하라. 당신의 기준을 알리라. 비서가 더 능력을 갖출 수 있도록 도와 주라. 자율과 자기 책임을 함양하라. 역량을 길러 주라.

4. 수익 계획서

당신은 오늘 상사를 위해서 수익 계획서를 준비하기로 마음먹을 수도 있다. 그러나 먼저 몇 가지 질문을 해 볼 수도 있다.

- 왜 내 상사가 오늘 이것을 필요로 하는가?
- 내가 정기적으로 정보를 제공하지 않았기 때문에 지금 이런 긴급한 요구가 나오는가?

- 정보를 손쉽게 이용하기 위해 내가 구축할 수 있는 시스템이 있을까?
- 다른 고객 관리자들에게 같은 정보를 알려 줄 필요가 있을까?
- 우리가 함께 무언가 구축해서 필요할 때마다 정보를 공유할 수 있을까?

이런 생각을 하면서 오늘 당신은 다음 고객 관리자 회의를 위한 안건을 작성할 수도 있다. 당신은 모든 사람들에게 도움이 되는 이 시스템을 어떻게 구축할 것인지에 대해 제안서 초안을 만들 수도 있다.

5. 품질 관리 위원회

왜 품질 관리 위원회 회의 시간이 변경되었을까? 품질 관리 위원회는 이상한 모임이다. 당신은 그 안건이 무엇인지도 모른다. 사람들은 전혀 효과적으로 준비하지 않는다. 당신도 마찬가지다. 이런 식으로 오랫동안 계속되었다. 당신이 만일 배달 관리자한테 품질 관리 위원회에서의 프리젠테이션을 준비하자고 말하면, 배달 관리자는 아마 그 회의가 자신이 가장 참여하기 싫은 회의라고 말할 것이다. 품질 관리 위원회는 시간 낭비로 보인다. 신용이 낮다. 그렇다면 당신은 이를 변화시키기 위해 무엇을 할 수 있는가?

어쩌면 품질 관리 위원회 위원장에게 전화를 해야 할지도 모른다. 위원장에게 오늘은 중요한 제안서와 보고서를 작성해야 하기 때문에 변경된 시간에는 회의에 참석할 수 없다고 설명하고, 미리 다음 회의의 안건 작성을 하고 싶다고 말한다. 당신은 품질에 원칙을 적용하는 문제에 대해 10분의 프리젠테이션 시간을 얻는다. 당신은 또 품질 개선을 위한 프리젠테이션 기회를 얻은 김에, 배달 부서 쪽과 함께 작업을 할 것을 제안하고, 그것을 언제 안건으로 올릴 수 있을지 알아보기 위해 며칠 뒤에 연락하기로 한다.

우리는 목록 가운데 몇 가지 항목에 대해서만 언급했다. 그러나 그 차이를 생각해 보라. 그냥 문제를 관리하는 대신에, 당신은 해결책들을 만들어 내고 있다. 당신은 사람들을 생각하고, 그들과 시너지적인 관계를 형성하고 있다. 당신은 자신과 다른 사람들에게 제2상한 사고 방식을 함양하고 있다. 당신은 일정을 보고, 개선할 기회를 본다. 다른 사람들은 고립적인 사건들만 보는 반면, 당신은 시스템을 본다.

물론 당신은 여전히 바쁜 하루를 보낼 것이고 할 일도 많을 것이다. 그리고 하루 사이에 모든 게 뒤바뀔 것이라고 믿는 것도 비현실적이다. 그러나 당신은 여지를 만들어 내기 위해 몇 발짝을 내딛고 있다. 당신은 제1상한과 제3상한 항목들로부터 제2상한 기회를 만들어 내고 있다. 당신은 뿌리를 놓고 작업하고 있다. 당신은 다음 월요일에는 기본적으로 똑같은 일이 되풀이되지 않도록 준비하고 있다. 당신은 근본적인 부문에서 중대한 개선이 이루어지도록 환경을 조성하고 있다. 당신은 지금까지와는 다른 벽에 사다리를 놓고 있다.

가족과 함께 하는 일요일 아침

우리가 관리 패러다임이 아니라 리더십 패러다임을 통해 보기 시작할 때, 우리는 예전 같으면 전혀 생각도 할 수 없던 곳에서 기회를 찾을 수 있게 된다.

우리 동료 한 사람의 경험이 이것을 잘 보여 준다. 가족이 있는 다른 동료들과 마찬가지로, 그와 그의 부인은 일 주일에 한 번씩 시간을 내어 아이들과 함께 앉아 차를 태워다 주는 것, 레슨을 받는 것 등을 포함하여 일반적인 가족 생활의 여러 활동을 조정하곤 했다. 이 가족은 한동안 정기적으로 이렇게 해 왔다. 그러나 어떤 시점에 이르자, 이들은 이것이 관리만이 아니라 리더십을 위한 기회가 될 수도 있다고 판단했다.

이 가족은 시간을 보내는 형식을 바꾸어, 지금은 바로 일정을 잡는 대신 가족 사명서를 검토하는 일부터 시작한다. 이들은 가족이라는 것이 무엇을 의미하는지에 대한 이야기를 한다. 이들은 가족의 성공을 위해 각자가 무슨 일을 할 수 있는지를 토론한다. 그리고 진전 상황을 검토한다. 이들은 자신들의 원칙과 가치를 재검토한다. 그러고 나서 가족과 관련된 그들의 역할을 각각 의논한다—아들·딸·자매·형제·학생·친구. 이 부부는 계획을 잡는 시간의 몇 분을 이용하여, 아이들이 원칙에 근거한 목표를 설정하고 각 역할을 개선할 수 있도록 도와 준다. 집안일을 함께 한다든가, 서로 하루에 대해 묻는다든가 하는 식으로. 이 목표들은 간단하며, 각 아이들의 능력과 맞물려 있다—나이가 든 아이들은 조금 더 하고, 나이가 적은 아이들은 조금 덜 한다. 이들은 모두 사례를 통해 배우며, 그 사례를 이야기한다.

이들은 매주 모두가 볼 수 있는 냉장고 위에 달력을 붙여 놓는다. 이들은 목표 가운데 몇 가지와 합동 활동을 할 수 있는 시간, 가족과 함께 보낼 시간, 학교 연극을 보러 가는 시간, 어머니와 아버지가 외출하여 데이트를 하는 시간에 표시를 해 놓는다. 우선 큰 돌부터 집어 넣는다. 이렇게 하는 데 시간은 좀 걸리지만, 가족 구성원들은 가족 관계에 대해, 그리고 함께 변화를 가져오는 방법에 대해 배우기 시작한다. 이 동료는 말한다.

"내 일곱 살 된 딸이 최근에 우리에게 언니의 집안일을 돕는 게 의미있는 일임을 깨달았다고 말하더군요. 왜냐 하면 언니도 자기 일을 도와줄 것이기 때문이라는 거죠. 그 애는 이제 언니 일을 도와 주는 게 싫지 않다고 합니다."

다른 가족들은 다른 방식으로 할 수도 있다. 그러나 가족 구성원들이 서로 무엇을 이루고 싶어하는지를 이해시키고, 그것을 이루기 위해 어떻게 함께 일할지를 결정하는 데 가족 구성원 모두를 참여시키는 것은 임파워먼트를 하는 것이다. 계획을 잡는 시간은 말다툼의 시간이 아니라 긍정적인 상호 작용과 공유의 시간이 된다. 우리의 한 동료는 이런 생각을 이야기했다.

이 프로세스의 가치에 대한 가장 중요한 통찰은 가족 게임을 하는 도중에 얻을 수 있었습니다. 우리는 네 살 난 딸한테 그 애 침실 벽에 걸린 것 가운데 가장 마음에 드는 것이 뭔지 물어 봤습니다. 벽에 걸린 『미녀와 야수』 사진, 『알라딘』 포스터, 제 손으로 그린 여러 가지 그림 중에서 딸애는 자기가 베껴 놓은 가족 사명서를 고르더군요. 난 딸애의 대답에 깊은 감명을 받았습니다. 나는 이미 아이들 안에 자리잡은 선(善)을 이해하고 인정하는 일이 중요하다는 것과, 우리가 아이들한테 줄 수 있는 긍정적인 영향이 뭔지에 대해서도 확실히 깨닫게 되었습니다.

우리는 때로 가족 속에서 하는 우리의 역할을 리더십 역할로 생각하지 못한다. 그러나 이것이야말로 영향을 줄 수 있는 얼마나 좋은 기회인가! 우리가 우리 자녀들에게 물려 줄 수 있는 가장 큰 유산 중의 하나는 목적 의식과 정확한 원칙들에 대한 책임감이다.

팀이나 업무 그룹과 함께 보내는 어느 아침

일하는 팀은 어떤가? 부서는? 전체 조직은? 어떻게 하면 우리의 과제, 날마다 마주치는 도전 따위를, 우리가 계획하고 조직하는 방식에 의미 있고 긍정적인 변화를 줄 수 있는 것으로 바라볼 수 있을까?

대부분의 팀들은 일반적으로 어떤 종류의 계획을 세운다. 팀들은 예산 요구나 영업 실적을 보면서, 그들의 생산 의무를 완수하기 위해 무엇을 해야 하는지를 결정한다. 팀들은 목표를 본다. 팀들은 그들이 마주칠 수밖에 없는 압박감과 기업 내 정치 역학에 대해 이야기한다. 그리고 나서 항목으로 들어가며, 구체적인 업무를 만들어 내고, 일정을 잡으며, 추적 시스템을 만들어 내고, 이윽고 움직인다.

당신이 그런 팀의 일원이라고 생각해 보자. 어떻게 계획 프로세스를 리더십 활동으로 변화시킬 수 있을까?

당신 그룹의 사명과 비전을 검토함으로써 기획 회의를 시작한다면 어떨까? 사명에 비추어 지난 주기의 업무 수행을 평가하고 거기서 배운다면 어떨까? 당신은 다음과 같은 질문들을 해 볼 수 있을 것이다.

- 우리를 사명으로 이끌어 준 것은 무엇이었는가?
- 거기서 벗어나게 한 것은 무엇이었는가?
- 우리의 사명을 성취하는 데 어떤 프로세스가 장애가 되었는가?
- 우리가 정확한 원칙들에 충실했는가?
- 어떻게 하면 더 나은 일관성을 구축할 수 있는가?

다양한 역할과 기능들을 보고 그것들을 사명에 비추어 평가하고 나서, 다음과 같은 질문들을 해 보면 어떨까?

- 우리가 합리적으로 일하고 있는가?
- 개선할 수 있는 프로세스들은 없는가?
- 관련된 사람들은 누구인가?
- 관련하고 싶어하는 사람들은 누구인가?
- 관련시킬 필요가 있는 사람들은 누구인가?
- 어떤 원칙들이 적용되는가?
- 개인들의 능력 발휘를 돕기 위해 무엇을 할 수 있는가?
- 과제 그리고/또는 목표들 사이에 효과적인 시너지를 창출할 수 있는가?

- 팀이 새로 벌여야 할 일들이 있는가?
- 팀이 그만두어야 할 일들이 있는가?
- 청지기 직분 합의서는 임파워먼트를 얼마나 하는가?
- 기대를 공유하고 있는가?

당신이 할 수 있는 질문들은 말 그대로 무한하다. 당신이 공식적인 팀이나 조직의 지도자냐 아니냐 하는 것은 큰 문제가 아니다. 영향력의 원 안에서 일하라. 질문을 하라. 귀를 기울이라. 팀이나 그룹을 위해 멈추는 순간을 만들라. 사람들이 생각하도록 도와 주라. 어떻게 하면 우리가 자기 효과성의 본질을 새로운 수준으로 변화시킬 수 있는가? 우리가 어떻게 극적으로 전진할 수 있는가? 이런 것은 관리의 문제가 아니다. 이런 것은 리더십의 문제다. 이런 것은 제2상한의 문제다. 이런 것은 제4세대의 특징을 나타낸다.

하루가 가져오는 차이

자아 의식을 발휘하고 우리의 패러다임을 검토하는 과정에서, 우리는 자신이 기존 패러다임에 깊이 물들어 있음을 발견한다. 변화는 쉽지 않다. 흔히 우리는 할 일 목록을 보고, 우리 앞에 놓인 과제를 보고, 독립성으로 물러난다.

난 시간의 전사 같은 느낌이 든다. 난 늘 스스로 물어 본다. 살아남고, 더 빨리 움직이고, 얼른 쫓아가기 위해 무엇을 해야 하는가? 난 일들을 결정해야 한다. 난 일들을 배치해야 한다. 나도 이게 기계적인 접근 방법이라는 건 알지만, 난 더 빨리 갈 필요를 느낀다―가끔은 집에도 일찍 들어가고, 문제도 좀 덜 가지고 싶다. 벽에서 째깍거리는 시계는 하루의 압박을 계속 가중시킨다. 난 이것을 그 때까지 해 놓아야 한다. 이것은 그 때까지, 또 저것은 그 전에 해 놓아야 한다. 만일 그렇게 못 한다면 어떻게 될까……. 난 더 많이 컨트롤을 해야 한다. 난 일들을 꼼짝할 수 없게 고정시켜야 한다. 난 예기치 않은 일들이 튀어나와 내 하루를 망치는 것을 막아야 한다.

이런 패러다임은 그 자체의 무게를 지니고 있다. 이런 패러다임은 나선형 하강 운동이다. 우리가 열심히 일하면 할수록, 우리는 점점 더 아래로 내려가게 된다.

제2상한의 하루에서는, 우리의 생각이 먼저 변한다. 하루를 보는 방식이 변한다. 과제들은 성장과 개선을 위한 기회를 제공한다. 우리는 우리의 능력을 상대로 작업할 수 있다—배우고, 우리의 기술을 확장하고, 우리의 수행 능력을 증대시킬 수 있다. 또는 우리의 품성을 상대로 작업할 수 있다. 더 정직해지고, 더 이해하고, 다른 관점에서 보고, 자주 멈추어서 양심의 소리에 귀를 기울일 수 있다. 우리는 시스템을 변화시키고 그 것을 더 효과적으로 만드는 데 전념할 수 있다. 우리가 멈추어서 귀를 기울일 때 나오는 창의력은 놀라운 것이다.

나는 발을 멈춘다. 난 큰 그림을 본다. 난 문제들을 본다. 그러나 나는 그 문제들을, 관계를 형성하고 시너지를 창출할 기회로 본다. 그것이 얼마나 큰 차이를 가져오는지! 난 자기 오리엔티어링(벌판에서 지도와 나침반을 가지고 목표지에 이르는 경주 : 옮긴이)을—발을 멈추고 내 나침반과 지도를 확인하기를 고대한다. 나는 내 삶의 부분들이 서로 맞아 들어갈 때 나오는 힘을 본다. 난 내가 발을 멈추고 내 삶의 프로세스들을 볼 때 배울 수 있는 것에 놀란다—내가 원칙들과 조화를 이룰 때 무슨 일이 일어나는지를 보고 놀란다. 난 패턴, 아름다움, 질서를 본다. 내가 원칙과 일치하면 할수록, 나는 더 많은 기회를 본다. 난 뭔가를 이룩하고 있다. 난 성장을 느낀다. 난 내가 공헌하고 있음을 느낀다. 난 변화를 가져온다. 내 비전과 사명은 비록 느리지만 확실하게 현실화되고 있다. 난 내 신뢰성이 커지는 것을 느낀다. 내 성품과 역량에 힘이 실린다. 다른 사람들에 대한 내 신뢰는 증가한다. 아주 재미있다!

때로는 힘들다. 우리는 실수도 한다. 우리는 제2상한에서 일을 하다가도 때로 긴급성 중독이라는 낡은 습관으로, 더 적은 시간에 더 많은 일을 하려고 드는 낡은 패러다임으로 되돌아간다.

그러나 우리가 자기 리더십을 발휘하여 제2상한으로 옮아가면 옮아갈수록, 우리는 더 성장을 느낄 수 있고, 삶을 느낄 수 있다. 점점 나아진다. 이것은 나선형 상승 운동이다. 삶의 각 부분은 다른 부분에 보태지기 시작한다. 좋은 일에는 한계란 것이 없다.

15 : 결과에서 얻는 평화

우리는 미래를 알 수 없으며, 미래에 대해 많은 계획을 세울 수도 없다.
그러나 우리는 우리의 정신과 몸을 순수하고 높게 유지할 수 있으며,
사상과 이상들을 소중하게 품을 수 있으며, 고상한 목적을 가진 꿈들을 꿀 수
있다. 그럼으로써 우리는 언제 어디서 고상한 행동이 요구되는 시간이 닥치든,
우리가 어떤 인간이 될지 결정할 수 있고 알 수 있다……. 어떤 사람도
그의 평소 습관과 평소 가진 생각에서 갑자기 달라질 수는 없다.
-조슈아 L. 챔벌린, 총사령관
제20메인, 연합군, 게티스버그 전투[1]

로저 : 우리는 선댄스에서 프로그램을 자주 개최하는데, 그 곳으로 가기 위해 계곡을 따라 차를 몰면서, 난 종종 나에게 다가오는 변화를 깨닫습니다. 내가 산, 강물의 흐름, 빛깔과 모양의 뒤섞임으로 이루어진 웅장함의 일부가 되기 시작하면서, 사무실의 소란과 번잡함은 그 요구나 우려와 함께 증발해 버리죠.

나는 나도 모르게 귀를 더 기울입니다. 사방에 고요가 깔려 있어 난 좀 더 분명하게 들을 수가 있습니다. 나는 점점 더 평온함에 젖어 들면서, 이윽고 내면의 말을 듣게 되죠.

이 시간들은 나에게 가장 중요한 순간 가운데 하나입니다. 내가 평소에는 미루어 두지만, 사실 내가 날마다 끌어안는 온갖 것보다 더 풍요로운 어떤 것과 접촉할 수 있기 때문입니다. 나는 나도 모르게 검토하고, 다시 생각하고, 각오를 새로이 하게 됩니다.

우리 가운데 많은 사람들이 자연 속으로 들어가면 평화스러운 느낌을 가지게 된다. 우리는 시간을 초월했다는 느낌을 받는다. 우리는 자연 법칙의 실재와 그것이 절대적으로 작용하고 있음을 깨닫게 된다. 우리는 자연 법칙과 비교할 때 자신이 얼마나 보잘 것 없는 존재인지를 깨닫게 된다. 우리는 자연 법칙을 바꿀 수 없다. 우리는 자연 법칙을 컨트롤할 수 없다. 그러나 이런 생각을 하게 되면 왠지 마음이 편안해진다. 우리는 그토록 경외감을 불러일으키고 또 논란의 여지 없이 '거기에' 존재하고 있는 어떤 것의 일부가 되는 충족감을 맛본다.

자연에는 균형과 조화의 감각이 있다. 계절은 규칙적으로 오간다. 생명의 주기들이 있어, 아름답게 조화를 이룬 전체 속에서 상호 작용을 주고받는다. 격변하는 현상들—폭풍우·지진·홍수—조차 더 큰 조화의 일부이며, 성장과 변화의 자연스러운 주기다. 자연은 늘 뭔가로 되어 간다. 자연의 아름다움은 그 법칙에 맞추어 끊임없이 펼쳐진다.

자연은 우리에게 평화를 가르쳐 준다. 자연은 우리에게 법칙들이 존재하며 또 그 법칙들이 컨트롤하고 있음을 일깨워 준다. 그런 깨달음과 더불어 우주에는 질서가 있다는 위안을 얻을 수 있다. 인간의 영역에서 자연 법칙을 침해할 때 생기는 결과들을 바꾸느니, 차라리 계절의 순서를 다시 정하거나 중력의 효과를 없애려 하는 것이 나을 것이다. 우리가 우리 자신에 대한 법칙이 되려고 하면 반드시 결과가 뒤따른다. 삶의 평화와 질은 우리가 삶의 근본적 법칙들을 발견하고 그것과 일치될 때에만 얻을 수 있다.

평화란 무엇인가?

우리가 말하는 평화는 분명히 전쟁이 없는 상태 이상을 말하는 것이다. 평화는 일상 생활의 복잡성과 수수께끼를 피하여 황야로 물러나 버리는 것이 아니다. 우리가 말하는 평화는 우리의 깊은 내면의 삶에 달려 있는 것이다. 평화는 즐거운 삶이다. 평화는 삶으로부터 물러나서 얻는 것이 아니라, 삶 복판에서 찾아 내는 것이다.

독립적 성취의 접근 방법은 일반적으로 평화와 행복이 다음과 같은 것에서 나온다고 말하는 경향이 있다.

- 은행에 있는 돈
- 컨트롤
- 인정받기와 명성
- 새 집, 멋진 차를 비롯한 물질적 소유
- 우월한 사회적 지위

본질적으로 이런 것을 더 빨리 더 많이 더 잘 얻는 데 초점을 맞춘다. 그러나 그 결과가 무엇인가? 평화인가? 그 결과들이 영속적인 것에 바탕을 두고 있는가?

잠시 시간을 들여 당신 자신의 삶에 대해 생각해 보라. 당신에게 '평화'란 무엇을 뜻하는가? 평화는 어디서 오는가? 당신은 당신 삶의 평화의 양과 질에 만족하는가?

우리가 이 책에서 서술한 원칙과 프로세스들은 진정한 정북향, 목적, 전망에 근거한 새로운 패러다임을 창출함으로써, 행복과 평화를 창조할 수 있게 한다. 이런 제4세대의 패러다임과 원칙들을 함양하는 동안에, 우리는 제4세대 이전 세 세대의 시간 관리가 가지는 진정한 장점들 모두가 보존되는 동시에 고양되는 것을—그리고 단점은 제거되는 것을 볼 수 있다. 414쪽과 415쪽의 표는 이것을 요약하고 설명해 준다.

	요 약	도 구
제1세대	비망록	간단한 메모, 체크리스트
제2세대	계획과 준비	달력, 약속 수첩
제3세대	계획, 우선 순위, 컨트롤	가치 있는 일을 목표나 일일 스케줄에 통합시키는 계획표

제4세대	유지된 장점	제거된 단점
네 가지 욕구와 능력 : 살며, 사랑하며, 배우고, 유산을 남기는 것	• 몇 가지 욕구가 목표와 우선 순위 결정을 통해 충족됨 (제3세대).	• 바로 눈앞에 닥친 것들이 '소중한 것들'임 (제1세대). • 당신이 원하는 많은 것들이 꼭 필요로 하는 것이나 성취감을 느끼게 하는 일이 아님(제2·제3세대).
'정북향' 원칙 네 가지 천부의 능력 : 자아 의식, 양심, 상상력, 독립의지	• 결과에 대한 책임을 짐 (제3세대)	• 기술만으로는 효과성과 리더십을 배양할 수 없다—성품이 필요하다 (제2·제3세대). • 자연 법칙이나 원칙들이 컨트롤하는 것이 아니라 자신이 컨트롤할 수 있다고 잘못 생각함—'자신이 항상 옳다.'는 자만(제3세대). • 가치관이 불변의 원칙들과 일치하지 않음(제3세대). • 긴급하고 가치있다고 생각되는 것들이 소중한 것임 (제3세대)
비전이 주는 열정	• 준비를 통한 좀더 효과적인 회의와 프리젠테이션 (제2세대) • 가치와 연계 (제3세대)	• 비전이 주는 힘을 개발할 수 없음 (제1·제2·제3세대)
역할들 사이의 균형	• 적은 스트레스 (제1세대)	• 다른 사람들과 한 약속을 무시하거나 잊어버림 : 고통스러운 관계 (제1세대). • 죄책감, 과도한 계획, 역할들 사이의 불균형이 생길 가능성 (제3세대).
활동 목표 설정이 가진 위력	• 목표와 계획을 통한 더 많은 성취(제2세대). • 장기·중기·단기 목표 설정으로 인한 위력의 발휘(제3세대). • 가치들을 목표와 행동으로 전환(제3세대).	• 해야 될 일들을 못함 (제1세대). • 비교적 적은 성취 (제1세대).

제4세대	유지된 장점	제거된 단점
주간 단위의 전망	• 과도한 일정을 잡거나 복잡한 계획표를 만들지 않음(제1세대). • '할 일들'을 따라감(제1세대). • 작정과 약속을 따라감(제2세대). • 계획과 우선 순위 확정을 통하여 개인적 생산성을 증가시킴(제3세대). • 효율을 증대시킴(제3세대). • 삶에 체계/질서를 부여함(제3세대). • 시간과 자아를 관리하는 기량 강화(제3세대).	• 체계성이 없음-(제1세대). • 일정과 체계적인 계획을 무시한 결과 위기에서 위기로 전전하게 됨(제1세대). • 일일 계획이 긴급한 것, 다급한 것을 우선해서 하는 위기 관리의 수준을 넘어서지 못함 (제3세대).
선택 순간의 성실성	• 더 중요한 일이 일어났을 때 적응하는 능력-순리를 따르는 유연성(제1세대).	• 일정에 있는 것들이 바로 '소중한 일'이 됨(제2세대). • 일정을 사람보다 중요하게 생각함(제2·제3세대). • 유연성/자발성이 적음(제3세대).
상호 의존의 시너지	• 사람들을 더 중요하게 생각함(제1세대).	• 독립적 사고와 행동을 하게 되며, 사람들을 수단이나 목표의 장애물로 간주함(제2·제3세대). • 사람들을 '사물'로 취급하게 됨(제3세대).

각 세대의 장점과 단점들을 밝혀 나가다 보면, 우리는 이 세 세대에 속한 여러 개인이 자신의 도구들을 제4세대 패러다임들을 반영하는 방식으로 사용하고 있음을 인정하게 된다. 사실, 우리는 각 세대에 속한 사람들이 그 동안 줄곧 제4세대의 원칙들을 개발해 왔다고 확신한다―왜냐 하면 원칙들은 마음 속에 존재하는 것이기 때문이다. 우리는 많은 사람들이 제1세대에 속한다는 것을 알고 있다. 그들이 근본적으로 그저 양심에 따라 살고 그들을 필요로 하는 곳에서 봉사하기로 작정하고 있기 때문이다. 우리는 제3세대에 속한 많은 사람들이 가치들을 밝히고 그 가치들에 따라 사는 동안에, 평화와 행복을 관장하는 삶의 원칙과 법칙들에 굳건히

기초를 두게 된다는 것을 알고 있다. 그러나 우리는 또한 이런 기본 패러다임 및 마음의 욕구들에 일치되는 시스템과 프로세스들이 우리에게 그런 패러다임과 원칙들을 일상 생활의 구조 속으로 좀 더 완전하게 전환시키는 능력을 부여한다는 것도 알고 있다.

평화는 본질적으로 소중한 것을 먼저 하는 데 달려 있다. '소중한 것들'에 근본적인 것은 네 가지 욕구와 능력이다—살며, 사랑하며, 배우고, 유산을 남기는 것. 소중한 것을 먼저 하는 것은 우리의 네 가지 천부의 능력—자아 의식, 양심, 독립 의지, 상상력—을 활용하여, 원칙에 중심을 둔 방법으로 우리의 욕구와 능력을 충족시키는 데 달려 있다.

우리가 제4세대의 패러다임과 프로세스들을 우리 삶에 통합시키게 되면 이전과는 다른 종류의 평화를 발견하게 된다.

- 균형과 기쁨 속에서 살며, 사랑하며, 배우고, 유산을 남기는 우리의 능력 안에 있는 평화
- 우리에게 선택의 순간에 성품과 역량을 부여해 주는 인간 천부의 능력들을 개발하는 데서 오는 평화
- 우리의 역할들이 서로 경쟁하는 것이 아니라 협동을 하여, 시너지적이고 살아 있는 전체의 부분들이 되면서 오는 평화
- 양심에 귀 기울이는 것을 배우고 양심에 따라 사는 데서 오는 초월적 평화

원칙들이 존재한다. 우리는 양심을 가지고 있다. 이 두 가지가 모든 차이를 가져온다. 이 두 가지는 우리의 생각에 영향을 주고, 우리가 주위의 모든 것을 보는 방식에 영향을 준다. 우리는 자극과 반응 사이에서 멈추어, 우리 양심에 귀를 기울이고 마음의 속성들을 발휘함으로써 '최선'의 선택들을 하는 것이 얼마나 중요한지를 알게 된다. 우리는 자아보다 높은

목적들이 있다는 것을 알게 되며, 거기에 열정과 자신감을 가지고 우리의 에너지와 노력을 집중함으로써 삶의 질을 향상시킬 수 있다. 우리는 세계를 무한한 제3의 대안들이 있는 곳으로 본다. 우리는 원칙에 일치되는 시스템들을 만들어 내는 일의 중요성을 봄으로써, 우리가 삶을 조직하고 계획하는 바로 그 방식이 평화를 창조하는 마음의 습관들을 강화해 준다는 것을 알게 된다.

소중한 것을 먼저 함으로써 평화가 자라난다

우리가 이 책에서 서술한 원칙과 프로세스들은 삶의 네 영역 모두에서 평화를 자라나게 한다—양심의 평화, 정신의 평화, 우리 관계의 평화 ……심지어 몸의 평화까지. 비전은 목적과 의미를 준다. 역할들은 공헌들의 시너지적인 통로가 된다. 목표들은 양심에 따라 움직이는, 목적을 가진, 통합된 성취가 된다. 일 주일은 사명과 성장 주기의 순간 사이에 다리를 놓는다. 톱날을 가는 것은 하루 및 일 주일 단위의 쇄신이 된다. 선택의 매 순간은 공간이 되고, 우리는 인간 천부의 능력을 발휘하여 그 공간에서 성실성을 가지고 행동할 수 있다.

공유된 비전과 청지기 직분 합의를 통해 우리는 사람들을 문제 대신 기회의 관점에서 보는 능력을 얻는다. 우리는 사람들이 물건이 아님을 깨닫는다. 사람들은 또한 그저 '위임을 받는 대상'들도 아니다. 사람들은 살아 숨쉬는 인간들로, 자극과 반응 사이에 자기 나름의 공간을 가지고 있고, 자기 나름의 독특한 자질을 가지고 있고, 우리와 함께 시너지를 발휘할 능력을 가지고 있어, 우리는 사람들과 함께 소중한 것을 창조할 수 있다. 이것은 혼자 할 수 있는 것을 훨씬 넘어서는 성과를 창출한다.

이런 원칙과 프로세스들을 통해 우리 가운데 많은 사람들은 시간과 우리 삶의 질에 대한 기대를 바꾸게 된다. 이것은 평화를 이루는 데 필수적이다. 왜냐 하면 좌절은 본질적으로 충족되지 못한 기대에서 오는 것이기 때문이다. 우리가 어떤 것이 어떤 식으로 존재하기를 바라거나 어떤 결과들이 나오기를 바라는데 그렇게 되지 않을 때, 우리는 좌절을 느낀다.

근원적으로 보자면, 문제는 우리의 기대 가운데 많은 것들이 정북향이 아니라 각본과 성격 윤리 그리고 사회적 거울에서 나온다는 것이다. 이런 것은 결함이 있는 패러다임들이다. 이런 것은 근본적인 삶의 법칙들에 기초를 두고 있지 않다.

우리 가운데 많은 사람들이—의식적으로든 무의식적으로든—하루를 보내면서 우리가 계획한 것을 성취할 수 있기를 기대한다. 그 결과, 어떤 예기치 못한 도전이 나타나면 우리는 좌절한다. 어떤 사람이 우리가 예상하지 못한 욕구를 가지고 있을 때, 우리는 좌절한다. 우리는 사람들을 기본적으로 방해물로 본다. 우리는 변화를 적으로 본다. 평화와 행복은 우리가 하루를 보내면서 목록에 있는 모든 것을 다 하느냐 못 하느냐에 달려 있다고 생각한다.

그러나 기대 자체가 변한다면 어떤 일이 일어날까? 우리가 하루하루를 흥미있고 새로운 모험으로 보게 될 때—우리가 도로 안내 지도를 가지고 있을 뿐만 아니라, 지도에 나오지 않은 영토를 돌아다닐 능력을 주는 나침반을 가지고 있을 때……우리가 문제들을 다른 사람들을 도울 수 있는 기회로 보게 될 때……우리 나침반이 우리를 계속 '최선'으로 이끌어 줄 것이라는 자신감을 가지고, 우선 순위에 도전해 오는 상황들에 대처할 기회를 오히려 고대하게 될 때 어떤 일이 일어날까? 하루 내내 소중한 것을 먼저 하는 선택을 했다는 것을 알면서 잠자리에 드는 것에서 평화와 행복을 느낄 때, 어떤 변화가 일어날까? 그런 변화가 또한 우리가 하루하루의 현실과 상호 작용하는 것에 변화를 주지 않을까?

또 다른 기대를 생각해 보자. 의식적으로든 무의식적으로든, 우리 가운데 많은 사람들은 삶에 도전이 없기를 기대하고 있다. 그 결과, 도전이나 문제는 모두 좌절의 원인이 된다. 우리의 기대에 맞지 않는 것이기 때문이다.

그러나 그런 기대는 현실에 바탕을 둔 게 아니다. 대립은 삶의 자연스러운 일부다. 우리가 아령을 든다든가 하는 식으로 신체적인 대립을 극복하면서 몸의 근육을 개발하는 것과 마찬가지로, 우리는 도전과 역경을 극복함으로써 성품의 근육들을 개발한다. M. 스콧 펙은 『덜 다닌 길』에서 이렇게 말했다.

삶은 힘들다. 이것은 위대한 진실, 가장 위대한 진실 가운데 하나다. 이것이 위대한 진실인 것은, 우리가 일단 진정으로 이 진실을 보게 되면 그것을 초월할 수 있기 때문이다. 우리가 일단 삶이 힘들다는 것을 알게 되면—그러면 삶은 더 이상 힘들지 않게 된다. 일단 삶이 힘들다는 것을 받아들이면, 삶이 힘들다는 것은 더 문제가 되지 않기 때문이다.[2]

우리가 도전이 있을 것으로 내다보고 있으면, 도전은 좌절을 일으키지 않는다.

또 하나의 예로, 우리 가운데 많은 사람들은 다른 사람들이 우리에게 동의하고, 우리가 해야 한다고 느끼는 것을 해 주기를 기대한다. 다른 사람들이 우리와 의견이 다를 때, 다른 사람들이 의문을 가지거나 걱정을 할 때, 다른 사람들이 우리의 결정을 열렬히 지지하지 않을 때, 다른 사람들이 대안적 아이디어를 내놓을 때, 우리는 좌절을 느낀다.

그러나 모든 사람이 사물을 서로 다르게 본다고 기대할 때, 우리가 그 차이를 존중할 때, 우리가 인간 천부의 능력을 시너지적으로 활용함으로써 나오는 제3의 대안을 기대할 때, 어떤 변화가 있을까?

충족되지 못한 기대가 좌절을 일으키는 것은 사실이지만, 우리의 기대는 우리의 통제 범위 안에 있다. 기대를 낮추라는 말을 하는 게 아니다.

정북향 현실에 기초를 둔 기대를 가지라는 말을 하는 것이다. 우리가 삶에서 겪는 좌절 가운데 많은 부분을 제거하는 가장 좋은 방법 가운데 하나는 우리의 기대를 검토하는 것이다. 그러면 우리가 좌절을 느낄 때마다, 그 문제의 근원으로 돌아갈 수 있다.

- 내가 가진 기대 가운데 어떤 것이 침해되었는가?
- 그 기대가 정북향 현실에 기초를 두고 있었는가?
- 그 기대를 바꾸기 위해 나는 무엇을 해야 하는가?
- 내가 이 경험에서 무엇을 배워야 앞으로 올바른 기대를 가지게 될 것인가?

우리의 기대가 정북향 현실에 기초를 두지 않을 때, 우리는 당연히 좌절을 겪고 평화를 잃게 된다.

두 개의 쐐기돌 : 공헌과 양심

우리가 논의한 모든 원칙과 프로세스들 가운데, 평화에 가장 본질적인 두 개의 쐐기돌은 공헌(유산을 남기는 것)과 양심이다. 네 가지 욕구가 모두 중요하지만, 공헌은 다른 세 가지에 의미를 주고 활력을 준다. 네 가지 천부의 능력 하나하나마다 매우 중요하지만, 양심은 다른 세 가지에 의미를 주고 활력을 준다. 공헌과 양심을 한데 엮으면, 우리는 자신이 어디로 가고 싶은지 그리고 거기에 어떻게 갈 수 있는지를 알 수 있게 된다.

공헌

최근 코비 리더십 센터는 우리 지역의 PBS 방송국과 공동으로 우리가 영국에서 개발하고 촬영한 비디오 드라마를 PBS의 방송망을 통해 내보

냈다. 우리 드라마의 주인공은 좋지 않은 환경에서 태어나 어린 시절을 거리에서 떠돌며 보내다가, 나중에는 상당히 성공한 작가가 되었을 뿐 아니라 좋은 집과 사랑하는 가족을 가지게 된 영국인이다. 그러나 이 이야기는 그 작가가 '집필 차단' 증상을 겪고 있는 데서부터 시작된다. 이 작가는 한동안 작품을 쓸 수 있는 영감을 얻을 수 없었다. 마치 그의 창의성이 꺼져 버린 것 같았다. 빚이 쌓여 가고 있었다. 출판사로부터 엄청난 압력을 받고 있었다. 작가는 점점 더 우울해졌다. 자기 자식들이 그가 주변에서 보아 온 많은 아이들처럼 길바닥에 내팽개쳐질 것이라는 두려움을 느꼈다……. 예전의 자기처럼.

작가는 낙담했다. 잠을 잘 수가 없었다. 작가는 밤에 런던 거리를 거닐기 시작했다. 작가는 궁핍을 보았다. 밤에 공장에서 일을 하는 아이들의 비인간적인 조건을 보았다. 가족을 위해 생계를 유지해 나가려고 애쓰는 부모들의 처절한 투쟁을 보았다. 점차, 자신의 눈앞에 펼쳐지는 생생한 현실이 가슴에 다가왔다―이기심과 탐욕, 그리고 다른 사람들을 이용하려는 사람들이 미치고 있는 나쁜 영향에 대한 느낌이었다. 하나의 아이디어가 작가의 마음을 건드려, 작가의 정신 속에서 점차 자라나기 시작했다. 작가로서 뭔가 변화를 가져오기 위해 할 수 있는 일이 있었다!

작가는 전에 없던 에너지와 정열을 가지고 글을 쓰는 일로 돌아왔다. 작가는 공헌에 대한 비전에 사로잡혀 정열을 불태웠다. 의심이나 낙담은 더 없었다. 작가는 자신의 경제적 문제는 걱정하지 않았다. 작가는 자신의 이야기를 마저 써서, 그 이야기를 되도록 싼 책으로 만들어, 되도록 많은 사람들과 나누고 싶었다. 작가의 인생 전체가 변했다.

그 결과 세상도 변했다. 찰스 디킨스의 걸작 『크리스마스 캐럴』은 이 세계 수백만 사람들의 삶을 밝게 비추어 주었다. 찰스 디킨스의 비전은 희망·따뜻함·애정이라는 멋진 유산을 남겼으며, 그 유산은 150년 동안 이어져 내려오고 있다.

독립적 성취 패러다임의 목적들 대부분은 그 자체로는 공허할 뿐이다. 의미 있는 목적이라는 맥락이 없다면, 그 목적들은 착각이다. 그 목적들은 솜사탕 만족만을 준다.

우리가 소비보다 공헌에 더 집중할 때만 우리는 삶의 가능한 모든 측면에서 평화를 꾸려 내는 맥락을 창조할 수 있다. 우리가 살며, 사랑하며, 배우는 것에서 의미를 찾을 수 있는 것은 유산을 남긴다는 맥락이 있기 때문이다.

양심

제3세대의 많은 부분은 자아 의식, 독립 의지, 상상력을 어느 정도 결합하고 있다. 그러나 여기에 양심이 빠진다면 평화도 없다.

스티븐 : 전에 대학에서 일할 때, 저명한 심리학자이자 전국 심리학 협회의 회장을 지낸 분을 모신 적이 있습니다. 이 분은 '성실성 치료'의 아버지로 여겨지는 분인데, 성실성 치료란 마음의 평화와 진정한 행복과 균형은 양심에 따라 성실하게 사는 삶에서 나온다는 생각에 바탕을 둔 심리학 치료 방법이었습니다. 이 분은 양심이 시간을 초월하여 모든 지속적인 문화·종교·사회에 공통되는 보편적 옳고 그름의 감각을 활용하는 것이라고 생각했죠.

어느 날 오후 강의 시간 사이에, 난 그 분을 모시고 숨이 멎을 만큼 경치가 아름다운 산으로 갔습니다. 난 그 기회를 빌려, 그 분한테 어떻게 성실성 치료라는 것을 생각하게 되었는지 물어 봤습니다.

그 분은 말했습니다.

"거기에는 아주 개인적인 동기가 있습니다. 나는 조울증 환자였습니다. 내 생활 전체가 조증과 울증의 연속이었죠. 시간이 지나면서 나는 많은 사람들과 상담하게 되었고, 심한 스트레스를 느꼈을 뿐 아니라 내가 아주 연약하다는 생각을 하게 되었습니다. 나는 우울증으로 빠져 들었습니다—거의 자살을 하고 싶은 지경에까지 이르렀지요. 나는 내 전문적 교육과 활동 때문에, 나에게 무슨 일이 벌어지고 있는지 잘 알았습니다. 난 내가 위험하다는 것을 알았어요. 그 시점에서 나는 자살을 막기 위해 스스로 정신 병원에 들어갔습니다. 한두 달 뒤 나는 퇴원을 하여 다시 일을 하게 되었습니다. 그러고 나서 1년쯤 지나 난 다시 우울증에 빠져 들었고, 병원으로 갔다가 다시 퇴원을 하여 연구와 저작 활동을 했습니다.

내가 협회 회장을 맡고 있을 때 한 번은 너무 심하게 아프고 우울하여, 난 회의에 갈 수도 없었고 사회봉을 들 수도 없었습니다. 그 시점에서 난 자문을 했습니다.

'혹시 내가 내 삶과 직업에서 잘못된 틀을 가지고 살고 있는 게 아닐까?'

난 내 속 깊은 곳에서, 내가 오랫동안 거짓된 생활을 해 왔다는 것을 알고 있었습니다. 내가 솔직히 고백하지 않은 내 삶의 어두운 부분이 있었어요."

우리는 차를 타고 있었고, 그 분은 그런 이야기를 들려 주었습니다. 난 아주 진지해졌고 또 겸손해졌습니다. 아울러 그 분이 할 말이 약간 두렵기도 했죠. 그 분은 말을 이었습니다.

"난 중요한 결단을 내리기로 마음먹었습니다. 난 내 정부(情婦)를 포기했습니다. 난 아내 앞에서 깨끗해졌죠. 그리고 오랜만에 처음으로 마음의 평화를 얻었습니다. 이 평화는 내가 우울증에서 벗어나 생산적인 일로 돌아갈 때 느끼던 평화와는 다른 것이었어요. 그것은 내적인 마음의 평화로, 일종의 자기 정직성, 자기 통일, 성실성 같은 것이었습니다.

그 때부터 나는 어쩌면 내가 보는 많은 문제들이 자연스러운 양심이 무시되고, 부정되고, 침해되어, 개인적 성실성을 잃어버림으로써 생긴 것인지도 모른다는 생각을 하게 되었고, 또 그와 관련된 이론을 파고들게 되었습니다. 난 그 아이디어를 가지고 작업을 했습니다. 그것을 연구했습니다. 난 다른 의사들도 참여시켰어요. 그들은 환자들과 이런 패러다임으로 일을 시작했습니다. 난 자료를 보고 내 생각이 옳다는 것을 확신하게 되었습니다. 그래서 난 성실성 치료에 들어서게 된 것입니다."

나는 그 분의 마음을 여는 태도와 깊은 확신에서 강한 인상을 받았습니다. 다음날 대학 공개 토론회에 참석한 많은 학생들도 마찬가지로 감명을 받게 되었죠.

이 심리학자의 개인적 경험과 연구는 평화를 얻는 데 양심이 본질적인 역할을 한다는 것을 분명히 보여 준다. 그리고 그 평화는, 그의 말에 따르면 '종류가 다른 평화'였다. 분명히 그는 자기 천부의 능력 일부를 의식적으로 개발해 나갔다. 제 발로 병원에 들어갈 정도로 자신의 상황을 분명하게 본 것에서, 우리는 그가 뛰어난 자아 의식과 독립 의지를 가지고 있음을 알 수 있다. 그리고 그가 자기 분야의 업적을 인정받은 것을 보면, 그는 고도로 개발된 상상력도 가지고 있음을 알 수 있다. 그러나 그는 자신의 양심과 관련을 맺고 나서야, 그가 구하던 평화를 찾을 수가 있었다.

심리 치료, 긍정적 정신 자세, 창의성 개발 분야 등의 수십 년에 걸친 연구 결과는 양심이라는 핵심적 요소가 없이는 평화와 장기적인 삶의 질을 얻으려고 하는 것이 헛된 일임을 입증해 준다.[3] 양심은 정북향, 즉 평화와 삶의 질을 얻게 해 주는 원칙들과 우리 사이에 관련을 맺어 준다.

두 개의 걸림돌 : 낙담과 자만

평화에 가장 치명적인 두 개의 걸림돌은 낙담과 자만이다.

낙담

낙담(discouragement)은 문자 그대로 용기 없음(dis-courage-ment)이다. 낙담은 우리가 이제까지 한 모든 말의 반대다. 낙담은 우리 삶이 원칙이 아니라 착각에 근거를 둘 때, 엉뚱한 벽에 세워 놓은 사다리를 올라간 결과와 맞닥뜨릴 때 생기는 것이다. 낙담은 우리가 피곤하거나 몸이 쇠약하거나 빚을 지고 있을 때, 인간 관계가 엉망이 되었을 때, 성장하지 못할 때, 인생에서 의미나 목적에 대한 느낌을 가지지 못할 때 생기는 것이다. 낙담은 우리에게 비전이 없을 때, 우리가 불균형 속에서 살 때, 목표를 달성하지 못할 때 하게 된다. 낙담은 우리가 하루의 긴급하고 제한적인 전망 속에서 헤맬 때, 선택의 순간에 성실성을 가지고 행동하지 못할 때 하게 된다. 낙담은 우리의 심리가 경쟁적이고 부족의 상태일 때, 삶이 승/패 상호 작용으로 가득 차고 환경이 험담과 권모 술수와 비교적 사고로 가득 찰 때 하게 된다.

낙담은 나침반이나 정확한 지도가 없이 숲에서 헤매는 것이다. 낙담이란 사람들이 건네 준 지도가, 우리가 가고 싶은 곳으로부터 점점 멀어지게 한다는 것을 발견하는 것이다.

반면, 용기는 원칙이 있고 균형 잡힌 방식으로 우리의 욕구와 능력을 충족시키고, 분명한 비전, 역할들 사이의 균형, 의미 있는 목표들을 세우고 이루는 능력, 순간의 긴급성을 초월하는 전망, 선택의 순간에 성실성을 가지고 행동하는 성품과 역량, 상호 의존적 현실에서 효과적으로 그리고 시너지적으로 기능하는 풍요의 심리를 가지고 있을 때 생긴다. 용기는 마음에서 나오며, 마음과 접촉을 하면 희망이 생긴다.

우리가 어디에 있든, 용기를 개발하는 가장 좋은 방법은 목표를 세우고 그것을 이루는 것이며, 약속을 하고 그것을 지키는 것이다. 목표나 약속이 아무리 보잘 것 없더라도, 이 한 가지 행동에서 우리가 선택의 순간에 성실성을 가지고 행동할 수 있다는 자신감이 형성되기 시작한다. 그것은 하루라도 아침에 일찍 일어나는 일—'매트리스' 위에 '마음'을 놓는 문제—일 수도 있고, 음식에 대한 취향을 영양에 종속시키는 문제일 수도 있다. 그러나 우리가 자신과 남들에게 약속을 하고 지키기 시작함에 따라, 우리는 자신감·성장·평화로 나아가는 길에 첫발을 내딛게 된다.

자만

낙담보다 더 큰 걸림돌은, 우리가 원칙 중심이 되려고 노력할 때 가장 큰 위험 요소로 작용하는 것은 자만이다. 우리는 종종 자만(pride)이라는 말을 어떤 대상이나 사람을 향한 깊은 즐거움이나 높은 만족감을 묘사하는 말로 쓰기도 하지만—우리는 훌륭한 일에 자부심을 가질 수도 있고, 어떤 것을 잘하는 자녀를 자랑스러워 할 수도 있다—그것은 또한 우리 인생의 가장 파괴적인 패러다임 가운데 하나를 묘사하는 말이기도 하다.

"교만하다(prideful)."는 말을 생각해 보면 이 말이 지닌 부정적 의미를 더 쉽게 이해할 수 있다. 교만한 사람은 기본적으로 천성이 경쟁적이며, 자신을 자꾸 남보다 위에 놓으려고 한다. C.S. 루이스는 이렇게 말했다.

자만은 어떤 걸 가지는 데서 기쁨을 느끼지 못한다. 오직 옆 사람보다 더 많이 가져야만 기쁨을 느낀다……. 당신을 오만하게 만드는 것은 비교다. 남보다 위에 있다는 즐거움이다.[4]

우리의 기본 욕구와 능력을 충족시키는 데 자만이 주는 영향을 생각해 보라.

- **사는 것**에서 자만이란 사람들이 자신의 수입이 자신의 요구에 맞는지 어떤지에 관심을 가지기보다는, 자신의 수입이 다른 사람의 수입보다 많은지 어떤지에 관심을 가지는 것을 뜻한다. 사람들은 늘 자신의 외모—머리카락·옷·체형—를 다른 사람들과 비교한다.
- **사랑하는 것**에서 자만이란 자신이 가진 친구의 수와 지위로 또는 다른 사람들로부터 받는 칭찬의 양으로 자신의 가치를 잴 때 나온다.
- **배우는 것**에서 자만이란 무엇을 알게 되느냐 하는 것보다는 최고의 점수를 받느냐 또는 최고의 지위에 오르느냐 하는 것에 더 관심을

가지는 것이다.

- 유산을 남기는 것에서 자만이란 주는 것에서 의미를 찾는 것이 아니라, 다른 사람들보다 더 많이 주고, 주는 것에 대해 인정을 받으려는 것이다.

자만은 말하자면 감정적 기생충이다. 자만에는 깊은 기쁨도 없고, 만족도 없고, 평화도 없다. 늘 다른 어떤 사람이 나보다 잘생겨 보일 수 있고, 더 많은 돈을 가질 수 있고, 더 많은 친구를 가질 수 있고, 더 큰 집을 가질 수 있고, 더 새 차를 가질 수 있기 때문이다.

자만은 교활하다. 의미와 목적을 오염시키기 때문이다. 자만은 양심을 어둡게 하고, 무시하고, 심지어 몰아 내기까지 한다. C.S. 루이스가 말했듯이 "자만은 영적인 암이다. 자만은 사랑, 만족, 심지어 상식의 가능성마저 삼켜 버린다." [5] 자만은 결국 증오 · 질투 · 전쟁을 낳는다.

오만한 사람들은 자신의 사다리가 올바른 벽에 세워져 있느냐 하는 것보다는, 남들과 비교하여 자신이 사다리를 얼마나 높이 올라왔느냐 하는 것에서 안정을 찾는다. 오만한 사람들은 자기 밑에 있는 사람들을 보면서 자신이 가치 있다고 느낀다. 남들보다 앞서는 데서 보상을 찾고 거기에 초점을 맞춘다. 설사 그것이 잘못된 것에서 앞서는 것이라 할지라도.

꼭대기에서 아래를 내려다보는 것뿐 아니라, 아래에서 위를 올려다보는 경우에도 자만이 있다. 전직 미국 농무부 장관이자 종교 지도자인 에즈러 태프트 벤슨은 이렇게 말했다.

우리 대부분은 자만이 꼭대기에서 우리를 내려다보는 사람들, 예를 들어 부유하고 학식 있는 사람들의 죄라고 생각한다. 그러나 우리에게는 훨씬 더 일반적인 병이 있다—그것은 아래에서 위를 올려다보는 자만이다. 예를 들어 흠잡기, 뒷공론하기, 험담하기, 자기 수준 이상으로 살기, 질투하기, 부러워하기, 남을 올려 줄 수 있는 감사와 칭찬은 하지 않기, 용서하지 않기, 시기하기 등과 같은 여러 가지에서 그것은 분명하게 나타난다.[6]

자만은 부족 심리의 본질이다. 자만은 평화를 파괴한다. 자만은 외적인 것들에 일치시키려 하는 그릇된 성실성을 낳는다. 그리고 그 대가를 생각해 보라! 누가 가장 많이 가지고 있고, 가장 많이 일을 하고, 가장 멋있어 보이고, 가장 좋은 곳에서 살고, 가장 큰 사무실을 가지고 있고, 더 돈을 많이 벌고, 더 많이 일을 하고, 가장 가치가 있는지를 놓고 걱정하느라 얼마나 많은 시간과 에너지를 허비하는가? 경쟁의 외침이 양심의 속삭임보다 더 클 때, 그것이 우리 인생에서 소중한 것을 먼저 하는 것에 어떤 영향을 미칠까?

자만이라는 독에 대한 해독제는 겸손이다—우리가 섬일 수는 없다. 우리 삶의 질은 다른 사람들의 삶의 질과 떼려야 뗄 수 없다는, 소비와 경쟁이 아니라 공헌에 의미가 있다는 것을 깨닫는 것이다. 우리는 우리 자신에게 법칙일 수 없으며, 원칙과 사람들을 더 중시하게 됨에 따라 우리가 느끼는 평화도 더 커진다.

원칙 중심인 사람들의 특징

원칙 중심이 되는 것은 되는 것 바로 그것이다. 그것은 도달하는 것이 아니다. 평생에 걸친 탐구다. 그러나 사람들이 정북향에 생활을 일치시키면 시킬수록, 그들은 원칙 중심인 사람들에게 공통된 특징들을 더 개발해 나가게 된다.

원칙 중심인 사람들은 유연성이 있고 자발적이다. 원칙 중심인 사람들은 계획과 일정에 얽매이지 않는다. 일정은 중요하지만, 바꿀 수 없을 정

도로 중요하지는 않다. 원칙 중심인 사람들은 인생을 하나의 모험으로 본다. 그들은 지도에 없는 땅을 찾아 떠나는 용기 있는 탐험가들과 같다―무슨 일이 일어날지 정말 모르고 있지만, 그 일이 흥미있고 또 성장을 가져다 줄 것이라는 것, 새로운 땅을 발견해 새로운 공헌을 할 것이라는 것은 확신한다. 그들의 안정은 안전 지대에 있는 것이 아니라, 나침반에 있다―지도에 없는 땅을 자신 있게 탐험할 수 있도록 북돋는 인간 천부의 독특한 능력에 있다.

원칙 중심인 사람들은 다른 사람들과 풍부하고 보람 있는 관계를 맺는다.
원칙 중심인 사람들은 사람을 일정보다 앞에 놓는다. 이들은 기대를 분명히 한다. 이들은 비교·경쟁·비판에 빠져 들지 않는다. 다른 사람들은 이들이 정직하고, 솔직하고, 조작을 하지 않고, 작정을 하면 지키고, 말대로 실행한다고 믿을 수 있다고 느낀다. 원칙 중심인 사람들은 부정적 행동, 비판, 다른 사람들의 단점에 과잉 반응을 보이지 않는다. 원칙 중심인 사람들은 얼른 용서한다. 이들은 원한을 품지 않는다. 원칙 중심인 사람들은 딱지를 붙이는 것, 상투적인 태도를 보이는 것, 범주를 만들어 구분하는 것, 편견을 가지는 것을 거부한다. 이들은 다른 사람들의 성공을 진정으로 기뻐하고 또 그렇게 되도록 돕는다. 이들은 모든 사람의 보이지 않는 잠재력을 믿는다. 이들은 성장과 기회를 위한 풍토를 조성하도록 돕는다.

원칙 중심인 사람들은 시너지적이다. 원칙 중심인 사람들은 다른 사람들에게 '자신의 일'을 시키는 대신, 다른 사람들과 함께 공유된 비전을 성취하는 데서 더 큰 보람을 느낀다. 원칙 중심인 사람들은 차이를 존중한다. 원칙 중심인 사람들은 제3의 대안이 지닌 시너지를 믿는다. 원칙 중심인 사람들은 팀으로 일을 할 때, 팀 구성원들의 힘을 기르고 다른 사람들의 힘으로 자신의 단점을 보완하기 위해 애쓴다. 원칙 중심인 사람들은 역경으로 비치는 상황에서 다른 사람들과 협상을 하고, 의사 소통을 할 때 사람들과 문제들을 떼어 놓고 볼 줄 안다. 원칙 중심인 사람들은 자리를 놓고 다툼을 벌이는 대신, 다른 사람들의 이해 관계와 관심거리에 초점을 맞출 수 있다.

원칙 중심인 사람들은 끊임없이 배운다. 원칙 중심인 사람들은 정북향이 있다는 것을 알기 때문에, 지속적으로 정북향을 발견하고, 이해하고, 자신의 삶을 거기에 맞추려 한다. 원칙 중심인 사람들은 더 겸손해지고 더 배우려 한다. 원칙 중심인 사람들은 광범위하게 독서를 하며, 오랜 세월에 걸친 지혜를 향유하며, 다른 사람들의 말에 귀를 기울인다. 원칙 중심인 사람들은 자신들의 경험을 통해 꾸준히 교육을 받는다.

원칙 중심인 사람들은 공헌에 초점을 맞춘다. 원칙 중심인 사람들은 소비보다는 공헌에, 얻는 것보다는 주는 것에 시간과 에너지를 더 들인다. 원칙 중심인 사람들은 봉사 정신이 있다. 원칙 중심인 사람들은 자신뿐 아니라 다른 사람들을 위하여 삶의 질을 개선하려고 한다.

원칙 중심인 사람들은 특별한 성과를 이루어 낸다. 원칙 중심인 사람들은 '생산'과 생산하는 능력을 증가시키는 것 사이의 균형을 잡음으로써, 장기적으로 더 많이 생산하는 능력을 개발한다. 원칙 중심인 사람들은 초를 양쪽에서 태우지 않는다. 원칙 중심인 사람들은 끊임없이 새로운 기술을 습득한다. 원칙 중심인 사람들은 다른 사람들과 함께 일하는 능력을 키우며, 높은 질의 상호 의존적 생산을 촉진한다. 원칙 중심인 사람들은 무슨 일을 하든 원칙을 적용하여 질적인 성과를 창출한다.

원칙 중심인 사람들은 건강한 심리적 면역 시스템을 개발한다. 원칙 중심인 사람들은 문제를 처리할 줄 안다. 원칙 중심인 사람들은 심리적 AIDS에 감염되어 있지 않다. 원칙 중심인 사람들도 병, 경제적 실패, 실망 때문에 상처를 입거나 타격을 받기도 하지만, 곧 회복할 자원을 가지고 있다. 원칙 중심인 사람들은 결혼과 가정 생활에서 건강한 면역 시스템을 길러 내어, 급소가 되는 쟁점들을 논의할 수 있으며, 각본이 아니라 원칙을 가지고 경제 · 친인척 · 자녀 교육 문제를 다룰 수 있다. 원칙 중심인 사람들은 업무 팀 · 그룹 · 조직에서 건강한 면역 시스템을 만들어 내기 위해 일한다.

원칙 중심인 사람들은 자기 나름의 한계를 설정한다. 원칙 중심인 사람들은 지쳐 떨어질 때까지 일을 하지 않으며, 신용이 땅에 떨어질 때 까지 소비하지 않으며, 시간이 바닥날 때까지 계속 프로젝트에 매달리지 않는다. 원칙 중심인 사람들은 언제 그만두느냐 하는 문제를 판단할 때 외적 요인에 덜 의존한다. 원칙 중심인 사람들은 원칙을 적용하고 지혜를 활용하는 방법을 배워, 그들 자신의 한계를 설정함으로써 효과성을 극대화한다. 원칙 중심인 사람들은 에너지와 창의성이 절정에 이른 동안에 노력을 집중한다. 원칙 중심인 사람들은 재창조를 위한 시간을 누린다. 원칙 중심인 사람들은 지혜롭게 소비하고 저축하며, 미래에 대비해 투자한다.

원칙 중심인 사람들은 균형 잡힌 생활을 한다. 원칙 중심인 사람들은 일 중독자, 종교적 광신자, 정치적 열광자, 갑자기 다이어트를 하는 사람, 음식에 탐욕을 부리는 사람, 쾌락 중독자, 단식하는 순교자가 되지 않는다. 원칙 중심인 사람들은 신체적으로, 사회적으로, 정신적으로, 영적으로 적극적이다. 원칙 중심인 사람들은 더 풍요롭고, 더 시너지적인 삶을 산다.

원칙 중심인 사람들은 자신감 있고 안정적이다. 원칙 중심인 사람들은 정북향과 조화를 이룬 채 사는 것이 삶의 질을 높여 줄 것이라는 자신감 속에서 성장하며, 그 과정에서 더 참을성을 가지고 평화를 누린다. 원칙 중심인 사람들의 안정은 일·단체·인정·소유·지위를 비롯한 다른 외적인 요소에서 오는 것이 아니다. 원칙 중심인 사람들의 안정은 내면에서 나온다─삶의 중심을 원칙에 맞추는 것에서, 아울러 그들의 양심에 따라 사는 것에서.

원칙 중심인 사람들은 언행 일치를 보여 준다. 원칙 중심인 사람들에 게서는 의식적인 이율 배반이나 이중적인 태도나 위선을 찾아볼 수 없다. 원칙 중심인 사람들은 자기 자신과 남들에게 약속을 하고 지키는 능력을 증대시킨다. 원칙 중심인 사람은 자기 성실성 계좌에 높은 잔고를 쌓아 나간다.

원칙 중심인 사람들은 자기 영향력의 원에 초점을 맞춘다. 원칙 중심인 사람들은 관심의 원에다가 시간이나 에너지를 낭비하지 않는다. 원칙 중심인 사람들은 자신이 할 수 있는 일에 초점을 맞추며, 그들이 어떤 상황에 처해 있건 그 상황을 개선하기 위해 일한다.

원칙 중심인 사람들은 풍부한 내적 생활을 함양한다. 원칙 중심인 사람들은 정기적인 정신적 쇄신으로부터 힘을 얻는다. 원칙 중심인 사람들은 지혜의 문헌을 향유하고, 생각하고, 명상하고, 그 밖의 다른 방식으로 자기 삶의 맥락·의미·목적을 함양한다.

원칙 중심인 사람들은 긍정적인 에너지를 발산한다. 원칙 중심인 사람들은 더 명랑하고, 더 유쾌하고, 더 낙관적이고, 더 적극적이고, 더 장래

성이 있다. 원칙 중심인 사람들은 강력한 부정적 에너지를 중화하거나 살짝 피한다. 원칙 중심인 사람들은 그들을 둘러싼 약한 힘들에게 도움을 준다.

원칙 중심인 사람들은 삶을 더 즐긴다. 원칙 중심인 사람들은 어리석은 잘못이나 사회적 실수 따위로 자신을 비난하지 않는다. 원칙 중심인 사람들은 자신과 남들을 용서한다. 원칙 중심인 사람들은 어제에 대해 걱정하거나 내일에 대해 헛된 생각을 하지 않는다. 원칙 중심인 사람들은 분별력 있고 즐겁게 현재를 살며, 신중하게 미래의 계획을 짜고, 융통성 있게 변화하는 환경에 적응한다. 원칙 중심인 사람들은 풍부한 유머 감각을 개발하고, 종종 자신을 놀림감으로 삼되 절대 남들을 놀림감으로 삼지는 않는다.

사람들이 이런 특징을 개발해 나가면 나갈수록, 그들의 삶은 더 평화로워지고 더 행복해진다. 원칙 중심인 사람들은 자신과 주변 모든 사람들의 삶의 질에 의미 있는 영향을 준다.

원칙 중심이 되는 것이 늘 쉬운 일은 아니다. 그러나 그것은 삶의 질을 끌어올리는 성과를 창출한다. 중요한 것은 정북향과 더욱 일치하기 위해 계속 애쓰고, 계속 일하는 것이다.

버리기

영화 『미션』은 원주민들을 잡아 노예로 파는 일을 하는 사람의 이야기다. 그는 어느 날 마을로 돌아오다가 시기심 때문에 발작을 일으켜 동생을 죽이고 만다. 그는 자기가 저지른 짓에 큰 충격을 받아 몇 주일 동안이나 절망에 빠진 채 망연 자실하게 앉아 있다. 마침내 사제 한 사람이 다가와 그가 속죄할 방법이 있다고 일러 준다.

그는 사제의 가르침에 따라 선교사 무리와 함께 정글 속으로 들어감으로써 참회를 하려 한다. 그는 자신의 무기와 갑옷이 가득 든 그물을 등에 지고 간다. 그 길은 믿을 수 없을 정도로 험난하다. 그는 자신의 짐을 지고 필사적으로 산을 오르고, 협곡을 건너고, 폭포를 올라간다. 선교사 한 사람이 사제에게 그가 짐을 버릴 때가 되지 않았느냐고 걱정스럽게 묻는다. 그러자 사제는 대답한다.

"그가 그 때를 알 거요."

이 사람은 헤라클레스와 같은 노력을 기울인 끝에 산등성이를 넘는다. 몸은 긁히고 찢긴 채, 완전히 탈진한 상태다. 눈을 들다가 원주민 하나와 정면으로 마주친다. 정적의 순간이다. 이윽고 원주민은 칼을 들어올린다 ……. 그러고는 밧줄을 끊어 준다. 그 순간이야말로 엄청난 해방의 순간이다. 그를 잡아끌던 모든 것을 버리는 순간이다. 그 때부터 이 사람은 원주민의 삶의 질을 향상시키는 일에 자신의 삶을 바친다.

앞에서도 말했듯이, 모든 돌파구는 끊고 버리는 것에서 나온다. 우리가 인생에서 소중한 것을 먼저 하려고 할 때, 그것은 우리를 잡아당기는 것들, 우리가 하고 싶은 공헌을 못 하게 가로막는 것들을 버리는 시간일 수도 있다.

인기 있고 남의 기분을 좋게 하지만 사실은 착각에 근거한 패러다임들을 버리라. 단기적으로 보면 이런 패러다임은 우리가 목표를 세우고, 원하는 어떤 것이든 이루고, 삶의 질을 끌어올리는 성과를 창출할 수 있다고 느끼게 해 주기 때문에 멋져 보일 수도 있다. 그러나 현실은 정북향 원칙들이 삶의 질을 관장한다는 것이다. 우리가 정북향과 어긋난 가치들을 추구할 때, 우리는 마침내 결과들과 다른 사람들을 컨트롤하려고 들 수 있다. 그것은 쓸데없는 짓이다. 착각하고 있는 것이다. 원칙들이 존재한다.

결과들이 존재한다. 착각에 따른 패러다임을 버릴 때만, 우리는 평화와 삶의 질을 창조하는 법칙들과 조화를 이루는 행동을 자유롭게 할 수 있다.

'소중한 것'이 아닌 것을 버리라. 우리가 싱가포르에서 회의를 열었을 때, 유럽·아시아·미국 서부의 임원들이 참석했다. 우리가 영향력의 원과 관심의 원을 소개했을 때, 미국 서부의 임원들은 어떻게 영향력의 원이 자신들이 할 필요가 있는 일에 초점을 맞출 수 있게 해 주는지에 대한 이야기를 시작했다. 그러자 아시아 임원이 말했다.

"그거 아주 흥미롭군요. 우리가 그 원들을 보았을 때, 우리의 즉각적인 반응은 이런 것이었습니다. '이거 멋지군! 이 관심의 원은 우리가 무엇을 버려야 하는지 알 수 있게 해 줄 거야!'"

우리는 다른 것들은 버리고 가장 중요한 것에 우리의 시간과 노력을 기울일 때만 자유롭게 소중한 것을 먼저 할 수 있다.

합리화(이성적인 거짓말하기-rational-lies-ing)를 버리라. 우리가 자기 정당화와 합리화라는 짐을 지고 있는 한, 우리는 자유롭게 양심의 소리에 귀를 기울일 수가 없다. 인생에서 가장 큰 해방감을 맛볼 수 있는 경험 중의 하나는 그저 양심에만 반응하겠다고 다짐하는 것이다. 단 한 주라도 그렇게 시도해 본 사람이라면 그 해방감에 놀랄 것이고, 그 동안 양심에 반대되는 행동을 정당화하는 데 얼마나 많은 시간과 에너지를 낭비했는지를 발견하고 놀랄 것이다.

불필요한 죄책감을 버리라. 양심으로부터 오는 죄책감은 자신의 큰 스승이다. 그것을 통해 우리는 언제 우리가 정북향에서 벗어났는지를 알 수가 있다. 그러나 우리 가운데 많은 사람들이 지니고 있는 죄책감의 많은 부분은 사회적 양심에서 오는 것이다. 그것은 가르침을 주지 않는다. 우

리의 진전을 막을 뿐이다. 우리는 자신의 죄책감을 검토할 때 자유롭게 된다. 만일 죄책감이 사회적 거울 때문에 나온 것이라면, 우리는 그것을 버릴 수 있다. 만일 죄책감이 양심에서 나온 것이라면, 우리는 그것을 마주 보며 삶을 조정하고, 속죄를 하는 데 필요한 모든 일을 하고, 앞으로 나아갈 수 있다. 그렇게 하는 데 어떤 것이 필요하든, 그것은 죄책감을 지니고 사는 것만큼 어렵지도 않고 사람을 쇠약하게 만들지도 않는다. 인생이란 성공만이 아니라 우리의 잘못으로부터도 배우는 것이다. 어떤 사람은 이렇게 말했다.

"인생에 진정한 잘못이 딱 하나 있는데, 그것은 그 잘못으로부터 배우지 않는 잘못이다."

안전의 외적인 원천을 버리라. 우리가 믿을 수 없을 정도로 바쁜 것에서, 우리의 직업에서, 우리 재능에 대한 인정에서, 인간 관계에서, 양심과 원칙에 대한 우리 자신의 기본적 성실성 이외의 다른 어떤 것에서 안전감을 느끼는 한, 우리는 소중한 것을 먼저 하는 문제에서는 근본적으로 벗어나게 된다. 이런 것이 우리가 마음 깊은 곳에서 해야 한다고 느끼는 것을 하는 것보다 더 중요한 자리를 차지하게 될 것이기 때문이다. 우리가 이런 것을 버릴 때만, 그래서 우리의 깊은 내적 삶에서 안전을 구할 때만, 우리는 자유롭게 정녕 가장 중요한 것을 할 수 있을 것이다.

전환점

우리가 하는 모든 결정은 중요한 결정이다. 어떤 결정은 당시에는 작아 보일 수도 있으나, 그런 것이 쌓여 마음의 습관이 되고, 그 습관이 점점 더 강한 힘으로 우리를 어떤 운명 쪽으로 몰아가는 것이 현실이다.

우리의 선택 가운데 어떤 것들—당시에는 우리가 모르는 경우도 흔하지만―은 우리 인생에서 진정한 전환점이 된다. 소중한 것을 먼저 하는 것이 엄청난 차이를 만들어 내는 때다. 때로는 이런 결정을 하기가 힘이 든다. 그런 결정은 우리에게 인기가 없는 태도를 취할 것을 요구하기도 하고, 심지어 다른 사람들에게는 비논리적으로 보이는 태도를 취할 것을 요구하기도 한다. 그러나 우리가 양심에 귀를 기울여 '무난한 것'을 '최선의 것'에 종속시킬 때, 우리는 이윽고 믿을 수 없을 정도로 삶의 질을 끌어올리는 효과를 얻게 된다.

우리 세 사람은 이 책을 마치면서, 각각 우리 자신의 삶에서 진정한 전환점이었고, 또 우리가 소중한 것을 먼저 하는 것의 힘을 확신하게 된 경험을 이야기하고 싶다.

레베카 : 몇 년 전, 내 아이들이 학교에 가게 되자, 나 자신도 다시 학교로 돌아갈 때가 되었다고 결정했어요. 오래 전 나는 4년 장학금을 받으면서 대학에 다니고 있었죠. 그러나 그러면서도 그렇게 대학에 다니는 것도 '무난하지만', 나에게 '최선의 것'은 결혼을 하여 가정을 이루는 것이라고 확신하고 있었어요. 난 한 번도 그 결정을 후회한 적이 없어요―그 결정을 통해 나는 그 전에 상상하던 것보다 더 큰 행복·기쁨·도전·배움을 누리게 되었으니까요. 그러나 그 결과, 난 학위를 마치지 못했고, 그래서 이제 아이들이 크자 학위를 마칠 때가 되었다는 생각을 한 거예요.

난 그 가능성을 알아보기 위해 캠퍼스로 돌아가면서, 내가 어떤 기분이 될지 전혀 예상을 못 하고 있었어요. 난 정말 기뻤어요! 모험의 느낌, 배움의 흥분, 심지어 책 냄새까지 좋았습니다! 난 내 본령에 와 있었어요. 난 내 학점을 확인하고 정말 내 목표를 성취할 수 있는 합리적인 길이 있는지 알아보려고 교무처 건물로 가면서 엄청난 흥분을 느꼈어요. 그리고 건물을 나오면서 난 당장이라도 내 가정과 가족의 책임을 떠맡아 줄 수 있는 다른 사람을 고용할 수 있을지 확인해 보고 싶은 마음이었습니다. 그래야 모든 시간을 학문의 무대에 바칠 수 있을 테니까요.

난 구름을 탄 기분으로 집에 돌아왔습니다. 난 가능성들에 흥분해 있었죠. 난 그 동안에도 몇 가지 강좌를 들었고, 나 혼자 개인적인 연구를 많이 해 두었어요. 그러나 이제 과거에 나에게 기쁨과 안전의 원천이었던 것에 내 모든 시간과 에너지를 쏟아 부을 수 있다는 생각이 들자, 그 생각에 압도당할 뻔했어요.

내가 압도당할 '뻔' 했다고 한 것은, 내면에서 들리는 아주 작은 소리마저 그 기분에 휩쓸릴 '뻔' 했기 때문이에요. 그 목소리는 이렇게 말하고 있었어요.

'레베카, 네 가족은 널 필요로 해.'

난 그 말을 듣고 싶지 않았어요. 난 내가 학교로 돌아가야만 하는 이유를 수십 가지 들었어요. 그러나 그 내면의 소리는 조그만 불화를 일으켰고, 그것은 내 열정과 합리적 설명으로도 없애 버릴 수가 없었어요. 마침내 내가 싸움을 중단하고 그 목소리에 귀를 기울였을 때, 난 내 인생의 그 시점에서 학교에 돌아가는 것보다 훨씬 더 중요한 일이 있다는 깊은 깨달음을 얻게 되었죠.

그것은 내가 내린 가장 힘든 결정 가운데 하나였습니다. 거의 어떤 맛인지 알 수 있을 정도의 느낌이었죠—그러고 나더니, 갑자기 사라져 버렸어요. 그러나 나는 속 깊은 곳에서 내 결정이 옳다는 것을 알았습니다. 나는 내 아이들의 삶의 그 시점에서 오직 나만이 할 수 있는 공헌을 하겠다고 마음먹고 내 노력을 다시 집중할 필요가 있었어요. 아이들은 그들의 선택의 순간에 엄청난 압력과 맞닥뜨릴 상황이었죠. 그런 순간에 필요한 자리에 있어 주는 능력, 강하고 적극적인 영향력이 될 수 있는 관계를 형성하는 능력은 아이들의 삶의 질에 큰 차이를 가져올 것이 틀림없었어요.

나는 내 가족을 위해, 힘을 북돋아 주는 가정을 만드는 데 노력을 배가했어요. 동시에 나는 한 학기에 한 과목씩 저녁 강좌를 들었습니다. 그리고 그런 과정에서 생리학·미생물학·인문학에 대해 많은 걸 배웠죠. 재미있었어요. 풍요로웠죠. 그러나 그것이 내 아이들과의 놀라운 경험, 또 그 뒤 몇 년 사이에 우리 가족에 두 아이가 늘어나게 된 놀라운 경험을 대신할 수는 없었어요. 난 이제

와서 그런 일을 돌아보며 생각한답니다.

'내가 다른 길을 택했다면 어떻게 되었을까?'

그 내면의 소리를 통해 나는 합리적 설명과 사회적 압력을 완전히 물리치는 선택을 할 수 있었어요. 그 목소리를 통해 달리 선택하게 만들려고 하는 유혹이 큰 시점에서 내 가족을 앞세우는 결정을 내릴 수 있었죠. 그 목소리를 통해 나는 나중에 '7가지 습관'에 관한 책에서 스티븐과 함께 일하면서 내가 상상도 못 하던 방식으로 공헌을 할 수 있는 놀라운 기회를 받아들이게 되었습니다. 그 결정은 그 이후 내가 내린 정녕 올바른 결정들의 원천이 되었어요. 그런 경험을 통해 나는 내 자신의 지혜보다 훨씬 더 큰 지혜가 있고, 그 지혜와 조화를 이루며 사는 것이 공헌과 기쁨의 열쇠라는 것을 인정하게 되었습니다.

로저 : 몇 년 전, 우리 사업이 성장해 가면서 많은 노력을 집중할 필요가 있었을 때, 레베카와 나는 의식적으로 1~2년간 불균형의 시기를 갖기로 결정했습니다. 우리는 이 성장과 도전의 시기에 내가 출장 여행을 다니는 데 더 많은 시간을 보내기로 합의했죠. 우리는 이렇게 하면 우리 기준에서 볼 때 내가 너무 많은 시간을 가족과 떨어져 있게 된다는 것을 알았습니다. 그러나 우리는 그것이 사업에 중요한 공헌이라고 느끼고 있었고, 우리가 공유한 장기적 목표들을 달성하는 데 도움을 줄 것이라고 생각했습니다.

나는 이 불균형을 통해 바라던 성과들을 이룩했습니다. 그러나 그 시기가 끝났을 때, 다시 그 전으로 돌아가기가 무척 힘들었습니다. 다른 사람들과 사업에 이익을 줄 수 있는 일들이 너무나 많았고, 그것을 하라는 압력이 너무나 강했습니다. 몇 주는 몇 달로 늘어났고, 그런 식으로 나가다 보면 그와 같은 불균형이 생활 방식이 될 것 같았죠.

난 오랫동안 멈추어 자문해 보았습니다.

'내가 최선의 것 대신 무난한 것을 선택하고 있는 게 아닐까?'

그 때 전환점이 찾아왔습니다. 그것은 진실의 순간이었습니다. 난 상황을 살

살이 검토하면서 내 마음에 귀를 기울였습니다. 난 분명한 입장을 정하여, 매달 내가 며칠이나 밤 늦게까지 밖에 있을지 제한을 둘 필요가 있다고 느꼈습니다.

그런 결정은 다음 몇 주 동안 심한 시련에 부딪쳤습니다. 그러나 점차, 함께 일하는 다른 사람들도 내가 결정한 것이 정말로 신념이고 결의라는 것을 인정하기 시작했습니다. 그리고 많은 사람들이 내 결의를 존중해 주기 위한 지원 방법을 개발했고, 우리의 공유된 비전에 대한 내 공헌을 극대화할 수 있는 제3의 대안을 만들어 냈습니다.

나는 그런 제한을 두고 의미 있는 대안을 찾은 이후로, 이 사명에 대한 내 공헌 능력이 증대되었다고 절대적으로 확신합니다. 사실 그것은 우리가 이『소중한 것을 먼저 하라』라는 책을 낼 수 있도록 해 준 기본적 결정들 가운데 하나였어요.

이런 개인적 경험으로부터, 그리고 소중한 것을 먼저 하는 삶을 살려고 하는 과정을 거치는 많은 다른 사람들을 면밀히 관찰한 결과로부터, 나는 삶에는 주요한 전환점이 있다는 것을 절대적으로 확신하게 되었습니다—변화를 일으키기 위해 우리가 입장을 분명히 하고 깊은 개인적 결의를 하는 시기가 그 때입니다. 자신이 진정으로 최선이라고 믿고 있는 것을 하기로 작정할 때는, 비록 그것이 쉽지 않고 반대가 따른다 해도, 평화가 찾아옵니다. 그러나 우리가 태도를 정하지 못하면, 우리는 멍한 상태에서 불균형과 부조화로 빠져 들게 됩니다. 그리고 포기하기에 이르러, 균형에 따른 대가를 치르는 것보다 불균형 속에서 사는 것이 더 쉽다고 믿게 됩니다.

스티븐 : 몇 년 전, 나는 좀 더 광범위한 공헌을 하기 위해 대학을 떠나 조직을 세우기로 결정했습니다. 난 20년 동안이나 대학에 있었고, 또 당시에는 아주 편안한 자리에 있었어요. 나는 최고 행정 담당자 자리를 포함하여 몇 가지 역할에서 봉사를 했습니다. 난 새로운 조직 행동 부서를 수립하는 일에 참여했고, 융통성과 자유 속에서 많은 보수를 받으며 만족스럽고 유쾌하게 살았습니

다—특히 자문에 응하고 연설을 할 기회가 있을 때는 수입이 더 늘어났습니다.

나아가서, 나는 내가 하던 일을 무척 좋아하고 있었습니다! 나는 대학원생을 상대로 한 소규모 강좌와 5백 명이 넘는 학부생이 듣는 대형 강좌 몇 가지를 맡고 있었습니다. 그러면서 나는 학생들이 대학에 머무르는 4~5년 동안 상당수 학생들의 삶에 좋은 방향으로 적잖은 영향을 미치고 있다고 느끼고 있었죠.

그러나 나는 기업체의 임원들을 훈련시키는 데 새로운 접근 방법을 개발하지 않으면 안 되겠다고 느끼고 있었고, 그것은 내 시간을 모조리 쏟아 붓는 헌신을 요구하는 것이었습니다. 난 정말로 무난한 것과 최선의 것이라는 쟁점을 놓고 갈등을 겪었습니다. 난 마침내 최선을 택하기로 결론을 내렸습니다. 그래서 7가지 습관과 원칙 중심의 리더십을 가능한 한 사회의 많은 분야에 전달하기로 마음먹었습니다. 나는 이 일이 재정적으로도 성공하여 우리 가족이 부족하지 않게 살아 나갈 수 있도록 해 줄 것이라고 확신했지만, 여전히 모르는 것이 많이 있었고, 하던 일을 포기하는 것으로 인한 고통이 따랐습니다.

그러나 1~2년이 안 되어, 내가 높은 수준의 공헌을 하고 있다는 느낌, 만족스러운 느낌, 도전으로 인한 흥분이 실감으로 다가와서, 난 단지 내가 더 일찍 움직이지 못한 것을 후회하게 되었을 뿐입니다. 나는 다시 한 번 깨달았습니다 : 무난한 것의 유혹에 넘어가지 말라. 최선을 택하라. 네가 독특한 공헌을 할 수 있는 곳을 택하라. 안전 지대를 떠나는 것이 편안하게 느껴지도록 만들고, 안전 지대에 머무르는 것이 불편하게 느껴지도록 만들라—비록 이것이 모순처럼 들릴지라도.

사업이 성장하는 매 단계마다 똑같은 도전이 따랐습니다—무난하고 잘 아는 것에 머물 것이냐, 아니면 최선이고 잘 모르는 것으로 나아갈 것이냐. 그리고 각 단계마다 많은 고통이 찾아왔습니다. 한 번은 어느 도시에서 택시를 타고 호텔로 가다가, 식은땀을 흘리며 갑자기 소리를 지른 적도 있습니다. 내가 엄청난 돈을 날렸고, 그래서 위험을 무릅쓰고 내 집과 별장과 다른 모든 경제적 안정의 그물 따위 내가 오랜 세월에 걸쳐 모은 재산을 담보로 잡히고 새로 은행 빚을 내야 했다는 게 갑자기 생각났기 때문입니다. 나는 또한 내가 책임지는 사람들마저 위기에 빠뜨렸습니다. 사업을 포함하여 모든 것을 잃어버릴 가능성이 높았어요.

그 순간, 나는 이렇게 생각했습니다.

'이 모든 손실이 사실은 시장을 개발하고, 사람들을 개발하고, 제품을 개발하기 위한 투자다. 내 어리석음 때문에 생긴 손실분은 우리가 앞으로 이용할 수 있는 배움과 통찰을 얻으면서 물게 된 수업료다.'

그러나 이런 생각은 머리에서 나온 것이었고, 내 감정적 현실은 내가 너무 취약해져서 위기에 빠졌다는 느낌에 지배되고 있었습니다. 내 가족이 위기에 처해 있었습니다. 내 앞날이 위기에 처해 있었습니다. 난 난생 처음으로 내가 정말 보호막도 없이 취약한 상태에 놓였으며, 모든 면에서 위기에 처해 있다고 느꼈습니다.

사업의 구조와 전략에 커다란 변화가 일어나는 중요한 역사적 순간마다, 우리는 과거에 써 먹던 방법의 안전성을 떠나는 데서 오는 불안과 두려움을 거듭 경험했습니다. 늘 너무나 많은 것을 거는 게 아닐까 하는 느낌을 받았죠. 우리는 시너지적인 상호 의존의 원칙들―진정한 성장·자극·공헌의 원천―에 대한 믿음을 더 발휘할 수밖에 없었습니다. 그리고 시너지적인 주고받음에 참여하는 다른 사람들의 기본적 성품과 역량에 대해 믿음을 가질 수밖에 없었습니다.

매번, 나는 안락한 지대에서 나와야 했습니다. 나는 뒷걸음질로 벼랑에서 떨어져야 했습니다. 비록 안전 밧줄과 그물이 있다고 느끼긴 했지만, 그럼에도 정서적으로 취약한 시기를 겪어야 했습니다. 그러나 모든 경우, 두려움은 근거가 없는 것이었고, 모험은 무한한 가치가 있었습니다. 상호 자극, 자발적인 열성, 진짜 새로운 통찰과 배움, 공헌, 의미, 가치 증대, 의미 있는 일, 축복을 주는 삶, 모든 조직과 문화와 사회에 영향을 준다는 새로운 느낌, 이 모든 것이 전에는 그다지 깊이 알지 못하던 세계였습니다.

우리는 자료를 사적인 세계뿐만 아니라 공적인 세계에도 공급한다고 결정하면서 중요한 국면을 맞게 되었습니다. 그것은 교육 기관, 병원, 교회, 재단, 비영리 조직, 모든 전문 직업인, 작은 신규 기업, 중간 규모의 사업체, 큰 사업체, 『포춘』지 선정 500대 사업체, 『포춘』지 선정 100대 사업체, 연방 정부, 주 정부, 지역 정부, 지역 공동체, 보건 시스템, 대체 의학 조직 등에 영향을 주자는 결정이었고, 그러고 나서 국제 무대로 뛰어들어 원칙 중심의 리더십을 온 세계에 알리자는 결정이었습니다.

이 모든 일이 불과 몇 년 사이에 일어났습니다. 그리고 이제 우리는 임파워먼트받고 결의를 한 사람들로 이루어진 팀을 가지게 되었습니다. 이들은 상호 보완적 기능을 가지고 있으며, 우리의 사명서에 평생 결의를 함으로써 공동의 비전을 나누어 가지게 된 사람들입니다. 다음은 우리의 사명서입니다.

우리는 개인과 조직이 원칙 중심의 리더십을 이해하고 그대로 살아감으로써 가치 있는 목적을 달성할 수 있도록 해 준다. 우리는 개인과 조직에게 업무 수행 능력을 기를 수 있도록 임파워먼트함으로써 이 목표를 달성한다. 우리는 이 일을 통하여 온 세계 공동체에 봉사한다.

우리는 이 사명을 수행하면서 우리가 가르치는 대로 실천하기 위하여 끊임없이 노력한다.

우리는 우리가 가르치는 대로 실천하기 위해 끊임없이 노력하겠다고 공개적으로 선언했습니다. 왜냐 하면 우리는 가치 없는 수단으로는 결코 가치 있는 목적을 이룰 수 없다는 것을 배웠으며, 길이 이어질 공헌의 진정한 힘은 성실 · 모범 · 스승 역할 · 임파워먼트 · 원칙과의 일치에서 나온다는 것을 배웠기 때문입니다.

적어도 나로서는 지금까지 가장 중대한 도전은, 내 가족을 내 직업, 내 일, 내 회사, 내 친구, 내 소유물보다 앞에 놓는 문제였습니다. 만일 우리가 인생의 다른 모든 의무와 책임에 주의를 기울인다 해도 가족을 무시한다면, 그것은 바다에 가라앉는 타이타닉 호에서 갑판 의자들을 똑바로 놓으려 하는 것에 비유할 만할 것입니다. 누군가 말했듯이, "어떤 제도도 가족을 대신할 수는 없습니다." 가족은 개인들과 우리 사회 전체의 정서적·지적·영적·도덕적·사회적·경제적 미래를 형성하는 핵심 제도입니다.

이 모든 과정을 거치면서, 나는 많은 사람들로부터 자문을 구할 필요를 느끼게 되었고, 전문적 역량과 훌륭한 성품의 힘을 갖춘 실권이 있는 이사와 고문들을 둘 필요를 느끼게 되었습니다. 나는 사업과 조직 내에서 서로 대립적인 것이 아니라 정녕 시너지적인 절제와 균형이 실현된 시스템들을 수립하는 것이 중요하다는 것을 알게 되었습니다. 난 늘 고문이나 충고자들을 두고 일을 하는 협의체 제도가 왜 중요한지를 알게 되었죠. 나는 내 아내의 지혜로운 자문을 구하고 아내의 직관을 느끼는 것, 그리고 설혹 그것이 내 자신의 바람과 계획에 상치된다 해도 거기에 진정으로 마음을 열어 놓는 것이 얼마나 중요한지를 알게 되었습니다. 이 모든 것을 통해 나는 거듭 겸손이 정녕 모든 미덕의 어머니라는 사실, 우리가 우리 자신에게 법이 되지 않고 대리자가 된다면―우리가 올바른 원칙들이 작용할 수 있는 통로가 된다면―다른 모든 좋은 것을 우리가 이용할 수 있다는 사실을 깊이 깨치게 되었습니다.

나는 사업의 운영을 다른 훌륭하고 유능한 사람들에게 맡기고, 그들과 전략적인 사안들을 놓고 시너지적으로 의논하게 되었습니다. 나는 자리·권력·권한·소유로부터 힘을 얻으려 해서는 안 된다―비록 내가 때때로 그런 유혹을 느끼고 또 아마 유혹에 지는 경우도 있겠지만―는 것을 배웠습니다.

그럼에도 나는 무엇이 옳은지를 압니다. 나는 원칙이 무엇인지를 압니다. 그리고 나는 원칙에 고개를 숙이고 원칙이 나한테 작용되도록 해야 한다는 것을 압니다. 내가 그렇게 할 때는 흔히 일이 잘 풀립니다. 그리고 설혹 잘 풀리지 않는다 해도 난 평화를 느낍니다.

우리는 사람들이 자극과 반응 사이의 공간에서 내리는 결정들이 중요한 결정들이라고 잘라 말하고 싶다. 그리고 우리는 삶의 질을 높이는 최선의 방법은 양심에 귀를 기울이며 양심에 따라 사는 것이라고 믿어 마지 않는다. 우리 셋은 모두 그렇게 선택하지 못한 적이 있으며, 그리고 그로 말미암아 고통을 겪기도 했다. 그래서 우리 셋은 함께 입을 모아 말한다. 양심에 귀를 기울이고 양심에 따라 사는 것을 배우는 것보다 우리의 시간과 우리 삶의 순간순간의 질에 더 큰 영향을 미치는 일은 없다.

우리 삶에는 몇 번의 전환점이 있을 수 있다. 그러나 그 모든 것 가운데 가장 중요한 전환점은 우리가 이런 결정을 내리는 순간이다.

'나는 내 양심에 따라 살겠다. 이제부터 나는 어떤 소리—사회적 거울, 각본, 심지어 내 자신의 합리화(이성적인 거짓말 하기)—도 양심의 소리보다 더 분명하게 말하는 것을 허용하지 않겠다. 그리고, 그 결과가 무엇이든, 난 그것을 따르겠다.'

이와 같은 결정을 내리다 보면, 우리는 결과에 대한 두려움 대신 결과를 사랑하는 생활 방식을 창출하게 된다. 시간은 이제 적이 아니라, 우리의 친구다. 우리는 정북향 원칙에 따라 일한다. 그럴 경우 시간은, 우리가 인내와 자신감을 가지고 우리 삶에서 가꾸어 내는 맛있는 열매를 가져다 주는 매개가 된다.

우리가 받은 가장 훌륭한 두 가지 선물은 시간과 선택의 자유, 즉 주어진 시간을 쓰는 것과 관련해 우리의 노력을 어디에 집중할지를 선택할 수 있는 힘이다. 열쇠는 시간을 '소비하는' 데 있는 것이 아니라, 시간을 '투자하는' 데 있다—사람들에게, 임파워먼트에, 의미 있는 프로젝트와 명분에. 여느 주요 자원들과 마찬가지로, 우리가 시간을 소비한다면 시간은 사라진다. 우리는 유산을 다 써 버리게 된다. 그러나 만일 우리가 시간을 투자한다면, 우리는 우리의 유산을 늘리는 셈이고, 그 유산은 우리 뒤에 오는 세대에게 축복이 될 것이다.

우리는 세상에서 변화를 구하는데, 우리가 바로 그 변화가 되어야 한다

우리가 제안하는 것이 쉬운 메시지가 아님을 우리는 깨닫고 있다. 이 것은 임시 처방적이고, 단기적이고, 소비에 바탕을 둔 세상에서는 인기가 없을 수도 있다. 그러나 우리는 독자인 당신에 대해 몇 가지 가정을 하고, 그 메시지를 전달할 용기를 얻었다.

당신이 이 책을 읽기로 선택했기 때문에, 우리는 당신이 온 세계에 걸 친 우리 조직과 세미나에서 우리와 함께 일한 많은 사람들과 공통점을 가 지고 있을 것으로 믿는다. 당신은 믿을 수 없을 정도로 바쁘다. 당신은 책 임감을 가지고자 하는 욕구, 생산적이고자 하는 욕구, 좋은 일을 하고자 하는 욕구를 가지고 있다. 그러나 당신은 우리 가운데 많은 사람들처럼 너무 바쁘기 때문에, 당신이 하고 싶거나 할 수 있는 방식대로는 공헌을 하지 못할 수도 있다.

우리는 경험을 통해 당신과 같은 사람들에게 엄청난 믿음을 가지게 되 었고, 또한 우리 모두가 직면하는 많은 문제들을 함께 해결할 수 있는 우 리의 능력에 엄청난 믿음을 가지게 되었다. 양심에 귀를 기울이고, 소중 한 것을 먼저 하기 위해 효과적으로 계획하고 조직하는 능력을 개발하면, 우리 모두가 현재 단념하고 있는 많은 개인적·집단적인 공헌을 할 수 있 다는 것이 우리의 굳건한 신념이다.

우리는 당신이 잠시 당신의 양심과 깊은 관련을 맺고, 이 마지막 질문 을 스스로에게 해 보기를 원한다.

내가 사회의 발전을 위하여 할 수 있다고 생각하는 일이 있는가?

이 질문에 대해 생각해 보라. 그 일은 버리기를 요구할지도 모른다—

착각에 근거한 패러다임, 합리화, 부족의 심리, 긴급성 중독……심지어 당신의 안전 지대까지. 그러나 내면의 깊은 곳에서, 가장 정직한 마음 속에서, 당신은 당신이 할 수 있는 일, 당신이 할 수 있는 공헌, 당신이 남길 수 있는 유산이 있고, 그것이 당신의 가족, 당신의 업무 팀, 당신의 조직, 당신의 공동체, 당신의 사회에 긍정적인 영향을 미칠 수 있을 것이라는 느낌이 들지 않는가?

   만일 그런 일이 있다면, 우리는 당신에게 말하고 싶다. 그 일을 하라고. 간디가 말했듯이 "우리는 세상에서 변화를 구하는데, 우리가 바로 그 변화가 되어야 한다."[7] 원칙 중심이 되는 것과 관련해 당신이 어느 수준에 있든, 우리는 당신에게 말하고 싶다. 이제부터 당신 마음의 속성들을 발휘하라고. 약속을 하고 그것을 지켜라. 목표를 세우고 그것을 이룩하라. 그 안에 평화가 있다. 에머슨이 말했듯이.

> 당신 자신 외에는 어느 누구도 당신에게 평화를 가져다 줄 수 없다. 원칙들의 승리 외에는 어떤 것도 당신에게 평화를 가져다 줄 수 없다.[8]

에필로그

『소중한 것을 먼저 하라』를 끝내면서, 우리의 정신과 마음을 채우는 느낌은 경의다.

우리는 사람들에 대하여 깊은 경의를 느끼고 있다. 많은 사람들이 이 책에 나오는 원칙대로 일하면서 사명서, 목표, 개인 경험의 형태로 우리에게 자신의 깊은 내적 생활의 일부를 이야기해 주었기 때문에, 우리는 성스러운 땅 위에 서 있는 듯한 느낌을 강하게 받고 있다. 우리는 세상의 여러 문화에서 인간 영혼의 고상함에 대한 경의, 우리 모두에게 내재한 신성(神性)의 불꽃에 대한 경의를 나타내는 뜻으로 다른 사람들과 악수를 하거나 고개를 숙이는 모습을 보아 왔다.

우리는 원칙들에 대하여 경의를 느낀다. 원칙들과 조화를 이루면서— 그리고 원칙들을 위반하면서—살아온 우리 자신의 경험 때문에 우리는 원칙들의 현실성에 대한 깊고 흔들림 없는 경의를 가지게 되었으며, 삶의 질은 우리의 삶을 '정북향'에 얼마나 일치시키느냐 하는 것에 달려 있다는 확신을 가지게 되었다.

우리는 삶과 시간의 청지기 직분에 대하여—우리가 살며, 사랑하며, 배우고, 유산을 남겨야 할 순간과 나날과 주와 해와 계절에 대하여 경의를 느낀다. 우리는 시간을 보내는 방식과 관련하여 우리가 선택할 수 있는 자유에 대하여 경의와 감사를 느낀다.

무엇보다도 우리는 신에 대하여 경의를 느낀다. 우리는 신이 원칙과 양심 두 가지 모두의 원천이라고 믿고 있다. 우리를 봉사와 공헌이라는 원칙 중심의 삶으로 이끄는 것은 바로 우리 각자에게 내재한 신성의 불꽃이라는 것이 우리의 확신이다. 그러나 우리는 또한 우리 자신의 조직과 온 세계에 걸쳐 양심을 가지고 공헌하는 사람들에게서 표현되는 다양한 믿음을 인정하고 존중한다.

미국 서부의 초기 개척자 가운데 한 사람인 브라이언트 S. 힌클리는 이렇게 말했다.

봉사는 모든 시대의 위대함을 구별해 준 미덕이며, 모든 시대가 기억하게 될 미덕이다. 미덕은 그 제자들에게 고상함의 낙인을 찍어 준다. 미덕은 세계의 두 가지 큰 집단을 가르는 구분선이다―돕는 사람들과 가로막는 사람들, 올라가는 사람들과 기대는 사람들, 공헌하는 사람들과 소비만 하는 사람들. 주는 것은 받는 것보다 얼마나 더 좋은가. 어떤 형태든 봉사는 올바르고 아름다운 것이다. 격려를 하고, 동정심을 나누어 주고, 관심을 보여 주고, 두려움을 없애 주고, 자신감을 불러일으켜 주고, 다른 사람들의 마음에서 희망을 일깨워 주는 것, 간단히 말하여 다른 사람들을 사랑하고 그대로 보여 주는 것은 가장 귀중한 봉사라고 할 수 있다.[1]

봉사를 하기 위하여 또 세상에 변화를 가져오기 위하여 우리가 할 수 있는 일은 무척 많다―우리 영향력의 원이 크든 작든. 우리 각자가 더욱 깊이 양심과 관련을 맺고, 우리의 내적인 불꽃으로 세상에 빛과 온기를 주는 것이 우리의 바람이다.

부록

부록 A : 사명서 워크숍
부록 B : 시간 관리 문헌 개괄
부록 C : 지혜의 문헌

사명서 워크숍

사명서를 작성하는 가장 효과적인 방법은 당신이 완전히 혼자 있을 수 있는 시간—전화 · 친구 · 이웃, 심지어 가족으로부터도 떨어져 있을 수 있는 시간—을 잡는 것이다. 반드시 필요한 것은 아니더라도 자연을 벗하면 이상적인 환경이 될 것이다. 자연은 당신으로부터 인공적이고 기계적이며 단편적인 세계를 걷어 내고, 당신이 자연의 조화나 균형과 접촉할 수 있게 해 주기 때문이다. 자연은 당신의 정신을 맑게 하고 당신의 가장 깊숙한 내면의 느낌에 마음을 열 수 있는 조건을 만들어 준다.

우리는 당신에게 다음에 열거되어 있는 전망 확장 연습을 한 가지 이상 시도해 볼 것을 권한다. 이 일곱 가지 연습은 사명서를 준비하는 사람들을 돕는 데에 가장 효과적인 방법이다. 접근 방법은 다양하다. 어떤 연습들은 몇 분밖에 걸리지 않는다. 어떤 연습들은 몇 시간 또는 며칠씩 걸리기도 한다. 당신은 아마 이 가운데 당신에게 특별히 효과가 있는 방법을 찾을 수 있을 것이다. 또 우리가 제시한 연습 방법 이외에, 당신에게 잘 맞는 다른 방법을 알게 될 수도 있다.

중요한 것은 진정으로 당신의 깊은 내면의 삶으로 들어가는 것이다. 당신에게 가장 소중한 것과 접촉하는 것이다.

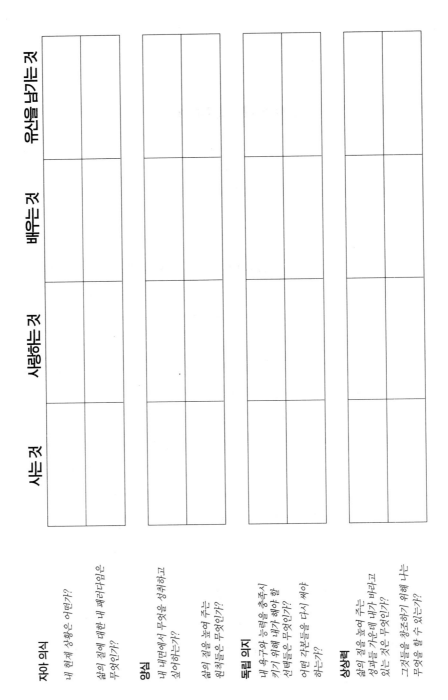

사는 것   **사랑하는 것**   **배우는 것**   **유산을 남기는 것**

자아 의식
내 현재 상황은 어떤가?
삶의 질에 대한 내 패러다임은 무엇인가?

양심
내 내면에서 무엇을 성취하고 싶어하는가?
삶의 질을 높여 주는 원칙들은 무엇인가?

독립 의지
내 욕구와 능력을 충족시키기 위해 내가 해야 할 선택들은 무엇인가?
어떤 각본들을 다시 써야 하는가?

상상력
삶의 질을 높여 주는 성과들 가운데 내가 바라고 있는 것은 무엇인가?
그것들을 창조하기 위해 나는 무엇을 할 수 있는가?

연습 #1 : 5장 '비전이 주는 열정'에 나오는 시각화 연습을 해 보라. 머릿속에서 자신을 여든 살 생일이나 결혼 50주년 기념일로 옮겨 놓고 그 때의 모습을 그려 보는 것이다.

연습 #2 : 당신의 독특한 천부의 능력을 이용하여, 당신 삶의 욕구와 역량들을 각각 탐사해 보라. 앞에 나오는 것과 같은 도표를 이용하면 도움이 될 수도 있을 것이다.

연습 #3 : 혼자 묵상하는 시간을 갖고, 시간을 들여 다음의 질문들에 대하여 깊이 생각해 보라.

내 가장 큰 장점들은 뭐라고 느끼는가?

_____

_____

_____

나를 잘 아는 사람들이 내게서 발견하는 장점들은 무엇인가?

_____

_____

_____

내가 가장 큰 행복을 느끼며 하는 일은 무엇인가?

_____

_____

_____

_____

내가 남들에게서 발견하는 가장 존경하는 품성은 무엇인가?

_____

_____

내 인생에 가장 큰 긍정적인 영향을 준 한 사람은 누구인가?

_____

_____

왜 그 사람이 그렇게 큰 영향을 주었는가?

_____

_____

_____

내 인생에서 가장 행복한 순간들은 언제였는가?

_____

_____

_____

_____

왜 그 순간들이 행복했는가?

_____

_____

_____

_____

만일 나에게 무제한의 시간과 돈이 있다면, 나는 어떤 일을 선택할 것인가?

_____

_____

_____

_____

백일몽을 꿀 때 내가 뭘 하고 있는 것을 발견하는가?

_____

_____

_____

_____

나한테 가장 중요한 서너 가지는 무엇인가?

_____

_____

_____

_____

_____

내 직장 생활에서 가장 가치 있다고 생각하는 활동들은 무엇인가?

_____

_____

_____

_____

_____

내 개인 생활에서 가장 가치 있다고 생각하는 활동들은 무엇인가?

_____

_____

_____

_____

남들이 가치 있다고 생각하는 일 가운데 내가 가장 잘 할 수 있는 일은 무엇인가?

_____

_____

_____

_____

다른 사람들이 제대로 모르고 있는 내 재능에는 어떤 것이 있는가?

_____

_____

_____

_____

전에 여러 가지 이유로 몇 번이고 물리쳐 버린 생각 가운데, 내가 진정으로 해야 한다고 느끼는 것이 있는가? 있다면 어떤 것인가?

_____

_____

_____

_____

_____

내 신체적 욕구와 능력들은 무엇인가?

_____

_____

_____

_____

신체적 차원에서 내 현재의 성취 수준에 얼마나 만족하고 있는가?

_____

_____

_____

_____

지금 내가 신체적 차원에서 하고 있는 것 이외에 삶의 질을 높일 수 있는 것으로서 내가 바라고 있는 것은 무엇인가?

_____

_____

_____

_____

_____

_____

어떤 원칙들이 그런 결과를 가져올 수 있다고 생각하는가?

_____

_____

_____

_____

_____

내 사회적 욕구와 능력들은 무엇인가?

_____

_____

_____

사회적 차원에서 내 현재의 성취 수준에 얼마나 만족하고 있는가?

_____

_____

_____

지금 내가 사회적 차원에서 하고 있는 것 이외에 삶의 질을 높일 수 있는 것으로서 내가 바라고 있는 것은 무엇인가?

_____

_____

_____

어떤 원칙들이 그런 결과를 가져올 수 있다고 생각하는가?

_____

_____

_____

내 정신적 욕구와 능력들은 무엇인가?

_____

_____

_____

_____

정신적 차원에서 내 현재의 성취 수준에 얼마나 만족하고 있는가?

_____

_____

_____

_____

지금 내가 정신적 차원에서 하고 있는 것 이외에 삶의 질을 높일 수 있
는 것으로서 내가 바라고 있는 것은 무엇인가?

_____

_____

_____

_____

_____

어떤 원칙들이 그런 결과를 가져올 수 있다고 생각하는가?

_____

_____

_____

_____

내 영적 욕구와 능력들은 무엇인가?

_____

_____

_____

_____

_____

영적 차원에서 내 현재의 성취 수준에 얼마나 만족하고 있는가?

_____

_____

_____

_____

지금 내가 영적 차원에서 하고 있는 것 이외에 삶의 질을 높일 수 있는 것으로서 내가 바라고 있는 것은 무엇인가?

_____

_____

_____

_____

어떤 원칙들이 그런 결과를 가져올 수 있다고 생각하는가?

_____

_____

_____

_____

어디서 내 신체적·사회적·정신적·영적 욕구와 능력들이 겹치는 것을 보는가?

_____

_____

_____

인생에서 내 중요한 역할들은 무엇인가?

_____

_____

_____

_____

내가 각 역할에서 완수하고 싶은 평생에 걸친 가장 중요한 목표들은 무엇인가?

_____

_____

_____

_____

인생에서 현재 내가 활동을 통해 거두고 있는 결과 가운데, 내 마음에 드는 것은 무엇인가?

_____

_____

_____

_____

_____

어떤 패러다임들이 그런 결과를 낳는가?

_____

_____

_____

_____

인생에서 현재 내가 활동을 통해 거두고 있는 결과 가운데, 내 마음에 들지 않는 것은 무엇인가?

_____

_____

_____

어떤 패러다임들이 그런 결과를 낳는가?

_____

_____

_____

어떤 패러다임들이 더 나은 결과를 낳을 수 있겠는가?

_____

_____

_____

인생에서 내가 진정으로 되고 싶고 또 하고 싶은 것은 무엇인가?

_____

_____

_____

내 존재와 행위가 기초를 두고 있는 중요한 원칙들은 무엇인가?

_____

_____

_____

_____

이 질문들에 답하면, 당신은 사명서에 들어갈 중요한 자료들을 얻게 될 것이다.

연습 #4 : 시계를 봐 가면서 제한 시간 안에 다음과 같이 해 보라.

a) 1분 동안 다음 질문에 답하라 :

나에게 무제한의 시간과 돈이 있다면 무엇을 할까?

꿈꾸는 것을 두려워하지 말라. 가능성들을 열어 두라. 생각나는 대로 모두 적어라.

b) 1분 동안, 당신이 소중하게 여기는 가치들을 적어라. 아래의 목록은 부분적이기는 하지만 당신의 생각에 자극을 줄 수 있을 것이다.

- 마음의 평화
- 안정
- 부
- 좋은 건강
- ……와(과)의 좋은 관계
- 인정받음 또는 명성
- 자유로운 시간
- 행복
- 영적인 충족
- 우정
- 가족
- 장수
- 시간, 지식, 돈을 ……에 바치는 것
- 여행
- 성취감
- 다른 사람들로부터의 존경

c) 1분 동안 당신의 가치 목록을 확인하고, 그 가운데 상위 다섯 가지를 꼽아 보라.

d) 몇 분 동안 다섯 가지 가치 목록과 당신의 꿈을 비교하라. 당신은 어쩌면 당신의 가치들과 조화가 되지 않는 잠재 의식적인 꿈들을 꾸며 살 수도 있다. 당신은 인디애나 존스처럼 살아 보기를 꿈꿀 수도 있지만, 실제로는 거미줄을 헤치며 기어다니고 전갈과 함께 자는 것에는 가치를 두지 않을 수도 있다. 그러나 만일 당신이 자신의 꿈들을 열린 곳에 내놓고 맑은 정신으로 바라보지 않는다면, 당신은 자신이 왠지 차선에 머무르고 있다는 착각과 잠재 의식적인 느낌을 가지고 살 수도 있다. 당신의 꿈들이 당신의 가치들을 반영한다고 느낄 때까지, 당신의 꿈 목록과 가치 목록을 가지고 작업하라.

e) 1분 동안, 인간 욕구 충족의 네 가지 기본적 차원과의 관계 속에서 당신의 가치들을 보라. 그 가치들이 당신의 신체적 · 사회적 · 정신적 · 영적 욕구와 능력들을 반영하고 있는가? 그렇다고 느낄 때까지 당신의 목록을 가지고 작업하라.

f) 마지막으로, 1분 동안 다음 질문에 대하여 생각해 보라.
어떤 원칙들이 내 최종 목록에 적힌 가치들을 만들어 낼 것인가?

연습 #5 : 만일 당신이 일기를 쓰고 있다면, 몇 년 동안 쓴 일기를 검토해 보라. 그 과정을 통해 '산꼭대기'에 올라가 얻을 수 있는 통찰을 찾아보라. 하루하루의 생활에서는 분명하게 나타나지 않을 수도 있는 되풀이되는 패턴들을 찾아보라. 가치와 방향들을 확인하고 적어 보도록 하라.

연습 #6 : 레빈의 추진/저지 세력 모델을 이용하여, 당신이 있고 싶은 곳, 당신이 지금 있는 곳, 당신의 변화 노력을 도와 주거나 가로막는 요인들을 밝혀 보라.

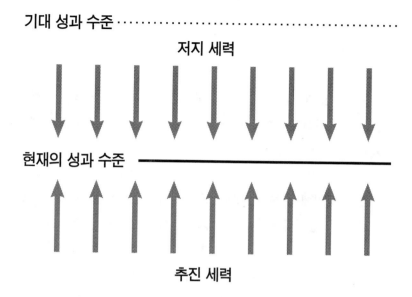

기대 성과 수준 ··

저지 세력

현재의 성과 수준

추진 세력

다음 질문들에 대하여 생각해 보라.

- 이상적인 상황은 무엇인가? 내 시간을 어떻게 쓸 것인가? 그 결과들은 무엇일까?

- 내 현재 상황은 어떤가? 지금 나는 내 시간을 어떻게 쓰고 있는가?

- 내가 이상적인 상황으로 나아가는 것을 가로막는 구체적인 요인들은 무엇인가? 그 요인들을 약화시키거나 제거하기 위하여 나는 무엇을 할 수 있는가?

- 나를 이상으로 나아가게 하는 구체적인 요인들은 무엇인가? 그 요인들을 강화하거나 증가시키기 위하여 나는 무엇을 할 수 있는가?

연습 #7 : 다음 도표를 이용하여, 여러 기간에 걸친 당신의 인생을 한눈에 보도록 하라. 요즘은 기대 수명이 늘어나서 인생에도 여러 철이 있을 수가 있다. 퇴직을 해도 그 뒤로 20년 이상을 살 수 있으며, 이것은 삶에 큰 의미를 보태 줄 제2의 경력을 쌓을 가능성을 열어 준다. 처음 경력보다는 두 번째 경력이 자신의 선택에 의한 경우가 많다. 경험 · 자원 · 기회 등이 전에는 닫혀 있던 문을 열어 주기 때문이다.

당신이 기혼자라면 배우자와 함께 이 연습을 해 보는 것이 좋다. 당신은 도심의 콘도에서 살면서 예술 후원 사업을 제2의 경력으로 선택하고 싶은 반면, 당신의 배우자는 몬태나에서 말 목장을 사들일 계획을 세우고 있을 수도 있기 때문이다.

목적 의식을 가지면 미래뿐 아니라 현재 시점에서도 삶의 질을 개선할수가 있다. 앞날에 대한 비전을 통해 현재의 목적들에 대한 열정을 되살릴 수도 있다. 현재의 목적들만이 당신이 성취할 수 있는 목적들이 아니라는 것을 깨닫게 되기 때문이다. 다음 도표의 첫 칸에는 당신이 진정으로 하고 싶은 일이나, 인생의 어느 시점에서 하고 싶은 공헌을 기록하라. 그리고 당신이 이런 일을 할 수 있을 만한 때를 표시하기 위해 빈 칸에 빗금을 치라. 이 연습의 목적을 위해서는 5년에서 10년 단위로 생각을 해도 좋다.

미래의 공헌과 성취	언제 (대략적인 나이)								
	20	30	40	50	60	70	80	90	100

좀 더 확실한 전망을 갖고 싶다면, 당신이 각각의 나이에 이르게 될 연도를 적어 보라. 예를 들어, 당신이 지금 서른 살이라면, 어느 해에 마흔·쉰·예순 살이 될 것인지를 확인하고, 위의 해당 나이에 연도를 써 넣어라.

이런 연습은 당신의 사고를 확대시키고 당신이 사명서를 작성하는 데에 도움이 될 것이다. 실제로 사명서 작성 준비가 되면, 당신이 그것을 작성하는 것은 다른 누가 아니라 바로 당신 자신을 위한 것임을 명심하라. 당신 자신의 언어로 사명서를 작성하도록 하라. 어떤 사람들에게서는 적당한 말이 물 흐르듯 순조롭게 흘러나오겠지만, 어떤 사람들에게서는 무뚝뚝하고 덜 걸러진 말이 나올 수도 있다. 유능하게 해 주는 사명서는 몇 단어로 구성될 수도 있고 몇 쪽으로 되어 있을 수도 있다. 시나 산문이나 음악이나 예술품의 형태를 띨 수도 있다. 어떤 방법이든, 내면의 불길을 포착하고 거기에 연료를 공급할 수 있는 방법을 택하라. 5장 '비전이 주는 열정'에 나오는 능력을 부여하는 사명서의 특징들을 반드시 확인해 보도록 하라.

어떤 사람들은 다른 사람들이 쓴 사명서를 참고하고 싶을 것이다. 어떤 사람들은 그렇게 하는 것이 자신만의 표현에 장애가 된다고 생각할 것이다. 우리는 여기에 몇 사람이 쓴 사명서들을 실어 놓았다. 당신이 자신의 사명서를 작성하는 데 이 사명서들을 읽는 것이 도움이 될지 안 될지는 당신 스스로 판단하라. 역사상 '유명한' 사람들이 쓴 수많은 사명서를 이용할 수도 있지만, 우리가 여기에 싣기 위해 고른 것은 오늘날 세계의 각계 각층에서 살고 있는 보통 사람들이 쓴 것이다. 5장에 나오는 기준에 의거해 보면, 어떤 사명서들은 다른 사명서들보다 더 큰 능력을 부여하기도 한다. 그러나 각 사명서는 영혼의 선언서다. 여기에 실린 사명서들을 읽어 보기로 했다면, 사명서 자체만이 아니라 그것을 작성한 사람에 대해서도 느껴 보도록 하라. 당신이 읽고 있는 사명서가 그것을 작성한 사람에게 어떤 영향을 주었을지 상상해 보라.

여러 가지 사명서

산에 오르라 :

나는 매일 나 자신과 다른 사람들에 대한 용기와 믿음을 가지고 살 것이다. 나는 성실성, 선택의 자유, 모든 신의 사람들에 대한 사랑에 가치를 두고 살 것이다. 나는 다른 사람들뿐만 아니라 내 자신에게 한 약속들을 지키려고 노력할 것이다. 나는 진정으로 살기 위해서는 오늘 산에 올라야 한다는 것을 기억할 것이다. 내일이면 너무 늦을 테니까. 나는 내 산이 다른 사람들에게는 작은 언덕에 불과한 것으로 보일 수도 있다는 것을 안다. 그러나 나는 그 사실을 받아들일 것이다. 나는 아무리 작더라도 내 개인적인 승리와 성공을 통해 <u>스스로를</u> 쇄신할 것이다. 나는 늘 그랬듯이, 계속해서 나 스스로 선택을 하고, 내가 선택한 것을 바탕으로 살아갈 것이다. 나는 핑계를 대거나 남을 탓하지 않을 것이다. 나는 되도록 내 몸과 마음을 건강하고 튼튼하게 유지함으로써, 산에 오르는 선택을 할 수 있도록 할 것이다. 나는 최선을 다해 남들을 돕고, 그 과정에서 나를 도와 주는 사람들에게 고마워할 것이다.

규율과 목적을 가지고 내게 주어진 날들을 하나의 모험으로 여기면서 감사하며 살아가는 것.

자신감과 기쁨을 가지고 내 장점들을 이용하고 확대함으로써 진정한 나의 모습을 발견하고 받아들이는 것.

내 가족을 소중하게 여기는 것.

사람들을 돌보고, 사랑 속에서 그 사람들의 독특한 가치를 확인하고, 내가 주어야 할 것을 주고 사람들이 내게 주는 것을 받아들이고,

그리고 사람들이 원한다면,

사람들에게 내가 아는 것을 가르치고, 사람들에게서 내가 배울 수 있는 것을 배우고,

그리고 사람들이 자신들의 길을 발견하고 추구하는 것을 도움으로써,

내 삶과 길에서 만나거나 내 집에 들르는 사람들의 삶을 풍요롭게 하는 것.

남아프리카의 에토스와 내가 사는 공동체와 내가 의존하고 있는 환경을 보호하고 발전시키는 것.

내가 어떤 것의 소유자가 아니라 위탁을 받은 청지기이며, 권리보다 의무가 훨씬 더 중요하다는 것을 인정하고 받아들이는 것.

끊임없이 나의 신을 찾고 내가 신께 이르는 길을 이해하는 것.

———————————

오직 신의 영광에만 눈을 돌리며, 사람들이 더 의미 있는 삶을 살아갈 수 있도록 그들에게 임파워먼트할 수 있는 더 나은 세상을 만드는 것.

우선 내 가족에서 시작하여 내 영향력의 원을 확장시키며,

내가 귀중하게 여기는 원칙들(자애·충실·자족·정직·성실·주도적인 태도·주는 것·신뢰……)에 충실하게 사는 것.

내가 정기적으로 만나는 사람들을 위해 짐을 조금 덜어 주고 길을 조금 밝혀 주는 것.

나 자신을 너무 심각하게 생각하지 말고 모든 것을 그 적절한 맥락 속에 유지하는 것.

살며 살게 하는 것, 배우며 가르치는 것, 주고받는 것, 사랑하며 사랑받는 것, 이해하고 이해받는 것.

———————————

나는 하루하루를 단지 또 한 날이 아니라 기회와 자극으로 가득 찬 날로 끌어안고 바라볼 것이다. 나 스스로 자신을 위하여 내가 추구하고 싶은 일들을 선택할 것이다.

나는 도덕적 충족감과 단순함을 지닌 삶을 살고 싶다. 나의 복지에 대한 관심이 나의 제1우선 순위가 될 것이다. 내가 내 가치들에 충실하면, 내가 접촉하는 다른 사람들에게 긍정적인 영향을 줄 것으로 믿는다.

나는 확고한 신념을 가지고, 내 가장 내밀한 생각들을 내가 사랑하는 사람들과 나누려 할 것이다.

나는 내가 다른 사람들과 상호 의존적일 수 있고, 또 동시에 다른 사람들에게 반응을 나타낼 수 있다는 것을 깨닫는다. 이것을 염두에 두고, 나는 의식적으로 내 가족과 동료들을 이해하고, 친밀감을 가꾸어 나갈 것이다.

나는 새로운 배움으로 내 정신을 자극하여 계속 성장해 나갈 것이다.

나는 내 직업이 제공하는 자유와 경제적 안정을 귀중하게 여기지만, 자유와 안정만으로는 내가 구하는 평화를 얻을 수 없다는 것을 깨닫고 있다.

나는 스스로 나 자신을 위한 선택을 할 것이다.

———————————

내 사명은 내가 긍정적인 변화를 위한 힘이 되는 것이다. 그리고 내 자신이 행동의 촉매가 됨으로써, 또 가능한 것에 대한 공유된 비전을 개발함으로써 다른 사람들이 위대함으로 나아가도록 영감을 주는 것이다.

나는 과거의 희생자가 되지 않고 나의 상상력을 통하여 지속적으로 미래를 창조하려 노력할 것이다. 나는 용기·정의·겸손·친절·이해·자기 성실성을 존중하며, 내 길을 선택하려 노력할 것이다.

마지막으로, 나는 모험이 없으면 성공이나 실패도 있을 수 없다는 것을 두고 두고 기억할 것이다. 토머스 아퀴나스는 이렇게 말했다―만일 선장의 일차적 사명이 배를 보전하는 것이라면 그는 절대 항구를 떠날 수 없을 것이다.

나는 내 주위의 사람들에게 그들을 아끼는 정직한 친구가 될 것이고, 늘 내가 아는 것을 내가 행하는 것과 연계시킬 것임을 서약한다.

———————————

나는 나 자신을 위하여 자기 지식, 자기 사랑, 자기 허용을 개발하고 싶다.

나는 나의 치유하는 재능을 이용하여 희망을 살아 있게 하고, 말과 행동으로 용감하게 내 비전을 표현하고 싶다.

나는 가족 속에서 건강하고 사랑이 넘치는 관계를 이룩하여, 서로가 자기 최선의 자아가 되도록 하고 싶다.

나는 직장에서, 실수없고 지속적으로 꾸준히 배우는 환경을 이룩하고 싶다.

나는 세상에서, 자연의 법칙들과 조화를 이루어 모든 생명체의 발전을 돕고 싶다.

내 안에서 최고의 것과 나에게 가장 중요한 것을 이끌어 내는 방식으로 행동하는 것─특히 다른 식으로 행동하는 것이 정당화될 수 있을 때라도 그렇게 행동하는 것.

겸손할 것.

매일 어떤 식으로든 신에게 감사할 것.

절대 학대를 보고 그냥 넘어가지 말 것.

내 내부에서 잃어버리는 것 없이 모든 측면을 볼 수 있고 또 실제로 보는 자아를 발견할 것.

나는 모든 사람을 친절과 존경으로 대해야 한다고 믿는다.

나는 내가 귀중하게 여기는 것이 무엇인지 아는 것을 통해, 내가 정녕 원하는 것이 무엇인지 알 수 있게 된다고 믿는다.

내 가치와 신념에서 추진력을 얻는 것.

나는 어린이 사랑의 풋풋함으로, 젊은이 사랑의 달콤함과 기쁨으로, 성숙한 사랑의 존중과 존경으로 삶의 열정들을 경험하고 싶다.

내 목표는 내 지식을 인정받고 존중받는 지위를 얻어, 그 자리를 활용하여 남들을 돕고, 공공 봉사 조직에서 적극적인 역할을 하는 것이다.

마지막으로 내 얼굴에 웃음을 띠고 내 눈을 반짝이며 인생을 살아가는 것.

내 자식들이 자랑스럽게 "이 분이 내 아버지입니다." 하고 말할 수 있는 사람이 되는 것.

내 자식들이 사랑·위로·이해를 구하기 위하여 찾아올 수 있는 사람이 되는 것.

남들을 아끼고 늘 그들의 관심사에 공감적으로 귀를 기울여 준다는 말을 듣는 친구가 되는 것.

다른 사람들의 정신을 희생시켜 승리하는 사람이 되지 않는 것.

고통을 느낄 수 있는 사람, 남들에게 상처를 주지 않는 사람이 되는 것.

말할 수 없는 사람을 위해 대신 말해 주고, 들을 수 없는 사람을 위해 대신 귀를 기울여 주고, 보지 못하는 사람을 위해 대신 봐 주고, 그러고 나서 "내가 아니라 당신이 한 것입니다." 하고 말할 수 있는 능력을 지닌 사람이 되는 것.

신의 은총을 통하여 내 행동을 늘 내 말과 일치시키는 것.

나는 내가 하는 모든 일에서 긍정적 태도와 유머 감각을 유지해 나갈 것이다. 나는 내 가족에게 가족을 아끼고 사랑하는 남편이자 아버지로 인정받고 싶다.

내 업무 동료들에게는 공정하고 정직한 사람으로 인정받고 싶다. 내 친구들에게는 믿을 수 있는 사람으로 인정받고 싶다. 나는 나를 위하여 나와 함께 일하는 사람들에게 그들을 존중할 것임을 서약하며, 매일 그들의 존경을 얻으려 노력할 것이다. 내 행동 모두를 제어하는 것은 강한 성실성이며, 이것이 가장 중요한 성품의 특성이라고 믿는다.

나는 나에게 완벽한 세상을 만들 수 있는 힘과 영향력이 있는 것처럼 하루하루 살아가겠다. 사람들의 말에 귀를 기울이고 사람들에게 봉사함으로써, 새로운 생각들을 배우고 서로 다른 관점들을 얻겠다.

나는 내 영향력의 원을 늘리고 내가 컨트롤할 수 없는 관심의 원을 강조하지 않음으로써, 인생의 도전들을 정복해 나가려고 노력할 것이다.

나는 나를 따르거나 나를 지도하기로 선택한 사람들을 위하여 걸림돌이 아니라 빛이 될 수 있는 방식으로 행동할 것이다.

나는 내 꿈을 신뢰하고, 어떤 것의 포로도 되지 않을 것이다.

나는 다른 사람들을 위한 가치를 창조하려 함으로써, 내 개인적 승리들을 이기적이지 않은 방식으로 활용할 것이다. 나는 선택을 할 때나 가야 할 길을 정할 때나 최선의 것을 목표로 삼을 것이다.

나는 내 자신에게 기대하는 것 이상을 남들에게 기대하지 않을 것이다. 나는 줄곧 배움과 성장의 새로운 원천—자연, 가족, 문학, 새로운 친구들—을 추구할 것이다.

난 사랑을 기대하기보다는 사랑을 보여 줄 것이다. 나는 효율 대신에 효과에 초점을 맞출 것이다. 나는 이 사회의 발전을 위하여 일할 것이다.

시간 관리 문헌 개괄

우리는 시간 관리 문헌과 도구들을 조사하면서, 그 정보를 읽고 소화하고 요약하여 8가지의 기본적 접근 방법으로 정리했다. 우리는 그 접근 방법 각각을— '뿌리'에서 '열매'까지—검토해 보고 싶다. 그리고 그 장점과 단점들을 자세히 살펴보고 싶다. 요컨대, 그런 접근 방법이 삶의 질에 미치는 영향은 무엇인가?

이런 접근 방법의 뿌리는 그런 접근 방법이 성장하는 데 기초가 되는 가정들이나 지배적인 패러다임들이다. 각 접근 방법은 가치를 가지고 있으며 중요한 공헌을 한다. 그러나 그 접근 방법의 기본 패러다임에 단점이 있거나 패러다임이 불완전하다면, 아무리 효과적인 적용을 하고 실행을 하더라도 좋은 결과를 낳지는 못할 것이다. 우리가 이런 접근 방법에 따라 계속 노력해도 결과를 의미 있게 개선시킬 수 없다는 사실이야말로 문제는 기본 패러다임에 있음을 확연히 보여 준다.

1. '조직화' 접근 방법(질서)

이 접근 방법은 대부분의 시간 관리 문제들이 혼란에서, 즉 우리 생활에 질서가 없어서 생겨난다고 가정한다. 우리는 자신이 어떤 것을 원할 때 그것을 찾을 수 없는 경우가 많다. 일들은 계속 빈틈으로 굴러 떨어진다. 대부분의 경우, 해답은 시스템에 있다. 서류 정리 시스템, 처리한 일과 처리하지 않은 일을 구분하는 바구니 시스템, 비망록 시스템, 데이터베이스 시스템. 이런 시스템은 흔히 세 영역에서 조직화에 초점을 맞춘다.

- **사물의 조직화**(열쇠에서 컴퓨터 스크린에 이르기까지, 서류 정리 시스템에서 벽장에 이르기까지, 사무실 공간에서 부엌 공간에 이르기까지 모든 것에 질서를 부여하는 것)
- **업무의 조직화**(간단한 목록에서 복잡한 계획 도표와 업무 관리 소프트웨어에 이르기까지 갖가지 도구를 사용하여 '할 일들'에 질서와 연속성을 부여하는 것)
- **사람들의 조직화**(자신이 할 수 있는 일들과 다른 사람들이 할 수 있는 일들을 규정하는 것, 벌어지고 있는 일들에 대한 추적 시스템을 만들어 내는 것)

질서 접근 방법은 개인적 적용을 넘어 조직적 실천으로 확대된다. 어떤 기업은 문제가 닥치면 재조직하고, 재구조화하고, 이제까지 하던 일을 흔들어 놓으면서 "우리의 행동을 일치시킬 때가 왔다."고 규정한다.

장점 : 조직화는 시간을 절약해 주고, 효율을 높여 준다. 우리는 열쇠, 옷, 잃어버린 보고서를 찾느라 시간을 낭비하지 않는다. 우리는 수고를 던다. 조직화는 정신적인 명료함과 질서를 가져다 준다.

단점 : 이런 접근 방법에 따르는 위험은 조직화가 종종 더 큰 목적을 위한 수단이 아니라 그 자체로 목적이 되어 버린다는 것이다. 엄청난 양의 시간이 생산보다 조직화에 들어갈 수 있다. 많은 사람들은 조직화로 말미암아 바빠지면 그것이 일을 성취하는 것이라고 생각한다. 그러나 실제로는 꾸물거리는 것일 수도 있고, 중요한 일을 완수하지 못하는 것일

수도 있다. 조직화를 과도하게 적용하면, 장점이 단점이 된다. 우리는 과도한 구조에 짓눌리고, 자잘한 일에 연연하고, 융통성이 없고, 기계처럼 될 수 있다. 이것은 개인뿐 아니라 조직에도 해당된다.

2. 전사(戰士) 접근 방법(생존과 독립적 생산)

전사 접근 방법의 초점은 집중하여 생산을 할 수 있는 개인 시간의 보호에 맞추어져 있다. 우리 대부분은 매우 바쁜 환경의 요구들에 둘러싸여 있다고 느낀다. 우리는 실무진이 처리할 수 있는 것보다 더 많은 일들이 산적한 곳에서 일하고 있다. 만일 우리가 컴퓨터 네트워크 스케줄을 가지고 있어서 그것을 열어 보면 우리 인생의 다음 16개월 동안의 일정이 꽉 짜여 있다는 것을 알게 될 것이다. 답해 주어야 할 음성 우편 메시지들이 있고, 사람들은 계속 문을 두드린다. 따라서 우리에게 고도의 효과를 가진 독립적인 일을 할 수 있는 조용하고 방해받지 않는 시간이 없다면, 우리는 자신이 마땅히 해야 할 공헌을 할 수 있는 방법이 없다.

시간의 전사는 만일 우리가 시스템에 맞서 뭔가 변화를 일으키지 않으면, 시스템이 산사태처럼 우리를 생매장시켜 버릴 것임을 깨닫는다. 이런 상황에서 전사 접근 방법은 당신 자신을 방어하고, 당신의 시간을 보호하여, 당신이 고도의 효력을 가진 독립적 행동에 초점을 맞추게 해 주는 접근 방법이다. 여기에는 다음과 같은 강력한 기법들이 포함된다.

- 차단(비서, 문 닫기, 전화 자동 응답기, 보모, 의미 없는 의사 소통 금지 등을 사용하여 보호를 받는 것)
- 고립(방해받지 않고 혼자 있는 시간을 얻을 수 있는 환경으로 이동하는 것)
- 위임(더 효력 높은 업무를 할 수 있는 시간을 내기 위해 다른 사람들에게 업무를 할당하는 것)

이런 접근 방법 하나에만 초점을 맞추어 씌어진 책들은 거의 없지만,

우리는 많은 문헌 속에서 '기발한' 기법이나 요령의 형태로 등장하는 이런 접근 방법을 보게 된다.

장점 : 이 접근 방법의 장점은 우리의 시간에서 일어나는 일에 대해 개인적 책임을 지는 데 있다. 우리는 효과 높고 독립적인 일을 할 조용하고 방해받지 않는 시간을 가지려고 하기 때문에 생산을 할 수 있다. 우리 모두 이따금은 이런 종류의 시간을 필요로 한다. 특히 우리가 고도로 창의적인 일에 몰두할 때는 더욱 그렇다.

단점 : 이런 접근 방법의 기본적 가정은 다른 사람들을 적으로 간주한다는 것이다. "다른 사람들이 당신의 일정을 방해하는 무슨 행동을 하기 전에 다른 사람들에게 무슨 조치를 취하라." 이것은 생존주의자의 패러다임이다―차단하라, 고립되라, 위협하라. 장벽을 쌓아라. 사람들을 화나게 하지 않고 회의를 운영하라. 못 한다고 말하라. 사람들을 당신의 사무실에서 쫓아 내는 방법을 배우라. 상대방이 말을 하고 있는 것이 아니라 당신이 말을 하고 있기만 하면 대화 도중에라도 전화를 끊어라.

이런 접근 방법은 사람들의 방해를 받지 않도록 해 주기 때문에, 우리가 하고 싶은 일을 할 수 있게 하는 면도 있다. 그러나 우리가 하고 싶은 일이 다른 사람들과 같이 해야 하는 것일 때, 우리는 다른 사람들이 전혀 우리에게 협조할 뜻이 없음을 알게 된다. 나아가서, 이런 방어적이고 대응적인 자세는 종종 조작적인 행동으로 이어지며, 자기 성취적 예언을 만들어 내게 된다. 사람들은 자신이 밀려난다는 느낌을 받으며, 의식적으로든 무의식적으로든 거기에 맞서게 된다. 사람들은 당신의 시간을 축내고 관심을 끌기 위해 밀고 들어오거나, 당신 주위에서 당신 없이 일을 함으로써 문제를 일으키게 되고, 당신은 그것을 해결하는 데 훨씬 더 많은 시간을 쓰게 된다. 이 자기 보호적이고 고립적인 접근 방식은 삶의 질의 상호 의존적 현실을 무시하며, 대부분의 경우에 문제를 악화시키는 구실만 하게 된다.

개인적 책임성은 타당하고 강력한 원칙이다. 문제는 그것이 다른 사람들을 적으로 간주하는 생각과 결합할 때 나타난다. 단기적으로는 '고도로 생산적'일 수 있지만, 이런 독립적 성취 패러다임의 결과는 결국 우리의 발목을 잡게 된다. 독립적 접근 방법은 상호 의존적 현실에서는 비효과적이다.

3. 목표 접근 방법(성취)

이 접근 방법은 기본적으로 이렇게 말한다. "당신이 원하는 것을 인식하고, 그것을 성취하는 데 당신의 노력을 집중하라." 여기에는 장기·중기·단기 계획, 목표 수립, 시각화, 자기 동기 부여, 긍정적인 정신 자세 가지기 등의 기법들이 포함된다.

장점 : 이것은 세계 수준의 연주자, 올림픽에 참가하는 운동 선수들의 접근 방법이다. 이것은 재능이 덜한 사람들이 기꺼이 대가를 치름으로써—힘들을 모으고, 에너지를 집중하고, 정신 산만을 거부하고, 어떤 것의 방해도 허용치 않는 등—실전에서 대단한 재능을 가진 사람들을 이길 수 있게 해 주는 힘이다. 자기 발전의 차원에서 보자면, 목표를 수립하는 개인이나 조직이 그렇지 않은 경우보다 더 많은 것을 성취한다는 사실이 경험적으로 입증되고 있다. 일반적으로, 목표를 수립하고 성취하는 방법을 아는 사람들이 스스로 하려고 하는 일을 성취하는 것은 사실이다.

단점 : 성공의 사다리를 오르기 위해 목표 접근 방법을 사용하는 사람들은 헤아릴 수 없이 많다—그러나 결국 그 사다리가 엉뚱한 벽에 세워져 있다는 것을 발견하게 된다. 이들은 목표를 수립하고, 그 목표를 성취하

기 위해 많은 노력을 집중한다. 그러나 그들이 원하는 것을 얻었을 때, 그런 노력이 자신들이 기대하던 결과를 가져오지 않는다는 것을 알게 된다. 인생은 공허하고 무미 건조해 보인다. '겨우 이것뿐이었나?' 목표들이 원칙과 주요 욕구들에 기초를 두지 않을 때, 집중된 추진력과 전념하는 태도는 성취를 가능하게 해 주기는 하지만, 삶의 불균형을 제대로 못 보도록 눈을 가려 버린다. 이런 사람은 여섯 자리 또는 일곱 자리 숫자의 수입을 올릴 수도 있으나, 이혼한 배우자들과 대화가 끊긴 자녀들로 말미암아 깊은 고통을 안고 살아간다. 이들은 화려한 대중적 이미지를 가지고 있을 수도 있지만, 사생활은 공허하다. 이들은 세상의 박수를 받을지는 모르지만, 풍성하고 만족스러운 관계가 없고, 깊은 내적 완결성에 대한 느낌도 없다.

그리고 어떤 외적 요인이 갑자기 상위의 목표를 달성하는 것을 불가능하게 만든다면 어떻게 될까? 예를 들어 운동 선수가 회복 불가능한 부상을 당하거나, 화가가 시력을 잃거나, 음악가가 청력을 잃는다면? 문자 그대로 그들의 인생에 다른 아무것도 남지 않는다면 어떻게 될까?

목표 접근 방법 문헌에서는 '대가를 치르는 것'에 관해 많은 말을 한다. 그러나 그 대가가 무엇인지―기회 비용을 포함하여―현실적인 양상을 제시하는 경우는 많지 않다.

4. ABC 접근 방법(우선 순위와 가치 확정)

ABC 접근 방법에서는 이렇게 말한다. "당신은 뭐든 할 수 있지만, 다 할 수는 없다." ABC 접근 방법은 목표 접근 방법에 기초를 두고 거기에 순서라는 중요한 개념을 덧붙인다. "당신의 노력을 우선 당신의 가장 중요한 과제에 집중하라." 여기에는 가치 확정과 과제 순위 설정과 같은 기법들이 포함된다. 여기에 포함된 가정은, 당신이 성취하기 바라는 것을 알고 그런 것에 우선적으로 집중하면 행복해질 것이라는 말이다.

장점 : 이것은 전통적인 '소중한 것을 먼저 하는' 접근 방법이다. 이것은 질서와 순서를 제공한다. A · B · C에서 간단한 1 · 2 · 3에 이르기까지, 이런 접근 방법은 하루하루 '할 일들'을 구별하는 기법을 제시하고, 최고 우선 순위의 과제에 초점을 맞추라고 권장한다. 비교적 최근의 문헌들은 이 개념을 확대하여, 평생에 걸친 우선 순위들을 살펴보라고 한다. 이 접근 방법은 '소중한 것들'이 당신의 가치 그리고 신념과 연계되어 있으며, 당신의 가치들을 확정하면 당신은 소중한 것을 먼저 하는 틀을 얻게 될 것이라고 말한다. 가치를 둘러싼 이런 심도 있는 분석은 생산적이며 또 도움을 준다.

단점 : 큰 결함은 가치 확정을 할 때 원칙, 즉 삶의 질을 관장하는 자연적 법칙들이 있음을 인정하지 않는다는 점이다. 이로 말미암아 사람들은 종종 자연의 법칙들과 어긋나는 가치에 근거하여 판단을 하고, 그런 가치를 추구하게 된다. 이런 경우, 가치 추구는 좌절과 실패에 이를 뿐이다.

엉뚱한 벽에 세워 놓은 사다리의 꼭대기에 서 있는 사람들 가운데 자신들이 귀중하게 여기는 것을 성취했으나 그것이 삶의 질을 높여 주지 않았다고 말하는 사람들이 많다. 이들은 의식적으로든 무의식적으로든 당시에 아주 중요하게 여긴 가치들에 근거하여 행동했다. 이들은 목표를 수립하고 자신의 우선 순위를 성취하기 위해 많은 노력을 집중했다. 그러나 자신이 원하던 것을 얻었을 때, 그것이 자기가 기대하던 결과를 가져다 주지 않았음을 알게 된다.

인생의 어떤 특정한 시점에서 어떤 것을 귀중하게 여긴다고 해서, 그것을 성취하는 것이 꼭 지속적인 행복을 가져다 주지는 않는다. 역사는 자신이 귀중하게 여기는 것을 얻었으나, 그것을 통해 '성공'이나 행복을 얻지는 못한 개인과 사회들의 예로 가득 차 있다. 오히려 때로는 그것 때문에 파멸을 겪는 일도 있다.

자아 의식—우리가 가치를 두는 것이 무엇인지를 아는 것—에 덧붙여, 다른 천부의 능력들—양심·상상력·독립 의지—도 반드시 발휘되어야 한다. 오직 이런 방식으로만 우리의 가치들이 정북향 현실과 조화를 이루고 있다는 것을 확인할 수 있다. 요컨대, 우리의 목표들이 정확한 원칙들에 깊이 뿌리 박고 있지 않다면, 우리는 결코 깊은 충족감을 맛볼 수 없고 삶의 질을 높일 수도 없을 것이다.

5. 마법의 도구 접근 방법(수단)

마법의 도구 접근 방법은 올바른 도구(올바른 스케줄, 올바른 계획표, 올바른 컴퓨터 프로그램, 올바른 소형 컴퓨터)가 우리에게 삶의 질을 창조할 수 있는 힘을 준다는 가정에 근거하고 있다. 이런 도구는 일반적으로 우선순위를 놓치지 않게 해 주고, 우리가 과제들을 정리하고 더 쉽게 주요 정보에 접근하는 것을 돕는다. 기본적인 가정은 시스템과 구조들이 우리에게 좀 더 효과적인 도구를 제시한다는 것이다. 고급스러워 보이는 가죽 계획 수첩은 심지어 지위의 상징 같은 것이 되었다—그것을 가진 사람이 빠른 길을 따르고 있고, 정말로 자신의 행동을 정리하고 있다는 것을 보여 주는 지표라도 되는 것처럼.

장점 : 도구를 효과적으로 사용하는 것은 분명히 큰 가치가 있는 일이다. 집을 짓는 것에서 인생을 짓는 것에 이르기까지, 올바른 도구들은 많은 차이를 가져다 준다. 굴착기를 사용할 수 있는데 왜 숟가락으로 땅을 파겠는가? 왜 첨단 계획 수첩을 사용할 수 있는데, 단순한 달력을 사용하겠는가? 좋은 계획 수첩은 다음과 같은 도움을 준다.

- 우선 순위를 놓치지 않게 해 준다.
- 목표들을 눈앞에 보여 준다.

- 과제들을 정리해 준다.
- 빈번하게 사용하는 정보를 정리해 주고 빠르게 이용할 수 있게 해 준다.

시중에 나와 있는 종이로 되어 있거나 전자 장치를 이용한 도구들의 수가 얼마나 많은지만 보더라도 이것이 얼마나 인기가 높은 접근 방법인지를 알 수 있다. 도구들은 희망의 상징이다. 질서를 나타내는 어떤 것을 손에 쥔 것만으로도 질서에 대한 느낌을 얻을 수 있다. 우리는 할 일들을 적고, 한 일들을 지우고, 우리 생활의 여러 가지 일을 잊지 않는 것에서 만족감을 가질 수 있다.

단점 : 흔히 시간 관리 도구들의 설계 뒤에 깔린 기본 패러다임은 목표 접근 방법과 ABC 접근 방법으로까지 거슬러올라간다. 이미 보았듯이, 이런 접근 방법은 몇 가지 장점을 가지고 있지만 아울러 심각한 결함을 가지고 있다―대개는 삶의 질을 관장하는 외재적 현실을 고려하지 않기 때문에 나오는 결함이다.

기술이 답이라는 기본적 가정 역시 결함을 가지고 있다. 아무리 좋은 도구라 해도 그것이 비전·판단·창의성·성품·역량을 대신해 주지는 못한다. 좋은 카메라가 좋은 사진 작가를 만들어 낼 수는 없는 것이다. 좋은 워드프로세서가 좋은 시인을 만들어 낼 수는 없는 것이다. 마찬가지로 좋은 업무 관리 도구가 좋은 삶을 만들어 낼 수는 없는 것이다―비록 새로 나온 계획 수첩이나 업무 관리 도구가 은근히 그런 약속을 하기는 하지만. 좋은 도구는 삶의 질을 창조하는 우리의 능력을 고양시킬 수는 있다. 그러나 우리를 대신하여 삶의 질을 창조해 줄 수는 없는 것이다.

현실적으로 현재의 도구들은 대부분 '인간 존재' 보다는 '인간 행위' 를 북돋아 준다. 하루하루에 초점을 맞추게 함으로써 우리는 '할 일들' 을 반드시 해야 하는지를 물어 보지도 않고 '할 일들'을 계속 목록에서 지워 나가게 된다. 대부분의 도구들은 엄격하게 구조화되어 있고 부자연스러운 느낌을 준다. 도구들은 하인이 아니라 다그치는 주인이 되어, 하지 않은 일에 초점을 맞추게 하고, 자연스러운 리듬과 균형을 왜곡시켜 삶의 풍요로운 한때가 되어야 할 순간들을 하루하루의 파편화되고 미리 결정된 시간의 틈바구니에 집어 넣어 버린다.

과연 시간 관리 도구들을 원래 설계 의도대로 사용하는 사람들이 몇이나 될까? 심지어 그 도구들을 공급하는 사람들 스스로도 인정하고 있듯이 그 수는 아주 적다. 사람들은 첨단 계획 수첩을 사서 그걸 그저 화려한 일정표로만 이용하고 만다. 사무실 관리 컨설턴트들은 업무 관리 도구들이 멋있는 약속 수첩으로만 사용되거나, 아니면 사무실 서랍에 들어간 채 거의 사용되지 않는다고 말한다. 많은 사람들에게 도구들은 이행하지 못한 약속의 상징처럼 되고 있다.

6. 시간 관리 101 접근 방법(기량, skills)

시간 관리 101 접근 방법은 시간 관리가 본질적으로 기량—계산이나 워드프로세싱처럼—이라는 패러다임에 근거하고 있으며, 오늘날의 세계에서 효과적으로 기능을 발휘하기 위해서는 다음과 같은 기초적인 것들을 완전하게 습득해야 한다고 말한다.

- 계획 수첩이나 약속 일정표를 사용하는 것
- '할 일' 목록을 만드는 것
- 목표를 수립하는 것
- 위임하는 것
- 정리하는 것
- 우선 순위를 확정하는 것

이 이론에 따르면, 이런 기초적인 것은 생존을 위해 필요한 사회적 교양의 형태를 이루고 있다. 이것은 인기 있는 조직적 접근 방법이다. 사람들이 계획을 짜는 방법, 목표를 수립하는 방법, 위임하는 방법에 대한 기술을 결여하고 있을 때, 그것은 조직에 심각한 영향을 미칠 수 있다. 많은 회사들은 그들의 인적 자원 개발 프로그램의 하나로, 직원들이 이용할 수 있는 기본기를 가르치기 위한 테이프·소책자·강좌를 만들고 있다.

장점 : 특히 조직에서 귀중하게 여기는 일과 관련된 기술이라는 면에서는 약간의 개선이 이루어질 수 있다.

단점 : 훈련의 깊이와 질이 일차적인 문제가 된다. 어떤 기본 패러다임들을 가르치고 있는가? 그런 패러다임이 정확한 원칙들과 결부되어 있는가? 아니면 그런 패러다임이 인생의 본질과 효과성에 대한 부정확한 가정들을 퍼뜨리지나 않는가?

별로 조직화되어 있지 않고, 예술의 경지에 이른 계획 수첩을 사용하지도 않는 많은 사람들이 그렇게 하는 사람들보다 인생에서 더 큰 내적 평화, 더 풍요로운 관계, 더 큰 만족을 얻는 것처럼 보이는 것은 흥미있는 일이다. 실제로 이 사람들이 시간 관리 기법에 더 많은 '기술'을 가진 사람들보다 조직에 더 큰 공헌을 하는 경우가 많다.

개인과 조직의 질은 기술이나 기법보다는, 개인적 성품과 행동이 얼마나 원칙에 일치하느냐 하는 것에 달려 있다. 현재의 시간 관리 훈련의 많은 부분은 기법과 시간 절약 요령들을 뒤섞은 가방에 원칙 몇 가지(조직과 우선 순위 확정)를 던져 넣은 것이다. 그러나 그런 훈련을 받은 사람들이 이런 원칙을 적절하게 적용하는—또는 다른 원칙들을 찾아내서 적용하는—능력을 지니게 되는 경우는 드물다.

7. '순응' 접근 방법(조화와 자연스러운 리듬)

이 접근 방법은 시간과 삶에 대해 전통적인 시간 관리와는 다른 가정들을 가지고 있다. 기본 패러다임은 '흐름에 따르는' 것을 배우고 삶의 자연스러운 리듬으로 돌아가면 삶이 우리 존재에게 자연스러운 자발성과 예기치 않던 발견의 기회를 향해 문을 연다는 것이다.

이 문헌의 많은 부분은 동양 문화권의 철학에 근거를 두고 있는데, 동양 철학은 내적 자아의 일치, 인간과 자연 질서의 조화에 중점을 두고 있다. 이런 접근 방법은 또한 생물학적 연구에 근거를 두고 있다. 그런 연구에 따르면 모든 생물은 일정한 분위기를 지니고 있는데, 현대의 나노 초의 세계, 시계와 컴퓨터와 셀룰러 폰으로 이루어진 기계적 세계에서 살아가는 것은 인간의 자연스러운 신체 리듬에 어긋나므로 심각한 병을 비롯한 여러 가지 문제들을 일으키게 된다. 이것은 전통적 시간 관리에 대한 어떤 반대의 움직임을 나타낸다. 따라서 다른 접근 방법들의 시스템과 패러다임 속에서 지치고 죄책감을 가지게 된 사람들에게 피난처가 된다.

장점: 미래에 우리 문명의 유적을 발굴하는 고고학자들은 우리 사회가 시계를 숭배했다는 결론에 이를 것이 틀림없다는 이야기가 있다. 우리는 학교에, 교회에, 사무실에, 집의 모든 방에 시계를 두고 있다. 심지어 우리는 손목에도 소형 시계를 차고 있다!

우리가 시계를 숭배하든 않든, 시계는 째깍거리고, 전화 벨은 울리고, 컴퓨터는 삑삑대고 빵빵대고 탕탕댄다(그 밖에도 우리가 하라고 프로그램시킨 일을 한다). 그리고 그 기계적인 운율은 빠르게 다그치는 박자로 움직인다.

그러나 때때로, 겉으로 보기에는 강압적인 빠른 행진의 와중에서, 우리는 시간 속에서 '시간이 사라지는' 순간들을 경험한다. 순간의 기쁨 속에서 시간의 박자들이 침묵 속으로 사라져 버리는 것이다. 그것은 시계 ·

전화·컴퓨터들로부터 멀리 떨어져서 자연에 나와 있는 순간일 수도 있다. 그 때 우리는 우리 주변과 우리 내부의 자연적 리듬을 깨닫고 그 리듬과 조화를 이루는 느낌을 받는다. 그것은 우리가 좋아하는 어떤 일—음악·예술·문학·정원일—에 몰두해 있을 때일 수도 있다. 그것은 우리가 사랑하는 어떤 사람에게 몰두해 있을 때일 수도 있다—공유하고, 발견하고, 의사 소통을 하는. 시간의 속도는 극적으로 달라진다. 그리고 우리는 그 순간을 풍요롭게 해 주고 만족스럽게 해 주는 질을 느낀다. 우리는 뚜렷한 차이를 깨닫게 된다. 우리는 삶에서 시간이 사라지는 순간을 더 많이 원하게 된다.

이 접근 방법을 통해 우리는 이와 같은 순간들의 가치에 민감해지게 되며, 우리 삶에서 그런 순간을 더 많이 창조하는 데 도움을 얻는다. 이 접근 방법을 통해 우리는 늘 우리를 짓누르는 '긴급한' 것들의 지배로부터 벗어날 수 있다. 이 접근 방법은 내적인 조화와 외적인 조화를 창출하고 고무한다.

단점 : 이런 접근 방법은 긴급성 중독의 반작용인 경우가 대부분이다—삶의 질을 창조하는 데 도움을 주기보다는 하나의 도피가 될 수 있다. 아울러 여기에는 비전·목표·균형과 같은 중요한 요소들이 빠져 있다. 나아가서, 중요한 것을 이루려면 실제로는 독립 의지를 발휘하고 단지 흐름에 따르는 대신 물을 거슬러올라가야 하는 경우가 많다.

8. 회복 접근 방법(자아 의식)

최근의 가장 진지한 문헌에서는 회복 접근 방법을 소개하고 있다. 기본 패러다임은 환경·유전·각본을 비롯한 다른 영향의 결과, 사람의 심리에는 본질적인 결함이 있어 그것이 자멸적이거나 역기능적인 시간 관리 행동으로 표현된다는 것이다.

성장기의 역할 모델이나 가족 문화에 영향을 받은 개인은 '완벽주의자' 가 될 수도 있다—위임을 두려워하고, 미세 관리를 하는 경향이 있으며, 효과적인 자원 활용을 넘어서는 선까지 갈 만큼 프로젝트에 과도한 시간을 소비한다. 어릴 적의 성장 과정이나 환경 때문에 '사람들의 비위를 맞추도록' 각본이 씌어진 사람은 거부에 대한 두려움 때문에 과도하게 결의를 하거나 과로하게 될 수 있다. '주춤거리는 사람' 은 실패뿐 아니라 성공도 두려워할 수 있다. 과거에 자신의 성공으로 다른 사람에게 피해를 주었거나, 그 때문에 가족 생활에서 커다란 대가를 치러야 했기 때문이다. 이런 경우 회복 접근 방법은 시간 관리 문제들을 불러일으키는 심리 및 사회적 결핍에서 회복되는 것이 해결책이라고 제시한다.

장점 : 이 접근 방법은 우리의 행동을 낳는 패러다임들, 즉 문제의 뿌리에 초점을 맞추기 때문에 값지다. 이 접근 방법은 더 큰 자아 의식을 이끌며, 사람들이 근본적인 변화와 개선을 이룰 준비를 갖추게 해 준다.

단점 : 이 방법들은 일반적인 회복 운동의 방법들만큼이나 다양하다. 이 접근 방법이 귀중한 통찰을 제공해 주고 문제의 일부를 분명하게 해 주지만, 그 가치는 처방적이라기보다는 진단적이다. 이 접근 방법은 심지어 해결책에 대한 통일된 접근 방법을 제공하려 하지도 않는다. 그나마 몇 가지 일반적으로 받아들여지는 접근 방법 사이에서도 기본적 문제들에 대한 모순을 드러낸다. 나아가서, 이 접근 방법은 아주 좁은 면만 다룬다. 이 접근 방법에서는 폭 넓고 다양한 다른 시간 관리 관련 사항들을 거론할 생각조차 하지 않는다.

덧붙여, 자아 의식이 그 자체로 중요하긴 하지만, 자아 의식만으로는 불완전하다. 우리 과거의 각본을 이해하는 것은 의미 있는 변화를 창출하는 데 필요한 한 부분일 뿐이다.

다음 도표는 여덟 가지 시간 관리 접근 방법의 주요한 공헌·장점·단점을 요약하고 있다.

접근 방법	공 헌	장 점	단 점
조직화	질서	• 시간을 아껴 준다. • 낭비를 줄여 주거나 없애 준다. • 더 많은 생산을 가능토록 한다.	• 더 큰 목적에 대한 수단이라기보다는 그 자체가 목적이 된다. • 생산성에 대한 착각을 불러일으킨다. • 반드시 사람들이 중요한 것을 성취하도록 돕지는 않는다.
전사	높은 독립적 생산	• 시간과 결과에 대해 책임을 진다. • 높은 효과를 지닌 단기적인 독립적 행동을 위한 방해받지 않는 시간을 만들어 준다.	• 강하고 심지어 오만한 독립성을 길러 준다. • 사람을 불쾌하게 만든다. • 조작적인 행동을 낳는다. • 음모적인 행동 때문에 다른 사람들로부터 똑같은 반응을 얻게 된다. • 길게 볼 때 비효과성을 낳는다.
목표	결의와 집중	• 가치들을 확정한다. • 목표 성취를 위한 순차적 계획을 세우도록 만든다.	• 목표의 성취가 삶의 질을 높여 줄 것이라는 그릇된 기대를 품게 한다. • 시간과 에너지의 독점적 집중을 통하여 생활의 불균형을 불러온다. • 삶의 풍요로운 순간에 대한 자발적인 반응에 앞서 목표 성취를 '하지 않으면 죽는다.'고 생각하게 만든다. • 독립적 성취를 최고로 여긴다.
ABC	우선 순위 확정	• 성취에 질서와 순서를 제공한다.	• '우선 순위'가 긴급성, 환경, 다른 사람들로 말미암아 규정되는 경우가 흔하다. • 진정으로 더 높은 우선 순위의 자연스러운 출현에 자신 있는 반응을 보여 주지 못한다. • 삶의 질을 관장하는 외재적 실체를 인정하지 않는다.

접근 방법	공 헌	장 점	단 점
마법의 도구	수단	• 의사 소통, 과정과 결과 추적, 조직화를 위한 강력한 도구를 제공한다. • 생산성을 높여 준다. • 개인의 잠재적 능력을 키워 준다. • 높은 질의 생산품과 서비스의 창출을 가능토록 한다.	• 힘이 도구에 있다는 환상을 만들어 낸다. • 때때로 구속적이고 부자연스러운 느낌을 준다. • '인간 존재' 보다 '인간 행위'를 북돋아 준다. • 도구가 도움을 주는 하인이 아니라 다그치는 주인이 되는 경우가 많다. • 사람들이 첨단 도구를 멋있는 달력으로 사용하는 경우가 많기 때문에 도구의 잠재력을 제대로 활용하지 못한다. • 긴급한 것의 일일 우선 순위에만 초점을 맞추는 경우가 많다.
시간 관리 101	기술	• 목표 성취를 고양하는 기술을 개발한다. • 수행 능력을 증대시킨다.	• 효과성이 기술에 달려 있다는 환상을 만들어 낸다. • 질과 지침의 '정북향' 지향의 정도가 다양하다. • 일반적으로 조직에 가치가 있다고 여겨지는 기술에만 제한적으로 집중한다.
순응	조화	• 긴급성 패러다임으로부터 벗어나게 만든다. • 자연적 리듬과 더 조화를 이룰 수 있는 삶의 속도를 창출한다.	• 더 목적 의식적인 접근 방법들의 장점들을 결여하고 있다. • 좀 더 통합된 접근 방법이 갖춘 균형을 결여하고 있다. • 약속, 일정, 어떤 정해진 종류의 순차적 생산성을 통해 남들에게 한 약속을 지키는 것으로 대표되는 가치들과 어긋난다.
회복	자아 의식	• 역기능적인 시간 관리 습관들의 본질과 원천을 확인할 수 있도록 돕는다.	• 통합된 해결책을 내놓지 못한다. • 불완전하다—자아 의식만으로는 삶의 질을 향상시킬 수 없기 때문에. • 좁은 관심사만 다룬다. • 미래보다는 과거에 초점을 맞춘다.

이런 접근 방법 각각은 귀중한 공헌을 하기는 하지만 대부분은 컨트롤, 독립적 노력, 효율, 크로노스 시간의 패러다임으로부터 나온 것이다. 다음 도표는 이런 접근 방법이 1장에서 서술한 시간 관리의 세 세대와 어떻게 관련되어 있는지를 보여 준다.

접근 방법	제1세대	제2세대	제3세대
조직화 (질서)		X	X
전사 (생존과 독립적 생산)		X	X
목표 (성취)		X	X
ABC (우선 순위와 가치 확정)			X
마법의 도구 (수단)		X	X
시간 관리 101 (기술)		X	X
순응 (조화와 자연적 리듬)	X*		
회복 (자아 의식)	X*		

*어떤 면에서, 이런 접근 방법은 제1세대에 속하는 것이다. 그러나 달리 보면, 이런 접근 방법은 우리를 제4세대로 이동시켜, 효율 크로노스 패러다임의 한계를 넘어서는 문제들에 관해 묻고 있다.

시간 관리의 각 세대의 개척자들은 그 나름의 공헌을 통해 의미 있는 변화를 가져왔다. 우리는 그들의 노력을 인정하며 높이 평가한다. 아울러 삶의 질을 관장하는 자연 법칙들에 근거한 새로운 세대를 창출하는 산고(産苦)에 동참한 이들의 노력 또한 높이 평가한다. 우리는 많은 사람들의 통찰과 시너지를 통해 우리 모두가 이해와 공헌의 훨씬 더 높은 수준으로 올라서게 되었다고 믿어 마지않는다.

지혜의 문헌

우리는 '지혜의 문헌'을 고전적 · 철학적 · 금언적 · 종교적 문헌 가운데 구체적으로 삶의 기술(技術)을 다루고 있는 부분으로 규정한다. 현재 이용 가능한 문헌의 일부는 과학과 철학이라는 형태보다 시간적으로 앞서 있으며, 원래는 기록 문자뿐 아니라 구전, 격언, 상징적 예술의 형식으로 세대에서 세대로 전해 내려온 것들이다.

문자로 기록된 가장 오래된 문헌은 『프타호텝의 지혜』(이집트, 기원 전 2500)로, 이것은 다른 이집트 문헌들과 더불어 그리스 문화에 상당한 영향을 주었다. 그리스와 히브리의 전통은 현대 서구 사상을 형성하는 데 뚜렷한 영향을 주었다. 『바가바드기타』나 『담마파다』와 같은 인도의 문헌들과 더불어 공자(기원 전 551~479)나 맹자(기원 전 371~289)의 글과 같은 동양의 문헌은 서구에서 널리 알려지고 읽혀지고 있다. 아메리카 원주민의 문헌 역시 널리 알려지고 있으며, 구하기도 쉬워지고 있다.

이 문헌 모두가 지혜의 문헌으로 여겨지지는 않을 수도 있다―좀 더 실제적으로 말하자면, 광범위한 종교 · 철학 문헌들과 이 그룹의 문헌들을 구별짓는 특징은 이 그룹의 문헌들이 '방법'의 성격을 띠고 있는 점이라고 할 수 있다. 예를 들어 히브리의 전통에서 살펴보자면 『욥』, 『잠언』, 『시편』과 외경에 속하는 『솔로몬의 지혜』가 지혜 문헌의 특징을 갖추고 있다.

되풀이되는 주요 주제

우리도 철학, 핵심적 패러다임, 언어가 각기 다른 방대한 자료들로부터 너무나 많은 결론을 이끌어 내는 데는 주의할 점들이 있다는 것을 인정한다. 그러나 이런 차이가 있음에도 우리는 차이를 평가하는 것을 배우는 것만이 아니라, 가장 일반적인 주제들을 찾는 과정을 통해 중요한 이익을 얻을 수 있다고 생각한다.

우리 자신의 연구에 의거하여 그리고 이 영역에 엄청난 시간과 노력을 쏟아 부은 학자들에게서 배우고자 한 우리의 노력에 의거하여, 우리는 다음 사항들이 지혜의 문헌에 가장 공통된 주제라고 제시하고 싶다.

선택

우리에게는 선택하는 힘이 있다. 어떤 선택들은 다른 선택들보다 더 나은 결과를 낳는다. 선택과 결과에는 '인과' 관계가 있다. 이 관계는 때때로 '수확의 법칙'이라고 말해지기도 하고, 우리가 이름 붙인 대로 농장의 법칙이라고 일컬어지기도 한다.

숙고

우리의 모든 시간을 그냥 살아가는 데 보내는 대신 시간을 내어 삶에 대해 숙고함으로써, 우리는 자기 선택의 결과들을 깨닫게 되고 사는 것 자체로부터 배울 수 있게 된다.

선택의 가치

한 가지 선택이 다른 선택보다 더 나은 것인지를 평가하는 완벽히 합리적이고 또 쉽게 설득할 수 있는 방법이 있는 것은 아니지만, 적어도 판별 자체는 가능하다. 사람들은 직관의 형식을 통해 '해야 할 옳은 일'을 알 수 있으며, 이 '길잡이'가 가리키는 대로 사는 법을 배우면 삶도 나아진다는 것을 안다.

진리

'진리'가 있다. 즉, 오류 없이 일관되게 작용하는 근본적인 삶의 법칙들이 있다. 아울러 우리는 진리를 배우고 그대로 따라 살면 더 나아질 수 있다.

기본 욕구

보편적인 인간의 욕구들이 있다. 인간 경험에서 그 욕구들을 무시하면서 오랫동안 잘 되어 갈 수 있는 일은 없다.

자연

사람들은 더 큰 생태계적 전체의 일부다. 자연과 조화를 이루며 사는 것은 삶의 질에 필수적인 부분이다.

인간 관계

우리와 다른 사람들의 관계에서 질을 규정하는 법칙은 상호성의 법칙, 즉 황금률이다. 우리가 대접받고 싶은 대로 남들을 대접할 때 삶은 나아진다.

공헌

더 많이 주면 줄수록 더 얻는다는 것이야말로 겉으로는 모순되어 보일지 모르지만 위대한 진리다.

전망

삶에는 '나'와 '지금' 이상의 것이 있다. 더 큰 그림이 더 나은 질에 대한 판단을 제공할 수 있다.

'지혜의 문헌'에서 뚜렷이 알 수 있는 것은, 우리가 패턴·일관성·주제들을 발견하면 할수록, 그것이 모든 인간 경험에서 가장 타당하다고 여겨지는 데이터베이스를 구성한다는 점이다. 그것을 무시하는 것—그것으로부터 배우려 하지 않는 것—은 어리석게도 중요한 자원을 무시하는 것이 된다. 삶의 위대한 데이터베이스에 정기적으로 몰두하는 것은 양심 교육의 강력한 프로세스임에 틀림없다.

옮긴이의 말

흔히 우리네 인생은 사는 동안 주어진 시간을 어떻게 쓰느냐에 따라 크게 달라진다. 어떤 사람들은 임종 자리에서 이룬 일 없이 세월만 흘렀다고 시간 낭비를 후회하는가 하면, 어떤 사람들은 눈코 뜰 새 없이 바쁘게 살아왔는데도 결과가 좋지 않다고 불평한다. 이 책은 긴급한 일들에 둘러싸여 늘 바쁘고 열심히 사는 사람들을 위한 것이다.

나는 가끔 일 더미 속에 파묻혀 허우적거리는 사람들에게 "한국이나 미국에서 가장 바쁘고 당신보다도 훨씬 더 바쁜 사람이 누굴까요?" 하고 물어 본다. 사람들은 서슴지 않고 "대통령들이겠죠." 하고 대답한다. 그러면 나는 그 사람들에게 다시 물어 본다. "그렇게 바쁜 대통령들이 시간을 어떻게 쓴다고 생각하나요?" 사람들의 대답은 비슷하다. "시간 관리는 비서실장을 통해 하는 걸로 아는데요. 비서실장은 대통령이 꼭 우선해서 해야 할 일, 즉 소중한 것부터 먼저 하도록 해 줍니다."

우리 가운데 대부분은 비서실을 따로 둘 만큼 그렇게 바쁘지는 않다. 그럼에도 우리가 날마다 바쁘다고 생각되는 것은 무슨 까닭일까? 시간을 쓰는 방법에 문제가 있는 것은 아닐까? 그 동안에 나온 여러 시간 관리 문헌이 따라 하기를 권하는 내용들, 즉 더 빨리 더 많이 하라고 강조하는 '효율적인' 시간 활용의 기법들에 문제가 있는 것이다. 더 유용하고 더 보람 있는 결과를 강조하는 '효과적인' 시간 활용을 하지 않고 있기 때문이다.

이 책은 시간의 질적 활용이나 장기적인 결과 위주의 효과적인 시간 관리를 위한 것으로, 이런 쪽으로는 우리 나라에 처음 소개되는 입문서다. 특히 이 책은 이론과 내용을 실제로 적용할 수 있도록 해 주는 오거나이저(organizer)라는 도구, 즉 시간 관리 수첩을 갖추고 있다는 점에서 눈길을 끈다. 이 오거나이저는 지지난해 마이크로소프트(Microsoft)사가 윈도 95에 올릴 시간 관리 도구로 채택한 것이다. 선정 과정에서 숱한 경쟁 상대를 제칠 수 있었던 것은, 이 오거나이저가 세계에서 유일하게 효율성이 아니라 효과성을 위주로 하는 시간 관리 수첩이기 때문이다.

이 책『소중한 것을 먼저 하라』가 21세기를 맞아 세계를 무대로 활동할 우리 국민의 경쟁력과 생산성 그리고 삶의 질을 높이는 데 보탬이 되기를 바라는 마음 간절하다.

이 책을 읽다 보면 허송 세월하고 있는 사람들이 시간의 중요성을 다시 깨닫게 되고, 일에 쫓겨서 바쁘게 살아가고 있는 사람들이 시간 관리의 중요성을 깊이 느끼게 될 것이다. 아울러 효율성 위주의 시간 관리를 하지만 긴급한 것이 더 많아져서 공허감까지 가지게 된 사람들이 문제점을 정확히 파악하는 데에도 적잖은 도움이 되리라고 본다. 효과성 위주의 시간 관리만이 길게 볼 때 보람 있고 좋은 결과를 가져올 수 있다는 확신 속에서, 긴급한 것보다는 소중한 것을 먼저 할 수 있는 지혜를 나누어 가지기 바란다.

이 책의 애벌 번역을 맡아 애써 주신 분들과 김영사의 강병국 씨, 김종욱 부장, 이계숙 실장께 감사한다.

1997년 2월 3일
김경섭

주

1장

1. 존경하는 친구 닐 A. 맥스웰이 대화나 글에서 자주 사용하던 말.
2. 스티븐 R. 코비, 『성공하는 사람들의 7가지 습관』(뉴욕 : 사이먼 & 슈스터), pp. 18-19에 나오는 200년간에 걸쳐 저술된 성공에 관한 문헌들에 대한 평가를 보라. 이 연구는 거의 20년 전에 결론이 내려졌으며, 당시의 시점에서 그 전 50년 간의 성공 문헌은 성격 윤리가 중심 주제라는 사실을 밝혀 낸 바 있다. 비록 최근에는 얼마쯤 개선의 여지가 나타나고 있기는 하지만, 성공 문헌의 지배적인 주제는 그 연구가 이루어진 뒤에도 오랜 세월 동안 변함없이 그대로다.
3. 제임스 앨런, 『사람이 생각하는 대로』(바운티풀, 유타 : 마인드아트, 1988), 제2권, p.83.
4. 알베르트 아인슈타인의 말.
5. 플라톤, 『변명, 크리톤, 파이돈, 향연, 국가』, B. 조웨트 편역 및 루이스 호프스 루미스 해설(로슬린, NY : 월터 J. 블랙, 1942), p.56.

2장

1. S. 필, 『미국을 병들게 하는 것 : 컨트롤을 벗어난 중독 치료』(렉싱턴, MA : 렉싱턴 북스, 1989), p.147에서 본문에 맞게 수정하여 인용.
2. 찰스 허멀, 『긴급성의 압제』(다우너스 그로브, IL : 미 합중국 인터바시티 크리스천 펠로 십), pp.9-10.
3. 올리버 웬들 홈스의 말.

3장

1. 에이브러햄 매슬로, 『존재의 심리학을 향하여』(뉴욕 : 밴 노스트랜드, 1968), 제2판과 A.H. 매슬로, 『인간 본성의 더 나아간 영역들』(뉴욕 : 펭귄, 1971)을 보라.
2. 조지 버나드 쇼가 한 이 말은 한 동료가 우리에게 전해 주었는데, 오랫동안 우

리에게 영감을 주었다.

3. 랠프 월도 에머슨, '신학교 연설', 『랠프 월도 에머슨 전집』 1권, '자연, 연설, 강연' (케임브리지, MA : 벨크냅 프레스, 1971), pp.78-79.

4. 시드니 뉴턴 브레머, 『아폴로의 정신』(렉싱턴 NC : 석세스풀 어치브먼트, 1971), p.167.

5. 프로이트와 융 두 사람에 대해서는 그들이 직접 쓴 것이나 해설서가 많다. 특히 관심을 끄는 몇 가지는 다음과 같다. C.G. 융, 『발견되지 않은 자아』(프린스턴 : 프린스턴 대학교 출판부, 1990); C.G. 융, '양심에 대한 심리학적 견해', 『과도기의 문명』, 『C.G. 융 전집』 10권(뉴욕 : 볼링겐 재단, 1964); 에리히 프롬, 『정신 분석과 종교』(빙검턴, NY : 베일-발루 프레스, 1950).

6. C.S. 루이스, 『인용할 만한 루이스』, 웨인 마틴데일과 제리 루트 편(휘튼, IL : 타이미데일 하우스 오브 퍼블리셔스, 1989), p.232.

7. 알프레드 N. 화이트헤드, '자유와 규율의 율동적인 요구들', 『교육의 목적과 그 밖의 에세이들』(뉴욕 : 뉴 아메리칸 라이브러리), p.46.

5장

1. 빅터 E. 프랭클, 『인간의 의미 탐구』(뉴욕 : 포켓 북스, 1959), pp.164 – 166.

2. 벤저민 싱어, '미래에 초점을 맞춘 역할 이미지', 앨빈 토플러, 『내일을 위한 배움 : 교육에서의 미래의 역할』(뉴욕 : 랜덤 하우스, 1974), pp. 19-32.

3. 앤드류 캠벨과 로라 L. 내시, 『사명 의식』(뉴욕 : 애디슨-웨슬리, 1990), 특히 3장을 보라.

4. 프레드 폴락, 『미래의 이미지』(샌프란시스코 : 조시-배스, 1972).

5. 뛰어난 사회학자 에밀 뒤르켐의 말.

6. 에크나스 에스와란, 『인간 간디』, 제2판, 닐진 프레스, 1978, p. 145.

7. 빅터 E. 프랭클, 『인간의 의미 탐구』(뉴욕 : 포켓 북스, 1959), p.172.

8. 19세기 작가이자 사회 개혁가이자 성직자인 윌리엄 엘러리 채닝의 말.

9. 작가이자 군인이자 영화 제작자인 로렌스 밴 데어 포스트 경이 한 이 말은 남아프리카의 한 동료가 우리에게 전해 주었다.

6장

1. 하워드 가드너, 『교육받지 못한 정신 : 어린이들은 어떻게 생각하며, 학교에서는 무엇을 가르쳐야 하는가』(뉴욕 : 베이식 북스, 1991), pp.3-6.

2. 에크나스 에스와란, 『인간 간디』, 제2판, 닐진 프레스, 1978, p.145.

3. 빌 모이어스, 『치유와 정신』(뉴욕 : 더블데이, 1993), p.310에서 인용.

4. 마거릿 J. 휘틀리, 『리더십과 신과학』(샌프란시스코 : 베렛-쾰러, 1992), p.9에서 인용.

5. 샐리 헬게센, 『여성의 유리한 점 : 리더십의 여성적 방식』(뉴욕 : 더블데이, 1990)

과 존 네이스빗과 패트리셔 애버딘, 『메가트렌즈 2000』(뉴욕 : 윌리엄 모로, 1990)을 보라.

6. 크세노폰, 『메모라빌리아와 오에코노미쿠스』, E.C. 마천트 역, 로에브 고전 라이브러리 편(케임브리지 : 하버드 대학교 출판부, 발간 연도 불명), pp.186-187.

7. 캐럴 오스번, 『내면적인 탁월함 : 삶의 원동력이 되는 비즈니스의 정신적 원칙들』(산 라파엘, CA : 뉴 월드 라이브러리, 1992), pp. 27-28.

8. 바버러 킬린저, 『일 중독자들 : 존경할 만한 중독자들』(뉴욕 : 사이먼 & 슈스터, 1991), p.115.

9장

1. 빅터 E. 프랭클, 『인간의 의미 탐구』(뉴욕 : 포켓 북스, 1959), p.104.

2. 원래 랠프 월도 에머슨이 한 말로 자주 인용되는 말.

3. 존 슬로언 디키, 미국의 교육자, 사립 대학교 계획과 목표에 대한 보고서에서 인용.

4. 빈스 롬바르디, 『콜로라도 비즈니스 매거진』, 통권 20, p. 8 (1), 1993년 2월호.

5. 스티븐 R. 코비, 『성공하는 사람들의 7가지 습관』(뉴욕 : 사이먼 & 슈스터, 1989), pp. 18-19.

6. 데이비드 G. 메이어스, 『행복의 추구』(뉴욕 : 윌리엄 모로, 1992), p.197.

7. 랠프 월도 에머슨, '숭배', 『랠프 월도 에머슨 전집』(뉴욕 : 윌리엄 H. 와이즈), p. 588.

8. 잠언 4장 23절, 『성서』(킹 제임스 판).

10장

1. 세네카, 버튼 E. 스티븐슨의 인용, 『가정용 인용 사전, 고전과 현대』, 10판(뉴욕 : 도드, 미드, 1967), p.1131(『에피스툴라에 아드 루실리움』, Epis. LXXVI, III부).

2. C.S. 루이스, 『기쁨에 놀라』(뉴욕 : 하코트 브레이스 조바노비치, 1955), p.177.

3. 피터 센게, 『다섯 번째 수련』(뉴욕 : 더블데이, 1990), p. 14.

11장

1. 『간디 선집』, 루이스 피셔 편(뉴욕 : 빈티지, 1962), p.193.

2. 한스 셀리에, 『괴로움 없는 스트레스』(뉴욕 : 하퍼 & 로, 1974), p.58.

3. W. 에드워즈 데밍, 『위기로부터』(케임브리지 : 매사추세츠 공과 대학, 1982), pp. 66-67.

4. 고노스케 마쓰시타, 마쓰시타 전기 산업의 경영 고문.

12장

1. 스티븐 R. 코비, 『성공하는 사람들의 7가지 습관』(뉴욕 : 사이먼 & 슈스터, 1989).

2. 『간디 선집』, 루이스 피셔 편(뉴욕 : 빈티지, 1962), p.255.

3. 마틴 부버, 『나와 그대』(뉴욕 : 찰스 스크라이브너스 선스, 1937), p. 3.

4. 윌리엄 언컨, 『시간 관리의 관리』(이글우드 클리프스, NJ : 프린스턴 홀, 1984), p.106.

5. 이 문제와 관련하여 분수령이 되는 작업은 로버트 K. 그린리프의 『봉사 리더 십 : 정당한 권력과 위대함의 본성을 향한 여행』(뉴욕 : 폴리스트 프레스, 1977).

13장

1. 1990년 말콤 볼드리지 전국 품질상 시상식에서 한 조지 부시 대통령의 말.

2. 콜모건 기업 1979년 연례 보고서.

15장

1. 앨리스 R. 트루록, 『섭리의 손길로 : 조슈아 L. 챔벌린과 남북 전쟁』 채플 힐 : 노스 캐롤라이나 대학교 출판부, 1992, p.62.

2. M. 스콧 펙, 『덜 다닌 길』(뉴욕 : 사이먼 & 슈스터, 1978), p.15.

3. 이런 생각을 담고 있는 흥미로운 책으로는 제임스 힐먼과 마이클 벤추러의 『우 리는 100년간에 걸쳐 심리 치료를 했지만 세상은 더 나빠지고 있다』(뉴욕 : 하퍼 콜린스, 1992)가 있다.

4. C.S. 루이스, 『단순한 기독교』(뉴욕 : 맥밀런, 1952), pp. 109-110.

5. C.S. 루이스.

6. 에즈러 태프트 벤슨, '자만을 주의하라' , 『깃발』(1989년 5월), 솔트레이크 시티 : 말일 성도 예수그리스도 교회, p.5.

7. 간디의 말.

8. 랠프 월도 에머슨, '자기 의존' 『랠프 월도 에머슨 전집』 1권의 수상록 : 첫 번 째와 두 번째 시리즈(보스턴 : 휴턴 미플린, 1921), p.90.

에필로그

1. 브라이언트 S. 힌클리, 『빵만으로는 살 수 없다』(솔트레이크 시티 : 북크래프트, 1955), p.25.

프랭클린코비 사(FranklinCovey Company)에 대하여

스티븐 코비 박사는 전 세계적으로 4,000 여 명의 직원을 가진 프랭클린코비 사의 공동 회장이다. 여기서는 개인과 조직, 가족들이 의미 있는 원칙과 자연법칙을 적용함으로써 더욱 효과적인 삶을 살도록 하기 위해 노력하고 있다. 프랭클린코비 사는 개인과 가족들을 위한 상품과 자료를 만들어 내고 그들과 함께 작업하고 있으며, 고객 목록에는 〈포춘〉100대 기업 중 82개 기업과 포춘 500대 기업 중 2/3이상의 기업, 그 밖에도 수천 개의 중소기업과 지방, 주, 연방 정부 기관이 포함되어 있다.

또 프랭클린코비 사는 원칙 중심의 지역 사회를 만들려는 도시들과 자매 결연을 맺고 있으며, 전국적으로 3,000개 이상의 교육 지역 및 대학의 교수와 교사 및 교육 행정가들에게 7가지 습관을 교육하고 있다. 현재 27개 주 교육계 지도자들과 협력하여 전국 차원의 교육 프로그램을 실시하고 있다.

프랭클린코비 사의 비전은 그들이 스스로를 가르치도록 교육함으로써 결국은 독립할 수 있도록 하는 것이다. 코비 사는 조직이 가족에 우호적이 되도록 격려하고 있으며, 사람들이 일과 가족 생활의 균형을 잡도록 하는 데 도움이 되는 기술과 자료들을 제공하고 있다.

이들은 "물고기 한 마리를 주면, 하루 양식을 주는 것이지만, 물고기 잡는 법을 가르쳐 주면, 평생 먹을 것을 주는 것이다"는 노자의 영원한 격언에 더하여, "어부들의 교사를 양성하면 전체 사회를 고양시킬 수 있다"고 믿고 있다.

이러한 임파워먼트 과정은 북미 지역과 세계 40개국에 산재한 300개 이상의 지역에서 제공되는 공개 워크숍을 통해서는 물론, 유타 주 솔트레이크 시티에 위치한 회사의 각종 시설에서 제공되는 프로그램과 고객 컨설팅 서비스, 개인적 자문과 정례화된 현지 훈련, 고객의 사정에 맞는 훈련 등을 통해 이루어지고 있다.

프랭클린코비 사는 정규 교육 과정을 가르치는 7,000명 이상의 전문가를 보유하고 있으며, 이들은 매년 75만 명 이상을 훈련시키고 있다. 프랭클린 플래너를 포함한 실행 보조 자료들과 각종 오디오 및 비디오 테이프, 서적과 컴퓨터 소프트웨어 프로그램 등을 공급함으로써 고객들이 7가지 습관의 개념과 기술을 습득하고 이를 효과적으로 활용할 수 있게 하고 있다. 프랭클린코비 사가 면밀하게 선정해 인가한 가족 관련 자료들은 북미 지역과 기타 여러 나라에서 설립된 100개 이상의 '프랭클린 플래너 숍'에서 구입할 수 있다.

프랭클린코비 사의 상품과 자료들은 현재 28개 국어로 시판되고 있으며, 이 가운데 효과적인 시간관리를 하게 도와주는 프랭클린 플래너는 세계적으로 4,000만 명이 사용하고 있다. 이 회사는 지금까지 4,500만 부의 서적을 판매했으며, 지금도 매년 250만 부를 판매하고 있다. 〈비즈니스 위크 (Business Week)〉는 코비 박사의 「성공하는 사람들의 7가지 습관」을 기업 관련 베스트셀러의 1위로, 시간 관리 저서인 「소중한 것을 먼저 하라」를 3위에 선정했다. 프랭클린코비 사의 상품과 프로그램의 카탈로그를 얻으려면 아래의 주소와 전화번호를 이용하면 된다. 또 프랭클린코비 사의 한국 파트너인 한국 리더십센터에 문의해도 된다.

프랭클린코비 사 (Franklin Covey Company)
2700 West Parkway Boulevard
Salt Lake City. Utah 84119-2331 USA
팩스 : 801-496-4252 , www.franklincovey.com

전세계가 극찬한 프랭클린코비 프로그램
한국리더십센터에서 만나실 수 있습니다.

한국리더십센터(KLC :KOREA LEADERSHIP CENTER)는 전세계에 자기 개혁과 조직 혁신의 새로운 돌풍을 일으키고 있는 미국 프랭클린코비 사의 한국 파트너입니다.

스티븐 코비 박사에게 직접 교육 및 강사 훈련과정을 이수한 김경섭 박사가 1994년 10월 1일에 설립한 한국리더십센터는 '성공하는 리더들의 7가지 습관'의 효과적인 습득과 실생활 적용을 위한 프랭클린코비 사의 독특한 자기개발 프로그램과 기업교육 노하우를 국내에 소개하고 있습니다.

아울러 우리 실정에 맞는 프로그램을 연구개발, 21세기 한국 기업과 한국인의 '질 향상'에 효과적인 도움을 주려고 노력하고 있습니다.

교육을 통해 누구나 성숙한 인간으로 성장 발전할 수 있다는 인본주의적 관점에서 출발하는 프랭클린코비 사의 프로그램들은 기존의 교육들이 끝나고 나면 잊혀지고 마는 반납교육이었던 것에 비해 체계적이고 논리적인 훈련과 교육, 그리고 교육내용을 구체적으로 실천할 수 있게 해주는 다양한 장치들을 갖추었기 때문에 교육은 더 이상 비용이 아니라 변혁의 시대에 가장 필요한 투자임을 확신시켜 줍니다.

한국리더십센터의 교육 과정을 통해 원칙을 중심으로, 품성에 바탕을 두고, 내면에서부터 변화하여 외부로 향하는 새로운 차원의 패러다임 전환을 경험해 보십시오.

〈포춘〉지가 선정한 500대 기업 중 430여 개의 기업이 전사적으로 도입하고 있고, 세계 초일류 기업과 조직, 개인과 가족 및 단체들이 참여하고 격찬한 '프랭클린코비' 프로그램! 이제 당신도 책에서 접한 이론들을 한국리더십센터의 프로그램을 통해서 실제로 생활화하고 습관화할 수 있습니다.

✦ 한국리더십센터

전화:(02)2106-4000 팩스:(02)2106-4001
www.eklc.co.kr

한국리더십센터의 연수 프로그램

세계적 명성의 Franklin Covey사의 컨텐츠와 한국리더십센터의 정교한 운영으로
유명한 다양한 프로그램을 만나보십시오.

1. 성공하는 리더들의 7가지 습관™   The 7Habits of Highly Effective Leaders™

스티븐 코비의 7가지 성공습관을 삶과 조직에 적용하게 하는 현존 최고의 자기개발 프로그램

- 3일 집중 과정
- 최고경영자과정
- 퍼실리테이터 양성과정

2. 성공하는 리더들의 4가지 역할™   The 4Roles of Leadership™

효과적인 조직으로 이끄는 리더십의 원칙과 도구를 제공하는 워크숍

- 3일 집중 과정
- 벤처 경영자 과정

3. 소중한 것 먼저하기™   What Matters Most™

생산성 향상과 마음의 평화를 함께 얻게 하는 시간 및 인생관리 워크숍

- 1일 과정
- 원격교육 과정 (고용보험 적용)
- 사이버 과정 (고용보험 적용)

4. 고객의 성공 도와주기™   Helping Clients Succeed™

고객의 성공과 세일즈 컨설턴트의 성과를 함께 얻는 WIN-WIN 솔루션

- 3일 집중 과정

5. 투자회수율 측정과정™ New

Measuring the ROI of Training and Performance Improvement Program™

교육훈련의 투자회수율을 측정하고 실행능력을 향상시키는 워크숍

- 일반 과정